Die Kontrolle der Geschäftsführung in Personen- und Kapitalgesellschaften in Deutschland, Frankreich und England

EUROPÄISCHE INTEGRATION UND INTERNATIONALE WIRTSCHAFTSBEZIEHUNGEN

Rechtswissenschaftliche Studien

Herausgegeben von Peter Behrens

Band 14

PETER LANG
Frankfurt am Main · Berlin · Bern · Bruxelles · New York · Oxford · Wien

Susanne Wendt

Die Kontrolle der Geschäftsführung in Personen- und Kapitalgesellschaften in Deutschland, Frankreich und England

Eine rechtsvergleichende Untersuchung zur Ermittlung gemeinsamer Prinzipien des Gesellschaftsrechts

PETER LANG
Europäischer Verlag der Wissenschaften

Bibliografische Information Der Deutschen Bibliothek
Die Deutsche Bibliothek verzeichnet diese Publikation in der Deutschen Nationalbibliografie; detaillierte bibliografische Daten sind im Internet über <http://dnb.ddb.de> abrufbar.

Zugl.: Hamburg, Univ., Diss., 2003

D 18
ISSN 0948-8774
ISBN 3-631-52255-X

www.peterlang.de

Vorwort

Die vorliegende Arbeit wurde von der Rechtswissenschaftlichen Fakultät der Universität Hamburg im Wintersemester 2003/2004 als Dissertation angenommen. Für die Veröffentlichung konnten Rechtsprechung und Literatur bis einschließlich Dezember 2003 berücksichtigt werden.

Danken möchte ich zunächst meinem Doktorvater Herrn Prof. Dr. Peter Behrens, der den Anstoß zu dieser Arbeit gab und mich in allen Phasen ihrer Anfertigung stets freundlich und engagiert unterstützt hat. Ihm danke ich zudem für die Aufnahme in die vorliegende Schriftenreihe. Herrn Professor Dr. Detlev Joost gebührt Dank für die Erstellung des Zweitvotums.

Diese Arbeit profitierte von den idealen Arbeitsbedingungen am Max-Planck-Institut für ausländisches und internationales Privatrecht in Hamburg, wo ich als wissenschaftliche Mitarbeiterin von Herrn Prof. Dr. Jan Kropholler tätig sein durfte. Ihm und seiner „Crew“ (Frau Dr. Isabella Niklas, Herrn Thorsten Troge und Herrn Felix Blobel) danke ich für eine angenehme und lehrreiche Zeit.

Dem Arbeitskreis Wirtschaft und Recht im Stifterverband für die deutsche Wissenschaft gebührt mein Dank für die Gewährung eines Promotionsstipendiums.

Herrn Sven Krämer danke ich für das intensive Korrekturlesen sowie für zahlreiche anregende Diskussionen. Mein großer Dank gilt Herrn Philip Peitsmeyer für seinen steten Zuspruch, seine konstruktive Kritik und seine nie endende Zuversicht.

Von Herzen danke ich meinen Eltern, die mir stets jede Unterstützung zukommen ließen und immer für mich da sind. Ihnen widme ich diese Arbeit.

Hamburg, im Januar 2004 Susanne Wendt

Inhaltsübersicht

Inhaltsverzeichnis

Abkürzungsverzeichnis

a. a. O.	am angegebenen Ort
AblEG	Amtsblatt der Europäischen Gemeinschaft
AC	Appeal Cases
AcP	Archiv für die civilistische Praxis
aF	alte Fassung
AG	Aktiengesellschaft, Die Aktiengesellschaft (Zeitschrift)
AktG	Aktiengesetz
AllER	All England Law reports
Anh.	Anhang
Anm.	Anmerkung
Art.	Artikel
Artt.	Artikel (Plural)
BayObLG	Bayerisches Oberstes Landesgericht
BB	Der Betriebs-Berater
BCC	British Company Law Cases
BCLC	Butterworth Company Law Cases
Beav.	Beavan's Rolls Court Reports
BetrVG	Betriebsverfassungsgesetz
BGB	Bürgerliches Gesetzbuch
BGBl.	Bundesgesetzblatt
BGH	Bundesgerichtshof
Bull. Joly	Bulletin mensuel d'information des sociétés
BVerfG	Bundesverfassungsgericht
CA	Companies Act, Cour d'appel
Cass.	Cour de Cassation
Cass. civ.	Cour de Cassation, chambre civile
Cass. com	Cour de Cassation, chambre commerciale
CC	Code civil
CCom	Code de Commerce
CDDA	Companies Directors Disqualification Act
Ch. D.	Chancery Divison
CMF	Code monétaire et financier
COB	Commission des opérations de bourse
D	Décret, Recueil Dalloz
D. aff.	Dalloz Affaires
DB	Der Betrieb
ders.	derselbe

DJT	Deutscher Juristentag
D.L.R	Dominion Law Reports
Dr. soc.	Droit des sociétés
DStR	Deutsches Steuerrecht
DTI	Department of Trade and Industry
Enc.	Encyclopédie
EHRR	European Human Rights Reports
Einl.	Einleitung
EU	Europäische Union
EuZW	Europäische Zeitschrift zum Wirtschaftsrecht
EWiR	Europäisches Wirtschaftsrecht
f.	folgende
Fasc.	Fascicule
ff.	fortfolgende
FN	Fußnote
FS	Festschrift
FSA	Financial Services Act
Gaz. Pal.	Gazette du Palais
GbR	Gesellschaft bürgerlichen Rechts
GmbH	Gesellschaft mit beschränkter Haftung
GmbHG	Gesetz betreffend die Gesellschaften mit beschränkter Haftung
GmbHR	GmbH-Rundschau
Großkomm.-AktG	Großkommentar zum Aktiengesetz
Großkomm.-HGB	Handelsgesetzbuch, Großkommentar
HGB	Handelsgesetzbuch
Hrsg.	Herausgeber
HS	Halbsatz
IA	Insolvency Act
i. S. d.	im Sinne des
i. S. v.	im Sinne von
iVm	in Verbindung mit
J. I. B. L.	Journal of International Banking Law
JCP éd. E	Semaine Juridique, édition entreprise
JCP	Semaine Juridique, édition générale
Journ. sociétés	Journal des sociétés
JZ	Juristenzeitung
KB	King's Bench
KG	Kommanditgesellschaft
KölnKomm.	Kölner Kommentar
KonTraG	Gesetz zur Verbesserung der Kontrolle und

	Transparenz im Unternehmensbereich
krit.	kritisch
L	Loi
LG	Landgericht
LNRE	Loi sur les nouvelles régulations économiques
LPA	Limited Partnership Act
LQR	Law Quarterly Review
L.T.	Law Times
Macq.	Macqueen's Scottish Appeal Cases
M. & W.	Meeson and Welsby's Exchequer Reports
m. w. Nachw.	mit weiteren Nachweisen
MitbestG	Mitbestimmungsgesetz
MLR	Modern Law Review
MüHbGesR	Münchener Handbuch des Gesellschaftsrechts
MüKo	Münchener Kommentar
nF	neue Fassung
NJW	Neue Juristische Wochenschrift
NJW-RR	NJW-Rechtsprechungsreport
Nr.	Nummer
NZG	Neue Zeitschrift für Gesellschaftsrecht
OHG	Offene Handelsgesellschaft
OLG	Oberlandesgericht
OLGZ	Entscheidungen des Oberlandesgerichts in Zivilsachen einschließlich der freiwilligen Gerichtsbarkeit
PA	Partnership Act
Para.	Paragraph
PDG	Président-directeur général
Pet. Aff.	Petites Affiches
PublG	Publizitätsgesetz
QB	Queen's Bench
RabelZ	Zeitschrift für ausländisches und internationales Privatrecht, begründet von Rabel
RefE	Referentenentwurf
RegE	Regierungsentwurf
Rev. dr. banc.	Revue de droit bancaire et de la bourse
Rev. jurisp. com.	Revue de jurisprudence commerciale
Rev. soc.	Revue des sociétés
RG	Reichsgericht
RGRK	Reichsgerichtskommentar

RGSt	Entscheidungen des Reichsgerichts in Strafsachen
RGZ	Entscheidungen des Reichsgerichts in Zivilsachen
RIW	Recht der internationalen Wirtschaft, Außenwirtschaft des Betriebs-Beraters
RJDA	Revue de jurisprudence de droit des affaires
Rn	Randnummer
Rspr.	Rechtsprechung
RTD civ.	Revue trimestrielle de droit civil
RTD com.	Revue trimestrielle de droit commercial et de droit économique
SA	Société anonyme
SARL	Société à responsabilité limitée
SC	Société civile
SCS	Société en commandite simple
SNC	Société en nom collectif
st. Rspr.	ständige Rechtsprechung
SZW	Schweizerische Zeitung für Wirtschaftsrecht
TGI	Tribunal de Grande Instance
TLR	Times Law Report
Trib. Com.	Tribunal de Commerce
TrPublG	Transparenz- und Publizitätsgesetz
v.	versus, vom
WLR	Weekly Law Reports
WM	Wertpapiermitteilungen
WpHG	Wertpapierhandelsgesetz
Y. & C. Ex.	Younge and Collier's Exchequer Reports
z. B.	zum Beispiel
ZEuP	Zeitschrift für Europäisches Privatrecht
ZfRV	Zeitschrift für Rechtsvergleichung
ZGR	Zeitschrift für Unternehmens- und Gesellschaftsrecht
ZHR	Zeitschrift für das gesamte Handels- und Wirtschaftsrecht
ZIP	Zeitschrift für Wirtschaftsrecht und Insolvenzpraxis
ZPO	Zivilprozeßordnung
zust.	zustimmend
ZvglRWiss	Zeitschrift für vergleichende Rechtswissenschaft

1. Teil: Einleitung

§ 1 Fragestellung, Ziel und Vorgehensweise der Untersuchung

A. Fragestellung

Die Frage der Kontrolle der Geschäftsführung von Gesellschaften, insbesondere von Kapitalgesellschaften, hat in den letzten Jahren durch die Corporate-Governance-Diskussion[1], die ausgehend von den angloamerikanischen Ländern auch in Deutschland und Frankreich aufgegriffen worden ist[2], intensive Aufmerksamkeit erfahren[3]. Die Gründe dafür liegen vor allem in zahlreichen Unternehmenskrisen und –zusammenbrüchen, die immer wieder Defizite im Bereich der Kontrolle der Geschäftsführung von Unternehmen aufgezeigt haben[4] und eine Beschäftigung mit diesem Thema notwendig machen[5].

---

[1] Zum Begriff der Corporate Governance siehe nur *Behrens*, FS Drobnig, 491; *Schneider/Strenger*, AG 2000, 106 ff.; *Pettet*, 157; *Guyon*, Enc. Dalloz Sociétés, Corporate Governance, Nr. 1 ff.

[2] Zur deutschen Diskussion sei verwiesen auf die Regierungskommission zur Corporate Governance, die ihre Ergebnisse veröffentlicht hat in: *Baums*, Bericht der Regierungskommission Corporate Governance, 2001, im Internet unter http://www.ovs.de/corporate_governance.htm. Des weiteren ist von der Kodex-Kommission unter Vorsitz von *Gerhard Cromme* der Entwurf eines Corporate Governance Kodexes vorgelegt worden, im Internet unter http://www.corporate governance-code.de. In England haben die *Cadbury-*, *Hampel-* und *Greenbury-Kommissionen* Berichte zur Corporate Governance ausgearbeitet (www.ecgn.ulb.ac.be/ecgn/codes.htm); siehe dazu auch die Übersicht bei *Pettet*, J. I. B. L. 1998, 394 ff. In Frankreich sind zur Corporate Governance-Diskussion zum einen die beiden *Rapports Viénot* ausgearbeitet worden (http://www.ecgn.ulb.ac.be/ecgn/codes.htm); zum anderen wurde *Marini* seitens der französischen Regierung mit der Erarbeitung von Vorschlägen zur Modernisierung des Gesellschaftsrechts beauftragt. Diese Vorschläge wurden im Herbst 1996 veröffentlicht in: *La documentation Française*, collection des rapports officiels, 1996, 228 ff. Einen Überblick über die französische Corporate Governance-Debatte gibt zudem *Guyon*, Enc. Dalloz Sociétés, Corporate Governance, Nr. 1 ff.

[3] Siehe insbesondere die aus dieser Diskussion hervorgegangenen Gesetze, nämlich in Deutschland das Gesetz zur Verbesserung der Kontrolle und Transparenz im Unternehmensbereich (KonTraG) vom 27. 4. 1998, BGBl. 1998, 786 ff. sowie das Transparenz- und Publizitätsgesetzes (TrPublG) vom 19. 07. 2002, BGBl. I, S. 2681 ff. zu nennen. Für Frankreich ist in diesem Zusammenhang die „Loi sur les nouvelles régulations économiques" (NRE) vom 15. 5. 2001 zu erwähnen. Einen Überblick über den Inhalt dieses Gesetzes geben *Guyon*, Rev. soc. 2001, 503 ff.; *Couret*, JCP éd E 2001, 1660 ff.; *Cozian/Viandier/Deboissy*, Nr. 16.

[4] Prominentes deutsches Beispiel sind die Vorkommnisse in der *Bankgesellschaft Berlin*. Des weiteren seien die Unternehmenskrisen bei den Unternehmen *Metallgesellschaft*, *Bremer Vulkan*, *Balsam*, *Philip Holzmann* und *Bayerische Hypothekenbank* in Erinnerung gerufen. Auslöser für die Corporate Governance-Diskussion in England waren in den 80er Jahren Unternehmensskandale der Unternehmen *Barlow Clowes*, *Maxwell*, *Polly Peck;* zu dieser siehe Auflistung *Pettet*, 203. In den 90er Jahren hat in England zudem der spektakuläre Zusammenbruch der *Barings Banks* für Aufsehen gesorgt.

Über den klassischen Corporate Governance-Ansatz hinaus, der sich grundsätzlich auf börsennotierte Kapitalgesellschaften konzentriert[6], werden nachfolgend neben den Kapitalgesellschaften auch die Personengesellschaften in den Blick genommen. Zwar ist das Bedürfnis, die Geschäftsführung einer Personengesellschaft einer effektiven Kontrolle zu unterziehen, regelmäßig weniger groß als das Kontrollbedürfnis hinsichtlich der Geschäftsführung einer Kapitalgesellschaft. Dies ist zum einen darauf zurückzuführen, dass in einer Personengesellschaft die Geschäftsführung - jedenfalls nach dem gesetzlichen Leitbild - häufig durch sämtliche Gesellschafter ausgeübt wird[7]. Zum anderen ist die Zahl der Gesellschafter bei Personengesellschaften regelmäßig deutlich geringer als bei Kapitalgesellschaften. Dies führt dazu, dass das Geschehen in einer Personengesellschaft für die einzelnen Gesellschafter überschaubarer ist und sie daher eher in der Lage sind, das Handeln der Geschäftsführer nachzuvollziehen. In der Praxis wird jedoch auch bei Personengesellschaften die Geschäftsführungsbefugnis häufig - insbesondere im Falle der Beteiligung einer Kapitalgesellschaft - auf einzelne Gesellschafter unter Ausschluss der übrigen Gesellschafter übertragen. In derartigen Fällen ist die Organisation der Geschäftsführung in einer Personengesellschaft derjenigen in einer Kapitalgesellschaft daher im Grundsatz durchaus vergleichbar. Mithin besteht zumindest in Personengesellschaften, in denen nicht sämtliche Gesellschafter die Geschäfte der Gesellschaft führen, das Bedürfnis, die Geschäftsführung der Gesellschaft einer Kontrolle zu unterziehen. Die Einbeziehung der Personengesellschaften in die nachfolgende Untersuchung erscheint folglich sinnvoll[8].

B. Ziel der Untersuchung

Die Untersuchung der Kontrollmechanismen in Personen- und Kapitalgesellschaften beschränkt sich in dieser Arbeit nicht auf eine Analyse der nationalen Rechtslage. Vielmehr werden neben den Instituten, die das deutsche Recht für die Kontrolle der Geschäftsführung bereithält, rechtsvergleichend die Kontrollmechanismen des englischen sowie des französischen Gesellschaftsrechts untersucht. Hierzu werden die wichtigsten Erscheinungsformen von Personen- und Kapitalgesellschaften in den verschiedenen Rechtsordnungen berücksichtigt und einander gegenübergestellt. Die Auswahl der zu untersuchenden Rechtsordnungen ergibt sich aus der üblichen Einteilung der Rechtssysteme in Rechtskreise bzw. –familien. So stehen die deutsche, englischen und französi-

---

[5] *Feddersen/Hommelhoff/Schneider*, 1, 4.

[6] Krit. insoweit *Feddersen/Hommelhoff/Schneider*, 1.

[7] § 709 BGB, § 114 HGB, sec. 24 (5) PA 1890.

[8] Vgl. dazu *Feddersen/Hommelhoff/Schneider*, 1.

sche Rechtsordnung jeweils stellvertretend für den germanischen, angelsächsischen und romanischen Rechtskreis[9].

Ziel der Untersuchung ist die Herausarbeitung gemeineuropäischer Rechtsprinzipien, die den nationalen Regelungen bezüglich der Kontrolle der Geschäftsführung zugrunde liegen. Zu diesem Zweck werden in einem ersten Schritt die Gemeinsamkeiten und Unterschiede zwischen der deutschen, englischen und französischen Rechtsordnung im Bereich der Kontrolle der Geschäftsführung von Personen- und Kapitalgesellschaften herausgearbeitet. In einem zweiten Schritt soll der Versuch unternommen werden, die verschiedenen Regelungen, die die untersuchten Rechtsordnungen hinsichtlich der Kontrolle der Geschäftsführung bereitstellen, zu gemeinsamen Prinzipien oder Leitsätzen zusammenzufassen.

Im Gegensatz zu anderen Rechtsgebieten[10] gibt es bisher kaum Versuche, auf europäischer Ebene gemeinsame Prinzipien im Gesellschaftsrecht zu ermitteln[11]. Dies gilt insbesondere auch für die Erarbeitung gemeinsamer Prinzipien im Bereich der Kontrolle der Geschäftsführung. Es stellt sich daher zunächst die Frage, welche Gründe überhaupt für die Erarbeitung gemeinsamer Prinzipien sprechen (dazu unter I.) sowie ob und wie diese Prinzipien erarbeitet werden können (dazu unter II.).

I. Bedürfnis für die Erarbeitung gemeinsamer europäischer Prinzipien?

1. Harmonisierung der mitgliedstaatlichen Regelungen

Die Ermittlung gemeinsamer Prinzipien im Gesellschaftsrecht erscheint vor dem Hintergrund einer möglichen und notwendigen weiteren Harmonisierung des Gesellschaftsrechts der Mitgliedstaaten der Europäischen Union sinnvoll

---

[9] *Zweigert/Kötz*, 73.

[10] Vgl. die Ausarbeitungen der sog. *Lando-Kommission*, in: *Lando/Beale* (Hrsg.): Principles of European Contract Law Parts I und II, die europäische Prinzipien zum Vertragsrecht erarbeitet hat. Des weiteren arbeitet die *European Group on Tort Law* (*Tilburg-Gruppe*) an der Ausarbeitung europäischer Prinzipien im Deliktsrecht, Informationen zur Aufgabenstellung und Methode unter http://www.civil.udg.es/tort/principles.htm. Der Herausarbeitung des gemeinsamen Kerns der europäischen Privatrechte widmen sich *Bussani* und *Mattei* mit ihrem Projekt *The Common Core of European Private Law*, weitere Informationen sind erhältlich unter http://www.jus-unitn-it/cardozo/Common.core/Insearch.html.

[11] Zu diesem Ergebnis kommt auch *Ebke*, in: *Basedow/Drobnig* (Hrsg.): Aufbruch nach Europa, 75 Jahre Max-Planck-Institut für Privatrecht, 197, 211; siehe aber *Hopt*, ZGR 2000, 779-818, der sich für die Möglichkeit ausspricht, in europäischer Perspektive gemeinsame Grundsätze der Corporate Governance festzustellen.

und erforderlich[12]. Betrachtet man den Regelungsinhalt der bisher im Gesellschaftsrecht erarbeiteten europäischen Richtlinien, so stellt man fest, dass es sich hierbei größtenteils um schwer errungene Kompromisslösungen handelt[13]. Sind jedoch gemeinsame europäische Prinzipien im Gesellschaftsrecht erst einmal erarbeitet und bestätigen diese die häufig geäußerte Vermutung, dass die europäischen Gesellschaftsrechte im Kern nicht so weit auseinanderliegen wie es auf den ersten Blick scheint, so könnte dies die weitere europäische Vereinheitlichung im Gesellschaftsrecht erleichtern[14].

2. Gemeinsame Prinzipien als europäische Rechtsquelle

Die rechtliche Bedeutung gemeinsamer Prinzipien der Mitgliedstaaten könnte in naher Zukunft weiter zunehmen angesichts der Tatsache, dass der von einer Gruppe von Wissenschaftlern vorgelegte Entwurf einer Verordnung für die Europäische Privatgesellschaft von den gemeinsamen europäischen Rechtsprinzipien als subsidiärer Rechtsquelle spricht[15]. Des weiteren hatten bereits die ersten Verordnungsentwürfe zur Europäischen Aktiengesellschaft auf die „gemeinsamen Regeln oder die gemeinsamen allgemeinen Grundsätze der Rechte der Mitgliedstaaten" Bezug genommen[16]. Bilden die gemeinsamen

---

[12] Die Notwendigkeit der weiteren Vereinheitlichung der Gesellschaftsrechte in der Europäischen Union hat nun insbesondere durch das Centros-Urteil des *EuGH* vom 9. 3. 1999, NJW 1999, 2027 ff. sowie durch das Überseering-Urteil vom 5. 11. 2002, IPRax 2003, 65 ff. neuen Auftrieb erfahren, siehe dazu auch *Freitag*, EuZW 1999, 267 ff.; *Lutter*, ZGR 2000, 1, 13; *Behrens*, IPRax 2003, 193 ff.; so prognostiziert *Deckert*, RabelsZ 64 (2000), 479, 495 aufgrund des Centros-Urteils des *EuGH* und dessen Sympathie für einen Wettbewerb der Rechtsordnungen die Zunahme des Harmonisierungsdrucks. Siehe hierzu nun auch das Urteil des *EuGH* Inspire Art vom 30. 09. 2003, NJW 2003, 3331 ff.

[13] Dies tritt besonders hervor bei der (noch) nicht verabschiedeten fünften gesellschaftsrechtlichen EU-Richtlinie (Strukturrichtlinie), die zwei Organisationsformen für die AG zur Wahl stellt, vgl. *Lutter*, Europäisches Unternehmensrecht, 172; zu den Schwierigkeiten der Gesellschaftsrechtsangleichung in der Europäischen Union ausführlich *Behrens*, FS Mestmäcker, 831 ff.

[14] Diese Funktion der Erarbeitung gemeinsamer Rechtsprinzipien nennen auch *Lando/Beale*, Introduction, XXIII, hinsichtlich der Herausarbeitung gemeinsamer europäischer Prinzipien im Vertragsrecht.

[15] Art. 12 (2) des Entwurfs für eine Europäische Privatgesellschaft. Der Text des Verordnungsentwurfs ist abgedruckt bei *Helms*, 281 ff. Zum Rückgriff auf die gemeinsamen Prinzipien der Mitgliedstaaten im EPG-Statut siehe ausführlich *Helms*, 173 f., krit. hingegen *Ehricke*, RabelsZ 64 (2000) 497, 514/516: Europäische Prinzipien als „derzeit und in absehbarer Zukunft nicht praktikablen Regelungsvorrat".

[16] Art. 7 I lit. b des Verordnungsentwurf von 1970, AblEG C Nr. 124 v. 10. 10. 1970, 1 ff. und 1975, Bulletin der EG v. 1975, Beilage 4). In der Fassung des nunmehr vom Europäischen Rat am 20.12.2000 und vom Europäischen Parlament am 8.10.2001 gebilligten Verordnungstextes ist der entsprechende Passus nicht mehr enthalten.

Prinzipien der Mitgliedstaaten eine europäische Rechtsquelle, so ist Voraussetzung der Anwendung dieser Prinzipien, diese zunächst einmal zu benennen.

3. Allgemeines Erkenntnisinteresse

Neben den bereits genannten Gründen spricht für die Erarbeitung gemeinsamer Prinzipien das allgemeine Erkenntnisinteresse im Hinblick auf die nationalen Gesellschaftsrechtsordnungen der Mitgliedstaaten der EG sowie das Interesse an der Offenlegung der Gemeinsamkeiten und Unterschiede, die diese Gesellschaftsrechte im Vergleich zum deutschen Recht aufweisen. Vor allem könnte ein Katalog gemeinsamer Prinzipien im Gesellschaftsrecht auch eine willkommene Informationsquelle für nationale Richter und Schiedsrichter darstellen, die über Sachverhalte, insbesondere länderübergreifende Sachverhalte, zu entscheiden haben, die nicht oder nicht angemessen im jeweiligen nationalen Recht geregelt sind[17].

II. Möglichkeit der Erarbeitung gemeinsamer Prinzipien

Zwischen den zu untersuchenden Rechtsordnungen und hierbei insbesondere zwischen dem deutschen und englischen Gesellschaftsrecht bestehen teilweise erhebliche Unterschiede[18]. Diese sprechen auf den ersten Blick gegen die Möglichkeit, gemeinsame Prinzipien im Bereich des Gesellschaftsrechts zu entwickeln[19]. Einer rechtsvergleichenden Grunderfahrung zufolge gelangen Rechtsordnungen, die für eine Problematik zunächst sehr unterschiedliche Regelungen aufweisen, im Ergebnis dennoch häufig - wenn auch auf unterschiedlichen Wegen - zu ähnlichen Lösungen[20]. Diese Erfahrung spricht dafür, dass sich gemeinsame Prinzipien auch dann ermitteln lassen, wenn einer ersten Bestandsaufnahme zufolge auf der rechtstechnischen Ebene erhebliche Unterschiede zwischen den Rechtsordnungen bestehen. Die europäischen Projekte zum Vertrags- und Deliktsrecht stützen diese These[21]. Zu ermutigen vermag

---

[17] Siehe auch *Lando/Beale*, Introduction, xxiv, zum entsprechenden Ziel bei der Erarbeitung gemeinsamer Prinzipien im Vertragsrecht sowie *Ebke*, FS für Großfeld, 189, 207, der darauf hinweist, das die vom American Law Institute erarbeiteten Prinzipien zur Corporate Governance im Zeitraum 1994-1998 in 141 Entscheidungen US-amerikanischer Gerichte zitiert worden sind.

[18] *Hübner/Constantinesco*, 218; *Neßler*, ZfRV 2000, 1; *Güthoff*, Organhandeln, 5. Genannt sei an dieser Stelle nur der strukturelle Unterschied zwischen monistischer und dualistischer Unternehmensführung, siehe dazu ausführlich unten Seite 221 ff.

[19] *Bachmann*, ZGR 2001, 351, 376; *Ehricke*, RabelsZ 64 (2000) 497, 514/516.

[20] *Zweigert/Kötz*, 33.

[21] Siehe zu diesen Projekten FN 10.

darüber hinaus auch ein Blick in die USA. Obwohl das Recht der einzelnen Bundesstaaten der USA ebenfalls erhebliche - wenn auch im Vergleich zu den verschiedenen europäischen Rechtsordnungen geringere[22] - Unterschiede aufweist, fasst das American Law Institute die unterschiedlichen einzelstaatlichen Regelungen in gemeinsamen ‚*restatements*' zusammen[23].

C. Vorgehensweise bei der Prinzipienbildung

I. Begriff des ‚Prinzips'

Der in der juristischen Literatur nicht unumstrittene Begriff des ‚Prinzips'[24] wird im Folgenden im Sinne von Grundregel, Grundsatz oder leitenden Rechtsgedanken[25] verstanden. Dabei orientiert sich das hier verwendete Begriffsverständnis an dem Verständnis, das die Kommission zum europäischen Vertragsrecht (sog. Lando-Gruppe) ihrer Erarbeitung der europäischen Prinzipien zum Vertragsrecht zugrunde gelegt hat. Nach Auffassung dieser Expertengruppe spiegeln die von ihnen erarbeiteten Prinzipien des europäischen Vertragsrechts den gemeinsamen Bestand an Lösungen für vertragsrechtliche Probleme wider[26]. Von eben diesem Verständnis scheint auch das Europäische Parlament in seiner Entschließung zur Annäherung des Zivil- und Handelsrechts der Mitgliedstaaten vom 15. 11. 2002 auszugehen, in der es von der Notwendigkeit spricht, gemeinsame rechtliche Begriffe und Lösungen sowie eine gemeinsame rechtliche Terminologie der fünfzehn Mitgliedstaaten auf dem Gebiet des Zivilrechts zu gewinnen[27]. Das Vorliegen eines Prinzips im hier verstandenen Sinne wird nicht dadurch ausgeschlossen, dass verschiedene Rechtsordnungen eine Sachfrage durch unterschiedliche rechtliche Institutionen regeln, wenn diesen unterschiedlichen Regelungen ein gemeinsamer

---

[22] So auch *Lando/Beale*, introduction, xxvi.

[23] Zu den US-amerikanischen „restatements" siehe die Erläuterungen bei *Zweigert/Kötz*, 246; *Kötz*, RabelsZ 50 (1986), 1, 16; *Ebke*, in: FS Großfeld, 189, 204f; *Schindler*, ZEuP 1998, 277 ff.; *Reimann*, in: *Zimmermann* (Hrsg.), Amerikanische Rechtskultur und europäisches Privatrecht, 1995, 132, 130 ff.; zur Vorbildfunktion der Restatements für die Lando-Kommission siehe *Zimmermann*, JZ 1995, 477 ff.

[24] Strittig ist hierbei insbesondere, wie der Begriff des ‚Prinzips' von dem der ‚Rechtsregel' abgegrenzt werden kann. Einen Überblick über die verschiedenen Begriffsverständnisse gibt *Alexy*, 72 ff.

[25] So *Larenz*, Methodenlehre, 479.

[26] *Lando/Beale*, Introduction, xxii: „The Principles are intended to reflect to common core of solutions to problems of contract law"; siehe zu den vergleichbaren vom American Law Institute erarbeiteten restatements *Ebke*, FS für Großfeld, 189, 210.

[27] Im Internet unter http://www.curopa.cu.int/abc/doc/off/bull/dc/200111/p104098.htm (dort unter A Nr. 14).

Grundgedanke zugrunde liegt[28]. Hieran wird deutlich, dass die Ermittlung gemeinsamer Prinzipien eng mit der Methode der funktionalen Rechtsvergleichung verknüpft ist. Die Feststellung gemeinsamer Prinzipien stellt sich quasi als das Ergebnis dieser Methode dar, die nicht vor unterschiedlichen rechtlichen Konstruktionen zurückschreckt, sondern vielmehr nach der Funktion fragt, die der jeweiligen nationalen Regelungslösung zugrunde liegt[29].

II. Methode der Ermittlung gemeinsamer Prinzipien

Erster Schritt für die Erarbeitung gemeinsamer Prinzipien ist die Ermittlung der Rechtslage in den verschiedenen Rechtsordnungen. Kommt die Untersuchung der verschiedenen Rechtsordnungen zu dem Ergebnis, dass die untersuchten Rechtsordnungen einen Sachverhalt einheitlich regeln, so liegt ein gemeinsames Prinzip vor. Wie ist aber vorzugehen, wenn die einzelnen Rechtsordnungen unterschiedliche Lösungen für eine Rechtsfrage anbieten oder eine Rechtsordnung eine abweichende Regelung enthält, die übrigen Rechtsordnungen jedoch miteinander im Einklang stehen? Ist in diesen Fällen die Existenz eines gemeinsamen Prinzips ausnahmslos zu verneinen? Mit anderen Worten, welcher Grad an inhaltlicher Übereinstimmung ist für die Annahme eines gemeinsamen Prinzips zu fordern? Hierbei ist davon auszugehen, dass die Feststellung gemeinsamer Prinzipien desto schwieriger wird, je höher der zu fordernde Übereinstimmungsgrad der verschiedenen Rechtsordnungen angesetzt wird.

Bieten die untersuchten Rechtsordnungen unterschiedliche konzeptionelle Lösungen für die Behandlung desselben rechtlichen Problems an, so kommen verschiedene Möglichkeiten in Betracht, dennoch ein gemeinsames Prinzip festzustellen. Zum einen könnte das Prinzip in einer Kompromisslösung, in einem „kompromißfähigen Durchschnittsmodell"[30] gesehen werden. Gegen diese Methode spricht jedoch, dass hierdurch die Rechtslage in den verschiedenen Rechtsordnungen nicht wahrheitsgemäß widergespiegelt wird. Es erscheint daher fraglich, ob derartige Durchschnitts- oder Kompromisslösungen tatsächlich als gemeinsames Prinzip der untersuchten Rechtsordnungen bezeichnet werden könnten. Zum anderen könnte auf die Lösung zurückgegriffen werden, die die untersuchten Rechtsordnungen mehrheitlich anbieten[31]. Diese Vorgehensweise vermag jedoch deshalb nicht zu überzeugen, weil Ge-

---

[28] Vgl. dazu *Esser*, 380: „Gleiche Ordnungsnotwendigkeiten finden in korrespondierenden „Grundgedanken" ihren Ausdruck".

[29] Zur Methode der funktionalen Rechtsvergleichung siehe nur *Zweigert/Kötz*, 33 ff.

[30] So *Völter*, 192.

[31] *Völter*, 194.

genstand dieser Untersuchung lediglich drei Rechtsordnungen bilden. Die Bildung von Prinzipien anhand der Mehrheitslösungen würde darüber hinaus voraussetzen, dass sämtliche europäischen Rechtsordnungen in die Untersuchung mit einbezogen würden. Dies würde jedoch den Rahmen dieser Untersuchung sprengen.

Möglicherweise hilft bei der Festlegung der methodischen Vorgehensweise ein Blick auf das bereits erwähnte *American Law Institute* und dessen Vorgehensweise bei der Erarbeitung der *‚restatements'* des US-amerikanischen Rechts. Stellt das *American Law Institute* bei der Untersuchung der Rechtslage in den einzelnen US-amerikanischen Bundesstaaten fest, dass diese einen rechtlichen Aspekt unterschiedlich regeln, so gibt es derjenigen Regelung den Vorzug, die sich aus seiner Sicht als die geeignetste Regelung zur Lösung einer Rechtsfrage darstellt[32]. Damit setzt diese Vorgehensweise eine Bewertung der in den einzelnen Bundesstaaten gefundenen Lösungen voraus[33]. Übertragen auf das Thema der Kontrolle der Geschäftsführung könnte ein denkbares Kriterium zur Beurteilung der Geeignetheit einer angebotenen Lösung die Kontrolleffizienz und Kontrolldichte sein, die mit der jeweiligen Regelung einhergeht. Dennoch erscheint zweifelhaft, ob diese Vorgehensweise des *American Law Institute* auf die europäische Ebene sinnvoll übertragen werden kann[34]. Diese Zweifel ergeben sich insbesondere angesichts der Tatsache, dass in der Vergangenheit die Einigung auf europäischer Ebene auf eine der in den nationalen Rechtsordnungen bekannten Regelungslösungen im Gesellschaftsrecht häufig zu Schwierigkeiten geführt hat[35]. Des weiteren würde die Beurteilung der Geeignetheit einer Regelung hinsichtlich der Gewährleistung der Kontrolle der Geschäftsführung eine intensive Auseinandersetzung mit betriebswirtschaftlichen Methoden und Erkenntnissen voraussetzen.

Die Erarbeitung der Methode, mit deren Hilfe gemeinsame Prinzipien herausgearbeitet werden können, muss sich vielmehr in erster Linie danach bestimmen, welches Ziel mit der vorliegenden Untersuchung angestrebt wird. Das Ziel dieser Untersuchung besteht darin, die Rechtsordnungen Deutschlands, Frankreichs und Englands daraufhin zu untersuchen, inwieweit sie auf dem Gebiet der Kontrolle der Geschäftsführung von Personen- und Kapitalge-

---

[32] Vgl. *Ebke*, FS Großfeld, 189, 205.

[33] Vgl. dazu *Völter*, 193 ff.

[34] Zu den Unterschieden zwischen der Erarbeitung gemeinsamer Prinzipien für die Bundesstaaten der USA und für die Mitgliedstaaten der EU siehe auch *Lando/Beale*, Introduction, XXVI. Gegen eine Entscheidung für die geeignetste Lösung im Rahmen des EPG-Statuts jedoch *Helms*, 175.

[35] Siehe nur die Schwierigkeiten bei der Verabschiedung der Strukturrichtlinie, dazu *Lutter*, Europäisches Unternehmensrecht, 171 ff. sowie *Behrens*, FS Mestmäcker, 831 ff.

sellschaften einen Bestand von gemeinsamen Lösungen aufweisen. Ziel dieser Untersuchung ist es hingegen nicht, einen Vorschlag für eine entsprechende europäische Regelung zu erarbeiten. Daher erscheint es für die vorliegende Untersuchung angemessen, auf die Heranziehung europarechtlicher Kriterien bei der Erarbeitung der gemeinsamen Prinzipien weitgehend zu verzichten[36]. Für die Feststellung eines gemeinsamen Prinzips ist vielmehr ein pragmatisches und einzelfallorientiertes Maß, „ein vernünftiger Grad an Übereinstimmung, der je nach Einzelfall bestimmt werden muss", zu entwickeln[37]. Hierbei stehen die einzelnen Rechtsordnungen und die von ihnen angebotenen Lösungsmodelle grundsätzlich gleichberechtigt nebeneinander. Dies wird im Ergebnis dazu führen, dass die ermittelten Prinzipien faktisch häufig den kleinsten gemeinsamen Nenner der untersuchten Rechtsordnungen widerspiegeln werden[38]. Damit ist jedoch nicht gesagt, dass ein gemeinsames Prinzip stets abzulehnen ist, wenn die nationalen Rechtsordnungen für eine einzelne Gesellschaftsform eine Regelung vorsehen, die von der für die übrigen Gesellschaftsformen übereinstimmenden Regelung abweicht. Es ist in diesen Fällen vielmehr zu untersuchen, inwieweit sich die abweichende Lösung als eine zwingende Konsequenz ihres jeweiligen rechtlichen, wirtschaftlichen und sozialen Umfeldes ergibt[39] oder inwieweit sie sich als zufälliges Produkt des nationalen Gesetzgebers darstellt mit der Folge, dass sie bei der Formulierung gemeinsamer Prinzipien vernachlässigt werden kann.

---

[36] Zur Herausarbeitung gemeinsamer Prinzipien anhand europarechtlicher Kriterien siehe ausführlich *Schroeder, 260 ff.; Völter,* 113 ff.

[37] *Pescatore,* 126.

[38] Krit. insoweit *Ebke*, FS Großfeld, 189, 212, der für einen Rückgriff auf die gemeinsamen europäischen Wurzeln des Gesellschaftsrechts plädiert; des weiteren *Bachmann*, ZGR 2001, 351, 376; *Helms*, 176.

[39] Sog. Pfadabhängigkeit oder *path dependency* einer Regelung, siehe dazu nur *Roe,* 109 Harvard Law Review 641 (1996), 641 ff.

§ 2 Gegenstand der Arbeit

Die Darstellung der Regelungen, die die Rechtsordnungen und die Rechtspraxis zur Kontrolle der Geschäftsführung von Personen- und Kapitalgesellschaften bereit halten, setzt Klarheit darüber voraus, was unter der Kontrolle der Geschäftsführung zu verstehen ist (dazu unter A.) und welche Funktion diese Kontrolle in den Gesellschaften erfüllt (dazu unter B.). Im Anschluss daran wird ein kurzer Überblick über die verschiedenen Erscheinungsformen der Geschäftsführungskontrolle in Personen- und Kapitalgesellschaften gegeben (unter C.).

A. Begriff der Kontrolle der Geschäftsführung

Zur Klärung des Begriffs der Kontrolle der Geschäftsführung[40] bietet sich in einer juristischen Bearbeitung als erster Schritt der Rückgriff auf einschlägige gesetzliche Vorschriften an. Jedoch führt der Blick ins Gesetz insoweit nicht wesentlich weiter, da der Begriff der Kontrolle oder Überwachung in keiner der untersuchten Gesellschaftsrechtsordnungen näher definiert wird[41]. Im deutschen Gesellschaftsrecht findet man sogar den Begriff der Kontrolle nur selten in den gesetzlichen Vorschriften. So bezeichnen das BGB wie auch das HGB lediglich die Informationsrechte der Gesellschafter als deren Kontrollrechte[42]. Es leuchtet jedoch unmittelbar ein, dass die Kontrolle der Geschäftsführung nicht allein mit Hilfe von Informationsrechten zu gewährleisten ist, so wichtig diese auch für den Gesellschafter sein mögen. Das AktG spricht in § 111 (1) immerhin von der Überwachungsaufgabe des Aufsichtsrats, das GmbH-Gesetz in § 46 Nr. 6 von der Überwachungsaufgabe der Gesellschafter, ohne diese Aufgabe jedoch näher zu konkretisieren[43].

Allgemein wird davon ausgegangen, dass der Tätigkeit eines Kontrolleurs der Vergleich von Soll- und Istzustand inhärent ist[44]. Darüber hinaus setzt eine kontrollierende Tätigkeit zumindest die Existenz einer Einwirkungs-

---

[40] Zu den Erscheinungsformen und Befugnissen der Geschäftsführung in den verschiedenen Gesellschaftsformen Deutschlands, Englands und Frankreichs ausführlich *Schmidt-Tiedemann*.

[41] So zum deutschen Recht auch *Wiedemann*, 374.

[42] § 716 BGB und § 118 HGB.

[43] Des Weiteren spricht der französische Code in Art. 225-69 (1) CCom von der Überwachungsaufgabe des conseil de surveillance: „Le conseil de surveillance exerce le contrôle permanent de la gestion de la société par le directoire".

[44] *Schlömer*, 4 und 22; *Bea/Scheurer*, DB 1995, 1289; *Bunte*, 58; *Gollnick*, 55; Gabler Wirtschaftslexikon, 2232.

oder Abänderungsbefugnis des Kontrolleurs voraus[45]. So definiert *Saunders*[46] aus englischer Sicht die Kontrolle in einer Gesellschaft folgendermaßen:

> „[Control] means by virtue of any powers conferred by the articles of association or other document regulating that the affairs of the body corporate are conducted in accordance with the wishes of that person."

Entsprechend diesem Begriffsverständnis werden nachfolgend die rechtlichen Möglichkeiten dargestellt, die den an einer Personen- oder Kapitalgesellschaft Beteiligten - den Gesellschaftern, besonderen Kontrollgremien sowie professionellen Prüfern - zum Zweck des Vergleichs des angestrebten mit dem vorgefundenen tatsächlichen Zustand der Gesellschaft und gegebenenfalls zur Anpassung des vorgefundenen tatsächlichen Zustands an den Sollzustand zustehen.

B. Funktion der Kontrolle der Geschäftsführung

Die Notwendigkeit, die Geschäftsführung durch Personen, die nicht zugleich im wesentlichen Umfang finanziell an der Gesellschaft beteiligt sind, einer Kontrolle seitens der Gesellschafter zu unterziehen, ist in aller Deutlichkeit bereits im Jahr 1932 von den Wissenschaftlern *Berle* und *Means* aufgedeckt worden[47]. Für sie ist die Kontrolle von Delegationsentscheidungen notwendiger Bestandteil einer arbeitsteiligen Organisation, da die Delegation von Herrschaft es den Managern eines Unternehmens ermögliche, mit Hilfe der Unternehmung eigene Ziele zu verfolgen. Zuvor hatte bereits *Adam Smith* im Jahr 1776 darauf hingewiesen, von Geschäftsführern, die nicht Eigentümer des verwalteten Vermögens der Gesellschaft seien, könne nicht erwartet werden, dass sie dieses Vermögen mit der Sorgfalt hüteten, die die Gesellschafter einer Personengesellschaft aufwendeten[48]. Er fasste dies folgendermaßen zusammen:

> „Negligence and profusion, therefore, must always prevail, more or less, in the management of the affairs of such a company."[49]

---

[45] *Semler*, 59; *Schlömer*, 4 und 91; *von Dübendorf*, 50; *Hermanns*, 30.

[46] *Saunders*, in: Words and phrases legally defined, 342.

[47] *Berle/Means*, The Modern Corporation and Private Property, London 1932.

[48] *A. Smith*, 741.

[49] *A. Smith*, 741.

Die Begründung für diese Einschätzung ist in den unterschiedlichen Interessen zu suchen, die Geschäftsführer und Gesellschafter verfolgen, wenn der Geschäftsführer nicht zugleich in wesentlichem Umfang an der Gesellschaft beteiligt ist[50]. Während die Anteilseigner einer Gesellschaft regelmäßig an einem langfristigen wirtschaftlichen Erfolg ihrer Gesellschaft interessiert sind[51], geht das Interesse von gesellschaftsfremden Geschäftsführern grundsätzlich eher dahin, ihre Kompetenz und damit ihren Marktwert durch rasche wirtschaftliche Erfolge, die notfalls auch mit Hilfe riskanter Geschäfte herbeigeführt werden, unter Beweis zu stellen[52]. Da sich menschliches Handeln aufgrund des Selbsterhaltungstriebs zunächst einmal an den jeweils eigenen Interessen orientiert, ist grundsätzlich davon auszugehen, dass sowohl Geschäftsführer als auch Gesellschafter ihr Handeln jeweils an ihren eigenen Interessen ausrichten[53]. Daher dient die Kontrolle der Geschäftsführung dazu, zu gewährleisten, dass Geschäftsführer die ihnen zugewiesenen Befugnisse nicht im eigenen Interesse, sondern im Interesse der Gesellschafter ausüben[54].

Die Probleme, die aus der Trennung von Eigentum und Kontrolle in Gesellschaften, insbesondere in Kapitalgesellschaften folgen, werden in der Neuen Institutionenökonomik als ein Anwendungsbeispiel der sog. Prinzipal-Agent-Theorie diskutiert[55]. Insbesondere resultieren die Schwierigkeiten im Verhältnis zwischen Agent (Geschäftsführer) und Prinzipal (Gesellschafter) aus einem Informationsgefälle (Informationsasymmetrie) zu Lasten des Prinzipals[56]. Die Kontrolle der Geschäftsführung dient entsprechend auch dazu, durch rechtliche Vorkehrungen einen Ausgleich dieses Informationsgefälles herbeizuführen.

---

[50] *Richter/Furubotn*, 197 und 356 ff.

[51] Etwas anderes gilt naturgemäß für die Anleger von Publikumsgesellschaften, die rein spekulative Ziele verfolgen, siehe dazu *Raiser*, § 13 Rn 1.

[52] *Raiser*, § 13 Rn 3; *Richter/Furubotn*, 97 f.; 197 f.; *Becker*, 86; *von Dübendorf*, 41.

[53] *Eidenmüller*, 23.

[54] Die mit der Überwachung des *principal* verbundenen Kosten werden in der Neuen Institutionenökonomik als *agency costs* (Vertretungskosten) bezeichnet, siehe dazu *Richter/Furubotn*, 166; *Erlei/Leschke/Sauerland*, 75; *Schäfer/Ott*, 600. Neben der Möglichkeit, die Ausrichtung des Handelns des Geschäftsführers an den Interessen der Gesellschaft durch Kontrolle herbeizuführen, besteht grundsätzlich die Möglichkeit, den Geschäftsführern dahingehende Anreize zu geben, dass sie sich an den Interessen der Gesellschaft orientieren, siehe dazu *Richter/Furubotn*, 357.

[55] Siehe dazu *Richter/Furubotn*, 163 ff.; *Erlei/Leschke/Sauerland*, 76 ff.

[56] *Richter/Furubotn*, 163 ff.; *Homann/Suchanek*, 111.

C. Überblick über die Erscheinungsformen der Geschäftsführungskontrolle in Personen- und Kapitalgesellschaften

Die Überwachung der Geschäftsführung kann durch verschiedene Kontrollmittel herbeigeführt werden. Im Detail erfolgt die Darstellung der verschiedenen Kontrollmechanismen in den folgenden Teilen der Untersuchung. An dieser Stelle soll lediglich ein erster grober Überblick über die verschiedenen Kontrollmittel gegeben werden, um deutlich zu machen, dass es sich bei der Kontrolle der Geschäftsführung von Personen- und Kapitalgesellschaften um ein Zusammenspiel verschiedener Akteure, also um Kontrollsysteme handelt. Dies gebietet es, bei der Untersuchung eines Kontrollinstruments bzw. Kontrolleurs die übrigen Mittel und Akteure zur Kontrolle der Geschäftsführung im Blick zu behalten. Denn es ist beispielsweise denkbar, dass geringfügige Kontrollbefugnisse zugunsten der Gesellschafter durch weitreichende Kontrollrechte anderer Akteure (z. B. Kontrollgremien) kompensiert werden.

I. Die verschiedenen Kontrolleure in den Gesellschaften

Die Kontrolle der Geschäftsführung wird insbesondere in den Personengesellschaften in erster Linie durch die Gesellschafter ausgeübt[57]. Die Kontrollbefugnisse der Gesellschafter können hierbei entweder dem einzelnen Gesellschafter oder der Mehrheit der Gesellschafter bzw. einer bestimmten Anzahl von Gesellschaftern zustehen. Neben der Kontrolle seitens der Gesellschafter kommt in Kapitalgesellschaften sowie in größeren Personengesellschaften der Kontrolle durch besondere Gremien eine erhebliche Bedeutung zu[58]. Als weitere denkbare Inhaber von Kontrollbefugnissen sind die Prüfer der Rechnungslegung[59] sowie staatliche Behörden zu nennen[60].

II. Die verschiedenen Kontrollmittel

Die Kontrolle der Geschäftsführung kann zum einen vorbeugend erfolgen zu dem Zweck, ein Fehlverhalten der Geschäftsführung von vornherein zu verhindern (präventive Kontrolle). Zu den präventiv wirkenden Kontrollmitteln gehören Zustimmungsvorbehalte für bestimmte Geschäftsführungsmaßnahmen sowie Weisungsbefugnisse gegenüber der Geschäftsführung. Zum anderen ist

[57] Zur Kontrolle durch die Gesellschafter siehe den zweiten Teil dieser Arbeit, Seite 51 ff.

[58] Zur Kontrolle durch Gesellschaftsgremien siehe den dritten Teil dieser Arbeit, Seite 217 ff.

[59] Zur Kontrolle durch professionelle Prüfer siehe den vierten Teil dieser Arbeit, Seite 272 ff.

[60] Zur Kontrolle durch staatliche Behörden sei auf den fünften Teil dieser Arbeit, Seite 286 ff. verwiesen.

eine nachträgliche Kontrolle denkbar, die Missstände in der Geschäftsführung aufdeckt und diese gegebenenfalls beseitigt (repressive Kontrolle). In den Bereich der repressiven Kontrolle fallen die rechtlichen Möglichkeiten, die Geschäftsführer gegen ihren Willen ihres Amtes zu entheben, das Institut der Sonderprüfung sowie die Prüfung des Jahresabschlusses durch professionelle Prüfer. Weiteres Kontrollinstrument, das die Grundlage dafür schafft, die übrigen Kontrollbefugnisse überhaupt wahrnehmen zu können, sind die Informationsrechte, die den verschiedenen Beteiligten an der Gesellschaft gegenüber der Geschäftsführung zustehen.

§ 3 Überblick über die Organisationsstruktur der untersuchten Gesellschaftsformen

Ohne Ergebnisse der Untersuchung vorwegnehmen zu wollen, soll doch an dieser Stelle bereits die Tatsache angesprochen werden, dass die Ausgestaltung der Kontrolle der Geschäftsführung in den verschiedenen Gesellschaftsformen in hohem Maße von der jeweiligen Organisationsstruktur einer Gesellschaft abhängt. Es ist daher zum Verständnis der nachfolgend dargestellten Kontrollsysteme der Gesellschaften von wesentlicher Bedeutung, sich zuvor einen kurzen Überblick über die verschiedenen Gesellschaftsformen, die in dieser Untersuchung behandelt werden sollen (unter A.), sowie über die Organisationsstrukturen dieser Gesellschaften (unter B.) zu verschaffen.

A. Untersuchte Gesellschaftsformen

I. Personengesellschaften

1. Allgemeines

Gegenstand der Untersuchung sind zum einen die Personengesellschaften. Bei den Personengesellschaften werden die Gesellschaften untersucht, in denen sämtliche Gesellschafter unbeschränkt für die Verbindlichkeiten der Gesellschaft haften. Dies sind die deutsche Gesellschaft bürgerlichen Rechts (GbR) sowie die offene Handelsgesellschaft (OHG); die französische *société civile* (SC)[61] sowie die *société en nom collectif* (SNC), und die englische *partnership*[62]. Des Weiteren werden auch die Personengesellschaften in die Untersuchung einbezogen, die beschränkt und unbeschränkt haftende Gesellschafter in sich vereinen. Dies sind die deutsche Kommanditgesellschaft (KG), die französische *société en commandite simple* (SCS) sowie die englische *limited partnership*.

---

[61] Neben der Grundform der SC kennt das französische Recht besondere Formen der SC wie die *société civile professionelle* und die *société civile immobilière*. Auf diese Sonderformen wird nachfolgend nicht gesondert eingegangen.

[62] Das englische Recht kennt lediglich eine Personengesellschaft, in der sämtliche Gesellschafter unbeschränkt haften, hierzu *Güthoff*, 1.

2. Rechtsgrundlagen

Das Recht der GbR ist geregelt in den §§ 705 ff. BGB; die OHG sowie die KG finden ihre Rechtsgrundlagen in den §§ 105 ff. bzw. §§ 161 ff. HGB. Daneben stellt der Gesellschaftsvertrag eine wichtige Rechtsquelle für diejenigen Bereiche dar, die gesetzlich nicht bzw. dispositiv geregelt sind. Für die *partnership* bzw. die *limited partnership* ergeben sich die Rechtsgrundlagen aus dem *Partnership Act* von 1890 *(PA 1890)* bzw. aus dem *Limited Partnership Act* von 1907 (*LPA 1907)*. Entsprechend dem deutschen Gesellschaftsvertrag regeln die Gesellschafter ihre Rechtsverhältnisse im *partnership agreement*. Das Recht der SC ist im Code civil (CC) in den Artt. 1845 ff., das Recht der SNC bzw. der SCS ist in den Artt. 221-1 ff. bzw. Artt. 222-1 ff. Code de Commerce (CCom) geregelt. Allgemeine Vorschriften für sämtliche Gesellschaftsformen enthalten die Art. 1832 ff. CC. Daneben können sich Regelungen aus den Statuten (*statuts)* der Gesellschaft ergeben.

3. Praktische Bedeutung der verschiedenen Gesellschaftsformen

Während die GbR insbesondere bei kleineren Unternehmungen verbreitet ist[63] und der KG aufgrund der beschränkten Haftung der Kommanditisten ebenfalls eine große praktische Bedeutung zukommt[64], befindet sich die OHG seit den siebziger Jahren auf dem Rückzug und ist in ihrer Bedeutung allmählich von der GmbH abgelöst worden[65]. Im englischen Personengesellschaftsrecht kommt der *partnership* relativ große Bedeutung zu, während die *limited partnerhip* in der englischen Praxis kaum vorkommt[66]. Unter den französischen Personengesellschaften ist die SC mit einem Anteil von 15,88% die mit Abstand praktisch bedeutendste Personengesellschaftsform, während die SNC und die SCS in Frankreich kaum in Erscheinung treten[67].

---

[63] *Schücking*, in: MüHbGesR, Band 1, § 1 Rn 1. Daneben kommt der GbR auch im nicht unternehmerischen Bereich in Form von Gelegenheitsgesellschaft Bedeutung zu, auf die jedoch im Folgenden nicht weiter eingegangen werden soll.

[64] *K. Schmidt*, Gesellschaftsrecht, § 53 I 2 c), Seite 1532, *Hohloch* , EUHbGesR, Deutschland, § 5 Rn 129.

[65] *Hohloch*, EUHbGesR, § 4 Rn 61.

[66] Allgemein kommt den *partnerships* weniger Bedeutung zu als den *companies*. Zur geringen Bedeutung der *limited partnership* siehe *Lindley/Banks*, 28-8; *Hohloch*, EUHbGesR, United Kingdom, Rn 113.

[67] *Cozian/Viandier/Deboissy*, Nr. 9.

II. Kapitalgesellschaften

1. Allgemeines

Hinsichtlich der Kapitalgesellschaften sind zum einen diejenigen Gesellschaften zu berücksichtigen, deren Anteile nicht am öffentlichen Kapitalmarkt gehandelt werden können – dies sind die deutsche Gesellschaft mit beschränkter Haftung (GmbH), die französische *société à responsabilité limitée* (SARL) und die englische *private company limited by shares.* Zum anderen sind die Kapitalgesellschaften zu untersuchen, deren Anteile einem Handel am öffentlichen Kapitalmarkt grundsätzlich zugänglich sind – dies sind neben der deutschen Aktiengesellschaft (AG) die französische *société anonyme* (SA) und die englische *public company limited by shares.*

2. Rechtsgrundlagen

Die Rechtsgrundlagen der GmbH und der AG finden sich im wesentlichen im Gesetz betreffend die Gesellschaften mit beschränkter Haftung (GmbHG) bzw. im Aktiengesetz (AktG). Daneben sind weitere Regelungen in den Satzungen der Gesellschaft enthalten. Für die französischen Kapitalgesellschaften ergeben sich die Rechtsgrundlagen aus den Artt. 223-1 ff. bzw. 225-1 ff. CCom sowie aus den Statuten (*statuts)* der Gesellschaften. Das Recht der englischen *companies* beruht zum einen auf den Regelungen des Companies Act von 1985 (CA 1985). Daneben regeln das *memorandum* die Rechtsverhältnisse der Gesellschaft nach außen und die *articles of association* die innere Organisation der Gesellschaft. Stellt eine Gesellschaft keine *articles of association* auf oder weisen die aufgestellten *articles of association* einer Gesellschaft Lücken auf, so sind die Vorschriften der Modellsatzung, der *Table A,* anzuwenden[68]. In der Praxis ist die Anwendung der *Table A* die Regel[69]. Daneben ist im englischen Recht in besonderem Maße Richterrecht zu berücksichtigen, dem in der englischen Rechtsordnung allgemein wie auch im Gesellschaftsrecht hohe Bedeutung zukommt[70].

---

[68] Sec. 8 (2) CA 1985.

[69] *Prime/Scanlan*, 56.

[70] *Triebel/Hodgson/Kellenter/Müller*, Rn 24 ff.

3. *Praktische Bedeutung der verschiedenen Gesellschaftsformen*

In Deutschland stellt die GmbH die praktisch bedeutendste Gesellschaftsform dar[71]. Ebenso groß ist die praktische Bedeutung der *private company limited by shares* in England[72]. Geringere zahlenmäßige Bedeutung kommt demgegenüber der AG sowie der *public company limited by shares* zu[73]. Die französische *SA* hat zwar eine relativ große praktische Bedeutung[74]. Diese wird jedoch bei weitem übertroffen durch das praktische Vorkommen der SARL mit einem Anteil von 66,75 Prozent[75].

B. Die Organisation der Geschäftsführung in den untersuchten Gesellschaften

I. Personengesellschaften

In der GbR, OHG sowie in der SNC und der *partnership* nehmen grundsätzlich alle Gesellschafter an der Geschäftsführung der Gesellschaft teil, soweit der Gesellschaftsvertrag (das *partnership agreement* bzw. die *statuts*) keine anderslautende Regelung vorsieht[76]. Dasselbe gilt für die unbeschränkt haftenden Gesellschafter einer KG, einer *limited partnership* oder einer SCS, während die beschränkt haftenden Gesellschafter, die Kommanditisten, *limited partners* bzw. *commanditaires,* nicht geschäftsführungsberechtigt sind[77]. In der SC führen nach der gesetzlichen Regelung einer oder mehrere Gesellschafter die Geschäfte der Gesellschaft[78]. In der Praxis wird die Geschäftsführung in allen untersuchten Rechtsordnungen jedoch häufig einem oder mehreren

[71] *Westermann*, in: Pro GmbH, 24.

[72] *Charlesworth/Morse*, 32, siehe auch den Bericht des Department of Trade and Industry, Companies in 1999-2000, 25.

[73] Zur AG: *Grunewald,* 2 C Rn 5.

[74] Die SA hat einen Anteil von 12,80%, siehe dazu die Aufstellung bei *Cozian/Viandier/Deboissy*, Nr. 9. Dabei nimmt die dualistisch organisierte SA einen sehr geringen Anteil ein, so *Teichmann,* ZGR 2001, 645, 664. Immerhin befinden sich wichtige und internationale Unternehmen unter denen, die für sich die dualistische Führungsstruktur gewählt haben, siehe dazu *Hopt*, ZGR 2000, 779, 815.

[75] *Cozian/Viandier/Deboissy*, Nr. 9.

[76] Dies ergibt sich für die GbR aus § 709 (1) BGB, für die OHG aus § 114 (1) HGB, für die SNC aus Art. 221-3 (1) CCom und für die *partnership* aus sec. 24 (5) PA 1890. Ausführlich zu Geschäftsführung und Vertretung in den untersuchten Rechtsordnungen *Schmidt-Tiedemann.*

[77] § 164 HGB; sec. 6 (1) LPA 1907; Art. 222-6 (1) CCom.

[78] Art. 1846 CC.

Gesellschaftern bzw. Dritten[79] unter Ausschluss der übrigen Gesellschafter übertragen[80].

II. Kapitalgesellschaften

In der GmbH, der SARL sowie in der AG wird die Geschäftsführung durch eine oder mehrere Personen wahrgenommen, die Gesellschafter oder Dritte sein können[81]. Es gilt folglich der Grundsatz der Drittorganschaft, wonach auch Nichtmitglieder der Gesellschaft das Geschäftsführungsorgan der Gesellschaft stellen dürfen[82]. Für die SA kennt das französische Recht zwei verschiedene Organisationsformen: die klassische SA mit dem *conseil d'administration* als allgemeinem Leitungsorgan der Gesellschaft und dem *directeur général*, der das Tagesgeschäft der Gesellschaft führt[83], und die dualistisch organisierte SA, in der die Geschäftsführung von einem *directoire* wahrgenommen wird, das vom *conseil de surveillance* überwacht wird. Die Mitglieder des *conseil d'administration* müssen an der Gesellschaft beteiligt sein[84]. Hingegen können die Mitglieder des *directoire* sowohl Anteilseigner als auch Gesellschaftsfremde sein[85]. Im englischen Kapitalgesellschaftsrecht werden die Geschäfte der Gesellschaft durch den *director*[86] *bzw.* den *board of directors* geführt. Die *directors* müssen nicht zwingend zugleich an der Gesellschaft beteiligt sein[87]. Keine geschäftsführende Funktion nimmt hingegen der obligatorische *company secretary* in der englischen Kapitalgesellschaft

---

[79] Dies gilt aufgrund des Grundsatzes der Selbstorganschaft nicht im deutschen Personengesellschaftsrecht.

[80] *Lindley/Banks*, 15-03: „corporate style of management“; zur SNC: Art. 221-3 (1) CCom; *Ripert/Roblot*, Tome 1, Nr. 1190.

[81] Zur SARL: Art. 223-18 (1) CCom; zur AG: § 76 (2) Satz 1 AktG. In Gesellschaften mit einem Grundkapital von mehr als drei Millionen Euro hat der Vorstand der Gesellschaft aus mindestens zwei Personen zu bestehen, es sei denn, die Satzung regelt ausdrücklich, dass der Vorstand lediglich aus einer Person besteht.

[82] *K. Schmidt*, Gesellschaftsrecht, § 14 III 1 b), Seite 415.

[83] Regelmäßig wird der *directeur général* bei seiner Tätigkeit unterstützt durch einen oder mehrere sogenannte *directeurs généraux délégués*, Art. 225-53 (1) CCom.

[84] Gemäß Art. 225-25 (1) CCom.

[85] Art. 225-59 (3) Satz 2 CCom.

[86] Eine *private company* bedarf gemäß sec. 283 (3) CA 1985 lediglich einen *director*.

[87] Es besteht für *directors* einer company vorbehaltlich einer anderslautenden Bestimmung in den *articles* der Gesellschaft keine *share qualification*, vgl. *Charlesworth/Morse*, 240 f., siehe zur *share qualification* auch sec. 291 CA 1985.

ein. Diesem obliegen vielmehr rein verwaltende Tätigkeiten, so dass er nicht Gegenstand dieser Untersuchung sein wird[88].

[88] Ausführlich zur Bedeutung des *company secretary Hübner,* FS Großfeld, Seite 459 ff.

§ 4 Gang der Untersuchung

Im zweiten bis fünften Teil der Untersuchung werden die einzelnen Kontrollrechte, welche die untersuchten Rechtsordnungen für die verschiedenen Gesellschaftsformen vorsehen, untersucht und einander gegenübergestellt. Die Untersuchung der Kontrollmechanismen geht dabei von den verschiedenen an einer Gesellschaft Beteiligten aus, denen Kontrollbefugnisse gegenüber der Geschäftsführung zustehen. So werden im Anschluss an die Einleitung zunächst die Kontrollbefugnisse der Gesellschafter dargestellt. Im dritten Teil wird auf die Kontrollrechte von Kontrollgremien eingegangen und daran anschließend werden in einem vierten und fünften Teil die Kontrollbefugnisse der Rechnungslegungsprüfer sowie staatlicher Stellen untersucht.

Die Darstellung der verschiedenen Kontrollinstrumente folgt grundsätzlich einer einheitlichen Gliederung. Nach einer kurzen Einführung in die Bedeutung des jeweiligen Kontrollinstruments für die Kontrolle der Geschäftsführung wird die Rechtslage in den verschiedenen Rechtsordnungen dargestellt. Auf umfassende und zusammenhängende Länderberichte über die Kontrollsysteme in den verschiedenen Gesellschaftsformen wird hierbei verzichtet. Gemeinsamkeiten und Unterschiede der untersuchten Rechtsordnungen sollen vielmehr sogleich im Hinblick auf die einzelnen Kontrollinstrumente analysiert werden.

Die dabei gewonnenen Ergebnisse werden im Anschluss an die Darstellung der Rechtslage in den verschiedenen Ländern jeweils zusammengefasst und – soweit möglich - in gemeinsame Prinzipien gefasst. In einem abschließenden sechsten Teil werden sämtliche Ergebnisse der Untersuchung zusammengestellt und bewertet. Im Anschluss daran erfolgt eine kommentierte Auflistung sämtlicher gemeinsamer Prinzipien, die im Verlauf der Untersuchung ermittelt wurden.

2. Teil: Die Kontrolle der Geschäftsführung durch die Gesellschafter

1. Abschnitt: Einführung

Die Kontrolle der Geschäftsführung einer Gesellschaft obliegt primär den Gesellschaftern, soweit die Gesellschaft nicht zwingend mit einem Gremium ausgestattet ist, dem die Aufgabe der Kontrolle der Geschäftsführung ausdrücklich zugewiesen ist[89]. So weist beispielsweise das GmbH-Gesetz den Gesellschaftern der GmbH die Aufgabe zu, die Geschäftsführung der GmbH zu prüfen und zu überwachen[90]. Diese große Bedeutung der Gesellschafter für die Kontrolle der Geschäftsführung erklärt sich aus ihrer Stellung als grundsätzlich höchstes Organ der Gesellschaft[91]. Die Gesellschafter können die Geschäftsführung ihrer Gesellschafter mittels individueller oder kollektiver Kontrollbefugnisse überwachen[92].

Die Kontrolle der Geschäftsführung durch die Gesellschafter erscheint im Grundsatz sinnvoll und folgerichtig, handelt es sich bei den Gesellschaftern doch um die wirtschaftlichen Eigentümer des Gesellschaftsvermögens und um die Träger des wirtschaftlichen Risikos und damit zugleich um diejenigen, die an einer hinreichenden Kontrolle der Geschäftsführung primär interessiert sein müssten. In der Praxis bringt die Kontrolle der Geschäftsführung durch die Gesellschafter jedoch Probleme mit sich[93]. Zum einen ist es den Gesellschaftern aufgrund ihrer Vielzahl häufig nicht möglich, spontan auf aktuelle Kontrollanlässe zu reagieren. Zum anderen betrachten die Gesellschafter einer Publikumsgesellschaft ihre Beteiligung an der Gesellschaft häufig als reine Geldanlage, was dazu führt, dass sie regelmäßig nicht daran interessiert sind,

---

[89] Vgl. zur GmbH: *K. Schmidt*, Gesellschaftsrecht, § 36 I 2 a), Seite 1068; zur SARL: *Behrens*, F 21; zur SA: *Merle*, Nr. 498: „La surveillance de l'administration de la société anonyme appartient traditionellement aux actionnaires réunis en assemblée générale".

[90] § 46 Nr. 6 GmbHG.

[91] Zur SA: *Merle*, Nr. 456; *Guyon*, Nr. 289, *ders*. Enc. Dalloz Sociétés I, Assemblées d'actionnaires, Nr. 227; *Hohloch*, EUHbGesR, Deutschland, Rn 265; zurückhaltend auch *Semler*, MüHbGesR, Band IV, § 34 Rn 4; *Henn*, Rn 257; zur SARL: *Hohloch*, EUHbGesR, Frankreich, Rn 336; zur company: *Pennington*, 697; *Pettet*, 228. Jedoch handelt es sich bei der Stellung der Gesellschafter als oberstes Gesellschaftsorgan jedenfalls in Publikumsgesellschaften um eine weitgehend inhaltsleere Aussage, vgl. dazu *Jauffret-Spinosi*, 127 ff.; zur AG auch *Hirte*, Rn 362.

[92] Zur Unterscheidung von individuellen und kollektiven Rechten siehe *Bopp*, 15; *Bechtle*, 7; *Wohlleben*, 2; *K. Schmidt*, Informationsrechte, 15; *Wilde*, ZGR 1998, 423.

[93] Vgl. *Merle*, Nr. 456; ausführlich zur Gesellschafterversammlung in der Aktiengesellschaft *Jauffret-Spinosi*, 127 ff.

Zeit in die Kontrolle der Geschäftsführung zu investieren[94]. Hinzu kommt, dass insbesondere in Personengesellschaften[95], aber auch in kleineren Kapitalgesellschaften, die Geschäfte der Gesellschaft von Geschäftsführern getätigt werden, die zugleich selbst in erheblichem Umfang an der Gesellschaft beteiligt sind[96]. Besitzt der geschäftsführende Gesellschafter die Mehrheit der Anteile an der Gesellschaft, so verfügt er damit über die Mehrheit der Stimmrechte in der Gesellschafterversammlung mit der Folge, dass eine Kontrolle der Geschäftsführung durch die Gesellschafter faktisch nicht stattfindet[97]. In diesen Gesellschaften kann die Kontrolle der Geschäftsführung ausschließlich durch Kontrollbefugnisse gewährleistet werden, die dem einzelnen Gesellschafter oder Gesellschaftern mit einer bestimmten Anteilsquote zugewiesen sind. Eine anderer Ausweg besteht darin, geschäftsführende Gesellschafter von der Beschlussfassung in der Gesellschafterversammlung auszuschließen, wie es das deutsche Recht in § 47 (4) GmbHG vorsieht[98].

Neben kollektiven Kontrollbefugnissen kennt jede der untersuchten Rechtsordnungen Kontrollbefugnisse des einzelnen Gesellschafters einer Personen- oder Kapitalgesellschaft. Diese Befugnisse dienen zum einen - entsprechend den kollektiven Kontrollrechten der Gesellschafter - dem Schutz des

---

[94] *Merle*, Nr. 456: „Mais du fait de l'absentéisme des actionnaires, ou de leur incompétence, ce seul contrôle serait totalement insuffisant".

[95] In Deutschland ergibt sich dies bereits aus dem im Personengesellschaftsrecht geltenden Grundsatz der Selbstorganschaft, wonach die Geschäftsführer der Gesellschaft gleichzeitig Gesellschafter sein müssen, siehe dazu *K. Schmidt*, Gesellschaftsrecht, § 14 II 2 a), Seite 409 ff. sowie *Boettcher*, AG 1985, 7, 8.

[96] Dies gilt insbesondere für *private companies*, aber auch für kleinere *GmbHs* und *SARL*; siehe dazu *Fox/Bowen*, 106.

[97] Dies bestätigten für *private companies* Gowers/*Davies*, 708; *Fox/Bowen*, 91. Skeptisch auch *Charlesworth/Morse*, 343; *Farrar*, 364 sowie die im Jahr 1998 vom englischen *Department of Trade and Industry* eingerichtete *Company Law Review Steering Group* in ihrem Bericht zur Jahreshauptversammlung der Gesellschafter einer *company*, in dem es heißt (Seite 6): „A formal general meeting of members serves little purpose where the directors and the members are largely the same people (...)."

[98] Scholz/*K. Schmidt*, § 46 Rn 118; Baumbach/Hueck/*Zöllner*, § 46 Rn 31; für eine analoge Anwendung des § 47 (4) GmbHG auf die Personengesellschaften Staudinger/*Habermeier*, § 709 Rn 11; Soergel/*Hadding*, § 709 Rn 29. Das englische Kapitalgesellschaft kennt einen solchen Ausschluss vom Stimmrecht in der Gesellschafterversammlung nicht. Vielmehr ist der *director* einer *company*, der zugleich Gesellschafter ist, zur Ausübung seines Stimmrechts in seinem eigenen Interesse als Gesellschafter befugt, siehe dazu North-West Transportation Co v. Beatty [1887] 12 AC 589; Burland v. Earle [1902] AC 83; Northern Counties Securities Ltd v. Jackson and Steeple Ltd [1974] 2 All ER 625; 635; *Pennington*, 786; *Farrar*, 437; *Fox/Bowen*, 107; Gower/*Davies*, 708. Etwas anderes gilt jedoch dann, wenn sich das Abstimmungsverhalten des jeweiligen *directors* als ein Fall des missbräuchlichen Verhaltens gegenüber der Minderheit (*fraud on the minority)* darstellt, siehe dazu *Pennington*, 804.

Gesellschafters gegen missbräuchliches Handeln der Geschäftsführung. Zum anderen kommt den Kontrollbefugnissen des einzelnen Gesellschafters zugleich minderheitsschützende Bedeutung zu[99].

Den Gesellschaftern stehen sowohl unmittelbare als auch mittelbare Kontrollbefugnisse zur Überwachung der Geschäftsführung zur Verfügung. Als unmittelbare Kontrollbefugnisse werden nachfolgend diejenigen Befugnisse der Gesellschafter bezeichnet, mit denen diese ohne Zwischenschaltung weiterer Personen oder Gremien die Geschäftsführung kontrollieren. Hierzu gehören die Informationsrechte der Gesellschafter (2. Abschnitt § 1), die Zustimmungsvorbehalte zugunsten der Gesellschafter (2. Abschnitt § 2) sowie Weisungsrechte und Abberufungsbefugnisse hinsichtlich der Geschäftsführung (2. Abschnitt §§ 3 und 4). Mittelbare Kontrollbefugnisse bezeichnen hingegen diejenigen Kontrollmechanismen, mittels derer die Gesellschafter Kontrolle mit Hilfe von weiteren Personen oder Gremien ausüben. Hierzu gehören die Herbeiführung einer Sonderprüfung sowie die Bestellung und Abberufung von Kontrollgremien (3. Abschnitt §§ 1 und 2).

---

[99] Zur minderheitsschützenden Funktion von Informationsrechten siehe *Wohlleben*, 2.

2. Abschnitt: Die unmittelbare Kontrolle der Geschäftsführung durch die Gesellschafter

§ 1 Die Informationsrechte der Gesellschafter

A. Einführung

Unter den Kontrollrechten der Gesellschafter sind die Informationsrechte, die den Gesellschaftern gegenüber der Geschäftsführung zustehen, von besonderer Bedeutung. Mit Hilfe der Informationsrechte erhalten Gesellschafter, selbst wenn sie von der Geschäftsführung der Gesellschaft ausgeschlossen sind, die notwendigen Informationen über die Geschäfte der Gesellschaft[100], die sie in die Lage versetzen, das Handeln der Geschäftsführung zu bewerten und zu überwachen[101] und die Situation der Gesellschaft am Markt einzuschätzen. Dies trifft in besonderem Maße auf den Gesellschafter einer großen Kapitalgesellschaft zu, der die Geschäftsführung seiner Gesellschaft in der Regel nur von weitem beobachten kann. Aber auch für die von der Geschäftsführung ausgeschlossenen Personengesellschafter sind die Informationsrechte von großer Bedeutung[102].

Informationsrechte der Gesellschafter gegenüber der Geschäftsführung existieren in verschiedenen Varianten. So gewähren die untersuchten Gesellschaftsrechtsordnungen den Gesellschaftern Einsichts- und Auskunftsrechte sowie Rechenschaftsansprüche gegenüber der Geschäftsführung[103]. Diese Rechte sollen im Folgenden näher untersucht werden hinsichtlich der Existenz und Rechtsgrundlagen in den innerstaatlichen Rechten (I.), der persönlichen Voraussetzungen und des jeweiligen Umfangs der Rechte (II. und III.), der Ausübungsmodalitäten (IV.), der Ausübungsgrenzen und der Möglichkeiten

---

[100] Zur Informationsfunktion des Informationsrechts im deutschen Recht: *Wischenbart*, 32; *Schlömer*, 23; *Wohlleben*; 25; im französischen Recht: *Hémard/Terré/Mabilat*, Nr. 286; im englischen Recht: Bevan v. Webb [1901] 1 Ch. D. 59, 68; *Pennington*, 849.

[101] Zur Kontrollfunktion des Informationsrechts im deutschen Recht: *Wischenbart*, 33; *Wohlleben*, 26, *Wilde*, ZGR 1998, 423, 424; *K. Schmidt*, Informationsrechte, 23; *Becker*, 671; zum französischen Recht: *Hémard/Terré/Mabilat*, Nr. 286; *Bézard*, Nr. 1098; *Guyon*, Nr. 230; *Mercadal/Janin*, Nr. 3556; *Hermanns*, 20; zum englischen Recht: Chapell v. Cadell [1822] 37 E. R. 953; *Pennington*, 849.

[102] Vgl. *Wohlleben*, 25 f.; *K. Schmidt*, Informationsrechte, 23.

[103] Es kann an dieser Stelle offen bleiben, ob es sich bei dem Informationsrecht mit *K. Schmidt*, Gesellschaftsrecht, § 21 III 1 c), Seite 627, um ein einheitliches Recht handelt oder um verschiedene Rechte. Der besseren Übersichtlichkeit halber werden die Einsichts- und Auskunftsbefugnisse nachfolgend getrennt dargestellt.

der Beschränkung und Ausschließung dieser Rechte (V. und VI.) sowie der Durchsetzung der Informationsrechte (VII).

B. Die Rechtslage in Deutschland, Frankreich und England

I. Existenz und Rechtsgrundlage der Informationsrechte

1. Einsichtsrechte

a) Deutschland

Sämtliche untersuchten deutschen Personengesellschaften kennen Einsichtsrechte zugunsten der Gesellschafter. So sehen §§ 716 (1), 713 iVm 666 BGB für die GbR, § 118 (1) HGB und § 118 (3) HGB iVm §§ 713, 666 BGB für die OHG und für die unbeschränkt haftenden Gesellschafter der KG[104] sowie § 166 (1), (3) HGB für die Kommanditisten der KG Einsichtsrechte zugunsten der Gesellschafter vor. Auch im deutschen Kapitalgesellschaftsrecht finden sich Einsichtsrechte zugunsten der Gesellschafter. So gewährt § 51a GmbHG den Gesellschaftern einer GmbH ein weitreichendes Einsichtsrecht. Daneben stehen den Gesellschaftern der GmbH bestimmte Unterlagen der Rechnungslegung zur Einsichtnahme offen[105]. Der Aktionär kann im Vorfeld der Hauptversammlung der Aktionäre sein Einsichtsbegehren auf § 175 (2) AktG stützen. Darüber hinaus existieren in Sonderfällen spezielle Informationspflichten des Vorstands gegenüber der Hauptversammlung[106].

b) Frankreich

Entsprechend dem deutschen Personengesellschaftsrecht kennen die untersuchten französischen Gesellschaftsformen Einsichtsrechte zugunsten der Gesellschafter. Diese ergeben sich jeweils aus gesetzlichen Vorschriften. So regelt Art. 1855 CC das Einsichtsrecht der Gesellschafter einer SC[107] und Art. 221-8 CCom bzw. Art. 222-7 CCom die Einsichtsrechte der Gesellschafter

---

[104] Über die Verweisung in § 161 (2) HGB.

[105] § 42 a (1) GmbHG.

[106] Diese ergeben sich aus den §§ 92 (1) [Anzeige eines Verlusts in Höhe der Hälfte des Grundkapitals], 179a (2) [Verpflichtung zur Übertragung des ganzen Gesellschaftsvermögens], 319 (3) Satz 1-2, 320 (4) Satz 1-2 [Beschluss über Eingliederung einer Gesellschaft], 337 (2) [Vorlage von Konzernabschluß und Konzernbericht].

[107] Art. 1855 CC: „Les associés ont le droit d'obtenir, au moins une fois par an, communication des livres et des documents sociaux (...)".

einer SNC bzw. SCS. Das Einsichtsrecht der Gesellschafter einer SARL ist geregelt in Art. 223-26 (4) CCom und für die Gesellschafter einer SA ergibt sich entsprechendes aus den Artt. 225-115; 225-117 CCom. Ergänzt werden diese Vorschriften durch Bestimmungen in verschiedenen Dekreten[108]. Im Vorfeld von Gesellschafterversammlungen gewährt das französische Gesellschaftsrecht den Gesellschaftern zudem weitere Einsichtsmöglichkeiten[109].

c) England

Im Recht der *partnership* und der *limited partnership* bestehen gesetzlich geregelte Einsichtsrechte zugunsten der unbeschränkt[110] wie auch zugunsten der beschränkt haftenden Gesellschafter[111]. Das englische Kapitalgesellschaftsrecht enthält ein dem Umfang nach begrenztes Einsichtsrecht zugunsten der Gesellschafter einer *public limited company* bzw. einer *private limited company* in den sec. 238 (1), 239 (1) des *Companies Act* 1985 (CA 1985) sowie in den sec. 19 (1), 318 (7), 319 (5), CA 1985.

d) Ergebnis

Wie wir gesehen haben, finden sich in allen Gesellschaften unabhängig von der Einordnung einer Gesellschaft als Personen- oder Kapitalgesellschaft Einsichtsrechte zugunsten der Gesellschafter. Diese Einsichtsrechte ergeben sich aus entsprechenden gesetzlichen Vorschriften. Als gemeinsames Prinzip kann folglich festgehalten werden:

Die Gesellschafter von Personen- und Kapitalgesellschaften verfügen über gesetzliche Einsichtsrechte gegenüber der Gesellschaft.

[108] D 67-236 vom 23. 3. 1967 und D 78-704 vom 3. 7. 1978.

[109] Art. 41 D 78-704; Art. 221-7 (2) CCom; Art. 223-26 (2) CCom; Art. 225-116 CCom. Dies gilt auch für den *commanditaire* einer SCS, siehe *Bougnoux*, Jurisclasseur Sociétés, Fasc. 62-50, Nr. 81; *Ripert/Roblot*, Tome 1, Nr. 1220.

[110] Sec. 24 (9) PA 1890: „The partnership books are to be kept at the place of business of the partnership (or the principal place, if there is more than one), and every partner may, when he thinks fit, have access to and inspect and copy any of them."

Sec. 28 PA 1890: „Partners are bound to render true accounts and full information of all things affecting the partnership to any partner or his legal representatives".

[111] Sec. 6 (1) LPA 1907: „Provided that a limited partner may by himself or his agent at any time inspect the books of the firm and examine into the State and prospects of the partnership business and may advise with the partners thereon".

2. *Auskunftsrechte*

a) Deutschland

Den Gesellschaftern einer deutschen Personengesellschaft gewährt § 713 iVm § 666 BGB[112] ein Auskunftsrecht gegenüber den geschäftsführenden Gesellschaftern, das lediglich gemeinsam von sämtlichen Gesellschaftern geltend gemacht werden kann. Nach der gesetzlichen Ausgangslage sieht das deutsche Personengesellschaftsrecht ein individuelles Auskunftsrecht zugunsten des einzelnen Gesellschafters nicht vor mit der Folge, dass der einzelne Gesellschafter einer deutschen Personengesellschaft grundsätzlich keine Auskunft von der Geschäftsführung seiner Gesellschaft verlangen kann[113]. Die Rechtsprechung hat das gesetzliche Einsichtsrecht des Personengesellschafters jedoch dahingehend fortentwickelt, dass ein Gesellschafter ausnahmsweise Auskunft verlangen kann, wenn er andernfalls unvollständig informiert wäre, etwa weil keine Bücher der Gesellschaft vorliegen oder die Unterlagen der Gesellschaft unvollständig sind[114]. Teilweise wird, insbesondere für den Kommanditisten einer KG, ein nicht nur ausnahmsweise bestehendes, sondern allgemeines Auskunftsrecht aus einer analogen Anwendung von § 51a (1) GmbHG abgeleitet[115]. Jedoch erscheint die Annahme einer planwidrigen Regelungslücke mit Blick darauf, dass der Gesetzgeber die Problematik des Informationsrechts des einzelnen Gesellschafters grundsätzlich gesehen und geregelt hat, zweifelhaft[116].

---

[112] Bzw. über die Verweise in § 105 (3) und § 161 (2) HGB.

[113] Siehe dazu in der neueren Rechtsprechung *BGH*, Urteil v. 23.3.1992, NJW 1992, 1890, 1891 (zum Informationsrecht des Kommanditisten gemäß § 166 HGB).

[114] *BGH*, Urteil v. 20.06.1983, WM 1983, 910, 911 (Auskunftsrecht eines Kommanditisten); zur GbR: *MüKo-BGB-Ulmer*, § 716 Rn 9; Soergel/*Hadding*, § 716 Rn 8; *Erman/Westermann*, § 716 Rn 1; zur OHG: *Ebenroth*, Kontrollrechte, 28; Baumbach/Hopt/*Hopt*, § 118 Rn 7; *Schlegelberger/Martens*, § 118 Rn 14; *Michalski*, § 118 Rn 13; zum Informationsrecht des Kommanditisten: Heymann/*Horn*, § 166 Rn 19; *K. Schmidt*, Informationsrechte, 68 f.; *Goerdeler*, FS für Kellermann, 77, 81; *Grunewald*, ZGR 1989, 545, 552 f.: Annahme eines Auskunftsrechts, soweit es zur Ausübung der Gesellschafterrechte des Kommanditisten erforderlich ist (funktionelle Herleitung). Teilweise wird das Auskunftsrecht des Kommanditisten auch aus den §§ 713, 666 BGB abgeleitet, so *Huber*, ZGR 1982, 539, 550; zustimmend *Becker*, 689; offen gelassen von *BGH*, Urteil v. 20.6.1983, a.a.O. Letzteres ist jedoch abzulehnen, da die Vorschriften der §§ 713, 666 BGB nicht ein individuelles Informationsrecht des Gesellschafters, sondern ein kollektives Informationsrecht normieren, so auch Schlegelberger/*Martens*, § 166 Rn 17; *K. Schmidt*, Informationsrechte, 66; *Weipert*, MüHbGesR, Band II, § 11 FN 18.

[115] *Roitzsch*, 161; *Weipert*, in: MüHdb. d. Gesellschaftsrechts, Band 1, § 8 Rn 7.

[116] *Wohlleben*, 85; *Heymann/Horn*, § 166 Rn 18; *Hahn*, BB 1997, 741, 743.

Das Recht der Kapitalgesellschaften sieht ein Auskunftsrecht zugunsten des einzelnen Gesellschafters in § 51a (1) GmbHG für die GmbH bzw. im Rahmen der Hauptversammlung in § 131 (1) AktG für die AG ausdrücklich vor. Darüber hinaus hat der BGH entschieden, dass der Hauptversammlung der AG ein kollektives Informationsrecht gegenüber dem Vorstand der Aktiengesellschaft zusteht, wenn der Vorstand gemäß § 119 (2) AktG in einer Geschäftsführungsangelegenheit die Entscheidung der Hauptversammlung verlangt[117]. Für die Gesellschafter der GmbH ergibt sich ein kollektives Auskunftsrecht aus der Vorschrift des § 46 Nr. 6 GmbHG, die der Gesellschafterversammlung die Aufgabe der Kontrolle der Geschäftsführung zuweist[118].

b) Frankreich

Sämtliche untersuchten französischen Gesellschaftsformen kennen ein Auskunftsrecht zugunsten des einzelnen Gesellschafters. Ein solches findet sich für die SC in Art. 1855 CC[119], für die SNC in Art. 221-8 CCom[120] sowie für die SCS in Art. 222-7 CCom. Des Weiteren gewähren Artt. 223-26 (3), 223-36 CCom den einzelnen Gesellschaftern der SARL Auskunftsrechte. Für die SA gewährt Artt. 225-232 CCom einem oder mehreren Gesellschaftern, der bzw. die mindestens über ein Fünftel des Gesellschaftskapitals verfügen, ein Auskunftsrecht. Ein weiteres individuelles Auskunftsrecht für die Gesellschafter einer SA sieht Art. 225-108 (3) CCom vor.

---

[117] *BGH*, Urteil v. 15.1.2001, BGHZ 146, 288: „Wenn der Vorstand gemäß § 119 (2) AktG in einer Geschäftsführungsangelegenheit die Entscheidung der Hauptversammlung verlangt, so muss er ihr auch die Informationen geben, die sie für eine sachgerechte Willensbildung benötigt."; bereits zuvor OLG München, Urteil v. 26.4.1996, AG 1996, 327 f., das auf die Informationserteilung § 124 II 2 AktG analog anwendete; einschränkend *Groß*, AG 1996, 111, 115, der ein Informationsrecht nur bei Beschlüssen bejaht, die der Hauptversammlung zwingend zur Beschlussfassung vorzulegen sind; so auch *Wilde*, ZGR 1998, 423, 447.

[118] *Lutter/Hommelhoff*, § 46 Rn 17; Scholz/*K. Schmidt*, § 46 Rn 117; *Bea/Scheurer*, DB 1995, 1289, 1290; *Schießl*, MüHbGesR, Band III, § 33 Rn 4.

[119] Art. 1855 CC: „Les associés ont le droit d'obentir, au moins une fois par an, communication des livres et documents sociaux (...)".

[120] Art. 221-8 CCom: „Les associés non gérants ont le droit, deux fois par an, d'obtenir communication des livres et documents sociaux (...)".

c) England

Im Recht der *partnership* ist das Auskunftsrecht nicht ausdrücklich geregelt. Es ergibt sich aber aus der umfassenden Information, die sich die Gesellschafter einer *partnership* gemäß sec. 28 PA 1890 gegenseitig schulden[121]. Für den einzelnen *limited partner* wird ein Fragerecht mit Blick darauf bejaht, dass er gemäß sec. 6 LPA 1907 zur Diskussion mit den anderen Gesellschaftern über den Stand der Geschäfte berechtigt ist[122].

Im Recht der *company* findet sich keine ausdrückliche gesetzliche Regelung hinsichtlich des Auskunftsrechts der Gesellschafter[123]. Jedoch ist nach *common law* anerkannt, dass den Gesellschaftern in der Jahreshauptversammlung ein Fragerecht gegenüber der Geschäftsführung zusteht[124].

d) Ergebnis

Alle drei untersuchten Rechtsordnungen kennen Auskunftsrechte zugunsten der Gesellschafter. Während die Fragerechte im französischen Gesellschaftsrecht und im deutschen Kapitalgesellschaftsrecht ausdrücklich gesetzlich geregelt sind, bestehen entsprechende Regelungen im deutschen Personengesellschaftsrecht lediglich für die Gesellschafter in ihrer Gesamtheit, nicht jedoch auch zugunsten des einzelnen Gesellschafters. Das englische Gesellschaftsrecht spricht ausdrücklich weder im Personen- noch im Kapitalgesellschaftsrecht von Auskunftsrechten der Gesellschafter. Im englischen Personengesellschaftsrecht ergeben sich Auskunftsrechte des einzelnen Personengesellschafters aus der umfassenden Informationspflicht, die den Gesellschaftern im Verhältnis zueinander obliegt. Für das deutsche Personengesellschaftsrecht werden individuelle Auskunftsrechte aus einer entsprechenden Rechtsfortbildung der gesetzlichen individualrechtlichen Einsichtsrechte abgeleitet.

Die diesen Regelungen zugrunde liegenden Prinzipien lassen sich wie folgt formulieren:

---

[121] *Blackett-Ord*, 172; siehe auch *Hohloch*, EUHbGesR, United Kingdom, Rn 54.

[122] So auch *Hermanns*, 29.

[123] *Gower/Davies*, 583; *Farrar*, 311; *Witt*, AG 2000, 257, 263. Eine gesetzliche Regelung fordert das Departement of Trade and Industry, in: DTI, Shareholder Communications at the Annual General Meeting, sec. 3.

[124] *Farrar*, 308 und 310; Gower/*Davies*, 583, einschränkend *Charkham*, 294 f.

Die Gesellschafter sind gegenüber der Gesellschaft auskunftsberechtigt. Die Auskunftsrechte ergeben sich entweder aus einer ausdrücklichen gesetzlichen Regelung bzw. aus allgemeinen Rechtsgrundsätzen (common law) oder einer entsprechenden Rechtsfortbildung durch die Gerichte.

II. Persönliche Voraussetzungen der Informationsrechte

1. Gesellschafterstellung

Inhaber der Informationsrechte sind in allen untersuchten Gesellschaftsformen die gegenwärtigen Gesellschafter einer Gesellschaft[125]. Deren Informationsrechtsberechtigung beginnt mit ihrem Eintritt in die Gesellschaft. Besonderheiten kennt insoweit das Kapitalmarktrecht, auf das der Vollständigkeit halber an dieser Stelle hingewiesen wird. Für zukünftige Gesellschafter börsennotierter Unternehmen bestehen dort bereits im Vorfeld des Eintritts eines Gesellschafters in die Gesellschaft Informationsansprüche[126]. Diese dienen jedoch nicht in erster Linie der Kontrolle der Geschäftsführung, sondern schaffen vielmehr die Grundlage für die Investitionsentscheidung potentieller Anleger[127]. Aufgrund ihrer abweichenden Zweckrichtung werden diese kapitalmarktrechtlichen Besonderheiten daher im Folgenden nicht weiter behandelt.

Die Informationsberechtigung der Gesellschafter erlischt mit ihrem Ausscheiden aus der Gesellschaft[128]. Im deutschen Gesellschaftsrecht ist in diesem Zusammenhang anerkannt, dass auch nach dem Ausscheiden aus der Gesellschaft die Einsichtnahme in Unterlagen der Gesellschaft möglich ist und sich dann auf § 810 BGB stützt[129].

---

[125] Zur GbR: MüKo-BGB-*Ulmer*, § 716 Rn 13; zur OHG: Schlegelberger/*Martens*, § 118 Rn 4 mwN; zur Partnership: vgl. sec. 31 (1) PA 1890. Teilweise stehen die Informationsrechte neben den Gesellschaftern auch anderen Personen zu, so zum Beispiel im französischen Aktienrecht den Mitgliedern des *comité d'entreprise*, siehe ausführlich dazu *Guyon*, Enc. Dalloz Sociétés I, Assemblées d'actionnaires, Nr. 85.

[126] Siehe §§ 1 ff. VerkProspG; dieses Gesetz geht zurück auf die Emissionsprospektrichtlinie vom 17. 4. 1989 (Richtlinie 89/298/EWG), AblEG Nr. L 124 v. 5.5. 1989, 8.

[127] Vgl. dazu Schäfer/*Hamann*, § 44b Rn 6; zum englischen Recht *Farrar*, 466.

[128] Zur OHG: Schlegelberger/*Martens*, § 118 Rn 4; Staub/*Ulmer*, § 118 Rn 8; zur KG: *OLG Hamm*, Urteil v. 18.01.1993, GmbHR 1994, 127, 128; Baumbach/Hopt/*Hopt* § 166 Rn 2/8; zur GmbH: *BayObLG*, Urteil v. 18.3.1991, GmbHR 1991, 572, 576; *Tietze* 23; zur partnership: in der partnership können die Gesellschafter im Vertrag vorsehen, dass das Einsichtsrecht den Gesellschaftern auch noch nach ihrem Ausscheiden aus der Gesellschaft zustehen soll, siehe zu einer solchen Klausel die Encyclopedia of Forms and Precedents, Band 30, Paragraph 168.

[129] Zur GbR: *BGH*, Urteil v. 20.01.1971, *BGHZ* 55, 201, 203; *BGH*, Urteil v. 11.07.1988, NJW 1989, 225, 226; *Weipert*, in: MüHdb. d. Gesellschaftsrechts, § 8 Rn 14; *K. Schmidt*, Gesellschafts-

Die Informationsrechte knüpfen an die Gesellschafterstellung an: sie beginnen mit dem Eintritt des Gesellschafters in die Gesellschaft und enden mit seinem Ausscheiden aus der Gesellschaft.

2. Individuelle und kollektive Informationsrechte

Das deutsche Recht unterscheidet zwei verschiedene Arten von Informationsrechten: individuelle Informationsrechte, die dem einzelnen Gesellschafter zustehen, und kollektive Informationsrechte, die von den Gesellschaftern ausschließlich gemeinsam ausgeübt werden können[130]. Dagegen nehmen das französische sowie das englische Gesellschaftsrecht eine solche Unterscheidung nicht ausdrücklich vor[131]. Vielmehr handelt es sich bei den Informationsrechten im französischen und englischen Gesellschaftsrecht immer auch um Rechte des einzelnen Gesellschafters, also nicht um kollektive Rechte in dem Sinne, dass sie ausschließlich durch die Gesellschafter in ihrer Gesamtheit ausgeübt werden können. Dieser Unterschied zwischen den Rechtsordnungen sollte nicht überbetont werden, zumal der deutschen Unterscheidung zwischen individuellen und kollektiven Informationsrechten in der Praxis lediglich geringe Bedeutung zukommt, da kollektive Informationsrechte individualrechtliche Bedeutung dadurch erlangen können, dass sie durch einzelne Gesellschafter im Wege der actio pro socio geltend gemacht werden können[132].

---

recht, § 21 III 1 g), Seite 628; zur OHG: Schlegelberger/*Martens*, § 118 Rn 4; Heymann/*Emmerich*, § 118 Rn 4; Baumbach/Hopt/*Hopt*, § 118 Rn 11; Staub/*Ulmer*, § 118 Rn 12; zur KG: *BGH*, Urteil v. 11.07.1988, ZIP 1988, 1175, 1176; Schlegelberger/*Martens*, § 166 Rn 14; zur GmbH: Scholz/*K. Schmidt*, Anh. § 51a Rn 12; *Lutter/Hommelhoff*, § 51a Rn 16.

[130] Siehe zur Unterscheidung zwischen individuellen und kollektiven Informationsrechten *K. Schmidt*, Gesellschaftsrecht, § 21 III 2, Seite 628; *ders.* Informationsrechte, 15, der davon spricht, dass es sich bei dieser Unterscheidung um ein „gesellschaftsrechtliches Allgemeingut" handele. Siehe des Weiteren *Wohlleben*, 2; *Wilde*, ZGR 1988, 423; *Weipert*, DStR 1992, 1097, 1098; *Wiedemann*, WM 1992, Sonderbeilage Nr. 7, 44; *Becker*, 670; den Sinn dieser Unterscheidung bezweifelnd hingegen *Huber*, ZGR 1982, 532, 546.

[131] Zum französischen Recht: *Guyon*, Nr. 230, 505; zum englischen Recht: *Hermanns*, 51.

[132] *Becker*, 687; Soergel/*Hadding*, § 713 Rn 7; *Weipert*, MüHbGesR, § 8 Rn 5; *K. Schmidt*, Informationsrechte, 16; einschränkend *Wohlleben*, 2 sowie Staub/*Ulmer*, § 118 Rn 6.

3. Mindesthöhe der Beteiligung an der Gesellschaft

Grundsätzlich stehen die Informationsrechte jedem einzelnen Gesellschafter einer Personen- und Kapitalgesellschaft unabhängig von der Höhe seiner Beteiligung an der Gesellschaft zu[133]. Dies gilt auch für den einzelnen Gesellschafter einer Publikumsgesellschaft wie beispielsweise für den Aktionär, der lediglich eine Aktie des Unternehmens hält[134]. Eine Ausnahme von diesem Grundsatz existiert im französischen Aktienrecht, das in Art. 225-232 CCom einem oder mehreren Gesellschaftern, die mindestens fünf Prozent der Anteile an der Gesellschaft halten, unter bestimmten Voraussetzungen ein spezielles Fragerecht gewährt[135].

Als gemeinsamer Grundsatz kann dennoch festgehalten werden:

Die individuellen Informationsrechte stehen jedem Gesellschafter unabhängig von der Höhe seiner Beteiligung an der Gesellschaft zu.

III. Umfang der Informationsrechte

1. Umfang der Einsichtsrechte

a) Gegenstand der Einsichtnahme

aa) Deutschland

In den deutschen Personengesellschaften bezieht sich das Einsichtsrecht des einzelnen Gesellschafters auf die Bücher und Papiere der Gesellschaft[136].

---

[133] Vgl. zum französischen Recht: *TGI Nanterre*, Urteil v. 15.3.1983, D. 1983, 583 note *Jeantin*; Rev. sociétés 1984, 37 note *Chartier*; *Bougnoux*, Jurisclasseur Civil, Art. 1832 - 1904, Fasc. 48-60, zum deutschen Recht: *BGH*, Urteil v. 15.6.1992, BGHZ 119, 1, 17; *Tietze* 16, *Schießl*, in: MüHbGesR, Band III, § 33 Rn 6; *Scholz/K. Schmidt*, § 51a Rn 12; Großkomm.-AktG-*Decher*, § 131 Rn 6; KölnKomm.-*Zöllner*, § 131 Rn 9. Siehe auch die Begründung des RegE zu § 51a GmbHG, abgedruckt bei *Deutler*, 93: „Da es Sinn des Auskunftsrechts ist, jedem Gesellschafter eine sachgemäße Ausübung seiner Rechte zu ermöglichen, macht der Entwurf das Auskunftsrecht nicht von einer bestimmten Mindestgröße seines Geschäftsanteils abhängig."

[134] So zur SA: *Guyon*, Enc. Dalloz Sociétés I, Assemblées d'actionnaires, Nr. 84.

[135] Durch Art. 114 der LNRE v. 15. 5. 2001 ist die erforderliche Quote von zehn auf fünf Prozent der Anteile gesenkt worden, Dr. soc. 2001, N° 8-9, 40.

[136] So spricht § 716 BGB für die GbR von der Einsichtnahme in die „Geschäftsbücher und Papiere der Gesellschaft; § 118 I HGB von der Einsichtnahme in die „Handelsbücher und Papiere der Gesellschaft"; § 166 I HGB nennt für das Einsichtsrecht des Kommanditisten die „Bücher und Papiere der Gesellschaft" und § 51a GmbHG gewährt dem einzelnen GmbH-Gesellschafter die Einsicht in „die Bücher und Schriften der Gesellschaft.

Hierunter sind alle Geschäftsunterlagen zu verstehen, die für die Gesellschaft von Bedeutung sein können[137]. Der Begriff der Bücher und Papiere der Gesellschaft wird also im Hinblick auf das Informationsbedürfnis des Gesellschafters weit ausgelegt[138]. Die Einsichtnahme in die Bücher und Papiere ist nach den gesetzlichen Vorschriften des weiteren auf die *Angelegenheiten der Gesellschaft* bezogen und begrenzt[139]. Dieser Begriff ist ebenfalls weit zu verstehen[140] und erfasst alle Zustände, Ereignisse und Vorgänge, die die Lage der Gesellschaft, ihre Organisation und ihr Vermögen betreffen[141]. Hierzu gehören bilanzierungspflichtige Daten, Geschäftsverbindungen und Planungen der Gesellschaft[142], des Weiteren sowohl gewöhnliche als auch ungewöhnliche Angelegenheiten der Gesellschaft[143].

Den Gesellschaftern einer GmbH stehen neben dem umfangreichen Einsichtsrecht des § 51a (1) GmbHG, das sich grundsätzlich auf sämtliche Angelegenheiten der Gesellschaft bezieht, der Jahresabschluss sowie der Lagebericht der Gesellschaft[144] und gegebenenfalls der Bericht des Abschlussprüfers zur Einsichtnahme offen[145]. Ein Aktionär ist im Vorfeld der Hauptversammlung berechtigt, den Jahresabschluss und den Lagebericht sowie den Bericht des Aufsichtsrats und den Vorschlag des Vorstands über die Verwendung des

---

137 *BGH*, Urteil v. 8.7.1957; *BGHZ* 25, 115, 120; *BGH*, Urteil v. 2. 7. 1979, BB 1979, 1315, 1316; *Soergel/Hadding*, § 716 Rn 6; RGRK-v. *Gamm*, § 716 Rn 3; *Lutter/Hommelhoff*, § 51 a Rn 5; *Tietze*, 52.

138 Allgemein zum deutschen Recht *Wiedemann*, 374; *Wohlleben*, 99; zur GbR: *Weipert*, MüHbGesR, Band I, § 8 Rn 8; zur OHG: Heymann/*Emmerich*, § 118 Rn 13 f.; Staub/*Ulmer*, § 118 Rn 19; Schlegelberger/*Martens*, § 118 Rn 8; zur KG: BGH, Urteil v. 8.7.1957, BGHZ 25, 115; zur GmbH: *Grunewald*, ZHR 146 (1982), 211, 214; *Tietze*, 52.

139 Siehe § 716 (1) BGB, § 118 (1) HGB und § 51a (1) GmbHG sowie § 131 (1) AktG.

140 *OLG Düsseldorf*, Urteil v. 2.3.1990, WM 1990, 1823, 1824; *Schießl*, in: MüHbGesR, Band III, § 33 Rn 10; *Rowedder/Schmidt-Leithoff*, § 51 a Rn 6; *K. Schmidt*, Gesellschaftsrecht, § 35 I 4 a), Seite 1039; *Tietze* 9. Von diesem Begriff nicht umfasst sind die rein privaten Unterlagen der beteiligten Personen, so *Meyer-Landrut*, § 51a Rn 3.

141 Zur GbR: *BGH*, Urteil v. 8.7.1957, BGHZ 25, 115, 120; *Soergel/Hadding*, § 716 Rn 5; *Ebenroth*, Kontrollrechte 77; *Weipert*, MüHbGesR, Band I; § 8 Rn 9; *Bunte*, 133 f.; *K. Schmidt*, Informationsrechte 32 f.; zur OHG: Baumbach/Hopt/*Hopt*, § 118 Rn 3; zur GmbH: *OLG Hamm*, Beschluss v. 6.2.1986, NJW 1986, 1693, 1694; *Tietze*, 9.

142 *K. Schmidt*, Informationsrechte, 33.

143 Zur GbR: *Staudinger/Habermeier*, § 716 Rn 5; zur OHG: *Staub/Ulmer*, § 118 Rn 12; *Hueck*, 187.

144 Den Inhalt des Lageberichts beschreibt § 289 (1) und (2) HGB. Danach sind im Lagebericht der Geschäftsverlauf und die Lage der Kapitalgesellschaft so darzustellen, dass ein den tatsächliches Verhältnissen entsprechendes Bild vermittelt wird.

145 § 42 a (1) GmbHG.

Bilanzgewinns einzusehen[146]. Mit der Schaffung des Namensaktiengesetzes weggefallen ist hingegen das Recht zur Einsichtnahme in das Aktienregister (ehemals: Aktienbuch), in das der einzelne Aktionär nach geltendem Recht Einsicht lediglich hinsichtlich der Daten über seine eigene Person nehmen kann[147]. Ein über diese begrenzten Rechte hinausgehendes allgemeines Einsichtsrecht steht dem Aktionär nach allgemeiner Auffassung nicht zu[148]. Insbesondere sind die Aktionäre nicht berechtigt, Einsicht in den Abschlussbericht des Abschlussprüfers zu nehmen.

bb) Frankreich

In den französischen Personengesellschaften sind Gegenstand der Einsichtnahme gemäß Art. 1855 CC[149] die Bücher und Dokumente der Gesellschafter (*livres et documents sociaux)*. Konkretisiert wird diese Formulierung für die SC in Art. 48 (1) D 78-704[150], wonach ein Gesellschafter Einsicht nehmen kann in die (Handels)Bücher und Dokumente der Gesellschaft sowie in die Verträge, Rechnungen, Korrespondenz und Protokolle[151]. Verallgemeinernd spricht diese Vorschrift von der Einsichtnahme in alle Dokumente, die die Gesellschaft abgefasst oder empfangen hat[152]. Damit erstreckt sich das Einsichtsrecht der Gesellschafter in den französischen Personengesellschaften - ent-

---

146 § 175 (2) AktG.

147 Gesetz zur Namensaktie und zur Erleichterung der Stimmrechtsausübung vom 18. 1. 2001 (NaStraG), BGBl. 2001 I, 123.

148 So *BGH*, Urteil v. 5.4.1993, *BGHZ* 122, 211, 236 f; *Hüffer*, § 131 Rn 22; Großkomm.-AktG-*Decher*, § 131 Rn 93; *Groß*, AG 1997, 97, 103; aA *Becker*, 693, der ein Einsichtsrecht des einzelnen Aktionärs neben § 131 AktG zulassen möchte und zur Begründung auf die Holzmüller-Entscheidung des *BGH* (Urteil v. 25.2.1982; BGHZ 83, 122) verweist, die eine Tendenz der Rechtsprechung zur Gewährung weiterer Individualrechte erkennen lasse. Zur subsidiären Anerkennung eines Einsichtsrechts des einzelnen Aktionärs siehe *BGH*, Urteil v. 9.2.1987, *BGHZ* 101, 1, 15: „In bestimmten Fällen kann es im Interesse des Aktionärs liegen, ihm die Einsicht in vorbereitete Aufzeichnungen während der Hauptversammlung zu gewähren". Dies ist insbesondere der Fall, wenn der Gesellschafter durch die Einsichtnahme schneller und zuverlässiger informiert wird.

149 Bzw. Art. 221-8 CCom (SNC) und Art. 222-7 CCom (SCS).

150 Sowie für die SNC in Art. 12 D 67-236.

151 Art. 13 (1) D 67-236: „L'associé a le droit de prendre par lui-même, au siège social, connaissance des livres de commerce et de comptabilité, des contrats, factures, correspondances, procès-verbaux (...)".

152 Art. 13 (1) D 67-236 a. E.: „(...) et plus généralement tout document établi par la société ou reçu par elle". Die gleiche Formulierung findet sich in Art. 12 D 67-236 für die SNC.

sprechend dem deutschen Personengesellschaftsrecht - auf alle Unterlagen der Gesellschaft, die für die Belange der Gesellschaft von Bedeutung sind[153].

Spätestens zwei Wochen vor einer Gesellschafterversammlung können die Gesellschafter einer SC, SNC oder SCS des weiteren Einsicht nehmen in den Lagebericht (*rapport de gestion*), in das Inventarverzeichnis (*inventaire*), in den Jahresabschluss (*comptes annuels*) sowie in die Texte der Beschlussvorschläge[154]. Darüber hinaus stehen ihnen gegebenenfalls die Berichte der Rechnungsprüfer sowie die Beschlussvorlagen und alle übrigen zu ihrer Information erforderlichen Dokumente zur Einsichtnahme offen[155].

Gegenstand des allgemeinen Einsichtsrechts in der SARL sowie in der SA sind die im CCom und im Dekret 67-236 abschließend aufgelisteten Dokumente der letzten drei Geschäftsjahre[156]. So können die Gesellschafter den Lagebericht (*rapport de gestion*) sowie das Inventarverzeichnis (*inventaire*), den Jahresabschluss (*comptes annuels*), die Bilanzen (*bilans*) und die Gewinn- und Verlustrechnung (*comptes de résultat*) einsehen[157]. Des weiteren sind die Gesellschafter von SARL und SA zur Einsichtnahme in die Berichte der Geschäftsführungsorgane befugt[158]. Den Anteilseignern einer SA ist darüber hinaus der Gesamtbetrag der Zahlungen (*rémunération*) und sonstigen Vergünstigungen[159] der Gesellschaft an ihre höchstbezahlten Angestellten offenzulegen[160].

Im Vorfeld der Gesellschafterversammlung werden den Gesellschaftern in der SARL und auf entsprechenden Antrag eines Gesellschafters hin auch in der SA die genannten Dokumente zur Kenntnisnahme zugeschickt[161]. Hingegen können das Inventarverzeichnis und die Höhe der Summe der Zahlungen

---

[153] Von einem weiten Einsichtsrecht spricht auch *Bougnoux*, Jurisclasseur Sociétés III, Fasc. 62-50, Nr. 76; siehe auch *Hémard/Terré/Mabilat*: „l'associé a le droit de tout voir et de tout consulter", Nr. 287; *Derrida*, Enc. Dalloz Sociétés IV, Société en nom collectif, Nr. 170.

[154] Art. 41 D 78-704 (SC); Art. 221-7 (2) CCom iVm Art. 12-2 D 67-236 (SNC).

[155] Art. 41 D 78-704 (SC); Art. 221-7 (2) CCom iVm Art. 12-2 D 67-236 (SNC). Die zuletzt genannte Vorschrift ist jedoch gemäß Art. 12-2 (3) D 67-236 nicht anwendbar, wenn sämtliche Gesellschafter der SNC geschäftsführungsbefugt sind. Dann dürfte das Informationsbedürfnis der Gesellschafter jedoch auch entsprechend gering sein.

[156] Art. 223-26 (4) iVm Art. 33 D. 67-236 (SARL); Art. 225-117 iVm 225-115 CCom (SA).

[157] Art. 223-26 (2) CCom (SARL); Art. 225-117 iVm 225-115 CCom (SA). Hierbei handelt es sich um die Berichte des Abschlussprüfers, den Bericht des *conseil d'administration* bzw. des *directoire* oder des *conseil de surveillance*.

[158] Art. 223-26 (4) CCom; Art. 33 D 67-236 (SARL); Art. 225-117 iVm 225-115 CCom (SA).

[159] Zur weiten Auslegung des Begriffs der *rémunération* siehe *Noquet*, JCP 1979, 8175, Nr. 12.

[160] Art. 225-115 No 4 CCom.

[161] Art. 223-26 (2) CCom, Art. 36 D 67-236 (SARL); Art. 133, 135, 138 D 67-236 (SA).

an die höchstbezahlten Personen in den Gesellschaften auch im Vorfeld der Gesellschafterversammlung lediglich am Sitz der Gesellschaft eingesehen werden[162]. Des Weiteren stehen den Gesellschaftern von SARL und SA im Vorfeld der Gesellschafterversammlungen die Texte der in der Gesellschafterversammlung zu behandelnden Beschlussvorschläge zur Einsichtnahme offen[163]. Die Gesellschafter der SA können vor einer Gesellschafterversammlung zudem die Liste der Anteilseigner einsehen[164].

cc) England

In den englischen Personengesellschaften bezieht sich das Einsichtsrecht gemäß sec. 24 (9) PA 1890 und sec. 6 (1) LPA 1907 auf die *partnership books*. Der Gegenstand des Einsichtsrechts erscheint auf den ersten Blick im Vergleich zur deutschen Formulierung enger, da das Gesetz lediglich von den Büchern der Gesellschaft, nicht jedoch daneben auch von Dokumenten in loser Form spricht. Der englischen Rechtsprechung zum Informationsrecht lässt sich eine derartige Einschränkung des Einsichtsrechts jedoch nicht entnehmen[165]. Vielmehr ist der Umfang der Informationen, die die Gesellschafter einer *partnership* einander schulden, grundsätzlich als sehr weit einzustufen. So haben die Gesellschafter einer *partnership* einander auch ungefragt alle Informationen mitzuteilen, die für die Mitgesellschafter von Bedeutung sein können[166]. Dies bringt die Entscheidung Dockrill v. Coopers[167] folgendermaßen auf den Punkt:

> „In short, the relation of partnership is one of the closest relationships known to the law and it leaves no room for exclusion from one partner of knowledge and information obtained by other partners in the course of the partnership's business."

---

[162] Art. 225-115 CCom; Art. 139 D 67-236.

[163] Art. 225-115 No. 3 CCom, Art. 135 No. 2 D 67-236.

[164] Art. 225-116 CCom iVm Art. 140 (1) D 67-236; siehe dazu *Noquet*, JCP 1979, 8175, Nr. 9. Die Liste der Anteilseigner gehört jedoch nicht zu denjenigen Dokumenten, die einem Gesellschafter auf seinen Antrag hin zugeschickt werden müssen.

[165] Siehe nur Pickering v. Pickering [1883] 25 Ch. D. 247; Manuel v. Teenen [1861] 2 J. & H. 313, wonach auch private Bücher Gegenstand des Einsichtsrechts sind, wenn ein Gesellschafter Geschäftsunterlagen mit privaten Unterlagen vermischt.

[166] Birtchnell v Equity Trustees Executors and Agency Co Ltd [1929] 42 CLR 384. *Blackett-Ord*, 172.

[167] Dockrill v. Coopers & Lybrand Chartered Accountants [1994] 111 DLR (4th) 62.

Hieraus folgt, dass sämtliche Geschäftsunterlagen der Gesellschaft unabhängig von ihrer Aufbewahrungsform Gegenstand des Einsichtsrechts der Gesellschafter sind.

Für die *company* sprechen sec. 238 (1), 239 (1) CA 1985 von der Einsichtnahme in die Gewinn- und Verlustrechnung (*profit and los account*[168]) und in die Bilanz (*balance sheet*[169]), die zusammen den Jahresabschluss bilden. Des Weiteren können die Gesellschafter einer *company* die von den *directors* und *auditors* erstellten Berichte (*directors' report* bzw. *auditors' report*) des laufenden sowie des vergangenen Geschäftsjahres einsehen[170]. Für börsennotierte Gesellschaften besteht die Möglichkeit, unter bestimmten Voraussetzungen ihren Anteilsinhabern an Stelle der *accounts* und *reports* zusammenfassende finanzielle Berichte („*summary financial statements*") zukommen zu lassen[171]. Diese Möglichkeit bietet sich insbesondere für *companies* mit einer Vielzahl von Gesellschaftern an, in denen durch das Versenden der zusammengefassten Informationen Kosten eingespart werden können[172]. Darüber hinaus gewährt die Zulassung von *summary financial statements* den Gesellschaften die Möglichkeit, die relevanten Informationen in verständlicher Art und Weise aufzubereiten[173]. Beschränkt sich eine Gesellschaft auf die Zusendung von *summary financial statements,* so hat aber jeder Gesellschafter das Recht, die Zusendung einer Kopie der vollständigen *annual accounts* und *reports* zu verlangen[174]. Zur Einsichtnahme in die tägliche Buchführung der Gesellschaft, die *accounting records*[175], sind die Gesellschafter hingegen grundsätzlich nicht befugt[176].

---

[168] Sec. 226 (1b) CA 1985.

[169] Sec. 226 (1a) CA 1985.

[170] Sec. 234A, 235 (1), 238 (1) CA 1985. Der *directors' report* enthält sowohl Informationen über die Direktoren als auch über das Unternehmen und gewährt einen Überblick über die Aktivitäten und die Entwicklung der Gesellschaft, siehe sec 234 (1a) CA 1985. Der *auditors' report* stellt fest, inwieweit die Bücher der Gesellschaft im Einklang mit den Vorschriften des CA 1985 geführt werden, sec. 235 (2) CA 1985.

[171] Sec. 251 CA 1985; die Voraussetzungen sind geregelt im Companies (Summary Financial Statement) Regulations 1995, SI 1995, No 2092.

[172] *Farrar*, 493.

[173] *Farrar*, 493.

[174] Sec. 251 (2 CA 1985. Zu den Besonderheiten der Rechnungslegung bei der *private company* siehe sec. 246 CA 1985.

[175] Siehe sec. 221 CA 1985.

[176] Baldwin v. Lawrence [1824] 2 Sim & St. 18 = All ER 57, 251; Burn v. London and South Wales Coal Co [1890] WN 209; *Pennington*, 851; *Bischoff*, 152. Siehe dazu auch Art. 109 *Table A*, wonach ein Gesellschafter zur Einsichtnahme in die Bücher und Konten der Gesellschaft nur befugt ist, wenn der *board of directors* oder die Gesellschafterversammlung ihn dazu ausdrücklich

Der Gesellschafter einer *company* wie auch jeder Dritte kann zudem Einsicht nehmen in verschiedene von der Gesellschaft aufzustellende Verzeichnisse. Hierbei handelt es sich um das Mitgliederverzeichnis (*register of members)*[177], das Verzeichnis der *directors* und *secretaries*[178] sowie das Verzeichnis der Beteiligungen der *directors* an der Gesellschaft (*register of directors interests)*[179] und das Verzeichnis der maßgeblichen Anteilsbesitze (*register)*[180].

Des Weiteren kann der einzelne Gesellschafter einer *company* nach sec. 19 CA (1) 1985 Einsicht verlangen in die Rechtsgrundlagen der Gesellschaft, also in das *memorandum* und in die *articles of association*, sowie in die Dienstverträge, die zwischen einer *company* und ihren *directors* bestehen[181].

dd) Ergebnis

aaa) Personengesellschaftsrecht

Gemeinsam ist den untersuchten Rechtsordnungen, dass sich die Einsichtsrechte der Gesellschafter in sämtlichen Personengesellschaften auf die Bücher der Gesellschaft (*livres sociaux* bzw. *partnership books)* beziehen. Dieser Begriff wird in allen Rechtsordnungen im Interesse einer möglichst umfassenden Information der Personengesellschafter weit ausgelegt. So sprechen insbesondere die einschlägigen Vorschriften der französischen Dekrete davon, dass die Gesellschafter sämtliche Unterlagen einsehen können, die von der Gesellschaft erstellt oder empfangen worden sind[182]. Der Gegenstand des Einsichtsrechts der Personengesellschafter kann daher dahingehend zusammengefasst werden, dass er alle diejenigen Unterlagen der Gesellschaft umfasst, die über die Geschäftsvorgänge der Gesellschaft Auskunft geben können. Insoweit weisen die Informationsrechte von beschränkt und unbeschränkt haftenden Personengesellschaftern keine Unterschiede auf. So beziehen sich auch die Einsichtsrechte des einzelnen Kommanditisten, des *commanditaire* sowie des

---

ermächtigen. Im Rahmen einer Klage eines Gesellschafters gegen die Gesellschaft kann die Vorlage dieser Buchführung jedoch verlangt werden, siehe Cartland v. Houston [1912] WN 110.

[177] Sec. 352 (1), 356 (1) CA 1985 (sowohl *private* als auch *public companies*).

[178] Sec. 288 CA 1985 (sowohl *private* als auch *public companies*).

[179] Sec. 325 CA 1985 (sowohl *private* als auch *public companies*).

[180] Sec. 219 CA 1985 (betrifft nur *public companies)*.

[181] Sec. 318 (7) und 319 (5) CA 1985.

[182] Art. 13 (1) D 67-236.

limited partner ohne Einschränkung auf die Bücher der Gesellschaft[183]. Dies ist bemerkenswert, da man sich auch auf den Standpunkt stellen könnte, beschränkt haftende Gesellschafter einer Personengesellschafter hätten - entsprechend den Gesellschaftern einer Kapitalgesellschaft - aufgrund ihres begrenzten finanziellen Risikos von vornherein ein geringeres Informationsbedürfnis als Gesellschafter, die unbeschränkt für die Verbindlichkeiten der Gesellschafter einzustehen haben.

Für das Personengesellschaftsrecht kann als gemeinsames Prinzip festgehalten werden:

Personengesellschafter sind befugt, sämtliche Unterlagen der Gesellschaft einzusehen, die über die Geschäftsvorgänge in der Gesellschaft Auskunft geben können.

bbb) Kapitalgesellschaftsrecht

Im Vergleich zu den Einsichtsrechten der Personengesellschafter sind die Einsichtsrechte der Kapitalgesellschafter im Hinblick auf den Gegenstand der Einsichtnahme weniger weitreichend. Insbesondere sind die vom Gesellschafter einzusehenden Unterlagen sowohl im deutschen Aktienrecht als auch im französischen und englischen Kapitalgesellschaftsrecht in den einschlägigen Vorschriften abschließend aufgezählt[184]. So ist ein Kapitalgesellschafter in allen drei Rechtsordnungen zur Einsichtnahme in den Jahresabschluss - der sich einheitlich aus der Bilanz und der Gewinn- und Verlustrechnung zusammensetzt - sowie in den Lagebericht befugt. Für die französische SA und die deutsche AG tritt die Einsichtnahme in die Berichte des *conseil d'administration bzw.* des *directoire* und des *conseil de surveillance* sowie des Aufsichtsrats hinzu. Des Weiteren sind die Gesellschafter französischer und englischer Kapitalgesellschaften sowie die Gesellschafter der GmbH zur Einsichtnahme in den Bericht des Abschlussprüfers befugt. Hingegen steht den Gesellschaftern der AG ein solches Recht nicht zu, so dass zu diesem Aspekt ein gemeinsames Prinzip der untersuchten Rechtsordnungen nicht gebildet werden kann. In der englischen *company* können die Gesellschafter darüber hinaus bestimmte Verträge einsehen, die zwischen der *company* und einem ihrer *directors* geschlossen wurden.

[183] Dieses Ergebnis widerspricht der These *Chartiers*, Rev. soc. 1984, 43, der die unterschiedliche Reichweite der Informationsrechte der verschiedenen Gesellschafter auf das unterschiedlich ausgestaltete Haftungsrisiko der Gesellschafter zurückführt.

[184] Zur SA: *Guyon*, Enc. Dalloz Sociétés, Assemblées d'actionnaires, Nr. 95.

Die Begrenzung der Einsichtsrechte des Kapitalgesellschafters gegenüber den Informationsrechten des Personengesellschafters erklärt sich daraus, dass insbesondere große Kapitalgesellschaften mit einer Vielzahl von Gesellschaftern ein schutzbedürftiges Interesse daran haben, ihre internen wettbewerbsrelevanten Geschäftsangelegenheiten vor der Öffentlichkeit zu verbergen. Zum anderen steht die geringere Informationsberechtigung des Kapitalgesellschafters im Einklang mit dessen beschränkten Haftungsrisiko für die Verbindlichkeiten der Gesellschaft. Von dem Grundsatz, wonach die Einsichtsrechte des Kapitalgesellschafters typischerweise begrenzter sind als die entsprechenden Rechte des Personengesellschafters, bildet das Einsichtsrecht des GmbH-Gesellschafters eine Ausnahme. Dieses bezieht sich nämlich allgemein auf die Bücher und Schriften der Gesellschaft und entspricht damit seinem Umfang nach eher den Einsichtsrechten von Personengesellschaftern. Entsprechend ist die Vorschrift des § 51a GmbHG seit ihrer Schaffung wegen ihrer Weite kritisiert worden[185]. Gerade diese Kritik lässt es angemessen erscheinen, das weite und damit atypische Einsichtsrecht des GmbH-Gesellschafters bei der Prinzipienbildung zu vernachlässigen. Als gemeinsames Prinzip kann für den Umfang der Einsichtsrechte von Kapitalgesellschaftern somit festgehalten werden:

Die Kapitalgesellschafter sind zur Einsichtnahme in den Jahresabschluss (comptes annuels, annual accounts) sowie in die Berichte der Leitungs- und Überwachungsorgane der Gesellschaft berechtigt .

Darüber hinaus kann für das gesamte Gesellschaftsrecht zusammenfassend formuliert werden:

Die Gesellschafter einer Personengesellschaft haben weiterreichende Einsichtsrechte in die Unterlagen der Gesellschafter als die Gesellschafter einer Kapitalgesellschaft.

[185] Siehe dazu *K. Schmidt*, Gesellschaftsrecht, § 35 I 4 b), Seite 1040: „Bestimmung in mehrfacher Weise mißglückt"; des weiteren Scholz/*K. Schmidt*, § 51a Rn 7; *Wohlleben*, 10. *Lutter*, ZGR 1982, 1, 9 spricht vom „zunächst chaotisch anmutenden Charakter" der Vorschrift. Die Begründung des RegE, abgedruckt bei *Deutler*, 93, rechtfertigt die Gesetzesfassung folgendermaßen: „Ein derart weitgehendes Auskunftsrecht erscheint gerechtfertigt, weil der Gesellschafter einer GmbH rechtlich und in aller Regel auch tatsächlich eng mit der Gesellschaft verbunden ist und unmittelbaren Anteil an ihrer Entwicklung nimmt."

b) Einsichtnahme in elektronisch verarbeitete Daten

Aufgrund von Praktikabilitätserwägungen sind die meisten Gesellschaften inzwischen zu einer elektronischen Buchführung übergegangen[186]. Für das Einsichtsrecht der Gesellschafter führt diese Entwicklung zu der Frage, ob den Gesellschaftern von Personen- und Kapitalgesellschaften neben der Einsicht in herkömmliche Datenträger auch die Einsicht in elektronisch verarbeitete Geschäftsdaten offen steht. Diese Frage ist bislang in keiner der untersuchten Rechtsordnungen ausdrücklich geregelt[187]. Den Ausschlag für die Beantwortung dieser Frage vermag die Überlegung zu geben, dass die Interessen der Gesellschaft durch die Einsicht in elektronisch erfasste Daten nicht wesentlich stärker beeinträchtigt werden als durch die Einsichtnahme in konventionell geführte Geschäftsunterlagen[188]. Daher ist im Interesse einer umfassenden Information der Gesellschafter davon auszugehen, dass sie auch zur Einsichtnahme in elektronisch verarbeitete Daten bzw. in den Ausdruck dieser Daten berechtigt sind[189]. Dies führt uns zu folgendem Prinzip:

Die Gesellschafter sind neben der Einsicht in herkömmliche Datenträger auch zur Einsichtnahme in elektronisch erfasste Geschäftsdaten befugt.

c) Bezugszeitraum der einzusehenden Unterlagen

aa) Personengesellschaftsrecht

Alle drei untersuchten Rechtsordnungen schweigen zu der Frage, ob neben den Geschäftsunterlagen des laufenden Geschäftsjahres auch die Unterlagen der vorherigen Geschäftsjahre von Personengesellschaftern eingesehen werden können. Ohne die Einsichtnahme in Dokumente früherer Geschäftsjahre ver-

[186] *Morse*, 157.

[187] Immerhin sprechen die sec. 238, 239, 251 CA 1985 von der Möglichkeit, den Gesellschaftern die ihnen zustehenden Informationen per E-Mail oder Internet zukommen zu lassen, siehe dazu *Siems*, RIW 2002, 202, 203.

[188] *Morse*, 157.

[189] Vgl. allgemein zum deutschen Gesellschaftsrecht *Becker*, 699; zur GbR: *Wohlleben*, 116; MüKo-BGB-*Ulmer*, § 716 Rn 8; zur OHG: Schlegelberger/*Martens*, § 118 Rn 10; zur GmbH: *Baumbach/Hueck/Zöllner*, § 51a Rn 17; *Tietze*, 52; zur partnership, *Blackett-Ord*, 174; *Morse*, 157. In diese Richtung weisen nun auch die Empfehlungen der deutschen Corporate-Governance-Kommission sowie des deutschen Corporate Governance Kodexes, die sich für die Veröffentlichung der von den Aktionären einzusehenden Berichte und Unterlagen auf der Website der Gesellschaft aussprechen, siehe dazu *Baums*, Nr. 97. Im französischen Schrifttum wird diese Frage nicht erörtert, wohl deshalb, weil sich die Beantwortung dieser Frage von selbst versteht.

fügt ein Gesellschafter über keine Vergleichsmöglichkeiten und damit über keine ausreichende Beurteilungsgrundlage hinsichtlich der in einem Geschäftsjahr erzielten Ergebnisse[190]. Mangels entgegenstehender gesetzlicher Hinweise sind die einschlägigen Vorschriften daher im Interesse des Informationsbedürfnisses der Gesellschafter dahingehend auszulegen, dass die Gesellschafter sowohl die Geschäftsunterlagen des aktuellen als auch früherer Geschäftsjahre einsehen können[191].

bb) Kapitalgesellschaftsrecht

Für den deutschen Kapitalgesellschafter ergibt sich die Möglichkeit, neben den Unterlagen des laufenden Geschäftsjahres auch den Jahresabschluss und den Lagebericht vorheriger Geschäftsjahre einzusehen, aus § 325 (1) HGB, der die Einreichung dieser Unterlagen beim Handelsregister vorsieht. Das allgemeine Einsichtsrecht des französischen Kapitalgesellschafters umfasst nach dem ausdrücklichen Gesetzeswortlaut die Unterlagen der letzten drei Geschäftsjahre[192]. Weitergehende Einsichtsrecht ergeben sich auch für den französischen und englischen Kapitalgesellschafter daraus, dass die Jahresabschlüsse nach ihrer Bestätigung durch die Gesellschafter veröffentlicht werden müssen[193]. Die besonderen Einsichtsrechte der französischen Gesellschafter im Vorfeld der Gesellschafterversammlung beziehen sich hingegen naturgemäß ausschließlich auf die Unterlagen des jeweiligen Geschäftsjahres. Im englischen Kapitalgesellschaftsrecht kann der einzelne Gesellschafter zur Vorbereitung der Entscheidung über die Billigung des Jahresabschlusses Einsicht in die Unterlagen des laufenden sowie des vorherigen Geschäftsjahres verlangen (Artt. 238 (1), 239 (1) CA 1985).

cc) Ergebnis

Personengesellschafter sind zur Einsichtnahme in die Unterlagen des laufenden Geschäftsjahres sowie der vorherigen Geschäftsjahre befugt. Kapitalgesellschafter sind in allen untersuchten Rechtsordnungen jedenfalls berechtigt, die Unterlagen des laufenden Geschäftsjahres einzusehen, bevor sie öffentlich zugänglich gemacht werden. Darüber hinaus stehen ihnen nach deutschem,

---

[190] *Merle*, Nr. 477.

[191] Zu den französischen Personengesellschaften: *Bougnoux*, Jurisclasseur Civil, Art. 1832 - 1904, Fasc. 48-60, Nr. 12; *Hémard/Terré/Mabilat*, Nr. 287; *Chartier*, JCP 1978 I, 2917 Nr. 271; *Derrida*, Enc. Dalloz Sociétés IV, Société en nom collectif, Nr. 170.

[192] Art. 223-26 (4), 225-117 CCom.

[193] Artt. 232-22, 232-23 CCom; sec. 242 (1) iVm sec. 709 (1) CA 1985.

französischem und englischem Recht die publizierten Jahresabschlüsse der Vorjahre zur Einsichtnahme offen. Diese Ergebnisse lassen sich für das Personen- und Kapitalgesellschaftsrecht in folgendem Prinzip zusammenfassen:

Das Einsichtsrecht bezieht sich auf die Unterlagen des laufenden Geschäftsjahrs sowie der vorherigen Geschäftsjahre.

2. Umfang des Auskunftsrechts

a) Deutschland

Für das aus einer Rechtsfortbildung der Vorschriften über das Einsichtsrecht der Gesellschafter abgeleitete Auskunftsrecht des deutschen Personengesellschafters ist entsprechend dem Einsichtsrecht ein Bezug der Fragen zu den *Angelegenheiten der Gesellschaft* zu fordern[194]. Entsprechend nennen die Vorschriften zum Auskunftsrecht des einzelnen GmbH- bzw. AG-Gesellschafters das Erfordernis eines inhaltlichen Zusammenhanges der begehrten Auskunft mit den Angelegenheiten der Gesellschaft[195]. Darüber hinaus müssen die Fragen eines Aktionärs für die sachgemäße Beurteilung eines Tagesordnungspunktes der Hauptversammlung erforderlich sein[196]. Diese zusätzliche Voraussetzung soll eine missbräuchliche Ausübung des Auskunftsrechts verhindern und den ordnungsgemäßen Ablauf der Hauptversammlung gewährleisten[197].

---

[194] Zum Umfang des Einsichtsrechts siehe oben Seite 63.

[195] Der Begriff der *Angelegenheiten der Gesellschaft* ist weit zu verstehen und umfasst alle Angelegenheiten, die sich auf die AG und ihre geschäftliche Tätigkeit beziehen, vgl. Großkomm.-AktG-*Decher*, § 131 Rn 114; *Großfeld/Möhlenkamp*, ZIP 1994, 1425, 1425; *Hüffer*, § 131 Rn 11 m. w. Nachw.

[196] Hierbei ist ein bloßer Zusammenhang zwischen der Frage und der Tagesordnung der Gesellschafterversammlung nicht ausreichend, KölnKomm.-*Zöllner*, § 131 Rn 23. Jedenfalls hat die Gestaltung der Tagesordnung der Hauptversammlung erheblichen Einfluss auf den Umfang des Auskunftsrechts, *Becker*, 692. In diesem Zusammenhang ist von besonderem Interesse, dass eine Aktionärsminderheit die Erweiterung der Tagesordnung gemäß § 122 II iVm § 124 I 2 AktG verlangen kann.

[197] So die Regierungsbegründung, abgedruckt bei *Kropff*, 185; vgl. auch MüKo-AktG/*Kubis*, § 131 Rn 36.

b) Frankreich

In der SC sowie in der SNC und SCS sind die Gesellschafter befugt, schriftliche Fragen hinsichtlich einer Maßnahme der *gestion sociale* zu stellen[198]. Die Fragen der Gesellschafter müssen folglich einen inhaltlichen Zusammenhang mit der Geschäftsführung der Gesellschaft aufweisen[199]. So können insbesondere Fragen zu Geschäften gestellt werden, die zwischen der Gesellschaft und einem ihrer Geschäftsführer oder Aktionäre zustande gekommen sind[200]. Entsprechend der Rechtslage im französischen Personengesellschaftsrecht sind in den französischen Kapitalgesellschaften Fragen im Vorfeld der Gesellschafterversammlung nur zulässig, wenn sie einen Bezug zur jeweiligen Tagesordnung der Gesellschafterversammlung aufweisen[201]. Die daneben bestehenden besonderen Fragerechte für den Gesellschafter der SARL (Art. 223-36 CCom) sowie für den oder die Aktionäre, die mindestens ein Zehntel des Gesellschaftskapitals halten, können sich hingegen auf jede Tatsache beziehen, die geeignet erscheint, die Fortführung des Geschäftsbetriebs zu stören[202].

c) England

Der unbeschränkt haftende Gesellschafter einer *partnership* kann den geschäftsführenden Gesellschaftern gemäß sec. 28 PA 1890 Fragen zu allen Angelegenheiten stellen, die die Gesellschaft betreffen („*all things affecting the partnership*"). Der beschränkt haftende *limited partner* ist nach sec. 6 (1) LPA 1907 zur Diskussion und damit auch zu Fragen hinsichtlich des *partnership business* befugt. Für das im *common law* anerkannte Fragerecht des englischen Kapitalgesellschafters in der Gesellschafterversammlung wird grundsätzlich ein inhaltlicher Bezug der Frage zum jeweils anstehenden Gesellschafterbeschluss gefordert[203]. In der Praxis sehen die Tagesordnungen der Hauptversammlungen jedoch häufig auch Zeit für offene Fragen vor[204].

---

[198] Siehe Art. 1855 CC, Art. 221-8 CCom und Art. 222-7 CCom.

[199] *Hémard/Terré/Mabilat*, Nr. 287; *Bougnoux*, Jurisclasseur Civil, Art. 1832 - 1904, Fasc. 48-60, Nr.14.

[200] *D. Schmidt*, Nr. 28. Zu diesen Geschäften siehe ausführlich unten Seite 117 ff.

[201] *Bougnoux*, Jurisclasseur Sociétés III, Fasc. 76-10, Nr. 39; *Mercadal/Janin*, Nr. 5671; siehe auch *Guyon*, Nr. 505: da die Gesellschafterversammlung den Jahresabschluss genehmigt und dieser folglich Gegenstand der Tagesordnung ist, kann ein Gesellschafter de facto jede Frage hinsichtlich der Geschäftsführung der Gesellschaft stellen.

[202] Art. 225-232 CCom: „Tout fait de nature à compromettre la continuité de l'exploitation".

[203] *Farrar*, 310; *Gower/Davies*, 683.

[204] *Farrar*, 310.

d) Ergebnis

Der Gegenstand des Auskunftsrechts von Personengesellschaftern stellt sich in allen Personengesellschaften entsprechend der Rechtslage hinsichtlich des Einsichtsrechts der Gesellschafter sehr weit dar. Zulässig sind alle Fragen zur *Geschäftstätigkeit der Gesellschaft* bzw. zu den *Angelegenheiten der Gesellschaft*. Die Auskunftsrechte des Kapitalgesellschafters, die grundsätzlich im Vorfeld einer Gesellschafterversammlung bestehen, setzen einen inhaltlichen Bezug der Fragen zu den in der Versammlung zu behandelnden Tagesordnungspunkten voraus. Die daneben unabhängig vom Stattfinden einer Gesellschafterversammlung existierenden besonderen Fragerechte im französischen Kapitalgesellschaftsrecht beziehen sich auf sämtliche möglichen Ursachen einer Störung des Geschäftsbetriebs der Gesellschaft. Da es sich bei diesen besonderen Fragerechten des französischen Gesellschaftsrechts um Sonderfälle handelt, lässt sich zur Frage nach dem Gegenstand des Auskunftsrechts der Gesellschafter das folgende Prinzip bilden:

Die Auskunftsrechte der Personengesellschafter beziehen sich auf sämtliche Angelegenheiten, die die Geschäftsführung der Gesellschaft betreffen.

Die Kapitalgesellschafter können im Vorfeld bzw. während einer Gesellschafterversammlung Fragen an die Geschäftsführung richten, die einen Bezug zu den in der Versammlung zu behandelnden Gegenständen aufweisen.

IV. Modalitäten der Ausübung von Informationsrechten

1. Zeitpunkt und Häufigkeit der Ausübung von Informationsrechten

a) Deutschland

Unbeschränkt haftende Gesellschafter einer Personengesellschaft sowie GmbH-Gesellschafter können ihre Informationsrechte jederzeit und unbeschränkt oft geltend machen[205]. Jedoch darf die Geltendmachung der Informationsrechte nicht zur Unzeit erfolgen[206]. Aus diesem Grund hat die Geschäfts-

[205] Zur GbR: *Wohlleben*, 67; *Weipert*, in: MüHbGesR, Band I, § 6 Rn 3; zur OHG: Schlegelberger/*Martens*, § 118 Rn 7 m. w. Nachw.; Heymann/*Emmerich*, § 118 Rn 10; zur GmbH: *Raiser*, § 27 Rn 9; *Schießl*, in: MüHbGesR, Band III, § 33 Rn 15; *Tietze*, 26; *Wischenbart*, 114.

[206] Zur GbR: Soergel/*Hadding*, § 716 Rn 11, zur OHG: Baumbach/Hopt/*Hopt*, § 118 Rn 4. Eine Geltendmachung zur Unzeit wäre beispielsweise anzunehmen, wenn ein Gesellschafter nachts Einsicht in die Gesellschaftsunterlagen begehrt. Diese Einschränkung der Informationsrechte konkretisiert das allgemeine Missbrauchsverbot, siehe dazu unten Seite 88.

führung dem Einsichts- oder Auskunftsbegehren eines Gesellschafters regelmäßig nur während der üblichen Geschäftszeiten Folge zu leisten[207]. Demgegenüber hat der einzelne Kommanditist nur ein zeitlich beschränktes Informationsrecht. Er kann sein ordentliches Informationsrecht aus § 166 (1) HGB lediglich einmal pro Geschäftsjahr im Zusammenhang mit der Aufstellung des Jahresabschlusses geltend machen[208]. Für das außerordentliche Informationsrecht des Kommanditisten bei Vorliegen eines wichtigen Grundes gemäß § 166 (3) HGB besteht diese zeitliche Beschränkung hingegen nicht. Ein wichtiger Grund liegt vor, wenn die Vermögensinteressen des Kommanditisten konkret gefährdet erscheinen[209]. Dies ist insbesondere der Fall beim Verdacht nicht ordnungsgemäßer Geschäfts- oder Buchführung[210].

b) Frankreich

Die Häufigkeit der Geltendmachung der Informationsrechte des französischen Personengesellschafters ist gesetzlich erheblich beschränkt. So können die Gesellschafter in der SC lediglich einmal jährlich, in den anderen Personengesellschaften zweimal jährlich Einsicht in die Geschäftsunterlagen nehmen und Fragen stellen[211]. Damit soll verhindert werden, dass die Geschäftsführung aufgrund permanenter Informationsbegehren der Gesellschafter handlungsunfähig wird[212]. Abgemildert wird diese zeitliche Beschränkung jedoch dadurch, dass die Gesellschafter den Zeitpunkt der Geltendmachung des Einsichtsrechts grundsätzlich frei auswählen können[213]. Zudem ist des Weiteren anerkannt, dass die Gesellschafter im Gesellschaftsvertrag die zeitliche Beschränkung hinsichtlich der Geltendmachung der Informationsrechte aufheben können[214].

---

[207] *Michalski*, § 118 Rn 6; Heymann/*Emmerich*, § 118 Rn 6; Schlegelberger/*Martens*, § 118 Rn 29.

[208] Schlegelberger/*Martens*, § 166 Rn 11; *Westermann*, Rn 884; Heymann/*Horn*, § 166 Rn 9; *Hahn*, BB 1997, 741.

[209] Schlegelberger/*Martens*, § 166 Rn 26; Heymann/*Horn*, § 166 Rn 13; *Hahn*, BB 1997, 741, 743.

[210] Baumbach/Hopt/*Hopt*, § 166 Rn 9.

[211] Art. 1855 CC (SC); Art. 221-8 CCom (SNC); Art. 222-7 CCom (SCS). Ob sich die Beschränkung der Häufigkeit der Ausübung der Informationsrechte auch auf das Fragerecht erstreckt, ist umstritten, wie hier *Bougnoux*, Jurisclasseur Civil, Art.1832 - 1904, Fasc. 48-60, 5; anders *Chartier*, JCP 1978 I, 2197, Nr. 272.

[212] *Hémard/Terré/Mabilat*, Nr. 287.

[213] So *Guyon*, Nr. 256. Jedenfalls schweigt das Gesetz zu diesem Punkt, vgl. *Chartier*, JCP 1978 I, 2917, Nr. 271.

[214] *Hémard/Terré/Mabilat*, Nr. 287.

Hinsichtlich der Informationsrechte im Vorfeld der Gesellschafterversammlungen ergibt sich die zeitliche Beschränkung bereits aus der Natur der Sache. So können die versammlungsrelevanten Dokumente einen Monat vor der Gesellschafterversammlung eingesehen und diesbezügliche Fragen gestellt werden. Die Fragen müssen zu einem Zeitpunkt vor der Versammlung gestellt werden, der es dem Geschäftsführer ermöglicht, die Frage zur Kenntnis zu nehmen und die Antwort vorzubereiten[215]. Die besonderen Fragerechte in SARL und SA können hingegen bei entsprechendem Anlass jederzeit geltend gemacht werden.

c) England

Für die Gesellschafter einer *partnership* sowie einer *limited partnership* ergibt sich die Möglichkeit, jederzeit und beliebig oft Einsicht in die Bücher der Gesellschaft zu nehmen, bereits aus den gesetzlichen Vorschriften. Danach kann ein englischer Gesellschafter Einsicht nehmen zu einem Zeitpunkt, „when he thinks fit“[216]. Auch im englischen Gesellschaftsrecht gilt - wie im deutschen Recht - jedoch der Grundsatz, dass der Gesellschafter Einsicht grundsätzlich nicht zur Unzeit, sondern lediglich zu einer angemessenen Zeit *(reasonable time)* verlangen kann[217]. Diese Einschränkung leitet sich aus der allgemeinen Treueverpflichtung *(duty of good faith)* ab, die den Gesellschaftern im Verhältnis zueinander obliegt[218].

Die Gesellschafter einer *company* können die Unterlagen des laufenden Geschäftsjahres nur innerhalb einer dreiwöchigen Frist vor der Gesellschafterversammlung einsehen[219]. Die Unterlagen des Vorjahres stehen ihnen dagegen jederzeit zur Einsichtnahme offen[220]. Entsprechend den Informationsrechten der englischen Personengesellschafter stehen auch die Informationsrechte der Kapitalgesellschafter unter dem Vorbehalt der Ausübung zu einem angemessenen Zeitpunkt *(reasonable time)*[221].

---

[215] *Cour d'appel* Paris, Urteil v. 23.4.1985, Rev. jur. com. 1986, 142; *Bougnoux*, Jurisclasseur Sociétés IV, Fasc. 76-10, Nr. 38; *Witt*, AG 200, 257, 266.

[216] Sec. 24 (9) PA 1890 und sec. 6 (1) LPA 1907.

[217] Holland v. Dickson, 37 Ch. D. 669, 672:“If a stockholder asked to see that book at a time which was not reasonable, then the company, of course, would be entitled to refuse to comply for the time being with his application.“

[218] Siehe zur *duty of good faith* ausführlich unten Seite 92.

[219] Sec. 238 (1) CA 1985.

[220] Sec. 239 (1) CA 1985.

[221] Mutter v. Eastern and Midlands Railway Co. [1888] 38 Ch D 92, 96.

d) Ergebnis

aa) Personengesellschaftsrecht

Die Personengesellschafter können im deutschen sowie im englischen Recht ihre Informationsrechte jederzeit und unbeschränkt häufig ausüben, solange sich der gewählte Zeitpunkt für die Gesellschaft nicht als unzumutbar darstellt. Die Informationsrechte der französischen Personengesellschafter unterliegen demgegenüber erheblichen zeitlichen Einschränkungen. Sie können nur ein- bzw. zweimal jährlich ausgeübt werden. Somit lässt sich insoweit ein gemeinsames Prinzip der untersuchten Rechtsordnungen nicht feststellen. Die Rechtsordnungen stimmen aber darin überein, dass die Personengesellschafter grundsätzlich frei auswählen können, zu welchem Zeitpunkt sie ihre Informationsrechte ausüben.

Die Gesellschafter einer Personengesellschaft können grundsätzlich frei über den Zeitpunkt der Ausübung ihrer Informationsrechte entscheiden.

bb) Kapitalgesellschaftsrecht

Im Kapitalgesellschaftsrecht ist die Ausübung der Informationsrechte im Vergleich zum Personengesellschaftsrecht weitergehenden zeitlichen Beschränkungen unterworfen. So können die Unterlagen des laufenden Geschäftsjahres lediglich innerhalb eines drei- bis vierwöchigen Zeitraums im Vorfeld der Gesellschafterversammlungen eingesehen werden und die diesbezüglichen Fragen auch nur in diesem Zeitraum (Frankreich) bzw. in der Versammlung (Deutschland und England) gestellt werden. Die Unterlagen der Vorjahre können dagegen jederzeit eingesehen werden. Keine zeitlichen Beschränkungen weisen zudem die besonderen Fragerechte im französischen Kapitalgesellschaftsrecht auf. Entsprechendes gilt für die Informationsrechte der GmbH-Gesellschafter, die grundsätzlich jederzeit und beliebig häufig ausgeübt werden können. Die Rechtslage in der GmbH stellt sich damit atypisch dar und entspricht eher der rechtlichen Situation in einer Personengesellschaft. Angesichts dieses Ausnahmecharakters, das dem weiten Informationsrecht des GmbH-Gesellschafters zukommt, erscheint es vertretbar, die Rechtslage in der GmbH bei der Prinzipienbildung zu vernachlässigen.

Als gemeinsames Prinzip der untersuchten Rechtsordnungen kann somit festgehalten werden:

Die Informationsrechte der Kapitalgesellschafter können grundsätzlich nur innerhalb eines beschränkten Zeitraums im Vorfeld der Gesellschafterversammlung bzw. im Rahmen derselben geltend gemacht werden.

2. Ort der Ausübung der Informationsrechte

Sowohl nach deutschem als auch nach französischem und englischem Gesellschaftsrecht erfolgt die Einsichtnahme in die Geschäftsunterlagen der Gesellschaft in den Räumen der Gesellschaft[222]. Die Gesellschafter sind grundsätzlich nicht befugt, die einzusehenden Unterlagen aus den Gesellschaftsräumen zu entfernen[223]. Die vorübergehende Überlassung der Unterlagen an den Gesellschafter ist jedoch ausnahmsweise möglich und geboten, wenn ein Gesellschafter an der Einsichtnahme am Gesellschaftssitz aus besonderen Gründen für längere Zeit (z. B. Krankheit) gehindert ist[224].

Als gemeinsames Prinzip kann für die Frage nach dem Ort der Ausübung der Informationsrechte folglich festgehalten werden:

Die Einsichtnahme in die Originalunterlagen der Gesellschaft erfolgt am Sitz der Gesellschaft. Die einzusehenden Unterlagen dürfen grundsätzlich nicht aus den Räumen der Gesellschaft entfernt werden, es sei denn der Gesellschafter ist über einen längeren Zeitraum hinweg an der Einsichtnahme in den Gesellschaftsräumen gehindert.

---

[222] Zur GbR: MüKo-BGB-*Ulmer*, § 716 Rn 10; Soergel/*Hadding*, § 716 Rn 11; RGRK-v. *Gamm*, § 716 Rn 3; zur OHG: *Westermann*, Rn 440; Baumbach/Hopt/*Hopt*, § 118 Rn 4; zur KG: Schlegelberger/*Martens*, § 166 Rn 11; zur GmbH: Scholz/*K. Schmidt*, § 51a Rn 26; zur AG: § 175 (2) Satz 1 AktG; zur SC, *Bougnoux*, Jurisclasseur Civil, Art. 1832 - 1904, Fasc. 48-60, Nr. 11; zur SNC; Art. 13 (2) D 67-236; vgl. auch *Dereu*, Jurisclasseur Sociétés II, Fasc. 60, Nr. 11; *Hémard/Terré/Mabilat*, Nr. 287; zur SCS: Art. 19 iVm 13 (2) D 67-236; zur SARL: Art. 33 D 67-236; zur SA: Art. 139 (1) - (3), 140, 142 D 67-236; zur partnership: sec. 24 (9) PA 1890; in den englischen Kapitalgesellschaften erfolgt die Einsichtnahme am *registered office*, siehe nur sec. 356 iVm 353 (1) [Einsichtnahme in das *register of members*]; 288 [Einsichtnahme in das *register of directors and secretaries*] ; 219 iVm 211 (8a) CA 1985 [Einsichtnahme in das *register of interests in shares*]; zum Begriff des registered office siehe sec. 287 CA 1985.

[223] Zum englischen Personengesellschaftsrecht: *Lindley/Banks*, 22-14. Eine Entfernung der Unterlagen vom Geschäftssitz der Gesellschaft kann im Gesellschaftsvertrag jedoch vereinbart werden, *Lindley/Banks*, a.a.O.

[224] So Soergel/*Hadding*, § 716 Rn 11; Heymann/*Emmerich*, § 118 Rn 10, *Westermann*, Rn 440; *Hueck*, 188.

3. *Recht zur Anfertigung von Kopien der eingesehenen Unterlagen*

a) Interessenlage

Bei den einzusehenden Unterlagen und Büchern der Gesellschaft handelt es sich um komplexe Aufstellungen und Bilanzen, die sich dem wirtschaftlich nicht vorgebildeten Gesellschafter nicht sofort und vor Ort bei der Einsichtnahme in die Geschäftsunterlagen erschließen. Zur Information der Gesellschafter einer Personengesellschaft ist es daher grundsätzlich hilfreich, ihnen die Anfertigung von Kopien der eingesehenen Unterlagen zu gestatten. Gegen die Zulassung des Erstellens von Kopien spricht das berechtigte Interesse der Gesellschaft daran, die Gefahr, dass gesellschaftsinterne und wettbewerbsrelevante Informationen in die Hände von Konkurrenten gelangen, nicht zu erhöhen[225].

Für das Kapitalgesellschaftsrecht ist die Frage nach der Zulassung der Anfertigung von Kopien regelmäßig ohne Relevanz. Dies liegt zum einen darin begründet, dass die Einsichtsrechte der Kapitalgesellschafter grundsätzlich weniger weitreichend sind als die Einsichtsrechte der Personengesellschafter und daher das Geheimhaltungsinteresse der Gesellschaften durch die Anfertigung von Kopien von vornherein nicht in gleichem Maße berührt ist wie in den Personengesellschaften. Zudem beschränken sich die Einsichtsrechte der Kapitalgesellschafter aus Praktikabilitätserwägungen überwiegend von vornherein auf die Einsichtnahme in Abschriften oder die Zusendung von Kopien der originalen Unterlagen. So sind den Aktionären einer AG auf Verlangen Abschriften der einzusehenden Unterlagen zuzusenden[226]. Des Weiteren sehen auch das französische und das englische Kapitalgesellschaftsrecht die Zusendung von Abschriften der einzusehenden Unterlagen an die Gesellschafter vor[227]. Die nachfolgende Darstellung beschränkt sich daher entsprechend auf die Rechtslage in den Personengesellschaften.

[225] *Morse*, 156.

[226] § 175 (2) Satz 2 AktG. In der Praxis börsennotierter Aktiengesellschaften ist es zudem üblich, den Gesellschaftern Informationen über die Gesellschaft in Form von sog. Aktionärsbriefen zukommen zu lassen, vgl. dazu *Raiser*, § 16 Rn 33.

[227] Zur SARL: Art. 36, 37 D 67-236; zur SA: Art. 138 (1) D 67-236; zur company: sec. 238 (1), 239 (1), 251 CA 1985; siehe hierzu auch Nelson v. Anglo-American Land Mortage Agency Company [1897] 1 Ch. D. 130, 132 f. (Stirling J): „The mere right of inspection without copying would afford but little assistance to a person exercising that right, inasmuch as he would have to rely upon his memory as to what the register contained".

b) Rechtslage in Deutschland, Frankreich und England

Eine ausdrückliche Regelung der Zulässigkeit der Anfertigung von Kopien findet sich im deutschen Gesellschaftsrecht nicht. Dennoch ist allgemein anerkannt, dass das Einsichtsrecht der Gesellschafter das Recht umfasst, Kopien von den eingesehenen Dokumenten zu erstellen[228]. Diese Befugnis soll sich allerdings nach allgemeiner Auffassung nicht auf diejenigen Geschäftsunterlagen beziehen, die Geschäftsgeheimnisse der Gesellschaft enthalten[229]. Anders als das deutsche Recht sehen das französische wie auch das englische Personengesellschaftsrecht ausdrückliche Regelungen vor, die den Gesellschaftern das Recht gewähren, Kopien von den eingesehenen Unterlagen anzufertigen[230]. Eine Ausnahme von der Zulassung der Anfertigung von Kopien normiert das französischen Recht für das Inventarverzeichnisses *(l'inventaire)*, das ausschließlich am Geschäftssitz der Gesellschaft eingesehen werden kann, um die in ihm enthaltenen Angaben keinem Konkurrenten der Gesellschaft zugänglich zu machen[231].

c) Ergebnis

Es konnte gezeigt werden, dass Personengesellschafter in allen untersuchten Rechtsordnungen grundsätzlich Ablichtungen von den eingesehenen Unterlagen anfertigen dürfen. Eine Ausnahme hiervon bilden lediglich das französische Inventarverzeichnis und nach deutschem Recht diejenigen Unterlagen, die Geschäftsgeheimnisse enthalten und nicht in die Hände gesellschaftsfremder Personen, insbesondere Konkurrenten, gelangen sollen.

Diese Übereinstimmung zwischen den Rechtsordnungen kann im nachfolgenden Prinzip zusammengefasst werden:

---

228 Zur OHG: Baumbach/Hopt/*Hopt*, § 118 Rn 6; *Michalski*, § 118 Rn 7; Heymann/*Emmerich*, § 118 Rn 16; zur GmbH: *OLG Köln*, Beschluss v. 26.4.1985, WM 1986, 36, 37; *Rowedder/Schmidt-Leithoff*, § 51a Rn 10; Baumbach/Hueck/*Zöllner*, § 51a Rn 18; *Lutter/Hommelhoff*, § 51a Rn 19; *Schießl*, in: MüHbGesR, Band III, § 33 Rn 17.

229 Schlegelberger/*Martens*, § 118 Rn 13; *Wohlleben*, 126; Baumbach/Hopt/*Hopt*, § 118 Rn 6; *Michalski*, § 118 Rn 7.

230 So für die SC: Art 44 (2) D 78-704; für die SNC: Art. 13 (2) D 67-236; für die SCS: Art. 19 iVm Art. 13 (2) D 67-236, für die partnership: sec. 24 (9) PA 1890; zur Befugnis, Kopien zu erstellen, siehe bereits Mutter v. Eastern and Midlands Railsway Company [1888] Ch. D. 92, 94; Nelson v. Anglo-American Land Mortgage Agency Company [1897] 1 Ch. D. 130.

231 *Cozian/Viandier/Deboissy*, Nr. 824; *Guyon*, Enc. Dalloz Sociétés I, Assemblées d'actionnaires, Nr. 111.

Die ihnen zustehenden Einsichtsrechte berechtigen Personengesellschafter, Kopien von den eingesehenen Unterlagen zu erstellen.

4. Zulässigkeit der Hinzuziehung Dritter zur Ausübung der Informationsrechte

a) Rechtsgeschäftliche Vertretung

aa) Deutschland

Nach deutschem Personengesellschaftsrecht und nach GmbH-Recht ist eine Ausübung des Einsichtsrechts durch rechtsgeschäftliche Vertreter nach einhelliger Auffassung ausgeschlossen[232]. Zur Begründung wird in erster Linie angeführt, dass es sich bei den Informationsrechten der Gesellschafter um höchstpersönliche Rechte handele, die ausschließlich von den Gesellschaftern ausgeübt werden könnten[233]. Des weiteren wird zur Begründung auf das Interesse der Gesellschaften an der Geheimhaltung ihrer Geschäftsgeheimnisse verwiesen[234]. Dennoch ist im deutschen Recht anerkannt, dass im Fall einer dauerhaften Verhinderung eines Gesellschafters an der persönlichen Ausübung seiner Informationsrechte (z. B. durch Krankheit) die Gesellschaft im Einzelfall nach Treu und Glauben verpflichtet sein kann, die Ausübung der Informationsrechte durch einen rechtsgeschäftlichen Vertreter des verhinderten Gesellschafters zu akzeptieren[235]. Im Recht der AG ist mit Blick auf die typischerweise vorhandene Vielzahl von Gesellschaftern aus Praktikabilitäts-

---

[232] Zur GbR: MüKo-BGB-*Ulmer*, § 716 Rn 13; Soergel/*Hadding*, § 716 Rn 10; zur OHG: Baumbach/Hopt/*Hopt*, § 118 Rn 8; Heymann/*Emmerich*, § 118 Rn 6; zur KG: Schlegelberger/*Martens*, § 166 Rn 35; Heymann/*Horn*, § 166 Rn 6; Baumbach/Hopt/*Hopt*, § 166 Rn 5; zur GmbH: *BGH*, Urteil v. 25.2.1965, *BGHZ* 43, 261, 267; *Schießl*, in: MüHbGesR, Band III, § 31 Rn 29.

[233] *BGH*, Urteil v. 8. 7. 1957, BGHZ 25, 115, 122; MüKo-BGB-*Ulmer*, § 716 Rn 13; RGRK- v. *Gamm*, § 716 Rn 2; Baumbach/Hopt/*Hopt*, § 118 Rn 8; Schlegelberger/*Martens*, § 118 Rn 23; zweifelnd *Tietze*, 20.

[234] *BGH*, Urteil v. 8. 7. 1957, BGHZ 25, 115, 122: „(...) es ist mit den Interessen der Gesellschaft im allgemeinen nicht zu vereinbaren, dass sie ohne triftigen Grund genötigt sein sollte, einen Dritten ihre Geschäftsunterlagen, und zwar auch die geheimzuhaltenden, offenzulegen."; siehe dazu auch *Hirte*, BB 1985, 2208, 2208; Staudinger/*Habermeier*, § 716 Rn 4; Schlegelberger/*Martens*, § 118 Rn 23.

[235] *BGH*, Urteil v. 8.7.1957, *BGHZ* 25, 115, 123; *BGH*, Urteil v. 28.5.1962, WM 1962, 883; MüKo-BGB-*Ulmer*, § 716 Rn 15; *Ebenroth*, 36; Schlegelberger/*Martens*, § 118 Rn 23; Staudinger/*Habermeier*, § 716 Rn 4; *Hueck*, 188; Heymann/*Emmerich*, § 118 Rn 7; Staub/*Ulmer*, § 118 Rn 33; *Michalski*, § 118 Rn 4.

gründen eine rechtsgeschäftliche Vertretung bei der Ausübung der Informationsrechte hingegen grundsätzlich möglich[236].

bb) Frankreich

Entsprechend der deutschen Rechtslage verneinen das französische Personengesellschaftsrecht und das Recht der SARL die Zulässigkeit der rechtsgeschäftlichen Vertretung bei der Ausübung von Informationsrechten[237]. Für die französischen Gesellschaften wird dies aus der im Gesetz verwendeten Formulierung abgeleitet, wonach der Gesellschafter persönlich („lui-même") zur Einsichtnahme in die Unterlagen der Gesellschaft berechtigt ist[238]. Abweichend hiervon ist in der SA die rechtsgeschäftliche Vertretung eines Gesellschafters in der Gesellschafterversammlung und bei der Ausübung der Informationsrechte grundsätzlich zulässig[239].

cc) England

Der englische Personengesellschafter ist grundsätzlich berechtigt, sich bei der Ausübung seiner Informationsrechte vertreten zu lassen[240]. Dies wird auf die allgemeine Regel zurückgeführt, wonach grundsätzlich jedes persönliche Recht durch einen Vertreter ausgeübt werden kann[241]. Um den Interessen der Mitgesellschafter Rechnung zu tragen, wird diesen das Recht zugebilligt, vernünftige Einwände gegen die konkrete Person des Vertreters zu erheben und die Vertretung durch ihn zu verhindern[242].

Wie im deutschen und französischen Aktienrecht ist im englischen Kapitalgesellschaftsrecht eine Vertretung des Gesellschafters in der Gesellschafterversammlung gemäß sec. 372 CA 1985 grundsätzlich zulässig. Die Zuläs-

---

[236] *Hüffer*, § 131 Rn 4; Großkomm.-AktG-*Decher*, § 131 Rn 87.

[237] *Mercadal/Janin*, Nrn. 4203/6010; *Hémard/Terré/Mabilat*, Nr. 287; *Bougnoux*, Jurisclasseur Sociétés III, Fasc. 62-50, Nr. 80.

[238] Art. 13, 33 D 67-236 (SNC; SCS und SARL).

[239] Art. 141 D 67-236.

[240] Bevan v. Webb [1901] 2 Ch. 59.

[241] Bevan v. Webb [1901] 2 Ch. 59, 77 (Stirling):„The general rule of law is, that whatever a person who is sui juris can do personally, he can also do through his agent."; siehe auch *Sterry/Banks*, Halsbury's Laws of England, volume 35, para 123; *Baumgärtner*, 24.

[242] *Lindley/Banks*, 22-13, 23-99; *Morse*, 129; Bevan v. Webb [1901] 2 Ch. 59: „The agent (must be a person) to whom no reasonable objection could be taken by the other partners."; Dadswell v. Jacob [1887] 34 Ch. D. 278, 283.

sigkeit der rechtsgeschäftlichen Vertretung erstreckt sich auch auf die Ausübung des Fragerechts in der Hauptversammlung.

dd) Ergebnis

Die Gesellschafter einer Gesellschaft, deren Anteile am öffentlichen Kapitalmarkt gehandelt werden können, sind in allen untersuchten Rechtsordnungen berechtigt, sich bei der Ausübung ihrer Informationsrechte vertreten zu lassen. Differenzierter stellt sich die Rechtslage für die übrigen Gesellschaftsformen dar. Während im deutschen sowie im französischen Gesellschaftsrecht der einzelne Gesellschafter grundsätzlich nicht berechtigt ist, einen Vertreter mit der Ausübung seiner Informationsrechte zu beauftragen, geht das englische Personengesellschaftsrecht davon aus, dass eine Vertretung grundsätzlich und ohne das Vorliegen weiterer Voraussetzungen zulässig ist.

Ein gemeinsames Prinzip lässt sich daher lediglich für diejenigen Gesellschaften formulieren, deren Anteile am öffentlichen Kapitalmarkt gehandelt werden können:

Die Gesellschafter einer Gesellschaft, deren Anteile am öffentlichen Kapitalmarkt gehandelt werden können, sind befugt, sich bei der Ausübung ihrer Informationsrechte vertreten zu lassen.

b) Hinzuziehung eines Sachverständigen

aa) Deutschland

Nach deutschem Recht ist der Einsicht begehrende Gesellschafter grundsätzlich befugt, einen geeigneten und berufsmäßig zur Verschwiegenheit verpflichteten Sachverständigen (Wirtschaftsprüfer, Steuerberater, Rechtsanwalt) zur Einsichtnahme in die Unterlagen der Gesellschaft hinzuziehen[243]. Die tatsächliche Notwendigkeit der Hinzuziehung von Sachverständigen zur Ausübung der Informationsrechte ergibt sich vor dem Hintergrund, dass den Gesellschaftern, insbesondere den wirtschaftlich nicht vorgebildeten Gesellschaftern, eine sinnvolle Einsichtnahme häufig erst durch die Einschaltung von Experten mög-

---

[243] *BGH*, Urteil v. 8.7.1957, BGHZ 25, 115, 123; *BGH*, Urteil v. 28.5.1962, WM 1962, 883; *BGH*, Urteil v. 16. 1. 1984, BB 1984, 1273, 1274 (zur stillen Gesellschaft); zur GbR: Palandt/*Sprau*, § 716 Rn 1; Soergel/*Hadding*, § 716 Rn 10; *Weipert*, MüHbGesR, Band 1, § 8 Rn 3; zur OHG: Schlegelberger/*Martens*, § 118 Rn 24; *Hueck*, 189; Heymann/*Emmerich*, § 118 Rn 8; Staub/*Ulmer*, § 118 Rn 31; zur GmbH: Baumbach/Hueck/*Zöllner*, § 51a Rn 19; Scholz/*K. Schmidt*, § 51a Rn 27; *Lutter/Hommelhoff*, § 51a Rn 16; aA *Tietze*, 20 f; *von Bitter*, ZIP 1981, 825, 828.

lich sein wird. Jedoch darf die Hinzuziehung eines Sachverständigen nicht dazu führen, dass nicht der Gesellschafter, sondern der Sachverständige Herr über die Ausübung des Einsichtsrechts wird[244]. Es bleibt vielmehr auch insoweit dabei, dass die Ausübung der Informationsrechte aufgrund ihres höchstpersönlichen Charakters grundsätzlich nicht auf einen gesellschaftsfremden Dritten übertragen werden kann. Ist der jeweilige Sachverständige für die Mitgesellschafter aus bestimmten Gründen nicht tragbar, so können sie sich der Auswahl des Sachverständigen widersetzen[245].

bb) Frankreich

Im französischem Gesellschaftsrecht ist die Zulässigkeit der Hinzuziehung eines Sachverständigen bei der Ausübung der Informationsrechte für alle Gesellschaftsformen anerkannt und im Gesetz verankert[246]. Jedoch gestattet das französische Recht den Gesellschaftern nicht die freie Auswahl des Sachverständigen, sondern beschränkt die Auswahl der hinzuzuziehenden Person von vornherein auf Sachverständige, die auf gerichtlich aufgestellten Listen geführt werden[247].

cc) England

Wie bereits dargestellt worden ist, sieht das englische Gesellschaftsrecht bereits die Ausübung der Informationsrechte durch einen rechtsgeschäftlichen Vertreter als zulässig an. Entsprechend begegnet im englischen Recht auch die Hinzuziehung eines Sachverständigen bei der Ausübung der Informationsrechte keinen rechtlichen Bedenken. Es ist daher nur folgerichtig, dass sich englische Gesellschafter bei der Ausübung ihrer Informationsrechte der Hilfe eines Sachverständigen bedienen dürfen[248]. Der Zulässigkeit der Hinzuziehung

---

[244] *BGH*, Urteil v. 8. 7. 1957, BGHZ 25, 115, 123; Soergel/*Hadding*, § 716 Rn 10; Baumbach/Hopt/*Hopt*, § 118 Rn 9.

[245] *BGH*, Urteil v. 28.5.1962, WM 1962, 883; Baumbach/Hopt/*Hopt*, § 118 Rn 9; Schlegelberger/*Martens*, § 118 Rn 25; *Michalski*, § 118 Rn 5; Heymann/*Emmerich*, § 118 Rn 9, die Gesellschaft trägt die Beweislast für das Vorliegen besonderer Umstände, *BGH*, Urteil v. 28.5.1962, a. a. O; Heymann/*Emmerich*, a.a.O.; *Michalski*, a. a. O.

[246] Zur SC: Art. 48 (3) D 78-704; Zur SNC: Art. 13 (3) D 67-236; zur SCS: Art. 19 iVm Art. 13 (3) D 67-236; zur SARL, *Merle*, Nr. 208; *Guyon*, Nr. 505; zur SA: *Cozian/Viandier/Deboissy*, Nr. 824.

[247] So Art. 13 (3), 33 (2), 144 D 67-236.

[248] Bevan v. Webb [1901] 2 Ch. 59, 61 f.: „The plaintiffs are persons who have no practical knowledge of the business (...) and the right of inspection (...) will be nugatory, if they may not employ an expert to make the inspection on their behalf“; Re credit company [1879] Ch. D. 256, 260;

eines Sachverständigen beruht nach englischem Verständnis darauf, zu verhindern, dass unwissende und unerfahrene Gesellschafter gegenüber erfahrenen und vorgebildeten Mitgesellschaftern benachteiligt werden[249]. Die übrigen Gesellschafter haben wiederum - wie auch bei der Ausübung der Informationsrechte durch einen Vertreter - die Möglichkeit, vernünftige Einwände hinsichtlich der Person des Sachverständigen zu erheben und dessen Hinzuziehung zur Ausübung der Informationsrechte zu verhindern[250].

dd) Ergebnis

Die untersuchten Rechtsordnungen stimmen darin überein, dass die Gesellschafter sich bei der Ausübung ihrer Informationsrechte grundsätzlich der Hilfe eines Sachverständigen bedienen können. Dennoch wird in allen Gesellschaftsrechten in diesem Zusammenhang das Bedürfnis nach einem Korrektiv gesehen, um den berechtigten Geheimhaltungsinteressen der Gesellschaft gerecht zu werden. Hierbei wählen die untersuchten Rechtsordnungen für den Schutz der Gesellschaftsinteressen unterschiedliche Wege. So lässt das deutsche Recht von vornherein lediglich die Hinzuziehung von beruflich zur Verschwiegenheit verpflichteten Sachverständigen zur Ausübung der Informationsrechte zu und räumt den Gesellschaftern darüber hinaus die Möglichkeit ein, im Einzelfall gegen einen bestimmten Sachverständigen Einwände zu erheben. Einen ähnlichen Weg geht das französische Recht, indem es die Auswahl der möglichen Sachverständigen von vornherein auf die auf gerichtlichen Listen geführten und damit überprüften Sachverständigen beschränkt. Das englische Recht wiederum gibt den Gesellschaftern lediglich im Einzelfall die Möglichkeit an die Hand, Bedenken gegenüber einem konkreten Sachverständigen geltend zu machen und dessen Hinzuziehung zu verhindern.

Diesen Ausführungen kann das folgende gemeinsame Prinzip entnommen werden :

Dodd v. Amalgamated Marine Workers' Union [1924] 1 Ch. D. 116, 119; Swansea Vale Railway Company v. Budd [1866] L. R. 2 eq 274, 276; Lindsay v. Gladstone [1869] L. R. 9 eq 132, 134; *Lindley/Banks*, 22-13, 23-99; *Morse*, 129.

249 Dodd v. Amalgamated Marine Workers' Union [1924] 1 Ch. D. 116, 120.

250 *Lindley/Banks*, 22-13, 23-99; *Morse*, 129; Bevan v. Webb [1901] 2 Ch. 59, (CA); Dadswell v. Jacob [1887] 34 Ch. D. 278, 283.

Gesellschafter können zur Ausübung ihrer Informationsrechte einen Sachverständigen hinzuziehen. Zum Schutz berechtigter Geheimhaltungsinteressen der Gesellschaft sind die Gesellschafter entweder in der Auswahl der Person des Sachverständigen von vornherein auf eine Gruppe besonders vertrauenswürdiger Personen beschränkt oder der Gesellschaft steht im Einzelfall das Recht zu, einen bestimmten Sachverständigen abzulehnen.

V. Missbrauchsverbot und gesellschaftsrechtliche Treuepflicht als Grenzen der Informationsrechte

Die Informationsrechte sind den einzelnen Gesellschaftern in den untersuchten Rechtsordnungen nicht unbegrenzt gewährt. Vielmehr ist die Ausübung der Informationsrechte durch die Gesellschafter mit den Interessen der Gesellschaft in Einklang zu bringen. Hierbei ist davon auszugehen, dass eine Gesellschaft und insbesondere eine Publikumsgesellschaft mit einer Vielzahl von Gesellschaftern regelmäßig ein Interesse daran hat, möglichst wenig von ihren Geschäftsdaten und Geschäftsgeheimnissen aufdecken zu müssen.

1. Deutschland

Eine bedeutende Grenze der Gesellschafterrechte allgemein und damit der Informationsrechte bildet im deutschen Gesellschaftsrecht die Treuepflicht, die im Verhältnis der Gesellschafter zur Gesellschaft bzw. der Gesellschafter untereinander sowohl in den Personengesellschaften[251] als auch in den Kapitalgesellschaften existiert[252]. Diese gesellschaftsrechtliche Treuepflicht verstärkt das aus § 242 BGB abgeleitete Verbot der missbräuchlichen Rechtsausübung[253]. Das allgemeine Missbrauchsverbot erfordert bei der Ausübung der

---

[251] Vgl. zur gesellschaftsrechtlichen Treuepflicht *BGH*, Urteil v. 20 .3. 1995, BGHZ 129, 136, 142 f.: Gesellschaftsrechtliche Treuepflicht als allgemeine Ausübungsschranke der Mitgliedschaftsrechte; *BGH*, Urteil v. 1. 2. 1988, NJW 1988, 1579, 1581; des weiteren *MüKo-BGB-Ulmer*, § 705 Rn 221 ff.; Staudinger/*Habermeier*, § 705 Rn 50 ff.; *Hueck*, 192 ff.; Heymann/*Emmerich*, § 109 Rn 5; *K. Schmidt*, Gesellschaftsrecht, § 20 IV, Seite 587 ff.; *Fischer*, NJW 1954, 777 ff.

[252] *BGH*, Urteil v. 5.6.1975, *BGHZ* 65, 15, 18 f. („ITT"); *BGH*, Urteil v. 1. 2. 1988, BGHZ 103, 184, 194 („Linotype"); Scholz/*Winter*, § 14 Rn 50 ff.

[253] Siehe zur GbR: *K. Schmidt*, Informationsrechte, 42; Heymann/*Emmerich*, § 118 Rn 11; zur OHG: *Westermann*, Rn 439; zur GmbH: Scholz/*K. Schmidt*, § 51a Rn 37; Baumbach/Hueck/*Zöllner*, § 51a Rn 32; *Lutter/Hommelhoff*, § 51a Rn 22; *Schießl*, in: MüHbGesR, Band III, § 33 Rn 25; *Martens*, GmbHR 1984, 265, 270; zur AG: *BGH*, Urteil v. 20.3. 1995, BGHZ 129, 136, 144 („Girmes"); *BGH*, Urteil v. 1.2.1988, BGHZ 103, 184, 194 („Linotype"); *Raiser*, § 12 Rn 30; *Semler*, MüHbGesR, Band IV, § 37 Rn 29; *K. Schmidt*, Gesellschaftsrecht, § 20 IV 2 c), Seite 591; *Wiesner*, MüHbGesR, Band IV, § 17 Rn 14 ff.; aA KölnKomm.-*Zöllner*, §

Informationsrechte eine besondere Berücksichtigung schutzwürdiger Interessen der Gesellschaft[254]. Eine Verletzung des Missbrauchsverbots ist unter anderem dann zu bejahen, wenn die begehrte Einsicht in die Dokumente der Gesellschafter oder die erstrebten Auskünfte für die hinreichende Information eines Gesellschafters nicht erforderlich sind[255] oder die Geltendmachung des Informationsrechts mit konkreten Nachteilen für die Gesellschaft verbunden ist[256]. Beispielsweise kann ein Gesellschafter, der gleichzeitig Konkurrent der Gesellschaft ist, seine Einsichtsrechte nicht persönlich, sondern lediglich durch einen Sachverständigen ausüben[257]. Entsprechend sieht § 51a (2) GmbHG für das Informationsrecht des GmbH-Gesellschafters die Möglichkeit vor, diesem die begehrte Information zu verweigern, „wenn zu besorgen ist, dass der Gesellschafter sie [die Auskunft bzw. die Einsicht] zu gesellschaftsfremden Zwecken verwenden und dadurch der Gesellschaft (...) einen nicht unerheblichen Nachteil zufügen wird“. Hierbei ist unter einem gesellschaftsfremden Zweck ein Zweck zu verstehen, der außerhalb des Gesellschaftszwecks und des Ziels eines ordnungsmäßig handelnden Gesellschafters liegt[258]. Die Nachteilsgefahr muss sich aus der gesellschaftsfremden Verwendung der Information ergeben, es muss also ein Kausalzusammenhang bestehen zwischen der gesellschaftsfremden Verwendung der Information und der Gefahr des Eintritts eines Nachteils für die Gesellschaft[259]. Der Begriff des Nachteils umfasst sowohl Vermö-

---

131 Rn 44: keine praktische Relevanz dieses Verweigerungsgrundes neben den speziellen Verweigerungsgründen des § 131 (3) AktG.

[254] *Heymann/Emmerich*, § 118 Rn 12; Staub/*Ulmer*, § 118 Rn 17; *Wiedemann*, 374.

[255] Vgl. *BGH*, Urteil v. 8. 7. 1957, *BGHZ* 25, 115, 120 f.; RGRK-v. *Gamm*, § 716 Rn 3; *Schlegelberger/Martens*, § 166 Rn 10; Heymann/*Horn*, § 166 Rn 10; Baumbach/Hopt/*Hopt*, § 166 Rn 4.; Kretzschmar, AG 1987, 121, 122. Dieser Aspekt des Missbrauchsverbots ist für die AG ausdrücklich normiert in § 131 (1) AktG. Ausführlich zur missbräuchlichen Ausübung des Informationsrechts durch den Aktionär *Martens*, in: *Timm*, Mißbräuchliches Aktionärsverhalten, 63 ff.; siehe auch *Wohlleben*, 76 f., der hieran vor allem die einseitige Ausrichtung der Interessenprüfung kritisiert.

[256] Vgl. § 51a (2) GmbHG sowie § 131 (3) Nr. 1. Siehe auch *BGH*, Urteil v. 10.10.1994, ZIP 1995, 651, 653: Einschränkung des Informationsrechts des Kommanditisten, der an einem Wettbewerbsunternehmen beteiligt ist, wenn zu besorgen ist, dass der Gesellschaft durch die Informationserteilung ein Schaden entstehen könnte.

[257] *BGH*, Urteil v. 15. 12. 1969, BB 1970, 187; *BGH*, Urteil v. 2. 7. 1979, BB 1979, 1315, 1316; *Michalski*, § 118 Rn 6; Heymann/*Emmerich*, § 118 Rn 2; Schlegelberger/*Martens*, § 118 Rn 26; MüKo-BGB-*Ulmer*, § 716 Rn 16.

[258] *Wohlleben*, 16; *Schießl*, MüHbGesR, Band III, § 33 Rn 20; Scholz/*K. Schmidt*, § 51a Rn 39.

[259] *Grunewald*, ZHR 146 (1982) 211, 228. Nicht ausreichend ist es hingegen, wenn die Nachteilsgefahr bereits aus der Erteilung der Information folgt, vgl. *Wohlleben*, 161.

gensschäden als auch ideelle Beeinträchtigungen von Gesellschaftsinteressen[260].

Für das Auskunftsrecht des einzelnen Aktionärs nennt das Gesetz in § 131 (3) AktG weitere spezielle Verweigerungsgründe[261]. Diese Verweigerungsgründe greifen insbesondere, wenn sich die begehrten Informationen auf steuerliche Wertansätze oder auf die Höhe einzelner Steuern (§ 131 (3) Nr. 2 AktG), auf den Unterschied zwischen dem Wert, mit dem Gegenstände in der Jahresbilanz angesetzt worden sind, und einem höheren Wert dieser Gegenstände (§ 131 (3) Nr. 3 AktG) oder auf Bilanzierungs- und Bewertungsmethoden beziehen (§ 131 (3) Nr. 4 AktG)[262]. Etwas anderes gilt im Rahmen der beiden zuletzt genannten Verweigerungsgründe, wenn die Hauptversammlung über die Feststellung des Jahresabschlusses entscheidet.

2. Frankreich

Die Ausübung der Rechte von Gesellschaftern werden im französischen durch die allgemeine Pflicht eingeschränkt, das Handeln an dem Grundsätzen von Treu und Glauben (*obligation de bonne foi)* auszurichten[263]. Eine bedeutende Rolle kommt dieser Ausübungsschranke im französischen Recht nach der französischen Rechtsprechung und Literatur jedoch nicht zu[264]. Insbesondere wird sie im Zusammenhang mit der Ausübung von Informationsrechten der Gesellschafter, soweit ersichtlich, kaum diskutiert. Hingegen ist im französischen Gesellschaftsrecht das allgemeine Verbot des rechtsmissbräuchlichen Verhaltens, das Verbot des *abus de droit,* durchaus anerkannt[265]. Dieses Verbot gilt insbesondere im Bereich der Gesellschafterrechte und damit auch für die Informationsrechte der Gesellschafter von Personen- und Kapitalgesell-

---

260 Vgl. *Müller,* GmbHR 1987, 87, 88.

261 Dazu im einzelnen Großkomm.-AktG-*Decher,* § 131 Rn 306 ff.

262 Des weiteren kann der Vorstand eine Information verweigern, wenn er sich durch die Erteilung der Information strafbar machen würde (§ 131 (3) Nr. 5 AktG) oder soweit bei einem Kreditinstitut oder Finanzdienstleistungsinstitut bestimmte Angaben nicht gemacht zu werden brauchen (§ 131 (3) Nr. 6 AktG).

263 Vgl. *Wiedemann,* WM 1992, Sonderbeilage Nr. 7, 19; ähnlich *Guyon,* Nr. 227; einschränkend *Ripert/Roblot,* Tome 1, Nr. 70: „Traditionellement, les lois commerciales ne considèrent que la régularité objective d'une situation (...)".

264 Auf die geringe Bedeutung der *obligation de bonne foi* im Handelsrecht weisen *Ripert/Roblot,* Tome 1, Nr. 70 hin; siehe dazu auch *Brüls-Dehin,* 322.

265 *Viandier,* Nr. 358; *Chartier,* Rev. soc. 1984, 44, *Jeantin,* D. 1983, 514; *Bézard,* Nr. 1018; ähnlich *Cozian/Viandier/Deboissy,* Nr. 826: Erfordernis der Berücksichtigung des Gesellschaftsinteresses.

schaften[266]. Eine missbräuchliche Rechtsausübung liegt beispielsweise vor, wenn der Gesellschafter einer SA die Funktionsfähigkeit der Gesellschaft dadurch beeinträchtigt, dass er unaufhörlich Fragen stellt, die sich im Kern stets auf dieselben Tatsachen beziehen[267]. Demgegenüber stellt die Tatsache, dass der Auskunft begehrende Gesellschafter ein persönliches Interesse an einer bestimmten Information hat, für sich genommen noch keine missbräuchliche Ausübung des Auskunftsrechts dar[268].

Besondere Bedeutung kommt im französischen Gesellschaftsrecht den besonderen Erscheinungsformen missbräuchlichen Verhaltens zu. So hat die französische Rechtsprechung die dogmatischen Figuren des missbräuchlichen Verhaltens der Mehrheit der Gesellschafter gegenüber der Minderheit (*abus de majorité)* sowie des missbräuchlichen Verhaltens der Minderheit gegenüber der Mehrheit der Gesellschafter (*abus de minorité)* entwickelt[269]. Im Hinblick auf mögliche Schranken für die Ausübung der Informationsrechte der Gesellschafter kommt in diesem Zusammenhang von vornherein lediglich ein Rückgriff auf den *abus de minorité* in der Erscheinungsform des *abus positif* in Betracht[270]. Hierunter wird das missbräuchliche Eingreifen der Gesellschafterminderheit in das Gesellschaftsleben verstanden[271]. Zwar kann sich hieraus im Einzelfall eine Ausübungsschranke für die Gesellschafterrechte ergeben[272], jedoch ist die Anwendung auf Informationsrechte, soweit ersichtlich, in der französischen Rechtsprechung und Literatur bislang nicht erfolgt[273]. Daher bleibt es für die hier zu behandelnde Frage dabei, dass die

---

[266] *Viandier*, Nr. 358; *Bougnoux*, Jurisclasseur Sociétés, Band 3, Fasc. 62-50, Nr. 76 spricht von der Grenze der Störung des Geschäftsablaufs der Gesellschaft. Ein Missbrauchsverbot ablehnend jedoch *CA Nancy,* Urteil v. 8. 12. 1965, D. 1966, 687, wonach die Ausübung eines Informationsrechts für sich genommen niemals, im Einzelfall lediglich die Nutzung der erlangten Informationen missbräuchlich sein könne; zustimmend, *Huet,* RTDcom 1966, 957, 958.

[267] *Viandier*, Nr. 358.

[268] Cass. com 10. 2. 1998, RJDA 6/98, Nr. 736; dazu auch *Viandier*, Nr. 358.

[269] Vgl. *Merle*, Nr. 581 ff.; *Ripert/Roblot*, Tome 1, Nr. 1556; *Mercadal/Janin*, Nr. 10675 ff.; *Tricot*, RTDcom 1999, 617 ff.; *Cozian/Viandier/Deboissy*, Nr. 444 ff.; ausführlich zum *abus de minorité* auch *D. Schmidt*, Nr. 259 ff.

[270] Zum *abus négatif,* also zur Blockierung von Gesellschafterbeschlüssen durch einen oder mehre Minderheitsgesellschafter, siehe nur Cass. com 9. 3. 1993, Gaz. Pal. 1993, 334 note *Bonnard*; siehe dazu auch *Merle*, Rev. jur. com. 1991, numéro spécial, 81, 82; *Bellinghausen*, RIW 1997, 100, 102; *D. Schmidt,* Nr. 259 ff.

[271] *Merle*, Rev. jur. com 1991, no. spécial, 81, 82; *Bellinghausen*, RIW 1997, 100, 101.

[272] *Merle,* Rev. jur. com. 1991, no. spécial, 81, 88.

[273] Insgesamt kommt dem *abus positif* bislang keine große praktische Bedeutung zu, siehe dazu *Merle,* Rev. jur. com. 1991, no. spécial, 81, 82. Jedoch hat der französische Kassationshof das Vorliegen eines *abus positif* bejaht im Fall der Beantragung einer Sonderprüfung (*expertise de gestion)* ohne Vorliegen der hierfür erforderlichen Beteiligung an der Gesellschaft, Cass. com 12. 1. 1976,

Ausübung der Informationsrechte nach französischem Recht lediglich durch das allgemeine Missbrauchsverbot (*abus de droit)* beschränkt wird.

3. England

a) Personengesellschaftsrecht

Die Pflichten, die den Gesellschaftern einer *partnership* im Verhältnis zueinander obliegen, können in der *duty of good faith* zusammengefasst werden[274]. Danach ist der Gesellschafter einer *partnership* verpflichtet *„to act honestly and for the benefit of the partners as a whole"*[275]. Das Verhältnis der Gesellschafter einer *partnership* untereinander wird zudem als treuhänderisches Rechtsverhältnis angesehen. Daher obliegen den Gesellschaftern einer *partnership* auch treuhänderische Pflichten gegenüber ihren Mitgesellschaftern, die *fiduciary duties*[276]. Aus diesen Gesellschafterpflichten können sich im Einzelfall Ausübungsschranken für die Geltendmachung von Gesellschafterrechten und entsprechend auch von Informationsrechten ergeben[277]. Dennoch finden sich in der englischen Rechtsprechung und Literatur kaum Ausführungen zur Beschränkung der Ausübung von Informationsrechten aufgrund von *fiduciary duties*. Vielmehr wird umgekehrt gerade darauf hingewiesen, dass es sich bei den gesetzlichen Informationsrechten der Gesellschafter ihrerseits um Ausgestaltungen der den Gesellschaftern obliegenden *duty of good faith* handelt[278]. Diese Pflicht der Gesellschafter bildet damit zugleich Grundlage und

---

Rev. soc. 1976, 330 note *Merle*, zur *expertise de gestion* erging auch die Entscheidung *CA Paris*, 16. 2. 1982, Rev. soc. 1982, 848 note J. G. sowie *Boizard*, Rev. soc. 1988, 365, 367 und 379.

[274] *Lindley/Banks*, 16-01 ff.; Sterry/Banks, *Halsbury's Laws* of *England*, Band 35, Para. 93; *Morse*, 134; *Prime/Scanlan*, Partnership, 170; zur „duty of good faith": Const. v. Harris [1824] Turn & R. 496 = ER 37, 119; Davies v. London and Marine Provincial Insurance [1788] Ch. D. 469, 474-5; Blisset v. Daniel [1853] 10 Hare 493 = All ER Rep. 68, 1022, 1034: „Good faith is unquestionsably of the essence of all contract (...) more especially in every contract of partnership a basis of good faith upon which all the stipulations contained in the deed must rest"; siehe auch Green v. Howel [1910] 1 Ch. D. 495, 496/504; *Heenen*, International Encyclopedia of comparative law, Band 13, 1. Kapitel, 109; *Baumgärtner*, 9 ff.

[275] *Morse*, 134.

[276] Helmore v. Smith (1) [1887] 35 Ch D 436, 444: „If fiduciary relation means anything, I cannot conceive a clearer case of fiduciary relation than that which exists between partners. Their mutual trust and confidence is the life blood of the concern"; *Morse*, 134; *Lindley/Banks*, 16-032; unentschieden *Sterry/Banks*, Halsbury's Laws of England, volume 35, para 93 (FN 1).

[277] So wurde bei der Darstellung des Zeitpunkts der Ausübung der Informationsrechte bereits angesprochen, dass die Ausübung nicht zu einem für die Mitgesellschafter unzumutbaren Zeitpunkt geschehen darf, siehe dazu oben Seite 78 f.

[278] So etwa *Blackett-Ord*, 172; *Morse*, 142.

Grenze der Informationsrechte. Zudem wird davon ausgegangen, dass sich die gesellschaftsrechtliche Treuepflicht regelmäßig nicht bei der Ausübung der Informationsrechte, sondern vielmehr erst bei der Verwendung der treuwidrig erlangten Informationen einschränkend auswirkt[279]. Zusammenfassend ist zu sagen, dass eine Begrenzung der Ausübung der Informationsrechte durch die *duty of good faith* mit Blick auf die umfassenden Informationsrechte der Gesellschafter in den englischen Personengesellschaften - entsprechend der französischen Rechtslage - lediglich ausnahmsweise in Fällen krassen Missbrauchs denkbar ist.

b) Kapitalgesellschaftsrecht

Das englische Kapitalgesellschaftsrecht tut sich allgemein schwer mit der Begründung von Treuepflichten zwischen den einzelnen Anteilseignern, die als Grundlage für eine mögliche Begrenzung der Ausübung von Informationsrechten dienen könnten[280]. Diese Zurückhaltung ist unter anderem darauf zurückzuführen, dass dem englischen Vertragsrecht im Gegensatz zum deutschen Recht ein allgemeiner Grundsatz von Treu und Glauben nicht zu Grunde liegt[281]. Dies gilt aufgrund der vertraglichen Grundlagen der *company*[282] in gleichem Maße für das englische Kapitalgesellschaftsrecht. So sind beispielsweise die Gesellschafter bei der Ausübung ihrer Stimmrechte in der Gesellschafterversammlung nicht verpflichtet, sich an den Interessen der Gesellschaft zu orientieren[283]. Dennoch kennt auch das englische Kapitalgesellschaftsrecht ein Verbot des missbräuchlichen Verhaltens der Mehrheit der Gesellschafter gegenüber der Minderheit. Dieses Verbot spiegelt sich insbesondere in den sec. 459 ff. CA 1985 wider[284]. Es führt allerdings regelmäßig nicht zu Einschränkungen bei der Ausübung der Informationsrechte, da diese typischerweise nicht von der Mehrheit, sondern von der Minderheit der Gesellschafter gegenüber der Geschäftsführung geltend gemacht werden. Im eng-

---

[279] *Morse*, 157. Diese Sichtweise entspricht der Auffassung des CA Nancy zum französischen Recht, siehe dazu FN 266.

[280] Vgl. Greenhalgh v. Arderne Cinemas Ltd. (No. 1) [1946] 1 All. E. R. 512; *Schmitthoff*, ZGR 1978, 447, 450: „Im Prinzip besteht nach herrschender und richtiger Auffassung keine allgemeine Treupflicht des Gesellschafters (...)“.

[281] *Triebel/Hodgson/Kellenter/Müller*, § 1 Rn 108.

[282] Sec. 14 (1) CA 1985.

[283] Pender v. Lushington [1877] 6 Ch D 70; North-West Transportation Ltd. v. Beatty [1887] 12 AC 589.

[284] Estmanco Ltd. v. Greater London Council [1982] 1 WLR 2; *Farrar*, 436 f., 570 ff.; *Fox/Bowen*, 108; *Schmitthoff*, ZGR 1978, 477, 453; *Lutter*, International Encyclopedia of comparative Law, volume XIII, Chapter 2, Nr. 121.

lischen Kapitalgesellschaftsrecht ist jedoch anerkannt, dass die Ausübung der Gesellschafterrechte, insbesondere der Stimmrechte, im Einzelfall aus *equity* eingeschränkt sein kann[285]. Insoweit kann mit Einschränkungen von einer Treuepflicht des einzelnen Gesellschafters gegenüber der Gesellschaft gesprochen werden, die sich dann auch auf den Bereich der Informationsrechte erstreckt[286]. Diese Treuepflichten gelten jedoch in erster Linie für *private companies*[287] und hierbei insbesondere für solche Gesellschaften, die ihrer Organisation nach eher einer Personengesellschaft entsprechen[288]. Dennoch existieren auch im englischen Kapitalgesellschaftsrecht in besonderen Fallkonstellationen Ausübungsschranken für die Informationsrechte der Gesellschafter. So kann die Informationsgewährung im Vorfeld von Unternehmensübernahmen eingeschränkt werden, wenn ein Gesellschafter der übernommenen Gesellschaft, dem im Rahmen einer drohenden Übernahme umfassende Informationsrechte zustehen, zugleich in anderer (übernehmender) Funktion an der Übernahme beteiligt ist[289]. Abschließend kann zu der Frage nach etwaigen Schranken bei der Ausübung von Informationsrechten des englischen Kapitalgesellschafters festgehalten werden, dass eine Begrenzung der Ausübung dieser Rechte - wie im englischen Personengesellschaftsrecht - grundsätzlich wohl nur in Fällen evidenten Rechtsmissbrauchs oder in anderen speziellen Ausnahmesituationen in Betracht kommen wird.

---

285 *Westbourne Galleries* Ltd, Re [1973] AC 360; *Clemens* v. *Clemens* [1976] 2 All ER 268; *Schmitthoff*, ZGR 1978, 449, 452.

286 Siehe dazu die Entscheidung Mutter v. Eastern and Midlands Railway Co. [1888] 38 Ch. D. 92; des weiteren *Schmitthoff*, ZGR 1978, 449, 455; *Großfeld*, International Encyclopedia of comparative law, chapter XIII, 116; *Neuling*, 91; *Baumgärtner*, 13; *Farrar*, 574: „Even though no general fiduciary relationship exists between controlling shareholders and the company and its minority shareholders it is possible for there to be a special facts fiduciary relationship arising from the circumstances".

287 *Farrar*, 574.

288 Derartige Kapitalgesellschaften werden häufig als *quasi-partnerships* oder *incorporated partnerships* bezeichnet, siehe dazu nur *Grier*, 328 f. Zur Geltung der Treuepflichten in derartigen Gesellschaften vgl. die Sachverhalte in den Entscheidungen Re *Westbourne Galleries Ltd.* [1973] AC 369 und *Clemens* v. *Clemens* [1976] 2 All ER 268 (private company mit zwei Gesellschaftern); siehe auch *Schmitthoff*, ZGR 1978, 447, 452.

289 Siehe dazu die Entscheidung Dunford & Elliott Ltd v. Johnson & Firth Brown Ltd [1977] 1 Lloyd's Rep. 505 (CA), in der es um den Antrag auf Erlass einer einstweiligen Verfügung ging zur Verhinderung der missbräuchlichen Verwendung vertraulicher Informationen im Rahmen einer Übernahme. Der *Court of Appeal* lehnte den Erlass einer *injunction* ab, da es nicht sinnvoll sei, die Vertraulichkeit der Informationen durchzusetzen mit Blick darauf, dass die Informationen bereits institutionellen Anlegern mitgeteilt worden seien, die 43 % der Anteile der Gesellschaft hielten und diese Informationen deshalb allen Gesellschaftern zugänglich zu machen seien gemäß *principle 4* des *City Code on Take-Overs and Mergers*. Siehe dazu auch *Palmer*, Nr. 12.314.

4. Ergebnis

Die Frage nach den Grenzen der Gesellschafterrechte erfährt im deutschen Recht mehr Aufmerksamkeit als im französischen und vor allem im englischen Gesellschaftsrecht. In Deutschland ist in den letzten Jahren verstärkt die Frage aufgeworfen worden, wie eine missbräuchliche Ausübung der Informationsrechte durch den einzelnen Gesellschafter, insbesondere durch den einzelnen Aktionär, verhindert werden kann, wenn dieser seine Informationsrechte zweckwidrig dazu benutzt, die Gesellschaft der Gefahr einer Anfechtungsklage auszusetzen und sie dadurch zur Zahlung einer Abfindungssumme zu veranlassen[290]. Zwar beschäftigen sich französische Rechtsprechung und Literatur ebenfalls mit den speziellen Fragen eines missbräuchlichen Verhaltens der Gesellschaftermehrheit gegenüber der Minderheit sowie vice versa, jedoch werden die hieraus gewonnenen Erkenntnisse bislang - soweit ersichtlich - nicht auf die Ausübung von Informationsrechten der Gesellschafter übertragen. Eine Eingrenzung der Ausübung der Informationsrechte erfolgt im französischen Recht durch das allgemeine Verbot einer missbräuchlichen Rechtsausübung (*abus de droit)*. Das englische Gesetzesrecht sowie auch die einschlägige Rechtsprechung und Literatur schweigen hingegen zu diesem Problemkreis weitgehend. Dies ist für das Kapitalgesellschaftsrecht teilweise mit Blick darauf zu erklären, dass die Informationsrechte, die ausschließlich den Gesellschaftern als solchen zustehen, weniger weitreichend sind als die deutschen und französischen Äquivalente und daher von vornherein nur wenig Raum für eine missbräuchliche Rechtsausübung geben. Daher passt es ins Bild, wenn in Fällen, in denen ausnahmsweise, wie insbesondere bei der feindlichen Übernahme einer Gesellschaft, weiterreichende Informationsrechte zugunsten der Gesellschafter bestehen, die Frage nach der Einschränkbarkeit von Informationsrechten diskutiert und unter bestimmten Voraussetzungen bejaht wird. Für die personalistisch organisierten *private companies* sowie für die englischen Personengesellschaften ergeben sich Einschränkungen der Informationsrechte in Fällen evident missbräuchlicher Rechtsausübung aus *equity* bzw. aus der *duty of good faith,* die den Gesellschaftern einer Personengesellschaft im Verhältnis zueinander obliegt.

Somit stimmen die untersuchten Rechtsordnungen darin überein, dass sie jedenfalls in Fällen offensichtlich missbräuchlicher Rechtsausübung den Gesellschaftern die begehrten Informationen verweigern. Als gemeinsames Prinzip kann daher festgehalten werden:

---

[290] Dazu *Baums*, in: *Deutscher Juristentag*, Gutachten, F, insbesondere Rn 144 ff.

Die Informationsrechte der Gesellschafter dürfen nicht offensichtlich missbräuchlich ausgeübt werden.

VI. Beschränkung, Ausschluss und Erweiterung der Informationsrechte in Gesellschaftsvertrag oder -satzung

1. Beschränkung und Ausschluss der Informationsrechte

a) Deutschland

Im deutschen Personengesellschaftsrecht wird im Hinblick auf die Abdingbarkeit des Einsichtsrechts des einzelnen Gesellschafters zwischen einem ordentlichen und einem außerordentlichen Einsichtsrecht unterschieden. Der Anwendungsbereich außerordentlicher Einsichtsrechte ist regelmäßig eröffnet, wenn Grund zu der Annahme unredlicher Geschäftsführung besteht[291]. Während das ordentliche Einsichtsrecht im Gesellschaftsvertrag grundsätzlich abbedungen werden kann[292], ist eine Einschränkung des Einsichtsrechts beim begründeten Verdacht unredlicher Geschäftsführung stets ausgeschlossen[293].

Das Einsichtsrecht der GmbH-Gesellschafters und das Auskunftsrecht der Aktionäre sind demgegenüber aufgrund des im Aktienrechts geltenden Grundsatz der Satzungsstrenge vollständig unabdingbar[294]. Jedoch empfiehlt

[291] Siehe dazu §§ 716 (2) BGB, 118 (2) HGB.

[292] Zur GbR: *BayObLG*, Beschluss v. 27.10.1988, WM 1988, 1789, 1790; MüKo-BGB-*Ulmer*, § 716 Rn 17 f.; Soergel/*Hadding*, § 716 Rn 12; RGRK-*v. Gamm*, § 716 Rn 4; Staudinger/*Habermeier*, § 716 Rn 9; zur OHG: Baumbach/Hopt/*Hopt*, § 118 Rn 17; zweifelnd hinsichtlich § 166 HGB mit Blick auf den zwingenden Charakter des § 51a GmbHG *BGH*, Urteil v. 11.7.1988, WM 1988, 1447, 1447f.; so auch *Grunewald*, ZGR 1989, 545, 553; zust. *Veltins/Hinkel*, DB 1989, 465, 466; *Schießl*, NJW 1989, 1597, 1598.

[293] Dies ergibt sich für die GbR aus § 716 (2) BGB, für die OHG aus § 118 (2) HGB; zum außerordentlichen Informationsrecht des Kommanditisten (§ 166 (3) HGB) siehe: *OLG Hamm*, Beschluss v. 19.2.1970, BB 1970, 509, 509, Heymann/*Horn*, § 166 Rn 28; Schlegelberger/*Martens*, § 166 Rn 19/46; Baumbach/Hopt/*Hopt*, § 166 Rn 19; *Immenga*, ZGR 1974, 385, 404; *Weipert*, MüHbGesR, Band II, § 11 Rn 6.

[294] Zur GmbH: § 51a (3) GmbHG; *Lutter*, ZGR 1982, 1, 6 ff. plädiert in diesem Zusammenhang für Einführung eines geordneten Informationssystems, durch das bei Einhaltung der Informationsanspruch der Gesellschafter erfüllt sei und auf das sie von der Gesellschaft verwiesen werden könnten, zust. *Grunewald*, ZHR 146 (1982), 211, 226; *Rowedder/Schmidt-Leithoff*, § 51a Rn 14. Unabhängig von der Regelung des § 51a (3) GmbHG sind Regelungen, die lediglich das Verfahren der Informationserteilung betreffen, ohne die Informationsrechte materiell zu beschränken, zulässig, vgl. *BayObLG*, Beschluss v. 7. 10. 1988, WM 1988, 1879, 1879; *OLG Köln*, Beschluss v. 18. 2. 1986, EWiR 1986, 591; *Rowedder/Schmidt-Leithoff* § 51a Rn 25; *Tietze*, 8; Scholz/*Schmidt*, § 51a Rn 50; Baumbach/*Hueck* § 42 a Rn 1; zur AG: § 23 (5) AktG; *K. Schmidt*, Informationsrechte, 50; KölnKomm.-*Zöllner*, § 131 Rn 5.

nun die Regierungskommission Corporate Governance, den Aktiengesellschaften die Möglichkeit zu eröffnen, in der Satzung oder Geschäftsordnung die Zahl der Fragen von Aktionären in der Hauptversammlung von vornherein zu beschränken, wobei dem einzelnen Aktionär zu jedem Tagesordnungspunkt jedoch mindestens fünf Fragen zuzubilligen seien[295]. Des weiteren sollten Satzung oder Geschäftsordnung nach Auffassung der Regierungskommission vorsehen können, dass Aktionäre, die mehr als fünf Fragen zu einem Tagesordnungspunkt zu stellen beabsichtigen, diese bis zu fünf Tage vor der Hauptversammlung bei der Gesellschaft einzureichen haben[296]. Zudem spricht sich die Regierungskommission für die Einschränkung der zeitlichen Ausübung des Rede- und Auskunftsrechts des einzelnen Aktionärs aus[297].

b) Frankreich

Die Informationsrechte der französischen Gesellschafter stehen nicht zur Disposition der Gesellschafter. Dies ergibt sich für die SC aus der Formulierung des Art. 1855 CC, wonach dem Gesellschafter die Informationsrechte mindestens einmal jährlich zustehen[298]. Des Weiteren ist für die Informationsrechte der Gesellschafter der SNC und der beschränkt haftenden Gesellschafter der SCS anerkannt, dass diese nicht gesellschafts-vertraglich ausgeschlossen werden können[299]. Entsprechendes gilt für die Informationsrechte der französischen Kapitalgesellschafter[300].

c) England

Für die Informationsrechte der Gesellschafter einer englischen *partnership* bzw. *limited partnership* wird die Frage nach der Abdingbarkeit dieser Rechte bislang nicht diskutiert[301]. Aufgrund der allgemeinen Regel der sec. 19 PA 1890, wonach grundsätzlich alle Rechte der Gesellschafter durch ausdrückliche oder konkludente Zustimmung sämtlicher Gesellschafter geändert und

---

[295] *Baums,* Rn 106.

[296] *Baums,* Rn 106.

[297] *Baums,* Rn. 113.

[298] *Bougnoux,* Jurisclasseur Sociétés, Fasc. 48-60, Nr. 13.

[299] Zur SNC und SCS: Art. 221-7 (3) CCom; *Dereu,* Jurisclasseur Sociétés III, Fasc. 60 Nr. 7; *Merle,* Nr. 208; *Guyon,* Nr. 505; zur SCS: *Hémard/Terré/Mabilat,* Nr. 343; *Bougnoux,* Jurisclasseur Sociétés III, Fasc. 62-50, Nr. 82: Kontrollrechte gehören zum unabdingbaren ordre public; *Derrida,* Enc. Dalloz Sociétés III, Société en commandite simple, Nr. 105.

[300] Artt. 223-26 (5), 225-119, 225-121 (2) CCom.

[301] So auch *Hermanns,* 32.

gegebenenfalls abgeschafft werden können, ist grundsätzlich davon auszugehen, dass sämtliche Gesellschafterrechte und damit auch die Informationsrechte im Gesellschaftsvertrag abbedungen werden können[302].

Unabdingbar sind jedoch gemäß sec. 9 (1) CA 1985 die Informationsrechte der englischen Kapitalgesellschafter. Diese können weder beschränkt noch ausgeschlossen werden. Etwas anderes gilt jedoch, wenn und insoweit das Gesetz die Möglichkeit von Einschränkungen ausdrücklich vorsieht. So hat eine *company* gemäß sec. 251 (1) CA 1985 die Möglichkeit, ihren Gesellschaftern an Stelle von Abschriften der vollständigen Unterlagen zusammenfassende finanzielle Bericht („*summary financial statements*") zukommen zu lassen[303].

d) Ergebnis

Die Informationsrechte der Personengesellschafter sind in Frankreich grundsätzlich und in Deutschland für den Fall unabdingbar, dass der Verdacht unredlicher Geschäftsführung besteht. Hingegen können den englischen Personengesellschaftern ihre Informationsrechte vollständig entzogen werden. Ein gemeinsames Prinzip lässt sich daher zu der Frage der Abdingbarkeit der Informationsrechte der Gesellschafter nicht entwickeln. Vielmehr treten an dieser Stelle die Unterschiede zwischen den untersuchten Rechtsordnungen klar zu Tage. Insbesondere wird deutlich, dass das englische Personengesellschaftsrecht in weiten Teilen auf dem Prinzip der Vertragsfreiheit basiert, während das deutsche wie auch das französische Personengesellschaftsrecht neben Elementen der Vertragsfreiheit gewisse Regelungen als zwingendes Recht fixieren. Einheitlich regeln die untersuchten Rechtsordnungen hingegen im Kapitalgesellschaftsrecht die Informations-rechte als zwingendes Recht. Daraus folgt als gemeinsames Prinzip im Bereich des Kapitalgesellschaftsrechts :

Die Informationsrechte der Kapitalgesellschafter sind unabdingbar.

[302] *Sterry/Banks*, Halsbury's Laws of England, volume 35, paragraph 123; *Lindley/Banks*, 22-12; *Blackett-Ord*, 172; die Abdingbarkeit wird vorausgesetzt in den Entscheidungen Stuart v. Lord Bute [1806] 12 Sim. 460, 461 f = 59 ER 1209; Taylor v. Rundell [1843] 1 Ph. 222, 225 f. = 41 ER 616, 617; von der Abdingbarkeit der Informationsrechte des englischen Personengesellschafters gehen auch aus *Hermanns*, 32 f. und *Baumgärtner*, 28 f.

[303] Siehe dazu bereits oben Seite 68.

2. Erweiterung der Informationsrechte

a) Rechtslage in Deutschland, Frankreich und England

Die Erweiterung der Informationsrechte der Gesellschafter einer deutschen Personengesellschaft und einer GmbH ist grundsätzlich zulässig[304]. Entsprechendes gilt für die französischen Personen- und Kapitalgesellschaften[305], in denen die normierten Informationsrechte der Gesellschafter als gesetzliches Mindestmaß betrachtet werden[306]. Gegen eine Erweiterung der Informationsrechte der Personengesellschafter spricht im englischen Gesellschaftsrecht nichts, sieht dieses doch darüber hinaus die Abschaffung dieser Rechte als zulässig an[307]. Jedoch ist in Anbetracht der Weite der Informationsrechte in der englischen Personengesellschaft ein praktisches Bedürfnis für die Erweiterung dieser Rechte in einer *partnership* kaum denkbar. Etwas anderes gilt hingegen für das dem Umfang nach begrenzte Informationsrecht des beschränkt haftenden Gesellschafters einer *limited partnership.*

Eine Erweiterung der Informationsrechte des Aktionärs in der Satzung der Gesellschaft wird mit Blick auf die grundsätzlich fehlende Gestaltungsbefugnis im deutschen Aktienrecht nicht für zulässig gehalten[308]. Die Regierungskommission Corporate Governance hat sich in ihrem Abschlussbericht jedenfalls für nichtbörsennotierte Gesellschaften für die Einführung einer entsprechenden Gestaltungsbefugnis ausgesprochen[309]. Anders als im deutschen Kapitalgesellschaftsrecht ist die Erweiterung der Informationsrechte der Gesellschafter einer englischen *company* im Einklang mit dem französischen Kapitalgesellschaftsrecht zulässig[310]. Insbesondere können die *articles of association* den Gesellschaftern das Recht zubilligen, die Buchführung der

[304] *Westermann*, Rn 443 und 891; *Scholz/K. Schmidt*, § 51a Rn 50; *Lutter/Hommelhoff*, § 51a Rn 24; *Rowedder/Schmidt-Leithoff*, § 51a Rn 25; *Bopp*, 80; *Tietze*, 8; *von Bitter*, ZIP 1981, 825, 830.

[305] Zur SC: *Bougnoux*, Jurisclasseur Civil, Art 1832-1904, Fasc 48-60, Nr. 13; zur SNC: *Hémard/Terré/Mabilat*, Nr. 287; *Ripert/Roblot*, Tome 1, Nr. 854; *Derrida*, Enc. Dalloz Sociétés IV, Société en nom collectif, Nr. 174; zur SCS: *Hémard/Terré/Mabilat*, Nr. 343; zur SARL: *Guyon*, Nr. 505; *Merle*, Nr. 208; zur SA: *Guyon*, Enc. Dalloz Sociétés I, Assemblée d'actionnaires, Nr. 86.

[306] *Bougnoux*, Jurisclasseur Civil, Art 1832-1904, Fasc 48-60, Nr. 13; *Hémard/Terré/Mabilat*, Nr. 287; *Ripert/Roblot*, Tome 1, Nr. 854.

[307] Siehe dazu oben Seite 97.

[308] § 23 (5) AktG; Großkomm.-AktG-*Decher*, § 131 Rn 18, ebenso *Eckart*, in: Geßler/Hefermehl, § 131 Rn 14/16; KölnKomm.-*Zöllner*, § 131 Rn 5; *K. Schmidt*, Informationsrechte, 50.

[309] *Baums*, Rz 132.

[310] *Pennington*, 851; *Palmer*, II, 9.104.

Gesellschaft (*accounting records)* einzusehen, die nach dem gesetzlichen Regelfall nicht der Einsichtnahme durch die Gesellschafter offen steht[311].

b) Ergebnis

Die Erweiterung der Informationsrechte von Personengesellschaftern ist in allen drei untersuchten Rechtsordnungen grundsätzlich möglich. Nicht einheitlich geregelt ist hingegen die Frage nach der Zulässigkeit der Erweiterung der Informationsrechte im Kapitalgesellschaftsrecht. Während das französische und englische Recht sowie das Recht der GmbH die Erweiterung der Informationsrechte als zulässig ansehen, lehnt das deutsche Aktienrecht sie ab. Mit Blick auf die in eine andere Richtung weisenden Empfehlungen der Corporate-Governance-Kommission für nichtbörsennotierte Aktiengesellschaften lässt sich die Tendenz erkennen, im Kapitalgesellschaftsrecht zwar die Einschränkung der Gesellschafterrechte als unzulässig, ihre Erweiterung jedoch als zulässig anzusehen. Als gemeinsames Prinzip der untersuchten Rechtsordnungen kann daher in Anbetracht dieser Entwicklung sowohl für das Personengesellschaftsrecht als auch für das Kapitalgesellschaftsrecht festgehalten werden:

Die Informationsrechte der Gesellschafter können in Vertrag oder Satzung der Gesellschaft erweitert werden.

VII. Durchsetzung der Informationsrechte und Folgen der Nicht- oder Fehlinformation der Gesellschafter

1. Einklagbarkeit

a) Deutschland und Frankreich

Die Informationsrechte der deutschen sowie der französischen Gesellschafter sind einklagbar[312]. Für die Durchsetzung der Informationsrechte der Gesellschafters sehen § 51b GmbHG sowie § 132 AktG im deutschen Recht besondere Verfahren vor. Im französischen Gesellschaftsrecht ist die Durchsetzung der Informationsrechte mittels einstweiliger Verfügung (*injonction de faire)* durch die französische „Loi sur les nouvelles régulations économiques"

[311] *Pennington*, 851; *Palmer*, II, 9.104.

[312] *K. Schmidt*, Informationsrechte, 43; *Becker*, 679; *Weipert*, MüHbGesR, Band I, § 8 Rn 24; zur OHG: Baumbach/Hopt/*Hopt*, § 118 Rn 15; Schlegelberger/*Martens*, § 118 Rn 40; zum französischen Recht: Art. 238-1 CCom.

(LNRE) vom 15. Mai 2001 in Art. Art. 238-1 CCom verankert worden[313]. Diese Vorschrift findet jedoch auf die SC keine Anwendung.

b) England

aa) Personengesellschaftsrecht

Ursprünglich konnte das Informationsrecht der Gesellschafter einer *partnership* klageweise lediglich dann geltend gemacht werden, wenn mit der Klage zugleich die Auflösung der Gesellschaft begehrt wurde[314]. Die Bedeutung der Verpflichtung der Gesellschafter einer *partnership*, einander Rechenschaft zu geben und gegenseitig zu informieren, erschöpfte sich nach damaliger Ansicht in der vermögensmäßigen Abwicklung der Gesellschaft[315]. Dieser Grundsatz gilt auch heute noch fort, soweit keine besonderen Gründe für eine Abweichung bestehen[316]. Einen Abweichungsgrund stellt insbesondere das Vorliegen eines besonders verwerflichen Verhaltens eines Gesellschafters gegenüber seinen Mitgesellschaftern dar, wie beispielsweise die Vorenthaltung privater Gewinne[317]. Verweigert ein *partner* seinen Mitgesellschaftern die ihnen zustehenden Informationen oder erteilt er ihnen falsche Informationen, so stellt dies ebenfalls ein verwerfliches Verhalten gegenüber den Mitgesellschaftern dar, das eine klageweise Geltendmachung der Informationsrechte ohne gleichzeitige Erhebung einer Auflösungsklage ermöglicht[318].

Der Gesellschafter einer *partnership* hat darüber hinaus die Möglichkeit, gegen denjenigen Gesellschafter, der seine Informationsrechte verletzt, bei Gericht den Erlass einer einstweiligen Verfügung *(injunction)* oder die Einsetzung eines Zwangsverwalters *(receiver)* zu beantragen[319]. Letzteres wird ein Gericht in wirtschaftlich aktiven *partnerships* aufgrund der Tendenz

[313] Art. 238-1 CCom; siehe dazu *Couret*, JCP 2001, éd E, 1660, 1667; *Lucas*, in: *Bonneau/Daigre*, Dr. soc. 2001, N° 8-9, 17; *Bouloc*, Rev. soc. 2001, 645, 647. Art. 238-1 CCom ist jedoch doch nicht auf die SC anwendbar.

[314] Forman v. Homfry [1813] 35 ER 344; Loscombe v. Russel [1830] 58 ER 4; Knebell v. White [1836] 160 ER 293, 295; siehe auch *Sterry/Banks*, Halsbury's Laws of England, Band 35, Nr. 140.

[315] Vgl. *Hermanns*, 31.

[316] *Lindley/Banks*, 23-79; *Sterry/Banks*, Halsbury's Laws of England, Band 35, Nr. 140.

[317] *Lindley/Banks*, 23-80 mit weiteren Beispielsfällen.

[318] *Sterry/Banks*, Halsbury's Laws of England, Nr. 140; Harrison v. Armitage [1819] 4 Madd 143 = ER 56, 661, 661; Chapple v. Cadell [1822] Jacob 537 = ER 37, 953; Bentley v. Bates [1840] 4 Y & C EX 182 = ER 160, 971, 971; Richardson v. Hastings [1844] 7 Beav 301 = ER 49, 1081, 1083.

[319] *Morse*, 155; ausführlich zu den Voraussetzungen der gerichtlichen Anordnung einer *injunction* oder der Einsetzung eines *receiver Lindley/Banks*, 23-130.

englischer Gerichte, sich in die inneren Angelegenheiten bestehender Gesellschaften nicht einzumischen, jedoch kaum jemals anordnen[320].

bb) Kapitalgesellschaftsrecht

Im englischen Kapitalgesellschaftsrecht stellt sich die Rechtslage hinsichtlich der Einklagbarkeit der Informationsrechte der Gesellschafter komplexer dar als im Personengesellschaftsrecht. So gilt im Recht der *companies* der in der grundlegenden Entscheidung Foss v. Harbottle[321] aufgestellte Grundsatz, dass nicht der einzelne Gesellschafter, sondern vielmehr die Gesellschaft als solche für die Erhebung einer Klage zuständig ist, wenn die Gesellschaft in ihren Rechten beeinträchtigt ist (*proper plaintiff Prinzip*)[322]. Zudem ist die Klage eines Gesellschafters gegen ein rechtswidriges Verhalten der Geschäftsführer, welches durch einen Gesellschafterbeschluss geheilt werden könnte, grundsätzlich nicht zulässig (*internal management rule*)[323]. Aus diesem Grundsatz folgt, dass im Regelfall über die Erhebung einer Klage gegen die Geschäftsführung die Mehrheit der Gesellschafter entscheidet. Der einzelne Gesellschafter ist bei Fehlverhalten der Geschäftsführung daher regelmäßig nicht zur Klageerhebung berechtigt[324]. Jedoch stellt sich die Rechtslage anders dar, wenn nicht die Verletzung von Rechten der Gesellschaft, sondern die Verletzung persönlicher Rechte der Gesellschafter in Frage steht[325]. In diesem Fall ist die Zulässigkeit der gerichtlichen Geltendmachung persönlicher Gesellschafterrechte allgemein anerkannt, da bei der Verletzung persönlicher Rechte des Gesellschafters nur dieser, nicht jedoch die Gesellschaft als solche in ihren Rechten verletzt ist und deshalb die in Foss. v. Harbottle aufgestellten Grundsätze von vornherein nicht berührt werden[326]. Zu den persönlichen Rechten eines Kapitalgesellschafters, die dieser selbst einklagen kann, gehören jeden-

[320] Vgl. *Sterry/Banks*, Halsbury's Laws of England, volume 35, para 152.

[321] [1843] 2 Hare 461 = ER 67, 189.

[322] Vgl. *Charlesworth/Morse*, 306; *Farrar*, 431.

[323] Foss. v. Harbottle [1843] 2 Hare 461 = ER 67, 189; Burland v. Earle [1902] AC 83, 93: „It is an elementary principle of the law relating to joint stock companies that the Court will not interfere with the internal management of companies acting within their powers, and in fact has no jurisdiction to do so. Again it is clear law that in order to redress a wrong done to the company, or to recover money or damages alleged to be due to the company, the action should prima facie be brought by the company itself."; zur internal management rule siehe auch *Charlesworth/Morse*, 307; *Pettet*, 227.

[324] *Pettet*, 228 f.; *Pennington*, 794.

[325] Zum Begriff der persönlichen Rechte siehe *Hollington*, 103.

[326] *Pennington*, 794; Gower/*Davies*, 660; *Farrar*, 433; *Pettet*, 231; siehe auch *Law Commission*, Nr. 246, paras. 6.56 – 6.57.

falls auch dessen Informationsrechte[327]. Daher ist der einzelne Kapitalgesellschafter trotz der in der Entscheidung Foss. v. Harbottle aufgestellten Grundsätze zur Klageerhebung berechtigt, wenn die ihm zustehenden Informationsrechte beeinträchtigt worden sind[328].

Eine weitere Grundlage für die Klage eines Kapitalgesellschafters gegen die Gesellschaft wegen Verletzung seiner Informationsrechte bietet die Vorschrift des sec. 459 CA 1985. Voraussetzung einer erfolgreichen Klage nach dieser Vorschrift ist ein Geschäftsführungsverhalten, das die Interessen aller oder einzelner Gesellschafter unangemessen einschränkt (*unfairly prejudicial conduct*). Zu den Interessen der Gesellschafter gehören hierbei jedenfalls die gesetzlichen Rechte und somit auch die Informationsrechte der Gesellschafter[329]. Werden den Gesellschaftern die ihnen zustehenden Informationen wiederholt verweigert, so stellt dies eine unangemessene Einschränkung ihrer Interessen dar und berechtigt damit zur Klageerhebung gemäß sec. 459 CA 1985[330].

c) Ergebnis

Alle untersuchten Rechtsordnungen stimmen im Ergebnis darin überein, dass ein Gesellschafter die ihm zustehenden gesetzlichen Informationsrechte klageweise durchsetzen kann[331]. Während das deutsche sowie das französische Gesellschaftsrecht die Einklagbarkeit der Informationsrechte uneingeschränkt bejahen, geht das englische Recht verschlungenere Pfade, um zu diesem Ergebnis zu gelangen. Dies liegt in der traditionellen Zurückhaltung englischer Gerichte begründet, Anordnungen im Bereich der inneren Angelegenheiten von Gesellschaften zu treffen[332].

Als gemeinsames Prinzip zu diesem Aspekt kann daher festgehalten werden:

---

[327] So ausdrücklich *Pennington*, 794; siehe auch *Großfeld*, International Encyclopedia of comparative law, volume XIII, chapter 4, Nr. 269.

[328] Vgl. *Palmer*, II, 9. 104.1: Recht des Gesellschafters, zur Durchsetzung der Informationsrechte eine einstweilige Verfügung (*injunction*) zu beantragen, siehe auch *Großfeld*, International Encyclopedia of comparative law, volume XIII, chapter 4, Nr. 269.

[329] Murray's Judicial Factor v. Murray & Sons [1993] BCLC 1437, 1451 d (Entscheidung des schottischen Court of session); *Farrar*, 449.

[330] *Farrar*, 454; *Pennington*, 817. Es existiert aber bislang keine Entscheidung, in der das Vorliegen eines *unfairly prejudicial conduct* durch Verletzung von Informationsrechten bejaht wurde. In der Entscheidung Murray's Judicial Factor v. Murray & Sons [1993] BCLC 1437 wurde das Vorliegen einer Informationsrechtsverletzung abgelehnt.

[331] *Großfeld*, International Encyclopedia of comparative law, chapter XIII, 116.

[332] *Lindley/Banks*, 23-15 ff.

Die Informationsrechte der Gesellschafter können klageweise durchgesetzt werden.

2. Schadensersatzansprüche des nicht oder falsch informierten Gesellschafters

Kommt die Gesellschaft dem berechtigten Informationsbegehren eines Gesellschafters nicht nach und entsteht diesem aufgrund falscher Informationen ein Schaden, so gewähren sowohl das deutsche wie auch das englische und das französische Gesellschaftsrecht dem geschädigten Gesellschafter Schadensersatzansprüche gegen seine Gesellschaft[333]. Diese Schadensersatzansprüche ergeben sich im englischen Gesellschaftsrecht aus einer Verletzung des Gesellschaftsvertrages (*breach of contract)*[334]. Im deutschen Gesellschaftsrecht kommen grundsätzlich nur Schadensersatzansprüche gegenüber der Gesellschaft und nicht gegenüber der Geschäftsführung in Betracht, da nur die Gesellschaft zur Erfüllung der Informationsrechte der Gesellschafter verpflichtet ist[335].

Folglich kann als gemeinsames Prinzip der drei Rechtsordnungen festgehalten werden:

Werden einem Gesellschafter die ihm zustehenden Informationen verweigert oder werden ihm falsche Informationen erteilt, so ist er gegenüber der Gesellschaft schadensersatzberechtigt.

---

[333] Zum deutschen Recht: (Rechtsgrundlage pVV bzw. § 280 (1) BGB nF): *Hueck*, 139; *Brandner*, FS Lutter, 317, 325; *Lutter/Hommelhoff*, § 51a Rn 38; (Rechtsgrundlage § 823 (2) BGB): Schlegelberger/*Martens*, § 166 Rn 23; ausführlich *Gansen*, GmbHR 1987, 458 ff.; zum französischen Recht: *Hémard/Terré/Mabilat* Nr. 288; *Cozian/Viandier/Deboissy*, Nr. 493; *Derrida*, Enc. Dalloz Sociétés IV, Sociétés en nom collectif, Nr. 179 und I, *Guyon*, Assemblées d'actionnaires, Nr. 115; *Merle* Nr. 478; *Nocquet*, JCP 1979, 8175, Nr. 31; *Chartier*, JCP 1978, 2917, Nr. 274; *Odet*, S. A. Assemblées d'actionnaires/Information des actionnaires, Nr. 46; zum englischen Recht: *Lindley/Banks*, 23-197.

[334] *Lindley/Banks*, 23-197.

[335] Vgl. *Rowedder/Schmidt-Leithoff*, § 51a Rn 24; Scholz/*Schmidt*, § 51a Rn 48; aA *Raiser*, § 27 Rn 23.

3. *Strafandrohung zu Lasten des informationsverpflichteten Geschäftsführers*

Bei Unterlassen der Informationsgewährung oder Falschinformation drohen das englische Kapitalgesellschaftsrecht sowie das deutsche Aktiengesetz den zur Informationserteilung zuständigen Geschäftsführern mit strafrechtlichen Sanktionen[336]. Demgegenüber ist eine Verletzung des individuellen Informationsrechts des GmbH-Gesellschafters aus § 51a (1) GmbHG sowie ein Verstoß gegen die Informationsrechte des Gesellschafters einer französischen Kapitalgesellschaft nicht (mehr) strafbewehrt[337]. Das Recht der Personengesellschaften kennt eine Ahndung einer Informationsrechtsverletzung mit strafrechtlichen Mitteln grundsätzlich nicht. Einzige Ausnahme in diesem Bereich ist das französische Personengesellschaftsrecht, das für die SNC in Art. 16 D 67-236 (und für die SCS über Art. 17 D 67-236) trotz entsprechender Änderungen im französischen Kapitalgesellschaftsrecht durch die Gesetzesänderung vom 15. 5. 2001 bei Verletzung von Informationsrechten der Gesellschafter die Möglichkeit einer Geldstrafe (*amende)* vorsieht. Bis zur Gesetzesänderung in Frankreich stimmten die Rechtsordnungen auch im Bereich des Kapitalgesellschaftsrechts mit Ausnahme des Rechts der GmbH darin überein, dass sie eine strafrechtliche Ahndung von Verletzungen der den Kapitalgesellschaftern zustehenden Informationsrechten vorsahen. Ein gemeinsames Prinzip der untersuchten Rechtsordnungen lässt sich daher im Kapitalgesellschaftsrecht nicht (mehr) entwickeln.

Für das Personengesellschaftsrecht gilt als gemeinsames Prinzip hingegen:

Die Verletzung von Informationsrechten der Personengesellschafter ist grundsätzlich nicht mit Strafe bedroht.

C. Zusammenfassung zu den Informationsrechten der Gesellschafter

Im Verlauf der Untersuchung konnte gezeigt werden, dass das deutsche, französische und englische Gesellschaftsrecht den Gesellschaftern in allen untersuchten Gesellschaftsformen Informationsrechte gegenüber der Geschäftsfüh-

[336] Zur AG: § 400 (1) AktG; § 331 HGB; zur public und private limited company: sec. 238 (5), 239 (3), 241 (2), 242 (2) CA 1985 (Geldstrafe).

[337] Zur GmbH: Scholz/*K. Schmidt,* § 51a Rn 49; zum französischen Kapitalgesellschaftsrecht: Die Strafbewehrung für Informationsrechtsverletzungen hat die *LNRE v. 15. 5. 2001* abgeschafft; siehe dazu *Lucas*, in: *Bonneau/Daigre*, in: Dr. soc. 2001, N° 8-9, 17; *Bouloc*, Rev. soc. 2001, 645, 647; zur *company:* sec. 239 (3) CA 1985 [Abschriften von Jahresabschluss und Berichten], 356 (5) CA [register of members] 1985.

rung der Gesellschaften gewähren. Dies gilt sowohl für die Personengesellschaften als auch für die Kapitalgesellschaften, für kleine Gesellschaften mit wenigen Gesellschaftern ebenso wie für Publikumsgesellschaften. Die Reichweite dieser Informationsrechte variiert in den verschiedenen Rechtsordnungen hingegen teilweise erheblich. Unterschiede bestehen insbesondere im Kapitalgesellschaftsrecht, während die Informationsrechte in den verschiedenen Personengesellschaften einheitlich als weitreichende Ansprüche ausgestaltet sind. Besonders umfangreich stellen sich die Informationsrechte in den englischen Personengesellschaften dar: so sind die Gesellschafter einer *partnership* einander umfassend zur Offenlegung sämtlicher Informationen verpflichtet, die sie im Zusammenhang mit der Gesellschaft erhalten. Aber auch das französische sowie das deutsche Personengesellschaftsrecht gewähren den Gesellschaftern umfangreiche Einsichts- und Auskunftsrechte hinsichtlich der Angelegenheiten der Gesellschaft.

Die Reichweite der den Kapitalgesellschaftern zugebilligten Informationen stellt sich gegenüber den Informationsrechten der Personengesellschafter in allen drei Rechtsordnungen - mit Ausnahme des GmbH-Rechts - restriktiver dar. Zum einen sind die Unterlagen, die vom Kapitalgesellschafter eingesehen werden können, in den einschlägigen Vorschriften jeweils abschließend aufgezählt. Zum anderen sind die Informationsrechte der Kapitalgesellschafter aber auch zeitlich - abgesehen vom atypischen weitreichenden Informationsrecht der GmbH-Gesellschafter - erheblich beschränkt. So sind die Gesellschafter einer AG wie auch die Gesellschafter einer *company* lediglich innerhalb eines beschränkten Zeitraums im Vorfeld der Hauptversammlung zur Einsichtnahme in die gesetzlich genannten Dokumente befugt. Hierbei nimmt sich die Rechtsposition der englischen Gesellschafter gegenüber derjenigen deutscher Kapitalgesellschaftern schwächer aus mit Blick darauf, dass den deutschen Aktionären in § 131 (1) AktG ein ausdrückliches Auskunftsrecht im Rahmen der Hauptversammlung gewährt wird, während der Companies Act 1985 den englischen Kapitalgesellschaftern entsprechende Befugnisse nicht zuweist[338]. Großzügiger im Vergleich zum englischen als auch zum deutschen Aktienrecht stellen sich demgegenüber die Informationsrechte der französischen Kapitalgesellschafter sowie der GmbH-Gesellschafter dar.

Die unterschiedliche Reichweite der Informationsrechte in den verschiedenen Gesellschaftsformen kann zum Teil mit dem jeweiligen Haftungsumfang der Gesellschafter für die Verbindlichkeiten der Gesellschaft erklärt werden[339]. Je höher sich das Haftungsrisiko eines Gesellschafters darstellt,

[338] Jedoch ist nach *common law* ein Fragerecht der Gesellschafter in der Gesellschafterversammlung anerkannt.

[339] *Chartier*, Rev. soc. 1984, 42 ff.

desto weiter reichende Informationen sind ihm als Ausgleich für dieses Haftungsrisiko zuzugestehen. Einen weiteren Erklärungsansatz bieten die unterschiedlich weitreichenden sonstigen Befugnisse der Gesellschafter. Informationsrechten kommt grundsätzlich eine vorbereitende Funktion zu, sie werden den Gesellschaftern nicht zweckfrei, sondern zu dem Zweck gewährt, eine sinnvolle und effektive Ausübung der übrigen Kontrollbefugnisse zu ermöglichen. Stehen den Gesellschafter lediglich beschränkte Kontrollbefugnisse gegenüber der Geschäftsführung einer Gesellschaft zu, so bedürfen sie zur Ausübung dieser Befugnisse entsprechend weniger weitreichender Informationen. Eine weitere mögliche Erklärung für die unterschiedliche Reichweite der Informationsrechte in den verschiedenen Gesellschaftsformen besteht darin, dass restriktive Informationsrechte durch andere Mechanismen, die die jeweilige Rechtsordnung bereit stellt, ausgeglichen werden und daher ein Bedürfnis für weiterreichende Informationsrechte nicht besteht.

Legt man diese Argumentation zugrunde, so ist eine abschließende Beurteilung der unterschiedlichen Reichweite der Informationsrechte erst möglich, wenn die verschiedenen Kontrollsysteme vollständig in den Blick genommen worden sind. So kann man beispielsweise insbesondere für die Beurteilung der Rechtsposition der englischen Kapitalgesellschafter nicht bei der Feststellung stehen bleiben, dass ihre Informationsrechte im Vergleich zu den Informationsbefugnissen, die deutschen sowie französischen Kapitalgesellschaftern zustehen, schwächer ausgeprägt sind. Vielmehr sind in diesem Zusammenhang die Möglichkeiten der englischen Kapitalgesellschafter zu berücksichtigen, eine Prüfung der Gesellschaftsangelegenheiten durch das englische Department of Trade and Industry (DTI) herbeizuführen[340].

---

[340] So auch *Großfeld*, International Encyclopedia of comparative law, volume 13, chapter 4, Nr. 254. Zu den Prüfungsbefugnissen des DTI siehe unten Seite 287 ff.

§ 2 Zustimmungsvorbehalte zugunsten der Gesellschafter

A. Einführung

I. Allgemeines

Zustimmungsvorbehalte zugunsten der Gesellschafter für bestimmte Maßnahmen der Geschäftsführung eröffnen den Gesellschaftern die Möglichkeit, die Durchführung bestimmter Geschäfte zu verhindern und auf diesem Wege Kontrolle über die Geschäftsführung auszuüben. Sie dienen damit grundsätzlich der präventiven Kontrolle der Geschäftsführung[341]. Allerdings bleiben Zustimmungsvorbehalte auf diese kontrollierende Wirkung beschränkt. Darüber hinausgehende konstruktive Gestaltungsmöglichkeiten hinsichtlich der Art und Weise der Geschäftsführung bringen Zustimmungsvorbehalte regelmäßig nicht mit sich. Maßnahmen, deren Ausführung die Geschäftsführung nicht plant, können die Gesellschafter daher auch nicht mit Hilfe von Zustimmungsrechten herbeiführen.

II. Begriff des Zustimmungsvorbehalts

Ein Zustimmungsvorbehalt liegt vor, wenn ein Geschäftsführer ohne Mitwirkung der Gesellschafter zur Ausführung eines bestimmten Geschäfts nicht befugt ist[342]. Diese Beschränkung der Befugnisse kann sich aus gesetzlichen Regelungen oder aus dem Vertrag oder der Satzung der Gesellschaft ergeben. Keine Zustimmungsvorbehalte sind die originären Entscheidungszuständigkeiten der Gesellschafter für grundlegende Entscheidungen, die die Organisationsstruktur der Gesellschaften betreffen. Zur Ausführung dieser Angelegenheiten bedürfen die Gesellschafter nicht eines Geschäftsführers. Zu den grundlegenden Entscheidungen gehören die Änderung des Vertrages bzw. der Satzung einer Gesellschaft, die Beendigung oder die Sitzverlegung der Gesellschaft[343]. Diese grundlegenden Geschäfte - in England *partnership affairs* genannt[344] - berühren den Bestand der Gesellschaft und sind in allen unter-

---

[341] Zum Begriff der präventiven Kontrolle siehe bereits oben Seite 41.

[342] Hiervon zu unterscheiden ist die Frage, ob der Geschäftsführer trotz fehlender Berechtigung zur Ausführung einer Maßnahme im Innenverhältnis im Außenverhältnis vertretungsberechtigt ist.

[343] Siehe nur §§ 119 (1) Nrn. 5, 8; 179 AktG sowie die §§ 53 ff. GmbHG.

[344] Sec. 24 (8) PA 1890; Bissell v. Cole [1997] LTL 5/12/91: Wechsel von der Unterhaltung eines Reisebüros zum Reiseveranstalter als grundlegendes Geschäft; Highly v. Walker [1910] 26 TLR 685: Annahme des Sohnes eines Mitgesellschafters als Auszubildenden als gewöhnliches Geschäft; siehe zum Ganzen *Blackett-Ord*, 195; *Morse*, 154; *Prime/Scanlan*, Partnerships, 169. Zu den *part-*

suchten Rechtsordnungen und Gesellschaftsformen den Gesellschaftern zur Entscheidung zugewiesen[345]. Sie sind von vornherein nicht von den Geschäftsführungsbefugnissen der Geschäftsführung umfasst, weshalb das Erfordernis eines Gesellschafterbeschlusses für diese Angelegenheiten keinen Zustimmungsvorbehalt im hier verstandenen Sinne darstellen kann.

B. Rechtslage in Deutschland, England und Frankreich

I. Existenz und Rechtsgrundlagen von Zustimmungsvorbehalten

1. Deutschland

a) Personengesellschaftsrecht

aa) Gesetzliche Zustimmungsvorbehalte

Nach dem gesetzlichen Regelfall sind sämtliche Gesellschafter einer GbR gemeinschaftlich zur Geschäftsführung befugt[346]. Treffen die Gesellschafter der GbR ihre Entscheidungen grundsätzlich gemeinsam, so stellt sich die Frage nach dem Bestehen von Zustimmungsvorbehalten zugunsten der nicht geschäftsführungsberechtigten Gesellschafter von vornherein nicht. Steht die Geschäftsführung in der GbR hingegen abweichend vom gesetzlichen Regelfall einem oder mehreren Gesellschaftern unter Ausschluss der übrigen Gesellschafter zu, so verfügen die von der Geschäftsführung ausgeschlossenen Gesellschafter grundsätzlich über keine gesetzlichen Zustimmungsvorbehalte[347]. Ein gesetzlicher Zustimmungsvorbehalt zugunsten der Gesellschafter einer GbR besteht lediglich für den Fall, dass der einzige geschäftsführende Gesellschafter als Vertreter der Gesellschaft mit sich selbst einen Vertrag abschließen möchte. Dies ist ihm aufgrund des in § 181 BGB verankerten allge-

---

nership affairs gehören insbesondere die Veränderung des Geschäftsgegenstands und die Änderung der *articles* der Gesellschaft, siehe *Milman/Flanagan*, 112.

[345] Zur GbR: Erman/*Westermann*, § 709 Rn 20; zur SCS: Art. 222-9 (1) CCom (Wechsel der Nationalität der Gesellschaft); zur partnership: sec. 24 (8) PA 1890; zur GmbH: §§ 53 (2), 60 (1) Nr. 2 GmbHG; zur SARL: Artt. 223-29 (1), Art. 223-30 (1) CCom: Änderung der Nationalität der Gesellschaft; zur company: sec. 9 CA 1985 (Änderung des *memorandum* oder der *articles of association);* zur AG: §§ 119 (1) Nr. 5, 179 (1) AktG (Satzungsänderung), § 119 (1) Nr. 8 AktG (Auflösung der Gesellschaft).

[346] § 709 (1) BGB.

[347] Zur GbR: *RG*, Urteil v. 7. 10.1921, RGZ 102, 410, 412; Erman/*Westermann*, § 710 Rn 1; Soergel/*Hadding*, § 710 Rn 5. Insbesondere gilt § 711 BGB ausschließlich für geschäftsführungsberechtigte Gesellschafter.

meinen Selbstkontrahierungsverbots ohne Zustimmung der (übrigen) Gesellschafter nicht möglich[348].

In der OHG wie in der KG verfügen die von der Geschäftsführung ausgeschlossenen Gesellschafter mit Ausnahme des Insichgeschäfts[349] über keine Zustimmungsvorbehalte hinsichtlich gewöhnlicher Geschäfte der Geschäftsführung (§ 116 (1) HGB). Für außergewöhnliche Maßnahmen der Geschäftsführung ist gemäß § 116 (2) HGB ein Beschluss sämtlicher Gesellschafter herbeizuführen, so dass insoweit ein gesetzlicher Zustimmungsvorbehalt besteht[350]. Ein entsprechender Zustimmungsvorbehalt besteht auch zugunsten der unbeschränkt und der beschränkt haftenden Gesellschafter in der KG. Zwar spricht das Gesetz in § 164 HGB lediglich von einem Widerspruchsrecht des Kommanditisten. Dieses Widerspruchsrecht ist jedoch darüber hinaus von der Rechtsprechung dahingehend ausgelegt worden, dass dem Kommanditisten das Recht zusteht, seine Zustimmung zu einem außergewöhnlichen Geschäft zu verweigern[351]. Ein außergewöhnliches Geschäft im Sinne des § 116 (2) HGB liegt vor, wenn es aus dem gewöhnlichen Geschäftsbetrieb der Gesellschaft, der sich nach Gegenstand, Größe und Zuschnitt ihrer Geschäftstätigkeit bemisst, herausfällt[352]. Dazu gehören insbesondere Geschäfte, die umfangreiche Investitionen erfordern, sowie langfristige, besonders riskante oder wirtschaftlich bedeutende Geschäfte[353].

---

[348] *K. Schmidt*, Gesellschaftsrecht, § 10 II 3, Seite 260 ff.

[349] *K. Schmidt*, Gesellschaftsrecht, § 10 II 3, Seite 260 ff.

[350] Vom Zustimmungsrecht hinsichtlich von außergewöhnlichen Geschäften spricht auch die Entscheidung des *BGH*, Urteil v. 11. 2. 1980, BGHZ 76, 160, 164; siehe des weiteren Schlegelberger/*Martens*, § 116 Rn 13; Heymann/*Emmerich*, § 116 Rn 7; *Mayen*, in: Ebenroth/Boujong/Joost, § 116 Rn 9.

[351] Grundlegend *RG*, Urteil v. 22.10.1938, RGZ 158, 302, 307: Kein Grund ersichtlich, den Kommanditisten schlechter zu stellen als den von der Geschäftsführung ausgeschlossenen Komplementär; siehe auch Schlegelberger/*Martens*, § 164 Rn 16; Heymann/*Horn*, § 164 Rn 4; *Immenga*, ZGR 1974, 385, 387; Baumbach/Hopt/*Hopt*, § 164 Rn 2; *Weipert*, in: Ebenroth/Boujong/Joost, § 164 Rn 6.

[352] Vgl. *Mayen*, in: Ebenroth/Boujong/Joost, § 116 Rn 3 f.; Schlegelberger/*Martens*, § 164 Rn 17; Heymann/*Horn*, § 164 Rn 4.

[353] Vgl. *Weipert*, in: Ebenroth/Boujong/Joost, § 164 Rn 7; *Mayen*, in: Ebenroth/Boujong/Joost, § 116 Rn 6.

bb) Vertragliche Zustimmungsvorbehalte

Den Gesellschaftern einer Personengesellschaft steht es grundsätzlich frei, für bestimmte Arten von Geschäften Zustimmungsvorbehalte im Gesellschaftsvertrag zu vereinbaren. Dies folgt aus dem dispositiven Charakter der Vorschriften über die Verteilung der Geschäftsführungsbefugnis[354].

b) Kapitalgesellschaftsrecht

aa) GmbH

aaa) Gesetzliche Zustimmungsvorbehalte

In der GmbH ist der Geschäftsführer grundsätzlich zuständig für sämtliche Angelegenheiten der laufenden Geschäftsführung[355]. Seine Befugnisse erstrecken sich entsprechend der Rechtslage in der OHG und KG nicht auf außergewöhnliche Maßnahmen der Geschäftsführung[356]. Insoweit besteht vielmehr ein Zustimmungsvorbehalt zugunsten der Gesellschafterversammlung[357]. Der Geschäftsführer hat eine Entscheidung der Gesellschafterversammlung einzuholen, wenn deren Befassung mit dem jeweiligen Gegenstand im Interesse der Gesellschaft erforderlich scheint[358]. Dies ist beispielsweise der Fall bei wirtschaftlich bedeutenden und riskanten Maßnahmen[359] sowie bei allen Geschäften, bei denen der Geschäftsführer mit dem Widerspruch der Gesellschafter zu rechnen hat[360].

Von der Geschäftsführungsbefugnis des GmbH-Geschäftsführers nicht umfasst sind des Weiteren Geschäfte zwischen der Gesellschaft und dem Geschäftsführer. Insoweit gilt das in § 181 BGB enthaltene Selbstkontrahierungsverbot[361]. Obliegt die Geschäftsführung in einer GmbH mehreren Perso-

[354] *Mayen,* in: Ebenroth/Boujong/Joost, § 114 Rn 2; Baumbach/Hopt/*Hopt,* § 114 Rn 20.

[355] Baumbach/Hueck/*Zöllner*, § 37 Rn 6.

[356] Scholz/*Schneider*, § 37 Rn 12 ff.; *Lutter/Hommelhoff*, § 37 Rn 10 f.; anders hingegen Baumbach/Hueck/*Zöllner*, § 37 Rn 6a, der die Geschäftsführungsbefugnisse des GmbH-Geschäftsführers auch auf außergewöhnliche Geschäfte ausdehnt.

[357] Scholz/*Schneider*, § 37 Rn 12 ff.; *Lutter/Hommelhoff*, § 37 Rn 10 f.

[358] Im Sinne von § 49 (2) GmbHG. Siehe dazu *BGH*, Urteil v. 25.2.1991, GmbHR 1991, 197; Baumbach/Hueck/*Zöllner*, § 37 Rn 6e.

[359] *BGH*, Urteil v. 5. 12. 1983, NJW 1984, 1461, 1462; Scholz/*K.Schmidt*, § 37 Rn 15; *Lutter/Hommelhoff*, § 37 Rn 10; zurückhaltend Baumbach/Hueck/*Zöllner*, § 37 Rn 6 ff.

[360] *BGH*, Urteil v. 5. 12. 1983, NJW 1984, 1461, 1462; Scholz/*K. Schmidt*, § 37 Rn 15.

[361] Baumbach/Hueck/*Zöllner*, § 35 Rn 73 ff.

nen, so ist derjenige Geschäftsführer, bei dem die Voraussetzungen des § 181 BGB vorliegen, hinsichtlich dieser Maßnahme von der Geschäftsführung ausgeschlossen. Hat die GmbH jedoch lediglich einen Geschäftsführer, so wird man für Rechtsgeschäfte des Geschäftsführers mit der Gesellschaft einen Zustimmungsvorbehalt zugunsten der Gesellschafter annehmen müssen[362]. Bei der Beschlussfassung über die Zustimmung zu einem Insichgeschäft zwischen der Gesellschaft und einem Geschäftsführer ist der betroffene Geschäftsführer, der zugleich Gesellschafter ist, gemäß § 47 (4) Satz 2 GmbHG nicht stimmberechtigt.

bbb) Satzungsmäßige Zustimmungsvorbehalte

Darüber hinausgehende Zustimmungsvorbehalte zugunsten der Gesellschafter können in der Satzung der Gesellschaft vorgesehen werden[363].

bb) AG

aaa) Gesetzliche Zustimmungsvorbehalte

Der Vorstand der AG leitet die Gesellschaft in eigener Verantwortung und verfügt über umfassende Geschäftsführungsbefugnisse (§ 76 (1) AktG)[364]. Wie die Geschäftsführer einer GmbH so sind jedoch auch die Vorstandsmitglieder einer AG nicht befugt, in eigener Person Verträge mit der Gesellschaft abzuschließen. Vielmehr vertritt in diesen Fällen der Aufsichtsrat die Gesellschaft gegenüber den Vorstandsmitgliedern (§ 112 AktG)[365]. Anders als im GmbH-Recht bestehen in diesem Bereich keine Zustimmungsvorbehalte zugunsten der Gesellschafter.

Gesetzliche Zustimmungsvorbehalte zugunsten der Hauptversammlung der Aktionäre existieren im Aktienrecht jedoch für einzelne Spezialfälle, insbesondere für die Übertragung des gesamten Gesellschaftsvermögens außerhalb des Umwandlungsgesetzes[366] und hinsichtlich von Unternehmens- oder

---

[362] So *K. Schmidt*, Gesellschaftsrecht, § 10 II 3 c), Seite 262.

[363] Vgl. *Rowedder/Schmidt-Leithoff*, § 45 Rn 5 sowie § 37 Rn 19 ff.; *Bea/Scheurer*, DB 1995, 1289, 1290; *Grunewald*, 2 F Rn 44.

[364] Zum Handlungsspielraum des Vorstands siehe *BGH*, Urteil v. 21.4.1997, BGHZ 135, 244, 253 (ARAG/Garmenbeck).

[365] Siehe auch § 89 AktG, der den Fall der Kreditgewährung seitens der Gesellschaft an ein Vorstandsmitglied regelt.

[366] § 179a (1) AktG.

Verschmelzungsverträgen[367]. Die Zustimmung der Hauptversammlung der Aktionäre ist des Weiteren erforderlich, wenn der Aufsichtsrat die gemäß § 111 (4) AktG erforderliche Zustimmung zu einer Geschäftsführungsmaßnahme verweigert hat und der Vorstand die Entscheidung der Hauptversammlung verlangt[368]. Ein zustimmender Beschluss der Hauptversammlung, für den in diesem Fall gemäß § 111 (4) Satz 3 AktG eine Dreiviertelmehrheit erforderlich ist, ersetzt dann die fehlende Zustimmung des Aufsichtsrats[369].

Ein weiteres Zustimmungsrecht der Hauptversammlung hat der BGH in seiner Holzmüller-Entscheidung begründet[370]. In dieser Entscheidung, in der es um die Ausgliederung eines Unternehmensbereichs auf eine Tochtergesellschaft ging, hat der BGH den Vorstand einer AG in bestimmten, gesetzlich nicht geregelten Fällen verpflichtet, eine Entscheidung der Hauptversammlung herbeizuführen, wenn es sich um Maßnahmen der Geschäftsführung handelt, die

> „so tief in die Mitgliedsrechte der Aktionäre und deren im Anteilseigentum verkörpertes Vermögensinteresse eingreifen, daß der Vorstand nicht annehmen kann, er dürfe sie ausschließlich in eigener Verantwortung treffen."[371]

Das Urteil selbst und auch die einschlägige Literatur sprechen insoweit von dem Bestehen eines Zustimmungsvorbehalts zugunsten der Hauptversammlung[372]. Dies erscheint auch folgerichtig, da es sich hierbei nicht um eine reine Organisationsentscheidung handelt, die von vornherein von den Geschäftsführungsbefugnissen des Vorstands ausgenommen ist, sondern vielmehr um eine bedeutende Geschäftsführungsmaßnahme, für die ein Zustimmungsvorbehalt zugunsten der Gesellschafter entsprechend den Zustimmungsrechten der Gesellschafter einer OHG und KG für außergewöhnliche Geschäfte besteht[373].

---

[367] § 293 (1) AktG und § 13 (1) UmwG.

[368] § 111 (4) Satz 2 AktG.

[369] Vgl. *Raiser*, § 15 Rn 7.

[370] Urteil v. 25. 2. 1982, BGHZ 83, 122.

[371] *BGH*, Urteil v. 25. 2. 1982, BGHZ 83, 122, 131. zust. *Hüffer*, § 119 Rn 18; *Lutter*, FS Stimpel, 825, 843 ff.; *Geßler*, FS Stimpel, 771 ff.; *Hübner*, FS Stimpel, 791 ff.; krit. *Semler*, BB 1983, 1566 ff.; *von Rechenberg*, 124.; weitere Nachweise bei *Hüffer*, § 119 Rn 17. Zu den Auswirkungen der Holzmüller-Entscheidung auf die Praxis der Hauptversammlung siehe *Bernhardt*, DB 2000, 1873 ff.

[372] *BGH*, Urteil v. 25. 2. 1982, BGHZ 83, 122, 132; *K. Schmidt*, Gesellschaftsrecht, § 21 V 3 a), Seite 648; § 28 V b), Seite 870 ff.

[373] *K. Schmidt*, Gesellschaftsrecht, § 28 V 2 b), Seite 872.

bbb) Satzungsmäßige Zustimmungsvorbehalte

Über diese gesetzlichen sowie ungeschriebenen Zustimmungsvorbehalte zugunsten der Aktionäre hinaus können im Aktienrecht im Gegensatz zum GmbH-Recht keine weiteren Zustimmungsrechte zugunsten der Aktionäre in der Satzung der Gesellschaft verankert werden. Dies folgt aus dem in § 23 (5) AktG verankerten Grundsatz der Satzungsstrenge, der vertraglichen Abweichungen vom Gesetzesrecht nur wenig Raum gibt[374]. Die fehlende Gestaltungsmöglichkeit im Aktienrecht wird für den Bereich der Zustimmungsvorbehalte jedoch dadurch ausgeglichen, dass gemäß § 111 (4) Satz 2 AktG zugunsten des Aufsichtsrats Zustimmungsvorbehalte in die Satzung aufgenommen werden können[375].

2. Frankreich

a) Personengesellschaftsrecht

aa) Gesetzliche Zustimmungsvorbehalte

Gesetzliche Zustimmungsvorbehalte zugunsten der von der Geschäftsführung ausgeschlossenen Gesellschafter kennt das Recht der SC sowie der SNC und SCS nicht[376]. Der Geschäftsführer dieser Gesellschaften ist mangels abweichender Regelungen in den Statuten der Gesellschaft vielmehr zur Ausführung sämtlicher Maßnahmen befugt, die dem Gesellschaftsinteresse entsprechen[377]. Dies gilt unabhängig davon, ob es sich um gewöhnliche oder außergewöhnliche, um wirtschaftlich bedeutende oder unbedeutende Geschäftsführungsmaßnahmen handelt[378]. Überschreitet der Geschäftsführer die ihm gewährten Geschäftsführungsbefugnisse, so bedürfen diese Maßnahmen in der SNC eines einstimmigen Beschlusses der Gesellschafter, es sei denn, die Statuten der Gesellschaft enthalten eine einschlägige anderslautende Regelung[379]. In der SCS ist zur Genehmigung einer Geschäftsführungsmaßnahme ein einstimmiger Beschluss sämtlicher unbeschränkt haftender Gesellschafter sowie der Mehrheit

---

[374] *Raiser*, § 11 Rn 24; *Hüffer*, § 119 Rn 10; *Henn*, Rz 697.

[375] Siehe dazu unten Seite 247.

[376] *Bougnoux*, Jurisclasseur civil, Art. 1832 – 1904, Fasc. 48-60, Nr. 4.

[377] Art. 1848 CC; Art. 221-4 (1) CCom.

[378] *Bougnoux*, Jurisclasseur civil, Art. 1832 – 1904, Fasc. 48-60, Nr. 4; *Saintourens*, Enc. Dalloz Sociétés, Société civile, Nr. 82.

[379] Gemäß Art. 1852 CC (SC); Art. 221-6 (1) CCom (SNC). Siehe dazu auch *Dereu*, Jurisclasseur Sociétés, Band 3, Fasc. 60, Nr. 26; *Mercadal/Janin*, Nr. 3880.

der beschränkt haftenden Gesellschafter ausreichend, soweit die Statuten der Gesellschaft eine anderslautende Regelung nicht enthalten. Dies ergibt sich aus Art. 222-9 (2) CCom, der für satzungsändernde Beschlüsse lediglich die Zustimmung der zahlen- und anteilsmäßigen Mehrheit der *commanditaires* voraussetzt. Diese Regelung muss folgerichtig ebenfalls für weniger bedeutende Maßnahmen gelten, so dass für die Beschlussfassung über die Erteilung bzw. Verweigerung der Zustimmung zu bestimmten Geschäftsführungsmaßnahmen die Zustimmung der Mehrheit der *commanditaire* ausreicht[380].

Im Gegensatz zum deutschen Recht kennt das französische Recht kein allgemeines Selbstkontrahierungsverbot[381]. Da sich auch im französischen Personengesellschaftsrecht - anders als im Kapitalgesellschaftsrecht - keine Regelungen finden, die dem Geschäftsführer den Abschluss eines Insichgeschäfts verbieten, sind die Geschäftsführer einer französischen Personengesellschaft grundsätzlich nicht gehindert, Verträge mit der Gesellschaft in eigener Person abzuschließen[382]. Wird ein Geschäftsführer hierbei ausschließlich im eigenen Interesse tätig, so wird er jedoch regelmäßig das Gesellschaftsinteresse verletzen und die ihm gewährten Geschäftsführungsbefugnisse missbrauchen (sog. *faute de gestion, détournement de pouvoir)*[383]. Eine derartige Geschäftsführungsmaßnahme ist nichtig[384]. Darüber hinaus führt das Vorliegen einer *faute de gestion* zu Schadensersatzverpflichtungen des Geschäftsführers gegenüber der Gesellschaft und kann zudem einen wichtigen Grund im Zusammenhang mit der Abberufung des Geschäftsführers darstellen[385].

---

[380] So auch *Derrida*, Enc. Dalloz Sociétés, Société en commandite simple, Nr. 30.

[381] *Ferid/Sonnenberger*, Band 1, F 1038; *Kötz*, Europäisches Vertragsrecht, 347 FN 56; siehe auch *Lando/Beale*, 211.

[382] *Cozian/Viandier/Deboissy*, Nr. 1355; siehe auch *Bougnoux*, Jurisclasseur civil, Art. 1832 - 1904, Fasc. 48-60, Nr. 4, die dem Geschäftsführer empfiehlt, den Gesellschaftern den Abschluss derartiger Verträge (freiwillig) anzuzeigen; siehe auch *Sonnenberger*, III 57.

[383] *Cozian/Viandier/Deboissy*, Nr. 359 und 433; *Mercadal/Janin*, Nr. 3882; *Ferid/Sonnenberger*, Band 1, F 1042, FN 137; *Sonnenberger*, III 57. Siehe dazu auch *Derrida*, Enc. Dalloz Sociétés, Société en nom collectif, Nr. 122.

[384] *Cozian/Viandier/Deboissy*, Nr. 359.

[385] *Cozian/Viandier/Deboissy*, Nr. 359 und 433; *Mercadal/Janin*, Nr. 3882; *D. Schmidt*, Nr. 317, *Ferid/Sonnenberger*, Band 1, F 1042, FN 137.

bb) Satzungsmäßige Zustimmungsvorbehalte

Den Gesellschaftern einer französischen Personengesellschaft steht es grundsätzlich frei, die dem Geschäftsführer gewährten Befugnisse in den Statuten der Gesellschafter zu beschränken und Zustimmungsvorbehalte zugunsten der Gesellschafter für bestimmte Maßnahmen der Geschäftsführung einzuführen[386]. Hierdurch darf den Geschäftsführern allerdings nicht jeglicher Bereich eigenverantwortlichen Handelns genommen werden[387].

b) Kapitalgesellschaftsrecht

aa) SARL

aaa) Gesetzliche Zustimmungsvorbehalte

Der Umfang der Geschäftsführungsbefugnisse der Geschäftsführer einer SARL bemisst sich gemäß Art. 223-18 (4) CCom primär nach den einschlägigen Regelungen in den Statuten der Gesellschaft. Schweigen diese zum Umfang der Geschäftsführungsbefugnisse, so ist der Geschäftsführer zur Vornahme aller Maßnahmen der Geschäftsführung befugt, die dem Interesse der Gesellschaft entsprechen[388]. Von der Geschäftsführungsbefugnis nicht erfasst werden Verträge, die zwischen dem Geschäftsführer und der Gesellschaft geschlossen werden. Hierbei unterscheidet das französische Recht drei Gruppen von Verträgen: *conventions interdites, conventions réglémentées* und *conventions libres.* Von vornherein untersagt sind dem Geschäftsführer einer SARL gemäß Art. 223-21 (1) CCom Verträge über die Gewährung von Krediten oder die Bestellung von Sicherheiten[389]. Schließt ein Geschäftsführer eine solche *convention interdite* ab, so ist diese nichtig (Art. 223-21 (1) CCom). Erlaubt sind einem geschäftsführenden Gesellschafter der Abschluss von Verträgen über gewöhnliche Geschäfte (*opérations courantes)* zu normalen Bedingungen (*conditions normales)*, die sog. *conventions libres* (Art. 223-20 CCom). Hierbei sind gewöhnliche Geschäfte alle Geschäfte, die in den Bereich der gewöhnlichen Tätigkeit der Gesellschaft fallen[390]. Die übrigen Verträge, die zwi-

[386] *Guyon,* Nr. 265; *Mercadal/Janin,* Nr. 3880.

[387] *Guyon*, Nr. 265.

[388] Artt. 223-18 (4) iVm 221-4 (1) CCom.

[389] Etwas anderes gilt gemäß Art. 223-21 (3) CCom, wenn es sich um gewöhnliche Geschäfte eines Finanzinstituts handelt.

[390] *Cass. com.*, 11. 7. 2000, Bull. Joly 2001, 34 Nr. 10 note *Le Cannu; Merle*, Nr. 400; *Vatinet,* Rev. soc. 2001, 561, 563.

schen einem geschäftsführenden Gesellschafter und der Gesellschaft geschlossen werden, die *conventions réglémentées*, durchlaufen ein mehrstufiges Kontrollverfahren. So werden sämtliche Verträge, die ein Geschäftsführer in eigenem Namen mit der Gesellschaft abschließt, in einen speziellen Bericht aufgenommen (Art. 223-19 (1) CCom). Dieser Bericht ist der Gesellschafterversammlung vorzulegen, die über ihn unter Ausschluss des betroffenen Geschäftsführers beschließt[391]. Die Gesellschafterversammlung beschließt somit erst im Nachhinein über Verträge, die zwischen einem geschäfts-führenden Gesellschafter und der Gesellschaft geschlossen worden sind, so dass insoweit kein Zustimmungsvorbehalt zugunsten der Gesellschafter besteht[392]. Diese nachträgliche Entscheidung der Gesellschafter hinsichtlich der Insichgeschäfte ist jedoch relevant für die Haftung des Geschäftsführers im Innenverhältnis der Gesellschaft. Etwas anderes gilt für Verträge, die zwischen einem Fremdgeschäftsführer und der Gesellschaft geschlossen werden. Diese bedürfen bereits vor Abschluss der vorherigen Zustimmung der Gesellschafter (Art. 223-19 (2) CCom). Insoweit besteht daher ein gesetzlicher Zustimmungsvorbehalt zugunsten der Gesellschafter der SARL.

bbb) Satzungsmäßige Zustimmungsvorbehalte

Weitergehende Zustimmungsvorbehalte zugunsten der Gesellschafter einer SARL können in den Statuten der Gesellschaft verankert werden[393]. Dort finden sich häufig Regelungen, die bestimmte bedeutendere Maßnahmen des Geschäftsführers der Zustimmung der Gesellschafterversammlung unterwerfen[394].

bb) SA

aaa) Gesetzliche Zustimmungsvorbehalte

Die Geschäftsführer einer SA, der *directeur général* in der klassischen SA und die Mitglieder des *directoire* in der dualistischen SA, verfügen über grundsätzlich umfassende Geschäftsführungsbefugnisse[395]. Entsprechend dem Recht der SARL widmet jedoch auch das französische Aktienrecht den Verträgen, die ein Geschäftsführer für die Gesellschaft mit sich selbst abschließt, besondere

---

[391] Art. 223-19 (1) CCom; Art. 34, 35 D 67-236.

[392] *Cozian/Viandier/Deboissy*, Nr. 1356.

[393] *Merle*, Nr. 195.

[394] *Cozian/Viandier/Deboissy*, Nr. 355; *Ripert/Roblot*, Tome 1, Nr. 1321; *Storck*, Jurisclasseur Sociétés, Fasc. 74-10, Nr. 88.

[395] Art. 225-56 (1) CCom (klassische SA); Art. 225-64 (1) CCom (dualistische SA).

Aufmerksamkeit. So ist den Geschäftsführern einer SA der Abschluss bestimmter Insichgeschäfte, die ein hohes finanzielles Risiko für die Gesellschaft mit sich bringen wie beispielsweise die Gewährung von Krediten und die Bestellung von Sicherheiten, untersagt (*conventions interdites)*[396], während sie gewöhnliche Verträge zu normalen Bedingungen abschließen dürfen[397].

Die übrigen Verträge, die zwischen der Gesellschaft und einem ihrer Geschäftsführer abgeschlossen werden, durchlaufen ein fünfstufiges Verfahren (sog. *conventions réglémentées)*[398]. Hierbei ist die primäre Entscheidung über die Zustimmung zu diesen Verträgen nicht den Gesellschaftern, sondern den Kontrollgremien, also dem *conseil* d'*adminstration* in der klassischen SA und dem *conseil de surveillance* in der dualistischen SA, zugewiesen[399]. Die Gesellschafter billigen erst in der Hauptversammlung einen speziellen Bericht des Rechnungsprüfers, in den sämtliche *conventions réglémentées* aufzunehmen sind[400]. Die betroffenen Geschäftsführer sind zur Teilnahme an der Beschlussfassung in der Hauptversammlung nicht berechtigt[401]. Die nachträgliche Billigung der *conventions réglémentées* durch die Gesellschafter bzw. die Verweigerung der Billigung hat grundsätzlich keine Auswirkungen auf die Wirksamkeit derjenigen Verträge, denen der *conseil d'administration* bzw. der *conseil de surveillance* bereits zuvor zugestimmt hatte[402]. Hat das Kontrollgremium die *conventions réglémentées* bereits genehmigt, beschränkt sich die rechtliche Bedeutung der Entscheidung der Gesellschafter darauf, den Ge-

[396] Art. 225-43 (1) CCom (klassische SA); Art. 225-91 (1) CCom (dualistische SA). Siehe dazu auch *Cass. com.* 26. 4. 2000, Bull. Joly 2000, 703, Nr. 164 note *Couret.* Das Verbot gilt nicht, wenn es sich bei dem betroffenen Geschäftsführer um eine juristische Person handelt (Art. 225-43 (1) CCom (klassische SA); Art. 225-91 (1) CCom (dualistische SA)). Diese Verträge unterliegen vielmehr dem zweistufigen Kontrollverfahren, *Merle*, Nr. 400. Des Weiteren sind einem Geschäftsführer Kreditinsichgeschäfte erlaubt, wenn es sich bei dem betroffenen Unternehmen um ein Finanzunternehmen und bei dem jeweiligen Vertrag um ein gewöhnliches Geschäft zu normalen Konditionen handelt, Art. 225-43 (2) CCom (klassische SA); Art. 225-91 (2) CCom (dualistische SA).

[397] Art. 225-39 (1) CCom (klassische SA); Art. 225-87 (1) CCom (dualistische SA). Das LNRE vom 15. 5. 2001 hat einen zweiten Absatz angeführt, wonach diese üblichen Verträge dem Vorsitzenden des *conseil d'administration* bzw. *conseil de surveillance* mitzuteilen sind, der die Liste dieser Verträge den Mitgliedern des *conseil d'administration* bzw. des *conseil de surveillance* sowie den *commissaires aux comptes* zukommen läßt, Art. 225-39 (2) CCom (klassische SA); Art. 225-87 (2) CCom (dualistische SA); zu den Änderungen durch die LNRE siehe auch *Le Cannu,* Bull. Joly 2001, 720, 726 f.

[398] Siehe dazu *Cozian/Viandier/Deboissy*, Nr. 728; *Merle*, Nr. 401; krit. zum Verfahren *Vatinet,* Rev. soc. 2001, 561, 563: „le maximum de complexité et le minimum d'efficacité".

[399] Art. 225-38 (1) CCom (klassische SA); Art. 225-86 (1) CCom (dualistische SA).

[400] Art. 225-40 (3) CCom (klassische SA); Art. 225-88 (3) CCom (dualistische SA).

[401] Art. 225-40 (4) CCom (klassische SA); Art. 225-88 (4) CCom (dualistische SA).

[402] Art. 225-41 (1) CCom (klassische SA); Art. 225-89 (1) CCom (dualistische SA).

schäftsführern die nachteiligen Wirkungen der Verträge aufzuerlegen[403]. Hat der *conseil d'administration* bzw. der *conseil de surveillance* seine Zustimmung zu den Verträgen zwischen der Gesellschaft und einem Geschäftsführer hingegen nicht erteilt bzw. die Erteilung der Zustimmung verweigert, so sind die Gesellschafter befugt, die betroffenen Verträge durch Beschluss zu annullieren, wenn sie zu schädigenden Konsequenzen für die Gesellschaft geführt haben oder führen können[404]. In diesen Fällen entscheiden somit die Gesellschafter über die Wirksamkeit bzw. Unwirksamkeit dieser Verträge, so dass insoweit von einem - subsidiären - Zustimmungsvorbehalt zugunsten der Gesellschafter der SA gesprochen werden kann.

bbb) Satzungsmäßige Zustimmungsvorbehalte

In den Statuten der SA können Zustimmungsvorbehalte zugunsten der Gesellschafter für bestimmte Maßnahmen der Geschäftsführung verankert werden[405]. Entsprechend finden sich in den Statuten französischer Aktiengesellschaften Regelungen, die bestimmte Geschäfte der Zustimmung der Gesellschafterversammlung unterwerfen[406]. In diesem Zusammenhang ist jedoch die hierarchische Struktur der SA zu berücksichtigen. Seit der grundlegenden Entscheidung *Motte* der französischen *Cour de Cassation* im Jahr 1946 ist anerkannt, dass die gesetzlichen Befugnisse der verschiedenen Organe einer SA nicht beliebig verändert werden können[407]. Entsprechend darf ein Zustimmungsvorbehalt zugunsten der Gesellschafter in der Satzung der Gesellschaft nicht dazu führen, dass die allgemeine Leitungsmacht des *conseil d'administration* oder des *directeur général* der klassisch organisierten SA bzw. des *directoire* der dualistischen SA beschnitten wird[408]. Aus diesem Grund gibt es für eine satzungsmäßige Erweiterung der Befugnisse der Anteilseigner gegenüber der Geschäftsführung im französischen Aktienrecht grundsätzlich verhältnismäßig wenig Spielraum[409].

---

[403] Art. 225-41 (2) CCom (klassische SA); Art. 225-89 (2) CCom (dualistische SA); so auch *Cozian/Viandier/Deboissy*, Nr. 728.

[404] Art. 225-42 (1) CCom (klassische SA); Art. 225-90 (1) CCom (dualistische SA).

[405] *Cozian/Viandier/Deboissy*, Nr. 355; *Mercadal/Janin*, Nr. 8219.

[406] *Merle*, Nrn. 405, 459; *Bureau*, Jurisclasseur Sociétés, Fasc. 131-10, Nr. 53.

[407] *Cass. com.* 4. 6. 1946, JCP 1947 II, 3518 note *Bastian*.

[408] *Merle*, Nr. 405; *Bureau*, Jurisclasseur Sociétés, Fasc. 131-10, Nr. 53; *Mercadal/Janin*, Nr. 8219 und 8225; *Guyon*, Nr. 339; *ders.* in: *Lutter/Wiedemann*, 304.

[409] *Merle*, Nr. 405.

3. *England*

a) Personengesellschaftsrecht

aa) Gesetzliche Zustimmungsvorbehalte

Nach der gesetzlichen Ausgangslage nehmen grundsätzlich alle Gesellschafter einer *partnership* sowie sämtliche unbeschränkt haftenden Gesellschafter einer *limited partnership* an der Geschäftsführung der Gesellschaft teil (sec. 24 (5) PA 1890). Zugleich ist jeder Gesellschafter gemäß sec. 5 PA 1890 Vertreter der Gesellschaft sowie der übrigen Gesellschafter und seine Vertretungsmacht (*authority)* umfasst grundsätzlich sämtliche gewöhnlichen Geschäfte, die zum jeweiligen *partnership business* gehören[410]. Überschreitet ein Gesellschafter seine Vertretungsbefugnis, so sind die übrigen Gesellschafter zur nachträglichen Überprüfung und Genehmigung des jeweiligen Geschäfts berechtigt. Abgesehen von der Begrenzung der Vertretungsmacht auf die Geschäfte des *partnership business* kennt das englische Personengesellschaftsrecht keine gesetzlichen Zustimmungsvorbehalte.

Die Frage, ob der *managing partner* einer *partnership* befugt ist, als Vertreter der Gesellschafter mit sich selbst vertragliche Beziehungen einzugehen, ist unter Rückgriff auf das allgemeine englische Vertretungsrecht zu beantworten. Schließlich handelt es sich bei dem Verhältnis eines geschäftsführenden Gesellschafters gegenüber den übrigen Gesellschaftern gemäß sec. 5 PA 1890 um ein Vertretungsverhältnis. Nach englischem Vertretungsrecht darf sich ein Vertreter grundsätzlich nicht in eine Situation begeben, in der er in einen Interessenkonflikt zwischen seinen eigenen Interessen und den Interessen des Vertretenen gerät[411]. So ist der Vertreter nicht berechtigt, eigenes Eigentum an den Vertretenen zu verkaufen[412] oder für sich Eigentum vom Vertretenen zu erwerben[413]. Vielmehr hat er dem Vertretenen vor Abschluss eines solchen Insichgeschäfts sämtliche Umstände und Kenntnisse offenzulegen. Der Vertretene entscheidet dann darüber, ob das jeweilige Geschäft vorge-

---

[410] Sec. 5 PA 1890.

[411] *Adams*, Halsbury's Laws of England, volume 1 (2), Para. 103; *Markesinis/Munday*, 109; *Fridman*, 157.

[412] Gillett v. Peppercorne [1840] 3 Beav 78 = ER 49, 31: A beauftragte B mit dem Kauf von Anteilen einer Gesellschaft. B kaufte diese von C, der sich als Treuhänder des B herausstellte. Das angerufene Gericht stellte die Nichtigkeit der Transaktionen wegen Betrugs fest.

[413] McPherson v. Watt [1877] 3 AC 254; Lowther v. Lowther [1806] 13 Ves 95, 96 = ER 33, 230, 231; Liviginstone v. Ross [1901] AC 327; *Adams*, Halsbury's Laws of England, volume 1 (2), Para. 103; *Fridman*, 158.

nommen werden soll[414]. Hat der Vertreter dem Vertretenen nicht sämtliche Vertragsumstände vor Vertragsschluss offengelegt, so kann der Vertretene den Vertrag für nichtig erklären oder ihn nachträglich bestätigen[415]. Übertragen auf das Recht der *partnership* bzw. der *limited partnership* bedeutet dies, dass auch zugunsten der Gesellschafter als durch ihren Geschäftsführer Vertretene ein Zustimmungsvorbehalt hinsichtlich von Insichgeschäften des geschäftsführenden Gesellschafters besteht.

Ist in einer *partnership* bzw. *limited partnership* die Geschäftsführungsbefugnis einem oder mehreren Gesellschaftern, den *managing partners,* oder einem Dritten übertragen und sind die (übrigen) Gesellschafter von der Geschäftsführung ausgeschlossen[416], so enthalten die *partnership agreements* häufig Regelungen, wonach sämtliche gewöhnlichen Maßnahmen der Geschäftsführung, die *routine decisions*[417] bzw. die *day-to-day administration*[418] durch die *managing partner* bzw. den geschäftsführenden Dritten durchgeführt werden, ohne dass hierzu eine Mitwirkung der übrigen Gesellschafter erforderlich ist. Es bestehen dann grundsätzlich keine Zustimmungsvorbehalte zugunsten der von der Geschäftsführung ausgeschlossenen Gesellschafter hinsichtlich von gewöhnlichen Maßnahmen der Geschäftsführung.

bb) Vertragliche Zustimmungsvorbehalte

Es steht den Gesellschaftern grundsätzlich frei, Zustimmungsvorbehalte zugunsten der Gesellschafter für bestimmte Maßnahmen der Geschäftsführung im *partnership agreement* zu verankern[419].

---

414 *Adams*, Halsbury's Laws of England, volume 1 (2), Para 103/104; *Fridman*, 157; *Bowstead/Reynolds*, 6-063, Art. 47: „Where an agent enters into any contract or transaction with his principal, or with his principal's representative in interest, he must act with perfect good faith, and make full disclosure of all the material circumstances, and of everything known to him respecting the subject-matter of the contract or transaction which would be likely to influence the conduct of the principal or his representative."; Jones v. Thomas [1837] 2 Y. & C. Ex. 498, 519 ff. = ER 160, 493, 501 f.; Charter v. Trevelyan [1844] 11 C. & F. 714, 730 ff. = ER 8, 1273, 1280 ff.

415 *Bowstead/Reynolds*, 6-068; *Adams*, Halsbury's Laws of England, volume 1 (2), Para. 104; Bentley v. Craven [1853] 18 Beav. 75; Rea v. Bell [1852] 18 L. T. 312; Gray v. New Augarita Porcupine Mines [1952] 3 D. L. R. 1 (P.C.) Hely-Hutchinson v. Brayhead Ltd [1968] 1 Q. B. 549; Robinson v. Randfontein [1921] App. D. 168, 178.

416 Wie es heute für die sog. *professional partnership* üblich ist, siehe *Smith/Williamson*, Nr. 2.23.

417 *Smith/Williamson*, Nr. 2.23.

418 *Encyclopedia of Forms and Precedents*, volume 30, form 60, Nr. 21.5.

419 Siehe zu einer solchen Klausel *Smith/Williamson,* Appendix 3, Nr. 15 (2): „Except where otherwise specifically provided in this deed any matter connected with the conduct and management

b) Kapitalgesellschaftsrecht

aa) Gesetzliche Zustimmungsvorbehalte

Regelmäßig verfügen die *directors* einer *company* über umfassende Geschäftsführungsbefugnisse. Insbesondere spricht Art. 70 der *Table A* davon, dass die *directors „may exercise all the powers of the company"*. Innerhalb der ihnen zugewiesenen Geschäftsführungsbefugnisse bedürfen die Geschäftsführer nicht der Zustimmung der Gesellschafter. Jedoch sieht der Companies Act die Zustimmung der Gesellschafter für bestimmte finanzielle Transaktionen zwischen der Gesellschaft und den *directors* vor[420]. So ist die vorherige Zustimmung der Gesellschafterversammlung erforderlich für Zahlungen der Gesellschaft an die *directors*[421]. Des weiteren existieren gesetzliche Zustimmungsvorbehalte zugunsten der Gesellschafter für Verträge zwischen der Gesellschaft und einem ihrer *directors* hinsichtlich der Übertragung von Vermögenswerten in Höhe von mindestens zehn Prozent der Vermögenswerte der Gesellschaft, die nicht weniger als tausend Pfund wert sind oder von Vermögenswerten in Höhe von mindestens hunderttausend Pfund[422]. Hierbei hat die erforderliche Zustimmung seitens der Gesellschafter die zentralen Aspekte der Vereinbarung zu erfassen[423]. Soweit die Satzung der Gesellschaft keine anderslautende Regelung enthält, ist hierfür ein einfacher Mehrheitsbeschluss (*ordinary resolution)* der Gesellschafter ausreichend[424], an dem der betroffene *director* auch teilnehmen darf[425]. Zustimmungsvorbehalte zugunsten der Gesellschafter bestehen des weiteren hinsichtlich von Dienstverträgen zwischen der *company* und einem *director*, die eine Laufzeit von mehr als fünf Jahren aufweisen[426]. Darüber hinaus ist ein *director* vorbehaltlich einer anders-

---

of the Partnership Business will be decided by the Management Committee which will exercise its powers and discretions in the best interests of the Partnership as a whole".

420 Geregelt in *part X* des CA 1985.

421 Sec. 312, 313 CA 1984; erläuternd dazu Gower/*Davies*, 708.

422 Sec. 320 (1), (2) CA 1985. Siehe auch die in sec. 321 CA 1985 genannten Ausnahmen von sec. 320 (1) CA 1985.

423 *Charlesworth/Morse*, 257.

424 *Pennington*, 730.

425 North-West-Transportation Company Ltd and Beatty v. Beatty [1887] AC 589; 589; Burland v. Earle [1902] AC 83, 94: „Unless otherwise provided by the regulations of the company, a shareholder is not debarred from voting or using his voting power to carry a resolution by the circumstance of his having a particular interest in the subjectmatter of the vote."; dazu auch *Griffin*, 267.

426 Sec. 319 (1), (3) CA 1985. Die Law Commission befürwortet eine Erstreckung des Zustimmungvorbehalts auf Dienstverträge, die für einen Zeitraum von mehr als drei Jahren gelten, *Law*

lautenden Regelung in den *articles of association* auch allgemein nicht zum Abschluss von Verträgen zwischen der Gesellschaft und sich selbst befugt[427]. Er hat dem *board of directors* gemäß sec. 317 CA 1985 seine Eigeninteressen hinsichtlich bestimmter Geschäfte offen zu legen[428]. Kommt er dieser Verpflichtung nicht nach, so berührt dies die Wirksamkeit des jeweiligen Geschäfts zwar zunächst nicht[429]. Das jeweilige Geschäft kann jedoch durch Beschluss der Gesellschafterversammlung beseitigt oder bestätigt werden[430]. Der betroffene *director* ist zur Teilnahme an dieser Beschlussfassung befugt[431]. Abweichend von der gesetzlichen Ausgangslage ermächtigen die *articles of association* die *directors* regelmäßig zum Abschluss derartiger Verträge, ohne dass es einer Genehmigung durch die Gesellschafterversammlung bedarf. Voraussetzung ist dann jedoch, dass er seine Interessen hinsichtlich eines bestimmten Geschäfts dem *board of directors* offen legt[432].

bb) Satzungsmäßige Zustimmungsvorbehalte

Die Möglichkeit weiterer Einschränkungen der Befugnisse des Geschäftsführers einer *company* ergibt sich aus sec. 35 (3) CA 1985[433]. Dies umfasst auch die Möglichkeit, Zustimmungsvorbehalte zugunsten der Gesellschafter in den *articles of association* oder dem *memorandum* der Gesellschaft zu verankern[434].

Commission, Nr. 261, Cm 4436, paras 9.26-9.30; so auch *DTI*, Modern Company Law: Completing the Structure, 51.

427 Transvaal Lands Company v. New Belgium (Transvaal) Land and Development Company [1914] 2 Ch. D. 488, 494; *Pennington*, 729; *Farrar*, 396.

428 Ausführlich *Griffin*, 255 ff.

429 *Farrar*, 399. Der jeweilige Geschäftsführer macht sich jedoch gemäß sec. 317 (7) CA 1985 strafbar.

430 Transvaal Lands Company v. New Belgium (Transvaal) Land and Development Company [1914] 2 Ch. D. 488, 505; Aberdeen Railway Company v. Blaikie Bros [1854] 1 Macq 461, 471 f.: Kaufvertrag zwischen einer *company* und einer *partnerhip*, wobei der handelnde Vorsitzende der *directors* zugleich *managing partner* der *partnership* war; siehe dazu auch *Pennington*, 727; *Farrar*, 396; *Griffin*, 261.

431 North-West Transportation Company Ltd and Beatty v. Beatty [1887] AC 589, 589; siehe auch *Griffin*, 261.

432 Vgl. *Pettet*, 189; *Pennington*; 728; *Farrar*, 397; *DTI*, Modern Company Law: Developing the Framework, 38; siehe zu einer entsprechenden Vorschrift Art. 85 *Table A*.

433 *Pettet*, 134.

434 *Pennington*, 113.

4. Ergebnis

a) Personengesellschaftsrecht

Im Interesse einer effizienten Abwicklung des Tagesgeschäfts einer Gesellschaft stehen den von der Geschäftsführung ausgeschlossenen Gesellschaftern einer Personengesellschaft in allen drei untersuchten Rechtsordnungen keine gesetzlichen Zustimmungsvorbehalte gegenüber gewöhnlichen Maßnahmen der Geschäftsführung zu. Für das Recht der OHG und KG bestehen Zustimmungsvorbehalte jedoch für außergewöhnliche Maßnahmen der Geschäftsführung. Für die Erteilung der Zustimmung zu einer außergewöhnlichen Geschäftsführungsmaßnahme ist ein einstimmig gefasster Gesellschafterbeschluss erforderlich. Anders als das deutsche Recht trifft das französische Personengesellschaftsrecht keine Unterscheidung zwischen gewöhnlichen und außergewöhnlichen Geschäftsführungsmaßnahmen. Die Geschäftsführungsbefugnis des Geschäftsführers einer französischen Gesellschaft endet vielmehr dort, wo sein Handeln nicht mehr dem Gesellschaftsinteresse (*intérêt social)* entspricht. Dies ist beispielsweise der Fall, wenn eine Geschäftsführungsmaßnahme ausschließlich von persönlichen Interessen des Geschäftsführers bestimmt ist und im Widerspruch zu den Interessen der Gesellschaft steht[435]. In einem solchen Fall kommt jedoch regelmäßig von vornherein die Erteilung der Zustimmung der Gesellschafter zu gesellschaftsschädigenden Maßnahmen nicht in Betracht. Verstößt eine Maßnahme der Geschäftsführung gegen das Gesellschaftsinteresse, so ist die jeweilige Geschäftsführungsmaßnahme nichtig[436]. Die *partnership agreements* englischer Personengesellschaften sehen Zustimmungsvorbehalte zugunsten der Gesellschafter hinsichtlich der vom *managing partner* auszuführenden Geschäftsführungsmaßnahmen regelmäßig nicht vor.

Weitgehend einheitlich lösen das deutsche und das englische Recht die Fälle, in denen der Geschäftsführer einer Personengesellschaft als Vertreter der Gesellschaft mit sich selbst Verträge schließt. Die Vornahme derartiger Insichgeschäfte ist dem Vertreter nach deutschem und englischem Vertretungsrecht grundsätzlich untersagt, wenn und soweit der Vertretene nicht zuvor seine Zustimmung zur Vornahme des fraglichen Insichgeschäfts erklärt hat. Während das englische Recht das Zustimmungserfordernis von dem Vorliegen eines konkreten Interessenkonflikts in der Person des Vertreters abhängig macht, stellt das deutsche Recht ein solches Zustimmungserfordernis unabhängig vom Bestehen eines tatsächlichen Interessenkonflikts auf. Die deutsche Rechtspraxis nähert sich aber der englischen Rechtslage dadurch an,

---

[435] *D. Schmidt,* Nr. 313.

[436] Art. 1844-10 (3) iVm Art. 1833 CC.

dass sie das allgemeine Selbstkontrahierungsverbot nicht auf Fälle anwendet, in denen von vornherein die Entstehung eines Interessenkonflikts ausgeschlossen ist[437]. Hingegen geht das französische Recht grundsätzlich von der Wirksamkeit eines Geschäfts aus, das der Geschäftsführer einer Personengesellschaft mit sich selbst eingeht. Verfolgt der Geschäftsführer hierbei jedoch ausschließlich und treuwidrig seine eigenen Interessen, so kann dies im Einzelfall einen Verstoß gegen das Gesellschaftsinteresse (*intérêt social*) darstellen mit der Folge, dass die jeweilige Geschäftsführungsmaßnahme keine Wirkungen im Außenverhältnis entfaltet.

In allen untersuchten Personengesellschaften steht es den Gesellschaftern frei, Zustimmungsvorbehalte zugunsten der Gesellschafter für bestimmte Maßnahmen der Geschäftsführung im Gesellschaftsvertrag festzulegen. Für die französischen Personengesellschaften ist in diesem Zusammenhang zu berücksichtigen, dass die Einführung von Zustimmungsvorbehalten nicht dazu führen darf, dass der Geschäftsführer über keinen eigenverantwortlichen Handlungsbereich verfügt.

Als gemeinsame Prinzipien können für das Personengesellschaftsrecht festgehalten werden:

> Ist in einer Personengesellschaft die Geschäftsführungsbefugnis auf einen oder mehrere Gesellschafter unter Ausschluss der übrigen Gesellschafter übertragen, so stehen den nicht geschäftsführungsbefugten Gesellschaftern keine gesetzlichen Zustimmungsrechte hinsichtlich von gewöhnlichen Maßnahmen der Geschäftsführung zu. Hingegen bedürfen ungewöhnliche Geschäftsführungsmaßnahmen sowie Insichgeschäfte der Geschäftsführer grundsätzlich der Zustimmung der Gesellschafter.
>
> Zugunsten der von der Geschäftsführung ausgeschlossenen Gesellschafter können darüber hinaus Zustimmungsvorbehalte hinsichtlich bestimmter Maßnahmen der Geschäftsführung im Gesellschaftsvertrag verankert werden.

b) Kapitalgesellschaftsrecht

aa) Gesetzliche Zustimmungsvorbehalte

Sowohl das deutsche als auch das englische und französische Kapitalgesellschaftsrecht kennen gesetzliche Zustimmungsvorbehalte zugunsten der Gesellschafter für Insichgeschäfte des Geschäftsführers[438]. So setzen nach engli-

[437] Erman/*Palm*, § 181 Rn 10 und 14.

[438] Ausführlich zur Problematik der Insichgeschäfte von Geschäftsführern *Hopt*, in: *Hopt/Teubner*, 285 ff.

schem Kapitalgesellschaftsrecht Verträge zwischen den Geschäftsführern und der Gesellschaft und hierbei insbesondere sämtliche finanziellen Transaktionen zwischen der Gesellschaft und den Geschäftsführern die Zustimmung der Gesellschafter voraus. In der SARL ist der Abschluss bestimmter Geschäfte, die ein hohes finanzielles Risiko für die Gesellschaft bergen, den Geschäftsführern in eigener Person von vornherein nicht gestattet. Gewöhnliche Verträge darf der Geschäftsführer einer SARL hingegen auch in eigener Person zu normalen Konditionen abschließen. Die übrigen Verträge, die zwischen einem Geschäftsführer und der Gesellschaft geschlossen werden, bedürfen der Zustimmung bzw. nachträglichen Billigung durch die Gesellschafter. Entsprechendes gilt für die GmbH, wenn sie lediglich über einen Geschäftsführer verfügt und die Ausführung des fraglichen Geschäfts demzufolge nicht auf die übrigen Geschäftsführer übertragen werden kann.

Zwar sind auch in der AG sowie in den beiden Organisationsformen der französischen SA die Geschäftsführer nicht berechtigt, Verträge in eigener Person mit der Gesellschaft abzuschließen. Die Erteilung der Zustimmung ist jedoch in der deutschen AG nicht den Gesellschaftern, sondern vielmehr dem Aufsichtsrat als dem Kontrollgremium der Gesellschafter zugewiesen, der die Gesellschafter gegenüber den Mitgliedern des Vorstands vertritt. Aufgrund ihrer Personalkompetenz hinsichtlich des Aufsichtsrats können die Gesellschafter einer AG folglich nur äußerst mittelbar Einfluss auf die Frage nehmen, ob Verträge zwischen der Gesellschaft und den Vorstandsmitgliedern geschlossen werden dürfen. In der SA ist wie in der SARL den Geschäftsführern der Abschluss bestimmter Verträge in eigener Person von vornherein nicht möglich, während sie gewöhnliche Verträge zu üblichen Bedingungen mit sich selbst schließen dürfen. Die übrigen Verträge, die ein Geschäftsführer mit der Gesellschaft in eigener Person abschließt, durchlaufen in der SA ein kompliziertes Verfahren. Primär obliegt die Zustimmung zu diesen Geschäften nicht den Gesellschaftern, sondern dem *conseil d'administration* bzw. dem *conseil de surveillance.* Die Gesellschafter entscheiden aber über die Billigung eines speziellen Berichts, in dem sämtliche zustimmungsbedürftigen Verträge aufgelistet sind. Hat das zuständige Kontrollgremium jedoch nicht über die erforderliche Zustimmung entschieden bzw. die Erteilung der Zustimmung verweigert, so entscheiden die Gesellschafter über die Erteilung bzw. Verweigerung der Zustimmung.

Für das Kapitalgesellschaftsrecht kann festgehalten werden, dass in allen untersuchten Kapitalgesellschaftsformen Zustimmungsvorbehalte hinsichtlich von Insichgeschäften der Geschäftsführer existieren. Das Zustimmungsrecht ist jedoch nicht in allen Gesellschaften den Gesellschaftern zugewiesen, vielmehr entscheiden in der AG sowie in der französischen *société anonyme* die jeweiligen Kontrollgremien über die Zustimmungserteilung. Als gemeinsames Prinzip kann daher für die Frage nach den Zustimmungsvorbehalten zugunsten der Gesellschafter im Kapitalgesellschaftsrecht lediglich formuliert werden:

Zum Abschluss von Eigengeschäften zwischen sich selbst und der Gesellschaft ist der Geschäftsführer einer Kapitalgesellschaft ohne Zustimmung der Gesellschafter bzw. des Kontrollgremiums nicht befugt.

bb) Vertragliche Zustimmungsvorbehalte

Abgesehen von den gesetzlichen Zustimmungsvorbehalten zugunsten der Gesellschafter gewähren das deutsche, französische und englische Recht die Möglichkeit, weitere Zustimmungsrechte zugunsten der Gesellschafter in der Satzung der Gesellschaft zu verankern. Etwas anderes gilt lediglich für die AG, in der gemäß § 23 (5) AktG die gesetzlichen Befugnisse des Vorstands nicht zugunsten der Gesellschafter beschränkt werden können. Jedoch sieht das Aktienrecht die Möglichkeit und nunmehr sogar die Verpflichtung vor, Zustimmungsvorbehalte zugunsten des Aufsichtsrats in der Satzung der Gesellschaft zu verankern[439].

In Anbetracht der Tatsache, dass die Vorschrift des § 23 (5) AktG mit dem in ihr verankerten Grundsatz der aktienrechtlichen Satzungsstrenge in der deutschen Literatur keineswegs unumstritten ist[440], erscheint es gerechtfertigt, die nachfolgende Prinzipienbildung unter Vernachlässigung des deutschen Aktienrechts vorzunehmen. Als gemeinsames Prinzip kann somit für das Kapitalgesellschaftsrecht festgehalten werden:

Zugunsten der Gesellschafter können Zustimmungsvorbehalte hinsichtlich bestimmter Maßnahmen der Geschäftsführung im Gesellschaftsvertrag bzw. in der Satzung der Gesellschaft verankert werden.

[439] Die entsprechende Änderung des § 111 (4) Satz 2 AktG erfolgte durch das TrPublG vom 19. 07. 2002, BGBl. I, Seite 2681.

[440] Zur Kritik an der Vorschrift des § 23 (5) AktG siehe ausführlich *Hirte*, in: *Lutter/Wiedemann*, Gestaltungsfreiheit im Gesellschaftsrecht, 61 ff., *Mertens*, ZGR 1994, 426, 440, demzufolge ist „die umfassende Unterwerfung der Organisation der Aktiengesellschaft und des Konzerns unter zwingendes Recht (...) für eine offene Gesellschaft und eine freiheitliche Wirtschaftsordnung bedenklich und erzeugt Kreativitäts- und Produktivitätsverluste.“; siehe dazu aus europäischer Perspektive *Hopt*, in: *Lutter/Wiedemann*, Gestaltungsfreiheit im Gesellschaftsrecht, 123, 132 f.

II. Wirkungen eines gesetzlichen bzw. vertraglichen Zustimmungsvorbehalts

Für die Frage nach der Überwachung der Geschäftsführung durch Zustimmungsrechte zugunsten der Gesellschafter ist von Bedeutung, welche Folgen die Zustimmungsverweigerung mit sich bringt und welche Konsequenzen die Geschäftsführer treffen, die trotz fehlender Zustimmung der Gesellschafter das umstrittene Geschäft ausführen.

1. Deutschland

a) Personengesellschaftsrecht

Bestehen vertragliche Zustimmungsvorbehalte zugunsten der Gesellschafter und verweigern die Gesellschafter die erforderliche Zustimmung zu einer Geschäftsführungsmaßnahme, so ist der geschäftsführende Gesellschafter zur Ausführung dieses Geschäfts nicht berechtigt[441]. Führt er das fragliche Geschäft dennoch aus, tangiert die fehlende Zustimmung der Gesellschafter zwar nicht seine Vertretungsbefugnis oder die Wirksamkeit der Geschäftsführungsmaßnahme im Außenverhältnis[442]. Im Verhältnis zu den Gesellschaftern handelt der Geschäftsführer jedoch pflichtwidrig und ist den Gesellschaftern gegebenenfalls zu Schadensersatzleistungen verpflichtet[443]. Entsprechendes gilt für die aus § 116 (2) HGB bzw. § 164 HGB abgeleiteten gesetzlichen Zustimmungsvorbehalte hinsichtlich außergewöhnlicher Maßnahmen der Geschäftsführung[444].

Anders stellt sich demgegenüber die Rechtslage in der GbR dar. Gemäß § 714 BGB laufen Geschäftsführungsbefugnis und Vertretungsmacht des Geschäftsführers einer GbR parallel. Sieht der Gesellschaftsvertrag einer GbR Zustimmungsvorbehalte der Gesellschafter vor, entfalten diese daher grundsätzlich Außenwirkung gegenüber Dritten, die in Unkenntnis dieser gesellschaftsvertraglichen Regelung einen Vertrag mit der Gesellschaft schließen, zu

---

[441] Heymann/*Horn*, § 164 Rn 6; *Mayen*, in: Ebenroth/Boujong/Joost, § 116 Rn 16.

[442] Baumbach/Hopt/*Hopt*, § 116 Rn 7; Schlegelberger/*Martens*, § 116 Rn 21; Heymann/*Horn*, § 164 Rn 6; *Mayen*, in: Ebenroth/Boujong/Joost, § 116 Rn 17.

[443] *BGH*, Urteil v. 11. 2. 1980, BGHZ 76, 160, 168. Vgl. zur OHG: *Mayen*, in: Ebenroth/Boujong/Joost, § 116 Rn 18; *Schlegelberger/Martens*, § 116 Rn 21; zur KG: Heymann/*Horn*, § 164 Rn 6; *Weipert*, in: Ebenroth/Boujong/Joost, § 164 Rn 9. Die Erhebung einer Unterlassungsklage durch den einzelnen Gesellschafter gegenüber dem pflichtwidrig handelnden Geschäftsführer ist hingegen grundsätzlich nicht zulässig, so jedenfalls, *BGH*, Urteil v. 11. 2. 1980, a. a. O.

[444] *K. Schmidt*, Gesellschaftsrecht, § 47 V 1 d), Seite 1393.

dessen Vornahme der ausführende Geschäftsführer nicht berechtigt ist[445]. Relativiert wird diese Außenwirkung von Beschränkungen der Geschäftsführungsbefugnis oder Vertretungsmacht jedoch durch die von der deutschen Rechtsprechung anerkannten Rechtsscheinstatbestände der Duldungs- und Anscheinsvollmacht[446]. Schafft der geschäftsführende Gesellschafter einer GbR über einen gewissen Zeitraum einen Rechtsschein des Inhalts, dass seine Geschäftsführungsbefugnisse nicht beschränkt sind und er ohne Zustimmung der Gesellschafter zur Vertretung der Gesellschafter befugt ist, so entfalten die Zustimmungsvorbehalte gegenüber gutgläubigen Dritten keine Wirkungen, wenn der Rechtsschein der Gesellschaft zuzurechnen ist, weil sie von dem Auftreten des geschäftsführenden Gesellschafters wusste oder jedenfalls hätte wissen müssen.

b) Kapitalgesellschaftsrecht

Gesetzliche Zustimmungsvorbehalte zugunsten der Gesellschafter einer Kapitalgesellschaft entfalten ihre Wirkungen grundsätzlich auch gegenüber Dritten. Verweigert die Gesellschafterversammlung ihre Zustimmung zu einer Maßnahme der Geschäftsführung, so wird die betroffene Geschäftsführungsmaßnahme nicht wirksam[447]. Satzungsmäßige Zustimmungsvorbehalte zugunsten der Gesellschafter einer GmbH entfalten hingegen grundsätzlich keine Wirkungen im Außenverhältnis (§ 37 (2) GmbHG). Etwas anderes gilt im Fall des kollusiven Zusammenwirkens von Geschäftsführern und Dritten sowie im Fall des Missbrauchs der Vertretungsmacht, also dann, wenn der Dritte Kenntnis von der Beschränkung der Geschäftsführungsbefugnisse hatte oder sich dem Dritten diese Kenntnis aufdrängen musste[448]. Im Innenverhältnis sind die Geschäftsführer bzw. Vorstandsmitglieder gegenüber den Gesellschaften jedoch verpflichtet, die satzungsmäßigen Beschränkungen ihrer Vertretungsbefugnisse einzuhalten (§ 37 (1) GmbHG).

Bei den in der Holzmüller-Entscheidung des BGH entwickelten ungeschriebenen Zustimmungsvorbehalten zugunsten der Gesellschafter für besonders wichtige Geschäftsführungsmaßnahmen handelt es sich nach allgemeiner Auffassung nicht um konstitutive Zustimmungserfordernisse, die die Wirksamkeit der jeweiligen Maßnahme im Außenverhältnis tangieren können[449].

---

[445] Soergel/*Hadding*, § 714 Rn 25; Erman/*Westermann*, § 714 Rn 9.

[446] Soergel/*Hadding*, § 714 Rn 25; Erman/*Westermann*, § 714 Rn 9.

[447] *Hüffer*, § 179a Rn 13.

[448] Baumbach/Hueck/*Zöllner*, § 37 Rn 25; *K. Schmidt*, Gesellschaftsrecht, § 36 II 3 c), Seite 1075 f.

[449] Siehe dazu *BGH*, Urteil v. 25. 2. 1983, BGHZ 83, 122, 132.

Die Geschäftsführungsbefugnisse der Vorstands einer AG können vielmehr ausschließlich durch gesetzliche Vorschriften beschränkt werden (§ 82 (1) AktG). Folglich entfalten die ungeschriebenen Zustimmungsvorbehalte zugunsten der Aktionäre einer AG keine Wirkungen im Außenverhältnis[450].

2. Frankreich

a) Personengesellschaftsrecht

Entsprechend der Rechtslage im deutschen Personengesellschaftsrecht führt die Ausführung einer Maßnahme der Geschäftsführung ohne die erforderliche Zustimmung der Gesellschafter nicht zur Unwirksamkeit des Geschäfts, soweit die jeweilige Maßnahme von der Vertretungsmacht des Geschäftsführers umfasst ist[451]. Grundsätzlich bezieht sich die Vertretungsmacht des einzelnen Geschäftsführers in der französischen Personengesellschaft auf sämtliche Maßnahmen, die vom Gesellschaftszweck *(objet social)* einer Gesellschaft erfasst werden (Art. 221-5 (1) CCom). Sie kann im Außenverhältnis nur dadurch beschränkt werden, dass der Gesellschaftszweck in den Statuten der Gesellschaft eng gefasst wird[452]. Ist ein Geschäft zwar nicht mehr von der Geschäftsführungsbefugnis des Geschäftsführers, aber vom Gesellschaftszweck und damit von der Vertretungsmacht des Geschäftsführers erfasst, so entfaltet der Zustimmungsvorbehalt zugunsten sämtlicher Gesellschafter keine Außenwirkungen gegenüber Dritten[453]. Dies gilt unabhängig davon, ob der Geschäftspartner gutgläubig oder bösgläubig hinsichtlich der Geschäftsführungsbefugnisse des Geschäftsführers ist[454]. Sogar positive Kenntnis des Dritten von der Beschränkung der Befugnisse des Geschäftsführers führt nach Auffassung der französischen *Cour de cassation* nicht dazu, dass die Gesellschaft nicht verpflichtet wird[455]. Die *Cour de cassation* leitet dies aus der Vorschrift des Art. 223-18 CCom ab. Diese Vorschrift spricht nämlich in ihrem Absatz 4 davon, dass die Gesellschaft durch Handlungen des Geschäftsführers, die nicht

---

[450] Jedoch kann der einzelne Aktionär eine Abwehrklage gegen die AG erheben, wenn der Vorstand die Zustimmung der Hauptversammlung zu einem zustimmungsbedürftigen Geschäft nicht eingeholt hat, so *BGH*, Urteil v. 25. 2. 1983, BGHZ 83, 122, 134; *K. Schmidt*, Gesellschaftsrecht, § 21 V 3 a), Seite 648.

[451] *Mercadal/Janin*, Nr. 3880.

[452] *Cozian/Viandier/Deboissy*, Nr. 1457.

[453] *Cozian/Viandier/Deboissy*, Nr. 358; *Mercadal/Janin*, Nr. 3882.

[454] *Cozian/Viandier/Deboissy*, Nr. 704.

[455] *Cass. com*. 2. 6. 1992, Bull. Joly 1992, 946 note *Le Cannu;* bestätigt durch *Cass. civ*, 24. 1. 2001, D. aff. 2001, 704, obs. *Boizard*.

vom Gesellschaftszweck gedeckt sind, nicht gegenüber Dritten verpflichtet wird, die positive Kenntnis davon haben, dass der Geschäftsführer seine Befugnisse überschreitet. Hingegen erwähnt Art. 223-18 (5) CCom für satzungsmäßige Beschränkungen der Geschäftsführungsbefugnisse die positive Kenntnis des Dritten nicht als Ausnahme von der Verpflichtung der Gesellschaft. Aus diesem Schweigen des Gesetzes folgert die *Cour de cassation*, dass es für die Verpflichtung der Gesellschaft in Fällen, in denen der Geschäftsführer die satzungsmäßigen Beschränkungen seiner Geschäftsführungsbefugnisse überschreitet, auf die positive Kenntnis des Dritten nicht ankommen kann[456].

Im Innenverhältnis verletzt der Geschäftsführer, der die erforderliche Zustimmung der Gesellschafter für ein bestimmtes Geschäft nicht einholt oder das fragliche Geschäft trotz verweigerter Zustimmung ausführt, die Statuten der Gesellschaft und macht sich daher der Gesellschaft gegenüber gegebenenfalls schadensersatzpflichtig[457].

b) Kapitalgesellschaftsrecht

aa) Gesetzliche Zustimmungsvorbehalte

Wie bereits dargestellt wurde, durchlaufen die zustimmungsbedürftigen Verträge zwischen der Gesellschaft und einem Geschäftsführer - die *conventions réglémentées* - in der SA ein mehrstufiges Kontrollverfahren, in dessen Verlauf zunächst der *conseil de surveillance* bzw. der *conseil d'administration* über die Zustimmung und später die Gesellschafterversammlung über die Billigung der jeweiligen Verträge entscheiden[458].

Lehnen die Gesellschafter der SA die Billigung eines Vertrages ab, dem zuvor das Kontrollgremium zugestimmt hat, entfaltet der fragliche Vertrag grundsätzlich trotz fehlender Billigung durch die Gesellschafter Wirkungen im Außenverhältnis[459]. Der französische Gesetzgeber ging hierbei davon aus, dass die Gesellschafterversammlung häufig erst nach Vertragsabschluss und Vertragsausführung über die Genehmigung des Vertrags entscheiden und deshalb die Nichtigkeit des jeweiligen Vertrages im Fall der verweigerten Genehmigung durch die Gesellschafter eine unangemessene Folge für die Gläubiger der Gesellschaft darstellen könnte[460]. Jedoch hat der handelnde

---

[456] *Cass. com.* 2. 6. 1992, Bull. Joly 1992, 946 note *Le Cannu*.

[457] *Cozian/Viandier/Deboissy*, Nr. 358; *Mercadal/Janin*, Nr. 3880.

[458] Siehe dazu bereits oben Seite 117 f.

[459] Art. 225-41 (1) CCom (klassische SA); Art. 225-89 (1) CCom (dualistische SA). Keine Wirkungen entfaltet ein solcher Vertrag lediglich in dem Fall, dass es sich um einen Betrug handelt.

[460] Vgl. *Merle*, Nr. 401.

Geschäftsführer die Konsequenzen zu tragen, die sich aus diesem Vertrag für die Gesellschaft ergeben[461]. Hat das zuständige Kontrollgremium die erforderliche Zustimmung nicht erteilt, kann die Gesellschafterversammlung den Vertrag annullieren, wenn er zu schädlichen Folgen für die Gesellschaft führt oder geführt hat[462]. In diesem Fall entfaltet der jeweilige Vertrag keine Wirkungen im Außenverhältnis. Für Schäden der Gesellschaft, die aus dem Abschluss des Vertrages resultieren, haften die Geschäftsführer auch in diesem Fall[463].

Anders als in der SA entfalten die zustimmungsbedürftigen Verträge zwischen einem Geschäftsführer und der Gesellschaft in der SARL ihre Wirkungen im Außenverhältnis hingegen grundsätzlich unabhängig von der Zustimmung der Gesellschafter (Art. 223-19 (4) CCom).

bb) Satzungsmäßige Zustimmungsvorbehalte

Satzungsmäßige Zustimmungsvorbehalte zugunsten der Gesellschaft entfalteten bislang gemäß Art. 225-35 (3) CCom aF keinerlei Wirkungen im Außenverhältnis[464]. Führte der Geschäftsführer eine zustimmungsbedürftige Maßnahme aus, ohne zuvor die erforderliche Zustimmung der Gesellschafter eingeholt zu haben, so war die Maßnahme grundsätzlich wirksam[465]. Mit Gesetz vom 15. Mai 2001[466] ist die Vorschrift des Art. 225-35 (3) CCom abgeschafft worden. Es ist jedoch bislang ungeklärt, ob der französische Gesetzgeber diese Vorschrift im Rahmen der Gesetzesreform tatsächlich beabsichtigen wollte. Gewichtige Stimmen in der französischen Literatur sprechen insoweit von einem gesetzgeberischen Versehen[467]. Es wird daher hier im Einklang mit der französischen Literatur davon ausgegangen, dass die Einschränkungen der Befugnisse des *conseil d'administration* Dritten auch weiterhin nicht entgegengehalten werden können.

---

[461] Art. 225-41 (2) CCom (klassische SA); Art. 225-89 (2) CCom (dualistische SA); siehe dazu auch *Cass. com.* 28. 6. 1988, Rev. Soc. 1988, 544; *Versailles*, 9. 10. 1997, Bull. Joly 1998, 43 note *Prieto*; *Cozian/Viandier/Deboissy*, Nr. 728.

[462] Art. 225-42 (1) CCom (klassische SA); Art. 225-90 (1) CCom (dualistische SA).

[463] Art. 225-42 (1) CCom (klassische SA); Art. 225-90 (1) CCom (dualistische SA).

[464] *Guyon*, Nr. 339; *Merle*, Nr. 404; *Bureau*, Jurisclasseur Sociétés, Fasc. 131-10, Nr. 53; *Mercadal/Janin*, Nr. 8219.

[465] Vgl. *Storck*, Jurisclasseur Sociétés, Fasc. 74-10, Nr. 89; *Merle*, Nr. 404.

[466] LNRE v. 15. 1. 2001, JO v. 16. 5. 2001.

[467] Siehe *Viandier*, Nr. 125; *Cozian/Viandier/Deboissy*, Nr. 704; *Guyon*, Nr. 339; offen gelassen von *Merle*, Nr. 404.

Wie bereits zu den französischen Personengesellschaften ausgeführt worden ist[468], entfalten die zustimmungsbedürftigen Maßnahmen der Geschäftsführung ihre Wirkungen im Außenverhältnis unabhängig davon, ob der jeweilige Geschäftspartner gut- oder bösgläubig hinsichtlich der Zustimmungsbedürftigkeit des Geschäfts ist[469]. Positive Kenntnis von den Beschränkungen der Geschäftsführungsbefugnis führt nicht zur Unwirksamkeit des jeweiligen Geschäfts[470]. Im Innenverhältnis ist der pflichtwidrig handelnde Geschäftsführer den Gesellschaftern jedoch gegebenenfalls schadensersatzpflichtig[471]. Entsprechendes gilt für die Wirkung von satzungsmäßigen Beschränkungen der Befugnisse der Geschäftsführer einer SARL.

3. England

a) Personengesellschaftsrecht

Grundsätzlich entfaltet ein Zustimmungsvorbehalt zugunsten der Gesellschafter in einer *partnership* keine Wirkungen gegenüber Dritten, da gemäß sec. 5 PA 1890 jeder einzelne Gesellschafter umfassend zur Vertretung der Gesellschaft berechtigt ist[472]. Eine Ausnahme von diesem Grundsatz besteht jedoch gemäß sec. 8 PA 1890 gegenüber bösgläubigen Dritten[473]. Des Weiteren gilt etwas anderes für Maßnahmen der Geschäftsführung, die den Umfang des *partnership business* überschreiten. Diese sind allerdings von vornherein von der Vertretungsmacht des Geschäftsführers nicht erfasst, so dass insoweit nicht von Zustimmungsvorbehalten zugunsten der Gesellschafter gesprochen werden kann.

Setzt sich ein *managing partner* über einen im *partnership agreement* verankerten Zustimmungsvorbehalt zugunsten der übrigen Gesellschafter hinweg, so verletzt er das *partnership agreement* und ist den Gesellschaftern gegenüber schadensersatzpflichtig[474]. Zudem kann die Verletzung des *partner-*

---

[468] Siehe dazu oben Seite 130.

[469] *Cozian/Viandier/Deboissy*, Nr. 358.

[470] *Cass com.* 2. 6. 1992, Bull. Joly 1992, 946 note *Le Cannu*; bestätigt durch Cass. civ., 24. 1. 2001, D. aff. 2001, 704, obs. *Boizard*.

[471] *Cozian/Viandier/Deboissy*, Nr. 358 und 744; *Storck*, Jurisclasseur Sociétés, Fasc. 74-10, Nr. 89; *Merle*, Nr. 404; *Mercadal/Janin*, Nr. 8219.

[472] Hawken v. Bourne [1841] 8 M & W 703 = ER 151, 1223; *Blackett-Ord*, 353; *Sterry/Banks*, Halsbury's Laws of England, volume 35, para 45.

[473] Vgl. *Lindley/Banks*, 12-147 ff.

[474] *Lindley/Banks*, 23-197. Die Schäden wegen eines *breach of partnership agreement* kann jeder einzelne Gesellschafter einklagen, so Trimble v. Goldberg [1906] AC 494, 500.

ship agreement die Auflösung der Gesellschaft (sec. 35 d) PA 1890) oder die Ausschließung des jeweiligen Gesellschafters aus der Gesellschaft rechtfertigen[475].

b) Kapitalgesellschaftsrecht

aa) Gesetzliche Zustimmungsvorbehalte

Sieht das Gesetz für eine bestimmte Maßnahme der Geschäftsführung die Zustimmung der Gesellschafterversammlung einer *company* vor und unterbleibt diese Zustimmung, so kann das betroffene Geschäft angefochten werden, es ist *voidable.* Etwas anderes gilt nur, wenn die Gesellschaftersammlung das jeweilige Geschäft nachträglich durch Beschluss bestätigt[476]. Gesetzliche Zustimmungsvorbehalte entfalten daher im Recht der *companies* grundsätzlich Außenwirkung gegenüber Dritten.

bb) Satzungsmäßige Zustimmungsvorbehalte

Satzungsmäßige Zustimmungsvorbehalte zugunsten der Gesellschafter einer *company* entfalten grundsätzlich keine Wirkungen gegenüber gutgläubigen Dritten. Insoweit stellt sec. 35 A (1) CA 1985 vielmehr die Vermutung auf, dass die Befugnisse der Geschäftsführer nicht beschränkt sind. Darüber hinaus besteht die gesetzliche Vermutung, dass die Geschäftspartner der Gesellschaft grundsätzlich im Hinblick auf die Unbeschränktheit der Geschäftsführungsbefugnisse des handelnden *director* gutgläubig sind[477]. Diese Vermutung wird nicht allein durch die Tatsache widerlegt, dass eine Person von der Satzung der Gesellschaft und den Beschränkungen der Geschäftsführungsbefugnisse Kenntnis hatte[478]. Vielmehr muss nachgewiesen werden, dass die Person auch subjektiv bösgläubig war, also die richtigen Folgerungen aus ihren Kenntnissen von dem Umfang der Geschäftsführungsbefugnisse der handelnden Person gezogen hat[479]. Zusammenfassend kann festgehalten werden, dass satzungsmäßige Zustimmungsvorbehalte keine Wirkungen gegenüber gutgläubigen

---

[475] Siehe die Ausschließungsklausel in der *Encyclopedia of Forms and Precedents*, volume 30, para 182.

[476] Sec. 322 (1), (2c) CA 1985. Die fehlende Zustimmung seitens der Gesellschafter führt also nicht grundsätzlich zur Nichtigkeit des Vertrages, siehe dazu Demite Ltd v. Protec Health Ltd [1998] BCC 638.

[477] Sec. 35 A (2c) CA 1985.

[478] Sec. 35 (2b) CA 1985.

[479] *Pettet*, 135.

Dritten entfalten, Dritte nach der gesetzlichen Vermutung grundsätzlich als gutgläubig gelten und daher satzungsmäßige Zustimmungsvorbehalte Dritten von der Gesellschaft regelmäßig nicht entgegengehalten werden können. Ist ein Geschäftspartner der Gesellschaft jedoch bösgläubig, so können die Zustimmungsvorbehalte dem Geschäftspartner mit der Folge entgegengehalten werden, dass das jeweilige Geschäft unwirksam ist[480].

Im Innenverhältnis sind die *directors* einer *company* zur Berücksichtigung der satzungsmäßigen Zustimmungsvorbehalte gemäß sec. 35 (3) CA 1985 verpflichtet. Setzen sie sich über diese Einschränkungen hinweg, so sind sie der Gesellschaft gegenüber wegen der Verletzung der treuhänderischen Pflichten (*breach of fiduciary duty)* schadensersatzpflichtig[481].

4. Ergebnis

a) Personengesellschaftsrecht

Grundsätzlich entfalten vertragliche und gesetzliche Zustimmungsvorbehalte zugunsten der Gesellschafter im Personengesellschaftsrecht keine Außenwirkungen gegenüber gutgläubigen Dritten. Dies ist darauf zurückzuführen, dass die Vertretungsmacht der Geschäftsführer im Außenverhältnis grundsätzlich unbeschränkbar ist. Etwas anderes gilt lediglich für die GbR, für die § 714 BGB den grundsätzlichen Gleichlauf von Geschäftsführungs- und Vertretungsbefugnis anordnet. Dieser Gleichlauf von Geschäftsführungs- und Vertretungsbefugnis kann jedoch durch die anerkannten Rechtsscheinstatbestände der Duldungs- und Anscheinsvollmacht im Einzelfall eingeschränkt sein. Im französischen Gesellschaftsrecht entfalten Beschränkungen der Befugnisse der Geschäftsführer, die in den Statuten der Gesellschaften enthalten sind, gegenüber Dritten auch dann keine Wirkungen, wenn diese im Hinblick auf die Geschäftsführungsbefugnisse der handelnden Personen bösgläubig sind. Insofern geht der Schutz der Geschäftspartner von Personengesellschaften in Frankreich über den in Deutschland und England gewährleisteten Schutz hinaus.

Führt der Geschäftsführer einer Personengesellschaft ein Geschäft ohne Zustimmung bzw. trotz verweigerter Zustimmung der Gesellschafter aus, so ist er der Gesellschaft bzw. den Gesellschaftern gegenüber schadensersatzpflichtig. Dies gilt auch für den geschäftsführenden Gesellschafter einer GbR in den Fällen, in denen die Vertretungsmacht des handelnden geschäftsführenden Gesellschafters aufgrund der Rechtsscheintatbestände der An-

---

480 Dies ergibt sich zwar nicht ausdrücklich aus den sec. 35 ff. CA 1985, jedoch gilt insoweit die Rechtslage nach *common law* fort, siehe dazu *Pennington,* 109 f.

481 *Pennington*, 112.

scheins- und Duldungsvollmacht fingiert wird. In den übrigen Fällen stellt sich die Frage nach einer Schadensersatzverpflichtung des handelnden Gesellschafters einer GbR aufgrund der fehlenden Außenwirkung des pflichtwidrig ausgeführten Geschäfts von vornherein nicht. Mit Blick auf die im Recht der GbR grundsätzlich anerkannten Rechtsscheintatbestände der Anscheins- und Duldungsvollmacht erscheint es dennoch vertretbar, die besondere Rechtslage im Recht der GbR bei der Prinzipienbildung zu vernachlässigen.

Somit können für das Personengesellschaftsrecht die beiden nachfolgenden Prinzipien gebildet werden:

Soweit Gesetz oder Vertrag Zustimmungsvorbehalte zugunsten der Gesellschafter einer Personengesellschaft vorsehen, entfalten diese grundsätzlich keine Außenwirkungen gegenüber Dritten, die in Unkenntnis dieser Zustimmungsvorbehalte Verträge mit der Gesellschaft abschließen.

Der Geschäftsführer einer Personengesellschaft, der eine zustimmungsbedürftige Maßnahme der Geschäftsführung ohne Zustimmung bzw. trotz verweigerter Zustimmung der Gesellschafter ausführt, haftet der Gesellschaft bzw. den Gesellschaftern auf Schadensersatz.

b) Kapitalgesellschaftsrecht

aa) Gesetzliche Zustimmungsvorbehalte

Gesetzliche Zustimmungsvorbehalte zugunsten der Gesellschafter, die das englische und das deutsche Kapitalgesellschaftsrecht für bestimmte Maßnahmen der Geschäftsführung vorsehen, wirken nicht nur im Innenverhältnis der Gesellschaft, sondern darüber hinaus gegenüber gesellschaftsfremden Dritten. Wird die Zustimmung der Gesellschafterversammlung nicht eingeholt oder verweigern die Gesellschafter die Erteilung der Zustimmung und führt der Geschäftsführer das fragliche Geschäft dennoch aus, so ist dieses nichtig und kann der Gesellschaft nicht entgegengehalten werden. Das französische Kapitalgesellschaftsrecht kennt gesetzliche Zustimmungsvorbehalte zugunsten der Gesellschafter lediglich für Verträge, die zwischen der Gesellschaft und einem ihrer Geschäftsführer bzw. einer dem Geschäftsführer nahestehenden Person abgeschlossen werden. Diese Zustimmungsvorbehalte entfalten in der SARL und SA regelmäßig keine Außenwirkungen. Vielmehr sind die Insichgeschäfte eines Geschäftsführers grundsätzlich auch ohne Zustimmung der Gesellschafterversammlung gegenüber Dritten wirksam. Etwas anderes gilt für die SA lediglich in dem Fall, dass die der Gesellschafterentscheidung vorgeschaltete Entscheidung des zuständigen Kontrollgremiums - also des *conseil d'administration* bzw. des *conseil de surveillance* - unterblieben oder negativ ausgefallen ist. Außenwirkungen entfalten diese speziellen gesetzlichen Zustimmungsvorbehalte folglich lediglich dann, wenn den Gesellschaftern und nicht einem Kontrollgremium die maßgebliche Entscheidung über die Zustimmung zu einer Geschäftsführungsmaßnahme zukommt.

Im Ergebnis ist festzuhalten, dass gesetzliche Zustimmungsvorbehalte abgesehen von den speziellen Fällen im französischen Kapitalgesellschaftsrecht überwiegend Außenwirkung entfalten. Es lässt sich daher für die untersuchten Kapitalgesellschaftsformen ein entsprechendes gemeinsames Prinzip wie folgt formulieren.

Gesetzliche Zustimmungsvorbehalte zugunsten der Gesellschafter einer Kapitalgesellschaft wirken grundsätzlich im Außenverhältnis der Gesellschaft.

bb) Satzungsmäßige Zustimmungsvorbehalte

Im Kapitalgesellschaftsrecht Deutschlands, Frankreichs und Englands entfalten satzungsmäßige Beschränkungen der Befugnisse von Geschäftsführern gegenüber gutgläubigen Dritten grundsätzlich keine Wirkungen im Außenverhältnis. Von der Bösgläubigkeit eines Geschäftspartners hinsichtlich der Beschränkungen der Geschäftsführungsbefugnisse geht das deutsche Recht bei positiver Kenntnis von den Beschränkungen sowie dann aus, wenn sich dem Geschäftspartner die Kenntnis von den Beschränkungen aufgedrängt hat, also evident war. Die englische Rechtsordnung stellt hingegen die Vermutung auf, dass ein Geschäftspartner grundsätzlich gutgläubig ist. Die Bösgläubigkeit des Geschäftspartners kann nicht allein damit begründet werden, dass dieser die Satzung der Gesellschaft und die in ihr enthaltenen Beschränkungen der Befugnisse der *director* kannte[482]. Damit verzichtet das englische Recht im Gegensatz zum deutschen Recht auf eine aufgrund grober Fahrlässigkeit begründete Bösgläubigkeit des Geschäftspartners. Weitergehend als im deutschen sowie im englischen Kapitalgesellschaftsrecht entfalten nach französischem Recht satzungsmäßige Beschränkungen der Befugnisse der Geschäftsführer unabhängig von der Bös- oder Gutgläubigkeit des jeweiligen Geschäftspartners keine Wirkungen im Außenverhältnis.

Zusammenfassend ist festzuhalten, dass die untersuchten Rechtsordnungen darin übereinstimmen, dass satzungsmäßige Zustimmungsvorbehalte zugunsten der Gesellschafter hinsichtlich bestimmter Geschäftsführungsmaßnahmen jedenfalls gegenüber gutgläubigen Dritten keine Wirkungen entfalten. Diese Übereinstimmung geht zurück auf die Publizitätsrichtlinie[483], die in Art.

---

[482] Sec. 35 A (2b) CA 1985.

[483] Erste gesellschaftsrechtliche Richtlinie (68/151/EWG), AblEG Nr. L 65 v. 14. 3. 1968, 8 ff.

9 (2) vorsieht, dass satzungsmäßige Beschränkungen der Befugnisse der Organe der Gesellschaft Dritten nicht entgegengehalten werden können.

Keine Einigkeit besteht unter den untersuchten Rechtsordnungen hinsichtlich der Außenwirkung satzungsmäßiger Zustimmungsvorbehalte gegenüber bösgläubigen Dritten. Während das deutsche und das englische Recht in diesem Fall den Zustimmungsvorbehalten Außenwirkung zukommen lassen, verneint die französische Rechtsprechung auch gegenüber bösgläubigen Dritten eine Außenwirkung. Als gemeinsames Prinzip kann somit lediglich im Hinblick auf gutgläubige Dritte formuliert werden:

In der Satzung verankerte Zustimmungsvorbehalte zugunsten der Gesellschafter einer Kapitalgesellschaft hinsichtlich bestimmter Geschäftsführungsmaßnahmen entfalten keine Wirkungen gegenüber gutgläubigen Dritten.

III. Sonderfall der Billigung des Jahresabschlusses durch die Gesellschafter

Die Aufstellung des Jahresabschlusses (*comptes annuels, annual accounts*) erfolgt in den verschiedenen Gesellschaftsformen regelmäßig durch die Geschäftsführer[484]. Neben der Aufstellung ist als weiterer Schritt die Verbindlichkeitserklärung bzw. Feststellung des Jahresabschlusses erforderlich. Steht den Gesellschaftern das Recht zu, die Rechnungslegung der Gesellschaft für verbindlich zu erklären bzw. die Billigung gegebenenfalls abzulehnen, so stellt dies einen speziellen Zustimmungsvorbehalt zugunsten der Gesellschafter und darüber hinaus ein spezielles Einwirkungsmittel hinsichtlich der Geschäftsführung der Gesellschaft dar[485]. Aus diesem Grund wird die Feststellung des Jahresabschlusses durch die Gesellschafter an dieser Stelle gesondert behandelt.

1. Personengesellschaftsrecht

a) Rechtslage in Deutschland, Frankreich und England

In den deutschen Personengesellschaften erfolgt die Feststellung des Rechnungs- bzw. Jahresabschlusses durch einstimmigen Beschluss sämtlicher Ge-

---

[484] § 264 (1) Satz 2 HGB; Art. 221-7 (1) CCom; Art. 223-26 (1) CCom; sec. 226 (1) CA 1985.

[485] Vgl. *Guyon,* Enc. Dalloz Sociétés I, Assemblées d'actionnaires, Nr. 232; *Bougnoux,* Jurisclasseur Sociétés, Fasc. 77, Nr. 5.

sellschafter[486]. Die Gesellschafter einer französischen Personengesellschaft sind zwingend für die Genehmigung der *comptes annuels* zuständig[487]. Soweit die Statuten der Gesellschaft keine anderslautende Regelung enthalten, entscheiden die Gesellschafter einer französischen Personengesellschaft über die Genehmigung der genannten Unterlagen ebenfalls durch einstimmigen Beschluss[488]. In der Praxis wird jedoch auch ein mehrheitlicher Beschluss der Gesellschafter als ausreichend angesehen[489]. Das *partnership agreement* einer englischen *partnership* sieht typischerweise ebenfalls vor, dass die Bilanz (*balance sheet)* von allen Gesellschaftern zu unterzeichnen ist[490]. Hiervon ist entsprechend auch für die *limited partnership* auszugehen.

b) Ergebnis

Die untersuchten Rechtsordnungen stimmen darin überein, dass die Kompetenz für die Feststellung des Jahresabschlusses in den Personengesellschaften bei den Gesellschaftern liegt. Diese stimmen grundsätzlich durch einstimmigen Beschluss über die Billigung des Jahresabschlusses ab. Dies gilt im Grundsatz ebenfalls für das französische Recht, jedoch wird in der Praxis ein mehrheitlicher Beschluss der Gesellschafter für die Billigung des Jahresabschlusses als ausreichend angesehen, was für die nachfolgende Prinzipienbildung vernachlässigt werden kann. Hieraus ergibt sich als gemeinsames Prinzip der untersuchten Gesellschaftsrechtsordnungen:

Die Gesellschafter einer Personengesellschaft entscheiden durch einstimmigen Beschluss über die Feststellung des Jahresabschlusses (*comptes annuels, annual accounts*).

[486] *BGH*, Urteil v. 29. 3. 1996, BGHZ 132, 263; *Ehricke*, in: Ebenroth/Boujong/Joost, § 120 Rn 39; *K. Schmidt*, Gesellschaftsrecht, § 47 IV 1, Seite 1386; zur KG: Baumbach/Hopt/*Hopt*, § 164 Rn 3.

[487] Zur SNC: Art. 221-7 (1) CCom: „Le rapport de gestion, l'inventaire et les comptes annuels établis par les gérants sont soumis à l'approbation de l'assemblée des associés, dans le délai de six mois à compter de la clôture dudit exercise."; zur SCS: Artt. 222-2 iVm 221-7 (1) CCom.

[488] Dies ergibt sich aus Art. 1852 CC und Art. 221-6 (1) CCom; siehe auch *Ripert/Roblot*, Tome 1, Nr. 1202 sowie *Guyon*, Nr. 234.

[489] *Derrida*, Enc. Dalloz Sociétés IV, Société en nom collectif, Nr. 185.

[490] Siehe zu einer entsprechenden Klausel die *Encyclopedia of forms and precedents*, volume 30, para 169.

2. *Kapitalgesellschaftsrecht*

a) Deutschland

Die Feststellung des Jahresabschlusses erfolgt in der GmbH gemäß § 46 Nr. 1 GmbHG durch die Gesellschafterversammlung. Voraussetzung für die Feststellung des Jahresabschlusses ist zwar grundsätzlich auch dessen vorherige Überprüfung durch die Gesellschafter. Primär wird der Jahresabschluss jedoch nicht von den Gesellschaftern, sondern vom Abschlussprüfer auf seine Ordnungsmäßigkeit hin überprüft[491]. Beim Beschluss über die Feststellung des Jahresabschlusses ist ein Geschäftsführer, der zugleich Gesellschafter der GmbH ist, stimmberechtigt[492]. Die Satzung der GmbH kann die Zuständigkeit zur Feststellung des Jahresabschlusses auf ein anderes Organ der Gesellschaft, insbesondere auch auf die Geschäftsführer der Gesellschaft, übertragen[493].

In der AG wird der Jahresabschluss gemäß § 172 AktG grundsätzlich durch Vorstand und Aufsichtsrat festgestellt[494]. Die Hauptversammlung stellt den Jahresabschluss lediglich dann fest, wenn Vorstand und Aufsichtsrat dies beschlossen haben oder wenn der Aufsichtsrat die Feststellung des Jahresabschlusses abgelehnt hat (§ 173 AktG). Über die Feststellung bzw. die Verweigerung der Feststellung des Jahresabschlusses entscheidet die Hauptversammlung mit einfacher Stimmenmehrheit[495].

b) Frankreich

Die Gesellschafter einer SARL sind zuständig für die Genehmigung der Konten der Gesellschaft (*comptes annuels)*, des Geschäftsberichts der Geschäftsführung (*rapport de gestion)* sowie des Inventarverzeichnisses (*inventaire)*. Über die Billigung bzw. deren Verweigerung entscheiden die Gesellschafter in der Gesellschafterversammlung mit einfachem Mehrheitsbeschluss[496]. Verbindlichkeit erlangen die *comptes annuels* erst mit der Billigung durch die Gesellschafter[497].

---

[491] § 316 (1) HGB. Zur Prüfung durch den Abschlussprüfer siehe unten Seite 280 ff.

[492] Baumbach/Hueck/*Zöllner*, § 46 Rn 7; Hachenburg/*Hüffer*, § 46 Rn 10.

[493] Scholz/*K. Schmidt*, § 46 Rn 46; Hachenburg/*Hüffer*, § 46 Rn 22.

[494] So auch *Hoffmann-Becking*, MüHbGesR, Band IV, § 45 Rn 1. Zu den Befugnissen des Aufsichtsrats siehe unten Seite 266.

[495] Im Sinne des § 133 (1) AktG. Siehe auch *Hüffer*, § 173 Rn 3.

[496] *Petot-Fontaine*, Jurisclasseur Sociétés, Fasc. 77, Nr. 44 f.

[497] *Petot-Fontaine*, Jurisclasseur Sociétés, Fasc. 77, Nr. 48.

Zugunsten der Hauptversammlung (*assemblée générale*) der SA besteht ein Zustimmungsvorbehalt hinsichtlich der *comptes annuels*[498]. Zu diesem Zweck sind die *comptes annuels* der Hauptversammlung gemäß Art. 225-100 (2) CCom vorzulegen. Die Gesellschafterversammlung erteilt ihre Zustimmung regelmäßig dann, wenn der *commissaire aux comptes* die Ordnungsmäßigkeit der *comptes annuels* festgestellt hat[499]. Den Gesellschaftern der SA steht jedoch auch das Recht zu, die Billigung der *comptes annuels* zu verweigern. Dies kommt in der Praxis jedoch nur sehr selten vor und bildet dann regelmäßig den Auftakt für die Abberufung eines Geschäftsführers[500].

c) England

Der Gesellschafterversammlung einer *company* ist der Jahresabschluss (*annual accounts)* der Gesellschaft zwar gemäß sec. 241 (1) CA 1985 zur Kenntnisnahme und Information der Gesellschafter vorzulegen, jedoch unterliegt die Rechnungslegung der Gesellschaft grundsätzlich nicht der Zustimmung der Gesellschafter. In den *articles of association* der Gesellschaft kann eine Zuständigkeit der Gesellschafter hinsichtlich der Billigung des Jahresabschlusses verankert werden, was jedoch in der Praxis nur selten geschieht[501].

d) Ergebnis

Während die Gesellschafter der GmbH sowie der SARL und der SA über die Feststellung des Jahresabschlusses entscheiden und in diesem Zusammenhang auch die Ordnungsmäßigkeit des Jahresabschlusses prüfen, werden die Gesellschafter in der AG sowie in der englischen *company* hinsichtlich des Jahresabschlusses grundsätzlich nicht tätig. Ein gemeinsames Prinzip lässt sich folglich auf den ersten Blick zu diesem Punkt nicht ermitteln. Als Tendenz ist jedoch zu erkennen, dass in den Kapitalgesellschaften, deren Anteile am öffentlichen Kapitalmarkt gehandelt werden, mit Ausnahme der SA grundsätzlich nicht die Gesellschafter über die Feststellung des Jahresabschlusses entscheiden. Dies erscheint auch sinnvoll, da die Gesellschafterversammlungen großer Anlagegesellschaften regelmäßig mit dieser Entscheidung überfordert sein dürften. Die deutsche Regelung, derzufolge die Entscheidung über die Feststellung des Jahresabschlusses im Einzelfall der Gesellschafterversammlung übertragen

---

[498] Ergibt sich aus Art. 225-100 (3) CCom.

[499] *Odet*, Assemblées d'actionnaires, Nr. 233. Siehe zur Prüfung der *comptes annuels* durch den *commissaire aux comptes* unten Seite 281.

[500] *Guyon*, Nr. 413.

[501] *Pennington*, Jura Europae, 90.10.165.

werden kann, ist daher sinnvoll und interessengerecht[502]. Ein gemeinsames Prinzip lässt sich hier folglich nicht formulieren.

C. Zusammenfassung zu den Zustimmungsvorbehalten zugunsten der Gesellschafter

Es konnte in diesem Kapitel aufgezeigt werden, dass das Institut des Zustimmungsvorbehalts in den Personen- und Kapitalgesellschaftsrechten aller drei untersuchten Rechtsordnungen im Grundsatz bekannt ist. In einigen Gesellschaftsformen bestehen gesetzliche Zustimmungsvorbehalte zugunsten der Gesellschafter für bedeutende und grundlegende Maßnahmen der Geschäftsführung (OHG, KG, GmbH, AG). Darüber hinaus richten sämtliche untersuchten Rechtsordnungen besonderes Augenmerk auf die Verträge, die ein Geschäftsführer im eigenen Namen mit der Gesellschaft abschließt und die naturgemäß ein hohes Missbrauchspotential in sich bergen. Die Gefahr, dass sich ein Geschäftsführer einen persönlichen Vorteil zu Lasten der Gesellschaft dadurch verschafft, dass er in eigenem Namen Verträge mit der Gesellschaft abschließt, wird insbesondere für die Kapitalgesellschaften gesehen, in denen der Abschluss von Verträgen zwischen dem Geschäftsführer und der Gesellschaft - jedenfalls nach englischem und französischem Recht - detailliert geregelt ist und in allen Kapitalgesellschaften besonderen Voraussetzungen unterliegt.

Mit Ausnahme der AG ist es grundsätzlich zulässig, in Vertrag oder Satzung einer Gesellschaft weitergehende Zustimmungsvorbehalte zugunsten der Gesellschafter zu verankern und dadurch die gesetzlichen Regelungen an die Bedürfnisse der jeweiligen Gesellschaft anzupassen. Dies gilt auch für die französische SA trotz des grundsätzlich geringen Gestaltungsspielraums, den das französische Gesellschaftsrecht zur Verfügung stellt. Für die AG hat der Gesetzgeber auf diese Gestaltungsmöglichkeit verzichtet und statt dessen die Möglichkeit bzw. nunmehr die Verpflichtung vorgesehen, Zustimmungsvorbehalte zugunsten des Aufsichtsrats als dem Kontrollgremium der Aktionäre in der Satzung vorzusehen. Immerhin besteht über die ihnen zustehende Personalkompetenz hinsichtlich der Mitglieder des Aufsichtsrats auch in der AG die - wenn auch mittelbare und praktisch eher unbedeutende - Möglichkeit, die Einflussnahme der Gesellschafter auf die Geschäftsführung zu verstärken.

Soweit gesetzliche Zustimmungsvorbehalte zugunsten der Gesellschafter existieren, entfalten diese in Personengesellschaften grundsätzlich keine Außenwirkungen gegenüber gutgläubigen Dritten. Entsprechendes gilt für vertragliche oder satzungsmäßige Zustimmungsvorbehalte zugunsten der Gesell-

---

[502] Anders *Guyon*, Nr. 413: „La conception française paraît préferable, car elle évite les dérives technocratiques“.

schafter von Personen- und Kapitalgesellschaften. Dies ist darauf zurückzuführen, dass die Vertretungsmacht der Geschäftsführer von Personen- und Kapitalgesellschaften im Grundsatz unbeschränkbar ist und lediglich durch Gesetz mit Außenwirkung beschränkt werden kann. Hierzu passt, dass gesetzliche Zustimmungsvorbehalte im Recht der Kapitalgesellschaften grundsätzlich Außenwirkungen entfalten. Eine Ausnahme hiervon macht das deutsche Personengesellschaftsrecht für die GbR, in der die Vertretungsmacht des Geschäftsführers mit Außenwirkung beschränkbar ist. Eingeschränkt ist jedoch auch diese Außenwirkung, wenn der Rechtsschein umfassender Vertretungsmacht des geschäftsführenden Gesellschafters besteht (Grundsätze der Anscheins- und Duldungsvollmacht).

Zusammenfassend kann zu den Zustimmungsvorbehalten zugunsten der Gesellschafter hinsichtlich bestimmter Maßnahmen der Geschäftsführung festgehalten werden, dass sich für diesen Bereich weitreichende Übereinstimmungen zwischen den untersuchten Rechtsordnungen feststellen ließen und die Bildung gemeinsamer Prinzipien daher weitgehend möglich war.

§ 3 Weisungsrechte der Gesellschafter gegenüber der Geschäftsführung

A. Einführung

Ein weitreichendes Kontrollmittel steht den Gesellschaftern gegenüber der Geschäftsführung zu, wenn diese verpflichtet ist, ihr Handeln an den Vorstellungen der Gesellschafter auszurichten, weil sie an die Weisungen der Gesellschafter gebunden ist. Sind die Gesellschafter gegenüber der Geschäftsführung weisungsbefugt, sieht sich die Geschäftsführung einer weitgehenden vorbeugenden und nachträglichen Kontrolle durch der Gesellschafter ausgesetzt. Im Unterschied zu Zustimmungsvorbehalten gewähren Weisungsbefugnisse kein lediglich blockierend wirkendes Vetorecht, sondern ein gestaltendes Initiativrecht, mit dessen Hilfe die Gesellschafter Einfluss auf die Art und Weise der Geschäftsführung nehmen können. Weisungsbefugnissen kommt daher neben ihrer kontrollierenden auch eine geschäftsführende Funktion zu.

B. Die Rechtslage in Deutschland, England und Frankreich

I. Existenz und Rechtsgrundlage von Weisungsrechten der Gesellschafter gegenüber der Geschäftsführung

1. Deutschland

Die geschäftsführenden Gesellschafter einer deutschen Personengesellschaft unterliegen nach der gesetzlichen Ausgangslage nicht den Weisungen ihrer Mitgesellschafter[503]. Ebenfalls unbelastet von etwaigen Weisungen der Aktionäre führt der Vorstand der AG die Geschäfte der Gesellschaft in eigener Verantwortung (§ 76 (1) AktG)[504]. Lediglich im Rahmen der der Hauptversammlung zugewiesenen Zuständigkeiten (§ 119 AktG) sind die Gesellschafter berechtigt, dem Vorstand Weisungen zu erteilen (§ 83 (2) AktG). Die Einführung weitergehender Weisungsrechte zugunsten der Hauptversammlung ist nun auch durch die Regierungskommission Corporate Governance mit der Begrün-

[503] Vgl. zur GbR: MüKo-BGB-*Ulmer*, § 713 Rn 7; Soergel/*Hadding*, § 713 Rn 6; Erman/*Westermann*, § 713 Rn 2; zur OHG: *Hueck*, 138; Schlegelberger/*Martens*, § 114 Rn 18; insgesamt zum Personengesellschaftsrecht Baumbach/Hueck/*Zöllner*, § 37 Rn 6 (f).

[504] Vgl. *Lutter/Hommelhoff*, § 37 Rn 1. Insbesondere steht auch dem Aufsichtsrat ein Weisungsrecht gegenüber dem Vorstand nicht zu, vgl. *Lutter/Krieger*, § 2 Rn 47, siehe dazu auch unten Seite 254.

dung abgelehnt worden, ein solches Weisungsrecht widerspreche dem Prinzip der Arbeitsteilung und Spezialisierung innerhalb der AG[505].

Abweichend vom Aktienrecht sind die Gesellschafter einer GmbH gegenüber ihren Geschäftsführern gemäß § 37 (1) GmbHG weisungsbefugt[506]. Hierbei sind die Gesellschafter sowohl zur Erteilung allgemeiner Weisungen (Richtlinien) als auch zur Anweisung in konkreten Einzelfällen befugt[507]. Umstritten ist in diesem Zusammenhang, ob dem Geschäftsführer ein Bereich eigenverantwortlicher Geschäftsführung belassen werden muss, der von Weisungen der Gesellschafter von vornherein ausgenommen ist[508]. Gegenstand und Zeitpunkt der Weisungserteilung stehen im GmbH-Recht im freien Ermessen der Gesellschafter[509]. Die Ausübung des Weisungsrechts setzt aus Gründen des Minderheitenschutzes grundsätzlich einen Gesellschafterbeschluss aller Gesellschafter voraus, der mit einfacher Mehrheit zustande kommt[510].

Der GmbH-Geschäftsführer ist an eine Weisung der Gesellschafter grundsätzlich gebunden und hat sein Handeln an dem Inhalt einer solchen Weisung auszurichten[511]. Die Bindung des Geschäftsführers entfällt jedoch bei Weisungen, die gegen Gesetze verstoßen oder anfechtbar sind[512].

Da die Vertretungsmacht eines GmbH-Geschäftsführers gemäß § 37 (2) GmbHG unbeschränkbar ist, entfaltet eine Weisung der Gesellschafter grundsätzlich keine Außenwirkung.[513] Die Gesellschaft kann sich jedoch gegenüber Dritten auf die fehlende Vertretungsmacht des Geschäftsführers berufen, wenn

---

505 *Baums*, Rn 81.

506 *OLG Düsseldorf*, Urteil v. 15. 11. 1984, ZIP 1984, 1476, 1478; *Lutter/Hommelhoff*, § 37 Rn 17; Baumbach/Hueck/*Zöllner*, § 37 Rn 10; Scholz/*Schneider*, § 37 Rn 30 ff. Die Weisungsabhängigkeit der GmbH-Geschäftsführer besteht in gleichem Umfang auch in der mitbestimmten GmbH, vgl. Baumbach/Hueck/*Zöllner*, a.a.O.; Scholz/*Schneider*, § 37 Rn 39.

507 Scholz/*Schneider*, § 37 Rn 30; Rowedder/Schmidt-Leithoff, § 37 Rn 25; *Kallmeyer*, in: GmbH-Handbuch, Rn 1518.

508 Für den Annahme eines weisungsimmunen Bereichs Baumbach/Hueck/*Zöllner*, § 37 Rn 11; *Gieseke*, GmbHR 1996, 486, 491; *Hommelhoff*, ZGR 78, 118, 129; ablehnend Scholz/*Schneider*, § 37 Rn 38; *Rowedder/Schmidt-Leithoff*, § 37 Rn 25; *Konzen*, NJW 1989, 2977, 2979; *Tietze*, 72; Hachenburg/*Mertens*, § 37 Rn 16.

509 Vgl. *OLG Düsseldorf*, Urteil v. 15. 11. 1984, ZIP 1984, 1476, 1478.

510 Scholz/*K. Schmidt*, §37 Rn 31; *Konzen*, NJW 1989, 2977, 2979. Bei einer Ein-Mann-GmbH erübrigt sich naturgemäß ein Gesellschafterbeschluss, vgl. *BGH*, Urteil v. 14.12.1959, BGHZ 31, 258, 278; Urteil v. 28. 9. 1992, WM 1992, 2053.

511 Scholz/*Schneider*, § 37 Rn 30; Baumbach/Hueck/*Zöllner*, § 37 Rn 12.

512 *BGH*, Urteil v. 14. 12. 1955 BGHZ 31, 258, 278; Urteil v. 28. 1. 1980, BGHZ 76, 154, 159; Baumbach/Hueck/*Zöllner*, § 37 Rn 12; Scholz/*Schneider*, § 37 Rn 50.

513 Baumbach/Hueck/*Zöllner*, § 37 Rn 20 ff.; *K. Schmidt*, Gesellschaftsrecht, § 36 II3 c), Seite 1075.

es sich um Fälle des Missbrauchs der Vertretungsmacht handelt[514]. Ein solcher Fall liegt vor, wenn Geschäftsführer und Geschäftspartner kollusiv zum Schaden der Gesellschaft zusammenwirken, der Geschäftspartner Kenntnis von der Beschränkung der Vertretungsmacht hatte oder sich diese Kenntnis aufdrängte[515].

2. Frankreich

Die Frage nach dem Bestehen von Weisungsrechten der Gesellschafter gegenüber der Geschäftsführung wird in der französischen Rechtsprechung und Literatur - soweit ersichtlich - kaum angesprochen. Soweit dies ausnahmsweise der Fall ist, sprechen diese Fundstellen sämtlich gegen das Bestehen eines solchen Weisungsrechts[516]. Die Ablehnung eines Weisungsrechts der Gesellschafter erklärt sich vor dem Hintergrund, dass das französische Gesellschaftsrecht die verschiedenen Gesellschaftsformen anders als das deutsche Personengesellschaftsrecht stärker als institutionelle und weniger als vertragliche Gebilde betrachtet[517]. Diesem Verständnis zufolge sind die Geschäftsführer nicht Vertreter, sondern vielmehr Organe der Gesellschaft[518]. Mit dieser institutionellen Betrachtungsweise geht die Anerkennung einer starken eigenverantwortlichen Stellung der Geschäftsführer von Personen- und Kapitalgesellschaften einher, die sich nach französischem Verständnis mit der Annahme von Weisungsbefugnissen der Gesellschafter gegenüber der Geschäftsführung nicht verträgt[519]. Der Blick auf die aufgrund ihrer Eigenschaft als juristische Person (§ 13 (1) GmbHG) ebenfalls als institutionelles Gebilde eingeordnete GmbH zeigt jedoch, dass diese Folgerung des französischen Rechts keineswegs zwingend ist, kennt doch das GmbH-Recht durchaus Weisungsrechte der Gesellschafter gegenüber der Geschäftsführung.

Das fehlende Weisungsrecht zugunsten der Gesellschafter französischer Gesellschaften wird zumindest teilweise durch die weitreichenden Abberu-

---

[514] Baumbach/Hueck/*Zöllner*, § 37 Rn 25.

[515] Zu den Voraussetzungen des Missbrauchs der Vertretungsmacht siehe *K. Schmidt*, Gesellschaftsrecht, § 10 II 2 a), Seite 256 f.

[516] *CA Douai*, 7. 8. 1889, Rev. soc. 1890, 26; siehe dazu auch *Guyon*, Rev. soc. 1988, 292; anders hingegen wohl das von *Guyon* besprochene Urteil des *CA Versailles*, 11. 2. 1988, a. a. O.

[517] *Merle*, Nr. 94; *Ripert/Roblot*, Nr. 1149; *Sonnenberger*, III 54. Der traditionellen Auffassung lag hingegen ein vertragliches Verständnis zugrunde, siehe dazu *Cass. com.* 7. 4. 1967, D. 1967, 618; 29. 5. 1982, Rev. soc. 1973, 487.

[518] *Merle*, Nr. 94.

[519] *CA Douai*, 7. 8. 1889, Rev. soc. 1890, 26; *CA Versailles*, 27. 11. 1985, Rev. soc. 1986, 112; *Bougnoux*, Jurisclasseur Sociétés, Fasc. 62-50, Nr. 79.

fungsbefugnisse der Gesellschafter gegenüber der Geschäftsführung[520] und die Möglichkeit kompensiert, für bestimmte Geschäftsführungsmaßnahmen Zustimmungsvorbehalte zugunsten der Gesellschafter in den Statuten der Gesellschaft vorzusehen[521]. Jedoch gewähren diese Befugnisse den Gesellschaftern lediglich ein Vetorecht hinsichtlich bestimmter Maßnahmen der Geschäftsführung und nicht auch die Möglichkeit, die Art und Weise der Geschäftsführung der Gesellschaft an ihren Vorstellungen auszurichten und damit konstruktiv zu gestalten.

3. England

a) Personengesellschaftsrecht

Die einschlägigen Gesetzestexte zur *partnership* und *limited partnership* erwähnen ein Weisungsrecht der Gesellschafter gegenüber den geschäftsführenden Gesellschaftern, den *managing partners,* nicht ausdrücklich. Da jeder Gesellschafter einschließlich der *managing partner* gemäß sec. 5 PA 1890 Vertreter seiner Mitgesellschafter ist, ist zur Beantwortung der Frage nach Weisungsbefugnissen der Gesellschafter gegenüber einem *managing partner* auf die Grundsätze allgemeinen Vertretungsrechts zurückzugreifen. Danach ist ein Vertreter *(agent)* grundsätzlich verpflichtet, den Weisungen des Vertretenen *(principal)* Folge zu leisten[522]. Für das Recht der englischen Personengesellschaften bedeutet dies, dass die Gesellschafter als Vertretene gegenüber dem *managing partner* als Vertreter grundsätzlich weisungsbefugt sind. Gegenüber Dritten, die keine Kenntnis von Beschränkungen der Befugnisse des *managing partner* haben, entfalten Weisungen der Gesellschafter gemäß sec. 8 PA 1890 jedoch grundsätzlich keine Wirkungen. Die Gesellschafter haben aber die Möglichkeit, den Umfang der Geschäftstätigkeit der Gesellschaft, des *partnership business,* mit Wirkung im Außenverhältnis zu beschränken mit der Folge, dass Geschäftsführungsmaßnahmen, die nicht dem *partnership business* dienen, von der Vertretungsbefugnis der geschäftsführenden Gesellschafter von vornherein nicht umfasst sind (sec. 5 PA 1890). Aufgrund dieser

---

[520] Siehe dazu unten Seite 157 ff.

[521] So auch *Guyon,* Rev. soc. 1988, 292; *Merle,* Nr. 404. Zu den Zustimmungsvorbehalten siehe oben Seite 114 ff.

[522] *Bowstead/Reynolds,* 6-008, article 39: „Subject to any special circumstances indicating the contrary, the agent is bound to obey all lawful and reasonable instructions of his principal in relation to the manner in which the agent carries out his duties.“; siehe dazu auch die Entscheidungen Julien Praet & Cie S. A. v. H. G. Poland LTD [1960] 1 Lloyd's Rep. 416, 441-442; L. S. Harris Trustees Ltd. v. Power Packing Services (Hermit Road) Ltd [1970] 2 Lloyd's Rep. 64 sowie *Markesinis/Munday,* 98 ff.; *Adams,* Halsbury's Laws of England, volume 1 (2), Para. 88.

Möglichkeit, die Vertretungsbefugnisse der geschäftsführenden Gesellschafter mit Außenwirkung zu beschränken, besteht in englischen Personengesellschaften von vornherein ein relativ geringes Bedürfnis hinsichtlich von Weisungsbefugnissen der Gesellschafter, die Wirkung im Außenverhältnis der Gesellschaft entfalten.

b) Kapitalgesellschaftsrecht

Im Rahmen der ihnen durch die Satzung gewährten, regelmäßig umfassenden Geschäftsführungsbefugnisse sind die *directors* einer *company* traditionell nicht den Weisungen der Gesellschafter unterworfen[523]. So führte *Lord Greer* in der Entscheidung John Shaw & Sons (Salford) Ltd. v. Shaw aus[524]:

> „If powers of management are vested in the directors, they and they alone can exercise these powers. The only way in which the general body of shareholders can control the exercise of the powers vested by the articles in the directors is by altering the articles, or if opportunity arises under the articles, by refusing to re-elect the directors of whose actions they disapprove."

Das fehlende Weisungsrecht der Gesellschafter gegenüber den *directors* erklärt sich vor dem Hintergrund, dass die *directors* bei der Ausführung ihrer Geschäftsführungsbefugnisse nach allgemeiner Auffassung nicht als Vertreter oder Beauftragte der Gesellschafter handeln[525]. Immerhin gewährt Art. 70 der geltenden Fassung der *Table A* der satzungsändernden Mehrheit, also der Drei-Viertel-Mehrheit der Gesellschafter, nun ausdrücklich ein Weisungsrecht gegenüber der Geschäftsführung. Die Vorschrift lautet:

---

[523] *Scott* v. *Scott* [1943] 1 All ER 582; *Howard Smith Ltd.* v. *Ampol Petroleum Ltd* [1974] AC 821, 837; *Quin & Axtens* v *Salmon* [1909] 1 Ch 311; *Automatic Self-Cleansing Filter Syndicate Co* v *Cuninghame* [1906] 2 Ch 34, CA; *Gramophone & Typewriter Ltd* v. *Stanley* [1908] 2 K. B. 89, CA: „This Court decided not long since, that even a resolution of a numerical majority at a general meeting of the company cannot impose its will upon the directors when the articles have confided to them the control of the company's affairs".; *Charlesworth/Morse*, 250; *Gower/Davies*, 184; *Baumgärtner*, 31; *Pennington*, 696 f.; *Prime/Scanlan*, 95; aA *Goldberg* (1970) MLR 177, 178 ff.; *Sullivan*, LQR 1977, 569, 578.

[524] [1935] 2 KB 113, 134.

[525] *Gramophone* and *Typewriter Ltd* v *Stanely* [1908] 2 KB 89, 105-6: „The directors are not servants to obey directions given by the shareholders as individuals, they are not agents appointed by and bound to serve their shareholders as their principals."; siehe auch *Mayson/French/Ryan*, 473; *Pennington*, 696.

„Subject to the provision of the Act, the memorandum and the articles and to *any directions given by special resolution*[526], the business of the company shall be managed by the directors who may exercise all the powers of the company. (...) no such direction shall invalidate any prior act of the directors which would have been valid if that (...) direction had not been given."

Die Gesellschafter einer *company* können folglich grundsätzlich durch *special resolution* Weisungen an die Geschäftsführung richten, es sei denn, die *articles of association* der Gesellschaft enthalten eine anderslautende Regelung[527]. Diese Weisungen können allgemeiner Natur sein oder sich auf eine einzelne Geschäftsführungsmaßnahme beziehen[528]. Jedoch stellt Art. 70 *Table A* ausdrücklich klar, dass eine Weisung der Gesellschafter auf bereits durchgeführte Maßnahmen der Geschäftsführung keine Auswirkungen hat. Weisungsbefugnissen der Gesellschafter kommt - insbesondere in *public companies* - keine große praktische Bedeutung zu, da entsprechende Befugnisse entweder von vornherein nicht in den Satzungen der Gesellschaften enthalten sind oder die gemäß Art. 70 Table A erforderliche Dreiviertelmehrheit der Gesellschafter für eine Anweisung der Geschäftsführung nicht zustande kommt[529].

Weisungsrechte zugunsten der einfachen Mehrheit der Gesellschafter bestehen im englischen Kapitalgesellschaftsrecht hingegen nach wie vor nicht[530]. Etwas anderes gilt ausnahmsweise dann, wenn der *board of directors* zur Geschäftsführung nicht in der Lage ist, etwa weil er zerstritten ist oder die jeweilige Geschäftsführungsmaßnahme außerhalb der Geschäftsführungsbefugnisse der *directors* liegt[531]. Letzteres kommt in der Praxis jedoch kaum vor, da die *directors* ganz überwiegend entsprechend der gesetzlichen Musterregelung (Art. 70 der *Table A*) über umfassende Geschäftsführungszuständigkeiten verfügen.

---

[526] Hervorhebung im Text erfolgte durch die Verfasserin.

[527] Gower/*Davies*, 186; *Pettet*, 121; *Pennington*, 699; so auch bereits Automatic Self Cleaning Filter Syndicate Co. Ltd v. Cuninghame [1906] 2 Ch. 34, 38; gegen die Annahme eines Weisungsrechts der Gesellschafter jedoch *Mayson/French/Ryan*, 474, die die Gesellschafter auf die Möglichkeit verweisen, die den *directors* übertragenen Befugnisse mittels einer Änderung der *articles of association* im Einzelfall bei Bedarf einzuschränken.

[528] *Pennington*, 699.

[529] *Pennington*, 699; *Prime/Scanlan*, 95; Gower/*Davies*, 184; aA *Goldberg* (1970) MLR, 177; *Sullivan* (1977) 93 LQR 569, 578; *Farrar*, 365.

[530] John Shaw & Sons (Salford) Ltd. v. Shaw [1935] 2 KB 113; Scott v Scott [1943] 1 All ER 582; *Pettet*, 121 f.; anders jedoch *Neville J*, in Marshall's Valve Gear Co v. Manning Wardle & Co. Ltd [1909] 1 Ch 267.

[531] Alexander Ward and Co. Ltd v. Samyang Navigation Co. Ltd [1975] 1 WLR 673; *Fox/Bowen*, 101; *Mayson/French/Ryan*, 478 f.; *Pennington*, 702 f.

Weisen die Gesellschafter die Geschäftsführung durch *special resolution* zu einem bestimmten Geschäftsführungshandeln an, entfaltet eine solche Weisung gemäß sec. 35 (1) iVm 35 A (1) CA 1985 keine Wirkungen gegenüber Personen, die in Geschäftsbeziehung zu der Gesellschaft treten. Etwas anderes gilt, wenn die jeweilige Person hinsichtlich des Umfangs der Geschäftsführungsbefugnisse des handelnden *directors* (ausnahmsweise) nicht gutgläubig war. Die Gutgläubigkeit der Geschäftspartner der Gesellschaft wird jedoch gemäß sec. 35 (2c) CA 1985 vom Gesetz vermutet. Im Innenverhältnis sind die *directors* hingegen verpflichtet, ihr Handeln am Inhalt einer Weisung der Gesellschafter auszurichten (sec. 35 (3) CA 1985). Kommen sie dieser Verpflichtung nicht nach, kann die Gesellschaft sie wegen eines Verstoßes gegen ihre treuhänderischen Pflichten (*breach of fiduciary duties)* auf Schadensersatz in Anspruch nehmen[532].

II. Zulässigkeit von gesellschaftsvertraglichen oder satzungsmäßigen Weisungsrechten

1. Deutschland

Den an einer Personengesellschaft sowie an einer GmbH Beteiligten steht es grundsätzlich frei, Weisungsbefugnisse der Gesellschafter gegenüber ihren Geschäftsführern im Gesellschaftsvertrag oder in der Satzung der Gesellschaft zu verankern[533]. Hingegen besteht im Recht der AG eine derartige Gestaltungsbefugnis nicht. Dies folgt aus dem Grundsatz der Satzungsstrenge, der dem deutschen Aktienrecht zugrunde liegt[534].

Gesellschaftsvertragliche Weisungsbefugnisse entfalten grundsätzlich keine Außenwirkungen gegenüber Dritten, mit denen der Geschäftsführer entgegen einer anderslautenden Anweisung der Gesellschafter einen Vertrag abschließt. Dies folgt aus der grundsätzlichen Unbeschränkbarkeit der Vertretungsmacht (vgl. § 126 (2) HGB). Die rechtliche Bedeutung einer Weisung beschränkt sich daher grundsätzlich auf die Möglichkeit der Geltendmachung von Schadensersatzansprüchen gegenüber einem geschäftsführenden Gesellschafter, der nicht im Einklang mit Weisungen der Gesellschafter handelt[535].

---

[532] *Pettet*, 134.

[533] Vgl zur GbR: MüKo-BGB-*Ulmer*, § 713 Rn 7; zur KG: *BGH*, Urteil v. 11. 2. 1980, BGHZ 76, 160, 164.

[534] § 23 (5) AktG, siehe dazu *Hüffer*, § 23 Rn 35 ff. Gegen die Einführung einer entsprechenden Gestaltungsbefugnis im Aktienrecht hat sich auch die Regierungskommission Corporate Governance ausgesprochen, siehe *Baums*, Rn 81 ff.

[535] *K. Schmidt*, Gesellschaftsrecht, § 10 II 2 a), Seite 257.

Etwas anderes gilt im Fall des Missbrauchs der Vertretungsmacht, wenn also Geschäftsführer und Dritter kollusiv zusammenwirken, der Dritte die Anweisung der Gesellschafter kannte oder die Beschränkung der Vertretungsmacht des Geschäftsführers für ihn evident war[536]. Etwas anderes gilt des weiteren im Recht der GbR: Dort entfalten Weisungen der Gesellschafter Wirkungen im Außenverhältnis, weil der Umfang der Vertretungsmacht des geschäftsführenden Gesellschafters gemäß § 714 BGB an dessen Geschäftsführungsbefugnis gekoppelt ist. Eine Einschränkung erfährt diese grundsätzliche Außenwirkung im Recht der GbR durch die anerkannten Rechtsscheinstatbestände der Duldungs- und Anscheinsvollmacht[537].

2. Frankreich

Aus dem Schweigen der einschlägigen französischen Rechtsprechung und Literatur zu der Frage, ob Weisungsbefugnisse der Gesellschafter in den Statuten der Gesellschaft verankert werden können, ist abzuleiten, dass das französische Gesellschaftsrecht diese Gestaltungsmöglichkeit nicht gewährt. Dies folgt für die SA aus einem grundlegenden Urteil der *Cour de cassation* aus dem Jahr 1946, wonach die gesetzliche Organisation der SA grundsätzlich nicht zur Disposition der Gesellschafter steht[538].

3. England

Weisungsbefugnisse gegenüber den *directors* einer *company* können nach traditioneller Auffassung nicht wirksam zugunsten der einfachen Mehrheit der Gesellschafter in den *articles of association* verankert werden[539]. Hieran hat

---

[536] *K. Schmidt,* Gesellschaftsrecht, § 10 II 2, b), Seite 258 f.

[537] Siehe dazu bereits oben Seite 129.

[538] *Cass. civ.* 4. 6. 1946, JCP 1947 II 3518 note *Bastian*; *Cass. com.* 30. 4. 1968, so auch *Sibon* in seiner Anm. zu *Cass. com* 18. 5. 1982, Rev soc. 1983, 72, 74; *Guyon*, Rev. soc. 1988, 292; *Merle,* Nr. 459; *Wymeersch,* in: *Hopt/Kanda/Roe/Wymeersch/Prigge,* 1045, 1094. Zwar spricht *Guyon,* Enc. Dalloz Sociétés, Assemblées d'actionnaires, Nr. 227 von dem Recht der Gesellschafterversammlung, Weisungen zu erteilen, die von der Geschäftsführung der SA auszuführen seien. Jedoch bezieht sich dieses Weisungsrecht nicht auf die laufende Geschäftsführung, sondern vielmehr auf die grundlegenden Geschäfte, die den Gesellschaftern sowieso zur Entscheidung zugewiesen sind.

[539] *John Shaw and Sons (Salford) Ltd* v *Shaw* [1935] 2 KB 113; *Scott* v *Scott* [1943] 1 All ER 582; *Quin & Axtens* v. *Salmon* [1909] 1 Ch 311; *Automatic Self-Cleaning Filter Syndicate Co* v *Cuninghame* [1906] 2 Ch 34, CA: Die *articles* einer *company* enthielten eine Vorschrift ähnlich der 70. Regelung des *Table A*, wonach der Geschäftsführer bei der Geschäftsführung den außerordentlichen Beschlüssen der Gesellschafterversammlung unterworfen sein sollte. Die Mehrheit der Aktionäre betrieb den Verkauf der Unternehmung und berief eine Gesellschafterversammlung ein, in der ein außerordentlicher Beschluss getroffen wurde, wonach die Direktoren den Verkaufsvertrag unter-

sich auch nichts dadurch geändert, dass Art. 70 *Table A* von Weisungen der Gesellschafter spricht, die durch *special resolution* ergehen. Nach wie vor ist eine Regelung in den *articles of association,* die den Gesellschaftern das Recht gibt, mittels einfachen Mehrheitsbeschlusses (*ordinary resolution)* Weisungen an die Geschäftsführer der Gesellschaft zu richten, unwirksam[540]. Begründet wird die Verneinung derartiger Weisungsbefugnisse mit den Prinzipien der klaren Kompetenzverteilung in der englischen *company* (*division of powers)* und der Trennung von Eigentum und Kontrolle (*separation of ownership and control).* Der Minderheitsgesellschafter einer *company* soll sich darauf verlassen können, dass die Geschäfte der Gesellschaft tatsächlich durch die *directors* und nicht vom Mehrheitsgesellschafter bestimmt und ausgeführt werden[541]. Dieses Ergebnis mutet insbesondere im Hinblick auf kleinere Gesellschaften seltsam an. Zwar steht den Gesellschaftern das jederzeitige Recht zu, mittels einfachen Mehrheitsbeschlusses die Geschäftsführer von ihrer Stellung in der Gesellschaft abzuberufen[542], jedoch wird ihnen die weniger einschneidende Maßnahme der Anweisung mittels Mehrheitsbeschlusses verweigert[543]. Möglicherweise erklärt jedoch gerade die Existenz weitreichender Abberufungsbefugnisse der Gesellschafter im englischen Kapitalgesellschaftsrecht, warum auf die Normierung von Weisungsbefugnissen zugunsten der einfachen Mehrheit der Gesellschafter verzichtet werden kann. Denn immerhin verfügen die Gesellschafter einer *company* aufgrund ihrer jederzeitigen Abberufungskompetenz faktisch über ein wirkungsvolles Druckmittel, um ihre Vorstellungen von der Geschäftsführung gegenüber den *directors* durchzusetzen.

C. Zusammenfassung zu den Weisungsrechten der Gesellschafter gegenüber der Geschäftsführung

Den Gesellschaftern der untersuchten Gesellschaftsformen stehen überwiegend keine Weisungsbefugnisse gegenüber der Geschäftsführung zu. Etwas anderes gilt lediglich für die Gesellschafter der GmbH sowie für die englischen Personengesellschaften. So können die Gesellschafter einer GmbH ihren Geschäftsführern durch einfachen Mehrheitsbeschluss Weisungen hinsichtlich der

---

zeichnen sollten. Das Gericht stellte fest, dass die Direktoren an diesen Beschluss der Gesellschafter nicht gebunden waren. Anders hingegen *Neville J,* in: Marshall's Valve Gear Co. Ltd v. Manning Wardle and Co. Ltd [1909] 1 Ch D 267.

[540] *Mayson/French/Ryan*, 475; *Gower/Davies*, 184; *Pennington*, 696.

[541] So *Farwell LJ,* in Salmon v. Quin & Axtens Ltd [1909] 1 Ch 311.

[542] Sec. 303 (1) CA 1985. Zur Abberufung des Geschäftsführers siehe unten Seite 159 ff.

[543] *Pettet*, 122; siehe auch *Pennington*, 699, der die Verankerung eines solchen Weisungsrechts für *private companies* für sinnvoll hält.

Art und Weise der Geschäftsführung erteilen. In den englischen *partnerships* sowie den *limited partnerships* ergibt sich die Weisungsgebundenheit der geschäftsführenden Gesellschafter aus den allgemeinen Rechtsgrundsätzen des englischen Vertretungsrechts. Demgegenüber ist im Recht der *companies* zu differenzieren. Zwar steht den Gesellschaftern nicht die Befugnis zu, eine wirksame Weisung gegenüber der Geschäftsführung mittels einfachen Mehrheitsbeschlusses auszusprechen. Immerhin gewährt Art. 70 *Table A* der Dreiviertelmehrheit der Gesellschafter ein solches Weisungsrecht. In der Praxis kommt diesem Weisungsrecht für *public companies* jedoch nur wenig Bedeutung zu. Hinsichtlich der Frage, ob Weisungsbefugnisse der Gesellschafter gegenüber der Geschäftsführung in Vertrag oder Satzung der Gesellschaft verankert werden können, ergibt sich ein differenzierteres Bild. Während eine solche Gestaltungsbefugnis für das deutsche Personengesellschaftsrecht bejaht wird, verträgt sich in der AG sowie in den französischen Gesellschaften eine Weisungsgebundenheit der Geschäftsführung nicht mit deren Eigenverantwortlichkeit. Zurückzuführen ist die diesbezüglich fehlende Gestaltungsmöglichkeit im deutschen Aktien- und im französischem Gesellschaftsrecht in erster Linie auf das grundsätzlich stärker institutionelle Verständnis, das dem französischen Gesellschaftsrecht insgesamt und dem deutschen Aktienrecht zu Grunde liegt. Traditionell haben auch die Gesellschafter einer *company* nicht das Recht, Geschäftsführern mittels einfachen Mehrheitsbeschlusses Weisungen zu erteilen. Der Grund hierfür liegt in den anerkannten Grundsätzen der klaren Kompetenzverteilung *(division of powers*) in der englischen *company*. Zusammenfassend kann festgehalten werden, dass lediglich die GmbH sowie die englischen Personengesellschaften gesetzliche Weisungsbefugnisse der Gesellschafter gegenüber der Geschäftsführung kennen. Sowohl das französische Gesellschaftsrecht als auch das deutsche Personengesellschafts- und Aktienrecht und das englische Kapitalgesellschaftsrecht weisen keine gesetzlichen Weisungsrechte zugunsten der - einfachen - Mehrheit der Gesellschafter auf. Immerhin wird im deutschen Personengesellschaftsrecht die vertragliche Verankerung entsprechender Weisungsbefugnisse als zulässig angesehen, während das französische Gesellschaftsrecht die Zulässigkeit von Weisungsrechten vollständig ablehnt.

Soweit Weisungsrechte im Vertrag bzw. in der Satzung einer Gesellschaft verankert werden können, entfalten diese grundsätzlich keine Wirkungen gegenüber gutgläubigen gesellschaftsfremden Personen, weil die Vertretungsmacht der Geschäftsführer durch satzungsmäßige Beschränkungen nicht mit Wirkung nach außen beschränkbar ist[544]. Etwas anderes gilt für die GbR,

---

[544] Diese Einheitlichkeit geht für das Kapitalgesellschaftsrecht zurück auf Art. 9 (2) der ersten gesellschaftsrechtlichen Richtlinie vom 9. 3. 1993, AblEG Nr. L 65 v. 14. 3. 1968, 8 ff.

in der der Umfang der Vertretungsmacht an die Reichweite der Geschäftsführungsbefugnisse des geschäftsführenden Gesellschafters gekoppelt ist. Der Grundsatz der Außenwirkung von Weisungen der Gesellschafter in der GbR wird durch die Grundsätze der Anscheins- und Duldungsvollmacht relativiert, wonach sich gutgläubige Dritte gegenüber der Gesellschaft auf den Rechtsschein des Fortbestehens der Vertretungsmacht berufen können. Die Annahme eines entsprechenden Rechtsscheins setzt jedoch eine gewisse Häufigkeit oder Dauer des den Rechtsschein erzeugenden Verhaltens des Vertreters ohne Vertretungsmacht voraus[545]. Diese Voraussetzungen werden zwar im Fall einer Einzelfallweisung kaum vorliegen, jedoch können die Grundsätze der Anscheins- und Duldungsvollmacht zu einer Verneinung der Außenwirkung von generellen Weisungen führen. In Anbetracht dieser Einschränkungen der grundsätzlichen Parallelität von Geschäftsführungsbefugnis und Vertretungsmacht in der GbR durch die Gedanken der Rechtsscheinhaftung erscheint es vertretbar, den Sonderweg der GbR bei der nachfolgenden Prinzipienbildung zu vernachlässigen und davon auszugehen, dass Weisungen der Gesellschafter grundsätzlich keine Außenwirkungen entfalten.

Zu den Fragen der Existenz gesetzlicher Weisungsbefugnisse sowie der Zulässigkeit vertraglicher bzw. satzungsmäßiger Weisungsbefugnisse der Gesellschafter lassen sich keine gemeinsamen Prinzipien der untersuchten Rechtsordnungen bilden. Festzuhalten bleibt jedoch für die Außenwirkung vertraglicher Weisungsrechte:

Soweit Vertrag oder Satzung der Gesellschaft Weisungsrechte der Gesellschafter gegenüber der Geschäftsführung vorsehen, entfalten Anweisungen der Gesellschafter keine Wirkungen gegenüber gutgläubigen Dritten.

[545] Palandt/*Heinrichs*, § 173 Rn 13 ff.

§ 4 Die Beendigung der Geschäftsführerstellung durch die Gesellschafter

A. Einführung

Eine bedeutende, möglicherweise sogar die wichtigste Maßnahme zur Kontrolle der Geschäftsführung durch die Gesellschafter stellt die Möglichkeit dar, die Geschäftsführer gegen ihren Willen von ihrer Stellung als Geschäftsführer abzuberufen[546]. So wird denn auch für das englische Kapitalgesellschaftsrecht von der Abberufungskompetenz der Gesellschafter als einer Schlüsselvorschrift des modernen Gesellschaftsrechts gesprochen[547]. Zur Abberufung eines Geschäftsführers durch die Gesellschafter kommt es in der Regel erst, wenn diese ein Fehlverhalten oder Missmanagement der Geschäftsführer bei der Führung der Geschäfte für die Gesellschaft festgestellt haben[548]. Folglich handelt es sich bei der zwangsweisen Beendigung der Geschäftsführerstellung in erster Linie um eine repressive Maßnahme[549]. Dennoch darf daneben die disziplinierende und präventive Wirkung, die von der bloßen Existenz der Abberufungsbefugnis für die amtierenden Geschäftsführer ausgeht, nicht unterschätzt werden[550]. Schließlich fürchtet jeder Geschäftsführer - der Geschäftsführer einer Personengesellschaft ebenso wie der Geschäftsführer einer Kapitalgesellschaft - die Abberufung, da die erzwungene Beendigung seiner Geschäftsführerstellung nicht selten seine berufliche Existenz beeinträchtigen oder sogar zerstören wird. Diese disziplinierende Wirkung, die von der Abberufungsbefugnis der Gesellschafter ausgeht, gleicht zu einem großen Teil die Tatsache aus, dass Gesellschafter in der Praxis, insbesondere in großen Kapitalgesellschaften, von ihrer Abberufungskompetenz kaum Gebrauch machen[551].

---

[546] Vgl. *Palmer*, 8.032; *Adom*, Rev. soc. 1998, 487, 491; Baumbach/Hueck/*Zöllner*, § 46 Rn 21.

[547] *Palmer*, 8.032: „key provision of modern company law"; ähnlich *Pettet*, 196.

[548] Vgl. *Bosquet-Denis*, Rev. soc. 1993, 751, 752; *Martens*, FS Werner, 495, 495.

[549] Siehe *Adom*, Rev. soc. 1998, 487, 488: „La révocation est la traduction de l'exercise par les associés de leur droit de surveiller la gestion de la société et de pouvoir au remplacement des dirigeants en qui ils n'ont plus confiance".

[550] So auch *Pettet*, 196.

[551] Von einer eher theoretischen Maßnahme spricht auch *Farrar*, 370; siehe auch *Wymeersch*, AG 1995, 310.

B. Rechtslage in Deutschland, England und Frankreich

Die Darstellung der Befugnisse der Gesellschafter, Geschäftsführer ihres Amtes zu entheben, differenziert nachfolgend zwischen der Abberufung eines Geschäftsführers durch Beschluss der Gesellschafter(-versammlung) (unter I.) und die Herbeiführung der Beendigung einer Geschäftsführerposition durch den einzelnen Gesellschafter (unter II.)

I. Beendigung der Geschäftsführerstellung durch Gesellschafterbeschluss

1. Existenz und Rechtsgrundlage

a) Deutschland

Die Gesellschafter der GbR sind gemäß §§ 712, 715 BGB befugt, ihren Geschäftsführern durch Gesellschafterbeschluss die Geschäftsführungsbefugnis und die Vertretungsmacht zu entziehen[552]. In der OHG sowie in der KG steht den Gesellschaftern zwar ebenfalls das Recht zu, die Abberufung des Geschäftsführers herbeizuführen. Jedoch können sie dies nicht unmittelbar aufgrund eines Gesellschafterbeschlusses, sondern gemäß §§ 117, 127 HGB nur mittelbar dadurch erwirken, dass sie eine gerichtliche Anordnung zur Entziehung von Geschäftsführungsbefugnis und Vertretungsmacht beantragen[553]. Unmittelbar zur Beendigung der Geschäftsführerstellung berechtigt sind hingegen die Gesellschafter der nicht mitbestimmten GmbH, die ihren Geschäftsführer jederzeit von seiner Geschäftsführerposition abberufen können[554].

---

[552] Aus dem Wortlaut des § 712 (1) BGB wird abgeleitet, dass sie nur die vertraglich übertragene Geschäftsführungsbefugnis erfasst, nicht jedoch die gesetzliche Geschäftsführungsbefugnis im Sinne des § 709 (1) BGB, vgl. Staudinger/*Habermeier*, § 712 Rn 2; RGRK/v. *Gamm*, § 712 Rn 1; Erman/*Westermann*, § 712 Rn 2.

[553] Diese Abweichung vom Recht der GbR erklärt sich vor dem Hintergrund, dass in der OHG der Geschäftsführungsbefugnis besondere Bedeutung für den Geschäftsführer insoweit zukommt, als sie in der Regel seinen Beruf darstellen wird und aus diesem Grund eine gründliche Betrachtung sämtlicher Umstände erforderlich ist, bevor dem Geschäftsführer seine berufliche Existenz genommen wird, so jedenfalls *Hueck*, 146.

[554] Gemäß § 38 (1) iVm § 46 Nr. 6 GmbHG. In der mitbestimmten GmbH ist der obligatorische Aufsichtsrat gemäß § 31 MitbestG zuständig für die Bestellung und die Abberufung der Geschäftsführer. Eine GmbH unterliegt gemäß § 77 BetrVG 1952 (Fortgeltung gemäß § 129 BetrVG 1972) der Mitbestimmung, wenn sie regelmäßig zwischen 500 und 2000 Arbeitnehmer beschäftigt bzw. gemäß § 1, 6 MitbestG, wenn sie regelmäßig mehr als 2000 Arbeitnehmer beschäftigt. Weitere Mitbestimmungspflichten können sich aus dem MontanmitbestG, dem MontanmitbestERG sowie aus § 3 KAGG ergeben.

Ein abweichendes Bild ergibt sich hinsichtlich der Beendigung der Geschäftsführerstellung durch die Gesellschafter in der AG. Gemäß § 84 (3) AktG steht die Befugnis zur Abberufung der Vorstandsmitglieder nicht der Hauptversammlung, sondern dem Aufsichtsrat als Kontrollgremium der AG zu. Allenfalls indirekt üben die Gesellschafter in der AG Einfluss auf die Zusammensetzung des Vorstands dadurch aus, dass sie gemäß §§ 101 (1), 103 AktG zuständig sind für die Bestellung und Abberufung der Aufsichtsratsmitglieder[555]. Zudem sind die Aktionäre befugt, dem Vorstand in der Hauptversammlung durch einfachen Mehrheitsbeschluss ihr Vertrauen zu entziehen[556]. Ein solcher Vertrauensentzug stellt gemäß § 84 (3) Satz 2 AktG einen wichtigen Grund für die Abberufung des Vorstands durch den Aufsichtsrat dar. Hat die Hauptversammlung dem Vorstand das Vertrauen nicht willkürlich oder rechtsmissbräuchlich entzogen[557], so verdichtet sich der dem Aufsichtsrat grundsätzlich zustehende Ermessensspielraum im Hinblick auf die Abberufung zu einer Abberufungspflicht[558]. Somit haben auch die Gesellschafter einer AG eine ihrem Umfang nach beschränkte und mittelbare Möglichkeit, die Abberufung der Vorstandsmitglieder herbeizuführen[559].

b) Frankreich

Das Recht der französischen Personengesellschaften und das Recht der SARL sehen jeweils eine ausdrückliche gesetzliche Zuständigkeit der Gesellschafterversammlung für die Abberufung ihrer Geschäftsführer vor[560].

---

555 Dies gilt gemäß § 77 BetrVG 1952 iVm § 103 AktG auch für die Bestellung und Abberufung der Mitglieder des obligatorischen Aufsichtsrats in der mitbestimmten GmbH. Für eine GmbH mit regelmäßig mehr als 2000 Arbeitnehmern regelt § 6 (2) MitbestG iVm § 103 AktG die Befugnis der Gesellschafter zur Abberufung der Aufsichtsratsmitglieder.

556 Siehe bereits *BGH*, Urteil v. 28.4.1954, BGHZ 13, 188; *Wiesner*, MüHbGesR, Band IV, § 20 Rn 48 ff.; des weiteren *Hommelhoff*, ZHR 151 (1987) 493: In der Regel stellt auch die Entlastungsverweigerung seitens der Hauptversammlung einen Vertrauensentzug dar, Großkomm-AktG-*Meyer-Landrut*, § 84 Rn 35 (3. Auflage); KölnKomm.-AktG-*Mertens*, § 84 Rn 105; aA *Semler*, MüHbGesR, Band IV, § 34 Rn 29.

557 Zu diesen Grenzen siehe *BGH*, Urteil v. 28. 5. 1954, BGHZ 13, 188, 192 f.

558 *Wiesner*, MüHbGesR, Band IV, § 20 Rn 50; anders KölnKomm.-AktG-*Mertens*, § 84 Rn 107. Zur Abberufung des Vorstands durch den Aufsichtsrat siehe ausführlich unten Seite 259 ff.

559 So auch *G. H. Roth*, 174.

560 Siehe zur SC Art. 1851 (1) CC: „(...) le gérant est révocable par une décision des associés représentant plus de la moitié des parts sociales." Zur SNC und SCS Art. 221-12 CCom; zur SARL Art. 223-25 (1) CCom.

Für die französische SA ist hinsichtlich der Abberufung der Geschäftsführer nach der jeweiligen Organisationsform der Gesellschaft zu differenzieren.

aa) Klassisch organisierte SA

In der klassisch organisierten SA obliegt die Geschäftsführung der Gesellschaft gemäß Art. 225-51-1 CCom entweder einem *directeur général*, der nicht zugleich Vorsitzender des *conseil d'administration* ist, oder einem *directeur général*, der zugleich die Funktion des Vorsitzenden (*président*) des *conseil d'administration* ausübt (sog. PDG)[561]. Dem jeweiligen Geschäftsführer können zur Unterstützung durch den *conseil d'administration* ein oder mehrere *directeurs généraux délégués* zur Seite gestellt werden[562]. Sowohl der Vorsitzende (*président*) des *conseil d'administration* als auch der *directeur général* und die *directeurs généraux délégués* werden vom *conseil d'administration* ernannt[563] und können von diesem gemäß Art. 225-47 (3), 225-55 CCom auch abberufen werden. Die Gesellschafter nehmen auf die Abberufung der Geschäftsführer der klassischen SA hingegen grundsätzlich keinen Einfluss[564]. Etwas anderes gilt im Fall eines Geschäftsführers, der die Funktionen des *directeur général* und des Vorsitzenden des *conseil d'administration* in sich vereint. Dessen Abberufung können die Gesellschafter herbeiführen, indem sie die ihnen zustehende Personalkompetenz hinsichtlich der Mitglieder des *conseil d'administration* ausüben[565]. Durch den Verlust seiner Mitgliedschaft im *conseil d'administration* verliert der PDG dann zugleich seine Stellung als Vorsitzender dieses Leitungsgremiums[566].

Nach der gesetzlichen Ausgangslage haben die Gesellschafter auch keine Abberufungskompetenz hinsichtlich der *directeurs généraux délegués*[567].

---

[561] Die Möglichkeit, die Funktionen des *directeur général* und des *président du conseil d'administration* zu trennen ist eingeführt worden durch die LNRE v. 15. 5. 2001. Die Entscheidung darüber liegt gemäß Art. 225-51-1 (2) CCom beim *conseil d'administration*. Vgl. hierzu auch *Viandier*, Nr. 111, der von der Trennung dieser beiden Funktionen als der „idée générale" der LNRE spricht.

[562] Art. 225-53 CCom.

[563] Artt. 225-47 (1), 225-51 (1), 225-53 (1) CCom.

[564] *Cozian/Viandier/Deboissy*, Nr. 684.

[565] Art. 225-18 (2) CCom: „Ils (les administrateur) peuvent être révoqués à tout moment par l'assemblée générale ordinaire."

[566] *Ripert/Roblot*, Tome 1, Nr. 1685; *Cozian/Viandier/Deboissy*, Nr. 684; *Guyon*, Nr. 341: „En effet le conseil peut le [président] révoquer directement et l'assemblée indirectement, car s'il n'est plus administrateur, il ne peut pas continuer de présider un collège auquel il a cessé d'appartenir".

[567] Vgl. *Merle*, Nr. 432-1.

Faktisch können die Gesellschafter jedoch Einfluss auf die Abberufung der *directeur généraux délégués* dadurch nehmen, dass sie den *conseil d'administration* neu besetzen, womit regelmäßig auch ein personeller Austausch der *directeurs généraux délegués* einhergehen wird[568].

Da dem *conseil d'administration* in der klassischen SA auch geschäftsführende Funktionen zukommen (vgl. Art. 225-35 (1), (2) CCom), ist an dieser Stelle auch darauf hinzuweisen, dass den Gesellschaftern einer klassischen SA eine jederzeitige Abberufungskompetenz hinsichtlich der Mitglieder des *conseil d'administration* zukommt (Art. 225-18 CCom).

bb) Dualistisch organisierte SA

In der dualistisch organisierten SA können die Mitglieder des *directoire* bzw. der *directeur général unique* gemäß Art. 225-61 (1) CCom von der Gesellschafterversammlung abberufen werden. Daneben kann diese Abberufungskompetenz in den Statuten der Gesellschaft auch dem *conseil de surveillance* übertragen werden[569].

c) England

aa) Personengesellschaftsrecht

Ist in einer *partnership* die Geschäftsführung abweichend vom gesetzlichen Regelfall auf einen oder mehrere Partner unter Ausschluss der übrigen Gesellschafter übertragen, stellt sich auch für diese Gesellschaftsform die Frage, ob ein *managing partner* von den übrigen Gesellschaftern abberufen werden kann. Eine entsprechende gesetzliche Regelung sieht der Partnership Act naturgemäß nicht vor, geht er doch davon aus, dass sämtliche Gesellschafter an der Geschäftsführung der Gesellschaft teilhaben (sec. 24 (5) PA 1890)[570]. Grundsätzlich kann davon ausgegangen werden, dass im Fall einer gesellschaftsvertraglichen Regelung, die die Geschäftsführungsbefugnis auf einen oder mehrere Gesellschafter unter Ausschluss der übrigen Gesellschafter überträgt, der Gesellschaftsvertrag regelmäßig zugleich die Frage der Abberufung

---

[568] Vgl. (zur Abberufung der directeurs généraux nach alter Rechtslage) *Ripert/Roblot*, Tome 1, Nr. 1653.

[569] Art. 225-61 (1) CCom: „Les membres du directoire ou le directeur général unique peuvent être révoqués par l'assemblée générale, ainsi que, si les statuts le prévoient, par le conseil de surveillance".

[570] Vgl. *Heenen*, International Encyclopedia of comparative law, Nr. 102; *Lindley/ Banks*, 13-33.

der geschäftsführenden Gesellschafter regeln wird[571]. Schweigt der Gesellschaftsvertrag dennoch zur Frage der Abberufung eines *managing partner*, so ist zur Beantwortung der Frage nach der Möglichkeit einer Abberufung auf das allgemeine Vertretungsrecht zurückzugreifen[572]. Im englischen Vertretungsrecht gilt allgemein, dass die Vertretungsmacht des Vertreters *(agent)* vom Vertretenen *(principal)* zu jeder Zeit (*at will*) widerrufen werden kann[573]. Entsprechend kann ein *managing partner* als Vertreter der übrigen Gesellschafter jederzeit von seiner geschäftsführenden Funktion in der Gesellschaft abberufen werden. Hierbei ist zu berücksichtigen, dass einem geschäftsführenden Gesellschafter lediglich diejenigen Befugnisse genommen werden können, die über seine allgemeinen, in sec. 24 (5) PA 1890 gesetzlich gewährleisteten Geschäftsführungsbefugnisse hinausgehen. Eine weitergehende Einschränkung seiner Geschäftsführungsbefugnisse setzt gemäß sec. 19 PA 1890 die Zustimmung sämtlicher Gesellschafter einschließlich des betroffenen *managing partner* voraus[574].

bb) Kapitalgesellschaftsrecht

Den Gesellschaftern einer *company* ist in sec. 303 CA 1985 die Befugnis zur Abberufung der *directors* ausdrücklich zugewiesen[575]. Dies gilt neben der Abberufung der *directors* der *public company* auch für die Abberufung der *directors* einer *private company.* Zwar erfolgt in *private companies* die Bestellung der *directors* in den *articles of association* der Gesellschaft häufig auf Lebenszeit. Eine Bestellung auf Lebenszeit bedeutet rechtlich jedoch lediglich, dass die Geschäftsführer ihre Stellung nicht automatisch nach Ablauf eines

---

[571] Siehe zu einer solchen Vertragsklausel die Encyclopedia of forms and precedents, volume 30, para 253: „If a senior Partner or a managing Partner shall do anything which would entitle the other Partners to expel him or in the opinion of all the other Partners have proved himself unfit to carry out his duties as senior Partner or managing Partner then the other Partner may remove him from his appointment immediately or with effect from such date as they shall decide." Zu einer weiteren Klausel, die die Abberufung eines *salaried partner* regelt, siehe *Sacker*, 160 f.

[572] Vgl. dazu *Heenen*, International Encyclopedia of comparative law, Nr. 102.

[573] Tomlinson v. Broadsmith [1896] Q. B. 386, 380 (Lord Esher); *Bowstead/Reynolds*, Nr. 10-021; *Adams*, in: Halsbury's Laws of England, Band 1 (2), Para 189; *Markesinis/Munday*, 226, 229. zur partnership: *Lindley/ Banks*, 13-33; Gallway v. Matthew [1808] 10 East 264 = ER 103, 775; Willis v. Dyson [1816] 1 Stark. 164 = ER 171, 434; Rooth v. Quin [1819] 7 Price 193 = ER 146, 944, Vice v. Flemin [1827] 1 Y. & J. 227 = ER 148, 655.

[574] Siehe hierzu *Lindley/Banks*, 13-34: „A revocation which purports to exclude one or more partners from their rightful participation in the management of the partnership business cannot be effective".

[575] Sec. 303 (1) CA 1985: „A company may by ordinary resolution remove a director before the expiration of his period of office (...)."

bestimmten Zeitraums verlieren. Sie tangiert jedoch nicht die jederzeitige Befugnis der Gesellschafter, die *directors* nach sec. 303 (1) CA 1985 von ihrer Stellung als Geschäftsführer der Gesellschaft abzuberufen[576].

d) Ergebnis

aa) Personengesellschaftsrecht

Die Gesellschafter einer Personengesellschaft sind grundsätzlich berechtigt, die Geschäftsführer ihrer Gesellschaft abzuberufen. In der OHG und KG können die Gesellschafter die Abberufung der Geschäftsführer zwar nicht unmittelbar herbeiführen. Sie sind jedoch befugt, bei Gericht einen Antrag auf eine entsprechende Entscheidung zu stellen. Das Recht der OHG und KG schaltet insoweit die gerichtliche Prüfung der Abberufungsvoraussetzungen vor die eigentliche Abberufung, während der Abberufungsbeschluss in den übrigen Personengesellschaften seine Wirkungen zunächst unabhängig vom Vorliegen der jeweiligen Voraussetzungen entfaltet.

Als gemeinsames Prinzip für das Personengesellschaftsrecht kann folglich festgehalten werden:

Die Gesellschafter einer Personengesellschaft sind befugt, die Beendigung der Geschäftsführerstellung ihrer Geschäftsführer herbeizuführen.

bb) Kapitalgesellschaftsrecht

Wie im Personengesellschaftsrecht bietet sich dem Betrachter des Kapitalgesellschaftsrechts in den untersuchten Rechtsordnungen ein weitgehend einheitliches Bild. So sind die Gesellschafter einer nicht mitbestimmten GmbH, einer SARL und einer dualistisch organisierten SA sowie die Gesellschafter einer *company* befugt, ihre Geschäftsführer abzuberufen. Anders stellt sich die Rechtslage hingegen in der AG (sowie in der mitbestimmten GmbH) und der klassisch organisierten SA dar. In der AG wird die Abberufungskompetenz hinsichtlich der Mitglieder des Vorstands vom Aufsichtsrat und nicht von der Gesellschafterversammlung wahrgenommen. Jedoch verfügen auch die Gesellschafter einer AG über die Möglichkeit, einem Vorstandsmitglied ihr Vertrauen zu entziehen und damit dessen Abberufung durch den Aufsichtsrat in die

[576] *Palmer*, 8.001. Etwas anderes gilt lediglich für Direktoren, die ihre Stellung als Direktoren auf Lebenszeit bereits am 18. 7. 1945 innehatten. Diese Direktoren können lediglich abberufen werden, wenn die *articles of association* die Abberufung ausdrücklich vorsehen, sec. 303 (1) CA 1985; sec. 14 Companies Consolidation Act 1985.

Wege zu leiten. In der klassischen SA nehmen die Gesellschafter keinen Einfluss auf die Abberufung eines *directeur général*, der nicht zugleich Vorsitzender (*président*) des *conseil d'administration* ist. Sind die Funktionen des *directeur général* und des Vorsitzenden (*président*) des *conseil d'administration* hingegen in einer Person vereint, so kommt den Gesellschaftern eine Abberufungskompetenz zu. Diese Abberufungskompetenz bezieht sich daneben auf sämtliche Mitglieder des *conseil d'administration*. Da für die klassisch organisierte SA davon auszugehen ist, dass die Funktionen des Vorsitzenden (*président*) des *conseil d'administration* und des *directeur général* weiterhin in einer Person (*président- directeur général* – PDG) vereinigt bleiben, haben die Gesellschafter somit nach wie vor die Möglichkeit, die Abberufung des PDG herbeizuführen. Damit bleibt als einzige Rechtsform, die den Gesellschaftern entsprechende unmittelbare Abberufungsbefugnisse verweigert, die deutsche AG. Da auch das Recht der AG immerhin mittelbare Möglichkeiten der Einflussnahme der Gesellschafter auf die Abberufung der Vorstandsmitglieder kennt, erscheint es vertretbar, als gemeinsames Prinzip für die untersuchten Kapitalgesellschaften wie folgt zu formulieren:

Die Gesellschafter einer Kapitalgesellschaft können die Abberufung der Geschäftsführer unmittelbar durch Beschluss oder mittelbar über die Beeinflussung des zur Abberufung zuständigen Kontrollgremiums herbeiführen.

cc) Ergebnis für das gesamte Gesellschaftsrecht

Die für das Personengesellschafts- und das Kapitalgesellschaftsrecht herausgearbeiteten Prinzipien können zum nachfolgenden Leitsatz zusammengefasst werden:

Die Gesellschafter einer Personen- oder Kapitalgesellschaft sind berechtigt, die Beendigung der Geschäftsführerstellung ihrer Geschäftsführer herbeizuführen.

2. *Voraussetzungen der Beendigung der Geschäftsführerstellung durch die Mehrheit der Gesellschafter*

a) Formelle Voraussetzungen

aa) Beschluss in der Gesellschafterversammlung

Über die Abberufung eines Geschäftsführers entscheiden die Gesellschafter grundsätzlich durch Beschluss in der Gesellschafterversammlung[577]. Da die Befugnis zur Einberufung der Gesellschafterversammlung[578] sowie zur Festlegung der Tagesordnung[579] regelmäßig der Geschäftsführung einer Gesellschaft zugewiesen ist, könnte diese ihre Abberufung dadurch verhindern oder verzögern, dass sie sich weigert, die Versammlung einzuberufen oder die Abberufung des Geschäftsführers als Tagesordnungspunkt in die Tagesordnung der Versammlung aufzunehmen mit der Folge, dass über die Abberufung nicht in der Versammlung beraten werden könnte[580]. Für die Kapitalgesellschaften haben der deutsche, französische und englische Gesetzgeber diese Gefahr gesehen und Regelungen getroffen, die die Einberufung der Gesellschafterversammlung auch ohne Mitwirkung der Geschäftsführung ermöglichen[581]. So sind einer oder mehrere Gesellschafter, die eine bestimmte Quote von Anteilen der Gesellschaft halten, in allen drei Rechtsordnungen befugt, die Einberufung der Gesellschaft und die Aufnahme eines bestimmten Beschlussgegenstandes in die Tagesordnung der Gesellschafterversammlung gegen den Willen der Geschäftsführung zu verlangen und durchzusetzen[582].

---

[577] *Ripert/Roblot*, Tome 1, Nr. 1322; siehe auch Art. 223-27 (1) CCom. Daneben existiert in der SARL gemäß Art. 223-27 (1) CCom die Möglichkeit eines schriftlichen Umlaufverfahrens (consultation écrite), siehe dazu *Ripert/Roblot*, a. a. O. Das englische Kapitalgesellschaftsrecht kennt die Möglichkeit von written resolutions, siehe sec. 381 A CA 1985.

[578] Zur GmbH: § 49 (1) GmbHG; zur AG: § 121 (2) AktG; zur SARL: Art. 223-27 (1) CCom; zur SA: Art. 225-103 (1) CCom.

[579] Zur AG: § 124 (1) AktG. zum französischen Recht: *Peguet/Carbiner/Sabourin*, 76.

[580] Siehe § 124 (4) Satz 1 AktG, § 51 (4) GmbHG; Art. 225-105 (3) CCom. Zur entsprechenden Problematik des französischen Rechts *Storck*, Jurisclasseur Sociétés, Band 4, Fasc. 74-20, Nr. 19.

[581] Siehe zur SA Art. 225-105 (3) CCom: „L'assemblée ne peut délibérer sur une question qui n'est pas inscrite à l'ordre du jours. Néanmoins, elle peut, en toutes circonstances, révoquer un ou plusieurs administrateurs ou membres du conseil de surveillance et procéder à leur remplacement".

[582] Zur SARL: Art. 223- 27 (3) CCom; zur SA: Art. 225-103 CCom; zur GmbH: § 50 (1) und (2) GmbHG; zur AG: § 122 (1) und (2) AktG; zur company: Sec. 368 CA 1985 oder 370 (3) CA 1985. Für die GbR hat die Rechtsprechung bei Schweigen des Gesellschaftsvertrages zu diesem Punkt die entsprechende Anwendung von § 50 (3) GmbHG bejaht, *BGH*, Urteil v. 9. 11. 1987, BGHZ 102, 172, 175.

Darüber hinaus ist im französischen Gesellschaftsrecht anerkannt, dass die Gesellschafter über die Abberufung eines Geschäftsführers auch beschließen können, wenn ein entsprechender Tagesordnungspunkt nicht existiert. Nach Auffassung französischer Literatur und Rechtsprechung umfassen die Tagesordnungspunkte, die die Geschäftsführung der Gesellschaft betreffen („*gestion du gérant*" oder „*l'étude de la situation actuelle de la société et de son administration*"), auch die Beschlussfassung über die Abberufung des Geschäftsführers[583].

Es kann somit festgehalten werden, dass sämtliche untersuchten Rechtsordnungen Regelungen enthalten, die gewährleisten, dass auch gegen den Willen der Geschäftsführung über die Abberufung eines Geschäftsführers in der Gesellschafterversammlung entschieden werden kann. Daher ist als gemeinsames Prinzip zu diesem Aspekt zu formulieren:

Die Gesellschafter einer Kapitalgesellschaft sind befugt, die Einberufung einer Gesellschafterversammlung sowie die Aufnahme eines Tagesordnungspunktes in die Tagesordnung der Gesellschafterversammlung gegen den Willen der Geschäftsführung durchzusetzen. Diese Befugnis steht den Gesellschaftern insbesondere auch zu, wenn es sich um die Einberufung einer Gesellschafterversammlung oder die Aufnahme eines Tagesordnungspunktes in die Tagesordnung zu dem Zweck handelt, die Abberufung eines Geschäftsführers herbeizuführen.

bb) Mehrheitsanforderungen an die Beschlussfassung

aaa) Deutschland

In der GbR setzt die Abberufung des Geschäftsführers grundsätzlich einen einstimmigen Beschluss der Gesellschafter voraus[584]. Entsprechend haben die Gesellschafter einer OHG den erforderlichen Antrag bei Gericht auf Entzug

[583] Zur SARL: *Cass. com.* 28. 2. 1977, Rev. soc. 1978, 245 note *Gastaud*; *CA Paris*, 24. 9. 1981, Rev. soc. 1982, 283 note *Le Cannu*; *Storck*, Jurisclasseur Sociétés Fasc. 74-20, Nr. 21; *Mercadal/Janin*, Nr. 5309; zur SA: Art. 225-105 (3) Satz 2 CCom; *Mercadal/Janin*, Nr. 7855; *Guyon*, Nr. 328; *Merle*, Nr. 386.

[584] § 712 (1) BGB. Treffen die Gesellschafter nach dem Gesellschaftsvertrag ihre Beschlüsse mit einfacher Mehrheit, so genügt diese auch für die Abberufung des geschäftsführenden Gesellschafters. Ein Mehrheitsbeschluss genügt des weiteren in Publikumspersonengesellschaften, siehe zur Publikums-GbR: *BGH*, Urteil v. 22. 3. 1982, WM 1982, 583, 584; Urteil v. 9. 11. 1987, BGHZ 102, 172, 178 f.; Erman/*Westermann*, § 712 Rn 5; zur Publikums-oHG: Schlegelberger/*Martens*, § 117 Rn 3; Baumbach/*Hopt*, § 117 Rn 6; *Michalski*, § 117 Rn 17; zur Publikums-KG: *Stimpel*, in: FS Fischer, 771, 780; *Hopt*, ZGR 1979, 1, 27.

der Geschäftsführungsbefugnis eines geschäftsführenden Gesellschafters gemeinsam zu stellen. Dies gilt aufgrund der allgemeinen Verweisung in § 161 (2) HGB auf das Recht der OHG auch für die Beschlussfassung in der KG, es sei denn, der Gesellschaftsvertrag der KG enthält eine hiervon abweichende Regelung[585]. In allen deutschen Personengesellschaften ist der betroffene geschäftsführende Gesellschafter von der Beschlussfassung der Gesellschafter ausgenommen[586]. Folglich kann sich ein geschäftsführender Gesellschafter einer deutschen Personengesellschaft seiner Abberufung durch die übrigen Gesellschafter auch dann nicht widersetzen, wenn er zugleich Mehrheitsgesellschafter ist. Jeder andere Gesellschafter ist aufgrund des Erfordernisses des einstimmigen Beschlusses hingegen grundsätzlich in der Lage, die Abberufung eines Geschäftsführers zu verhindern. Ist die Abberufung eines Gesellschafters im Interesse der Gesellschaft jedoch dringend geboten, so obliegt dem einzelnen Gesellschafter die sich aus seiner Treuepflicht gegenüber der Gesellschaft und den Mitgesellschaftern ergebende Pflicht, der Abberufung eines Geschäftsführers zuzustimmen[587].

Anders als im Personengesellschaft genügt zur Abberufung eines Geschäftsführers in der GmbH gemäß § 47 (1) GmbHG ein mit einfacher Mehrheit getroffener Beschluss der Gesellschafter, an dem der betroffene Gesellschafter-Geschäftsführer grundsätzlich auch teilnehmen darf[588]. Liegt aber ein wichtiger Grund für die Abberufung des Gesellschafter-Geschäftsführers vor, so ist der betroffene Gesellschafter aufgrund des zwingenden Charakters des § 38 (2) GmbHG von der Beschlussfassung der übrigen Gesellschafter ausgeschlossen[589]. Für den Ausschluss des Geschäftsführers von der Beschlussfassung über seine Abberufung genügt nach nicht unumstrittener Auffassung bereits die ernst zu nehmende Behauptung des Vorliegens eines wichtigen

---

585 *BGH*, Urteil v. 25. 4. 1983, NJW 1984, 173, 173; *Weipert*, in: Ebenroth/Boujong/Joost, § 163 Rn 31.

586 Zur GbR: Erman/*Westermann*, § 712 Rn 4; Soergel/*Hadding*, § 712 Rn 3; Staudinger/*Habermeier*, § 712 Rn 9. Für die oHG ergibt sich dies aus dem Wortlaut des § 117 HGB („Antrag der übrigen Gesellschafter").

587 *BGH*, Urteil v. 25.4.1983, NJW 1984, 173, 174; Urteil v. 28.4.1975 (zu § 140 HGB), BGHZ 64, 253, 257 f.; Urteil v. 9. 11. 1987, BGHZ 102, 172, 176; Soergel/*Hadding*, § 712 Rn 2; Schlegelberger/*Martens*, § 117 Rn 51 f.; *Ditfurth*, MüHbGesR, Band I, § 49 Rn 22.

588 *BGH*, Urteil v. 29.9.1955, BGHZ 18, 205, 210; *Lutter/Hommelhoff*, § 38 Rn 6; *Rowedder/Schmidt-Leithoff*, § 38 Rn 5; Scholz/*K. Schmidt*, § 46 Rn 76; Baumbach/Hueck/*Zöllner*, § 39 Rn 15.

589 *BGH*, Urteil v. 20.12.1982, BGHZ 86, 177, 179; *Lutter/Hommelhoff*, § 38 Rn 17; Scholz/*K. Schmidt*, § 47 Rn 141; Baumbach/Hueck/*Zöllner*, § 38 Rn 16.

Abberufungsgrundes[590]. Folglich kann der geschäftsführende Mehrheitsgesellschafter seine Abberufung als Geschäftsführer der GmbH lediglich dann verhindern, wenn ein wichtiger Grund für seine Abberufung nicht gegeben ist und auch nicht ernsthaft seitens der Mitgesellschafter behauptet wird[591].

bbb) Frankreich

Für die Abberufung des Geschäftsführers einer SC sowie einer SARL ist ein Beschluss von Gesellschaftern erforderlich, die zusammen mehr als die Hälfte der Anteile der Gesellschaft repräsentieren[592]. Der betroffene Geschäftsführer, der zugleich Gesellschafter der SC oder SARL ist, ist hinsichtlich des Abberufungsbeschlusses grundsätzlich stimmberechtigt[593]. Somit kann der Geschäftsführer einer SC bzw. SARL, der gleichzeitig Mehrheitsgesellschafter ist, gegen seinen Willen nicht von seiner Geschäftsführerposition abberufen werden[594]. Anders als in der GmbH gilt dieser Abberufungsschutz im französischen Recht auch dann, wenn wichtige Gründe in der Person des jeweiligen Geschäftsführers dessen Abberufung erforderlich machen. In diesen Fällen gewinnt die in Art. 1851 (2) CC vorgesehene Beantragung der gerichtlichen Abberufung des Geschäftsführers durch den einzelnen Gesellschafter besondere Bedeutung[595].

Hinsichtlich der Voraussetzungen für die Abberufung eines Geschäftsführers in der SNC unterscheidet Art. 221-12 CCom danach, ob der jeweilige Geschäftsführer bereits in den Gesellschaftsstatuten oder erst durch Gesellschafterbeschluss ernannt worden ist sowie danach, ob sämtliche Gesellschafter, nur einige Gesellschafter oder ein Dritter die Geschäfte der Gesellschaft führen. Sind sämtliche Gesellschafter geschäftsführungsbefugt oder sind die geschäftsführenden Gesellschafter bereits in den Statuten der Gesellschaft

---

590 Scholz/*K. Schmidt*, § 46 Rn 76; *Lutter/Hommelhoff*, § 338 Rn 17; aA Baumbach/Hueck/*Zöllner*, § 38 Rn 16; Hachenburg/*Hüffer*, § 47 Rn 173.

591 *Lutter/Hommelhoff*, § 38 Rn 16; Baumbach/Hueck/*Zöllner*, § 38 Rn 15. Dem abberufenen Geschäftsführer steht das Recht zu, gerichtlich klären zu lassen, ob ein wichtiger Grund im Sinne des § 38 (2) GmbHG vorlag, dazu *Lutter/Hommelhoff*, § 38 Rn 17.

592 Art. 1851 (1) CC sowie Art. 223-25 (1) CCom. Eine besondere Regelung existiert für Geschäftsführer, die ein Unternehmen der Presse leiten, siehe Art. 2 L 86-897.

593 Zur SC: *Bézard*, Jurisclasseur civil, Art. 1832 - 1904, Fasc. 48-30, Nr. 53; *Ripert/Roblot*, Tome 1, Nr. 1307; zur SARL: *Mercadal/Janin*, Nr. 5310. Jedoch kann der Gesellschaftsvertrag die Beteiligung des betroffenen Geschäftsführers an der Beschlussfassung ausschließen, *Bézard*, Jurisclasseur civil, Art. 1832 - 1904, Fasc. 48-30, Nr. 53; *Bosquet-Denis*, Rev. soc. 1993, 751, 751.

594 *Bézard*, Jurisclasseur civil, Art. 1832 - 1904, Fasc. 48-30, Nr. 53; *Mercadal/Janin*, Nr. 5310; *Cozian/Viandier/Deboissy*, Nr. 1304.

595 Siehe dazu unten Seite 178 ff.

genannt, so fordert Art. 221-12 (1) CCom für die Abberufung eines Geschäftsführers einen einstimmigen Beschluss der Gesellschafter[596]. Sind nicht alle Gesellschafter geschäftsführungsbefugt oder sind die geschäftsführenden Gesellschafter nicht bereits in den Statuten der Gesellschaft genannt, so erfolgt die Abberufung eines Geschäftsführers gemäß Art. 221-12 (2) CCom primär nach den Bedingungen, die die Statuten der Gesellschaft vorsehen und subsidiär, wenn die Statuten keine Regelungen zu diesem Punkt enthalten, ebenfalls durch einstimmigen Beschluss der übrigen Gesellschafter[597]. Der Gesetzesformulierung ist eindeutig zu entnehmen, dass der betroffene Geschäftsführer an der Beschlussfassung über seine Abberufung nicht teilnehmen darf[598]. Gibt es mehrere geschäftsführende Gesellschafter, so wird in der französischen Literatur die Frage aufgeworfen, ob geschäftsführende Gesellschafter an der Abstimmung über die Abberufung eines geschäftsführenden Kollegen teilnehmen dürfen. Für die Abberufung nach Art. 221-12 (2) CCom (einer oder mehrere geschäftsführende Gesellschafter, die nicht in den Statuten benannt sind) ergibt sich die Stimmberechtigung der geschäftsführenden Kollegen aus dem Wortlaut der Vorschrift, der von der Abstimmung der geschäftsführenden und nicht geschäftsführenden Gesellschafter spricht. Das Schweigen des Art. 221-12 (1) CCom (sämtliche Gesellschafter sind geschäftsführungsberechtigt oder mehrere sind in den Statuten der Gesellschaft genannt) zu dieser Frage spricht im Umkehrschluss gegen die Stimmberechtigung der geschäftsführenden Kollegen[599]. Werden jedoch die satzungsmäßigen Geschäftsführer von der Beschlussfassung über die Abberufung eines Kollegen ausgeschlossen, verschafft dies den Minderheitsgesellschaftern erheblichen, häufig entscheidenden Einfluss im Hinblick auf die Abberufung eines Geschäftsführers, weil die von der Abstimmung ausgeschlossenen satzungsmäßigen Geschäftsführer regelmäßig die Mehrheit der Anteile der Gesellschaft halten werden[600]. Dies erscheint vor dem Hintergrund, dass der französische Gesetzgeber in Art. 221-(1) und (2) CCom einen einstimmigen Beschluss der Gesellschafter voraussetzt und also dem einzelnen Gesellschafter gerade nicht die Entscheidungsbefugnisse in die Hand gibt, nicht überzeugend[601]. Es ist daher aufgrund einer teleologischen

---

[596] Art. 221-12 (1) CCom: „Si tous les associés sont gérants ou si un ou plusieurs gérant choisis parmi les associés sont désignés dans les statuts, la révocation de l'un d'eux de ses fonctions ne peut être décidée qu'à l'unanimité".

[597] Art. 221-12 (2) CCom: „Si un ou plusieurs associés sont gérants et ne sont pas désignés par les statuts, chacun d'eux peut être révoqué de ses fonctions, dans les conditions prévues par les statuts, ou, à défaut, par une décision des autres associés, gérants ou non, prise à l'unanimité".

[598] *Ripert/Roblot*, Tome 1, Nr. 1193.

[599] *Ripert/Roblot*, Tome 1, Nr. 1193.

[600] *Rémond*, Rev. soc. 1972, 421, 428.

Auslegung davon auszugehen, dass die geschäftsführenden Gesellschafter beim Beschluss über die Abberufung eines geschäftsführenden Kollegen stimmberechtigt sind[602].

Der Fremdgeschäftsführer einer SNC wird gemäß Art. 221-12 (3) CCom durch einen Mehrheitsbeschluss der Gesellschafter von seiner Stellung abberufen, soweit in den Statuten der Gesellschaft kein anderes Verfahren vorgesehen ist. Für diesen Mehrheitsbeschluss ist die Mehrheit nach Köpfen maßgebend[603].

Für die Abberufung eines Geschäftsführers in der SCS gelten grundsätzlich dieselben Voraussetzungen wie in der SNC mit dem einzigen Unterschied, dass mit Blick auf Art. 222-9 (2) CCom, der die Voraussetzungen einer Änderung der Statuten regelt, für die Abberufung eines bereits in den Statuten genannten Geschäftsführers ein einstimmiger Beschluss der *commandités* sowie die Zustimmung der zahlen- und anteilsmäßigen Mehrheit der *commanditaires* genügt[604]. Dies führt zu dem erstaunlichen Ergebnis, dass die Abberufung des satzungsmäßigen Geschäftsführers der SCS geringeren Anforderungen unterliegt als die Abberufung des nachträglich von den Gesellschaftern bestellten Geschäftsführers, für die nach der Rechtslage in der SNC ein einstimmiger Beschluss der Gesellschafter erforderlich ist[605].

Die Abberufung eines Mitglieds oder des Vorsitzenden des *conseil d'administration* einer klassischen SA und eines Mitglieds des *directoire* in der dualistischen SA erfolgt durch Beschluss der Hauptversammlung der Gesellschafter[606], die ihre Beschlüsse grundsätzlich mit einfacher Mehrheit fasst (Art. 225-98 (3) CCom). Mangels entgegenstehender Hinweise in Rechtsprechung oder Literatur ist davon auszugehen, dass der abzuberufende Geschäftsführer, der zugleich an der Gesellschaft beteiligt ist, zur Teilnahme an der Beschlussfassung in der Gesellschafterversammlung berechtigt ist.

---

601 Vgl. *Rémond*, Rev. soc. 1972, 421, 428.

602 *Rémond*, Rev. soc. 1972, 421, 429; *Merle*, Nr. 138; *Aubert*, RTDcom1968, 977, 990; *Mercadal/Janin*, Nr. 3839: „Le droit de vote est un droit fondamental reconnu à chaque associé et dont il ne peut être privé que par une disposition légale expresse".

603 *Mercadal/Janin*, Nr. 3842.

604 Art. 222-9 (2) CCom; so auch *Derrida*, Enc. Dalloz Sociétés, Société en commandite simple, Nr. 31.

605 Vgl. *Bougnoux*, Jurisclasseur Sociétés, Band 3, Fasc. 62-50, Nr. 97; *Derrida*, Enc. Dalloz Sociétés, Société en commandite simple, Nr. 31.

606 Art. 225-18 (2) CCom (klassische SA); Art. 225-61 (1) CCom (dualistische SA), geändert durch die LNRE vom 15. 5. 2001, JO v. 16. 5. 2001.

ccc) England

Nach der allgemeinen Regel der sec. 24 (8) PA 1890 entscheiden die Gesellschafter einer *partnership* gewöhnliche Geschäftsführungsangelegenheiten mit einfacher Mehrheit. Etwas anderes gilt lediglich für grundlegende Gesellschaftsangelegenheiten, die einen einstimmigen Beschluss sämtlicher Gesellschafter voraussetzen. Bei der Entziehung der dem *managing partner* übertragenen Befugnisse handelt es sich nicht um ein grundlegendes Geschäft der Gesellschaft, das die Natur der Unternehmung der Gesellschaft berührt. Daher ist davon auszugehen, dass die Gesellschafter die Entscheidung über die Abberufung eines *managing partner* mit einfacher Mehrheit treffen. Entsprechend sehen die einschlägigen Bestimmungen der *partnership agreements* eine mehrheitliche Beschlussfassung vor[607]. Der betroffene *managing partner* ist zur Teilnahme an der Beschlussfassung der Gesellschafter berechtigt. Es steht jedoch grundsätzlich im freien Ermessen der Gesellschafter, den betroffenen geschäftsführenden Gesellschafter von der Teilnahme an der Beschlussfassung auszuschließen[608]. Sieht das *partnership agreement* einen einstimmigen Abberufungsbeschluss der Gesellschafter vor, ist der betroffene Geschäftsführer naturgemäß von der Beschlussfassung seiner Mitgesellschafter ausgeschlossen, da andernfalls eine entsprechende Entscheidungsfindung nicht möglich wäre.

Die Abberufung des *director* einer *company* erfolgt durch *ordinary resolution* in der Gesellschafterversammlung, also durch einen einfachen Mehrheitsbeschluss[609]. Sind die abzuberufenden *directors* zugleich an der Gesellschaft beteiligt[610], so sind sie im Rahmen des Abberufungsbeschlusses grundsätzlich stimmberechtigt[611]. Damit sind sie gegebenenfalls in der Lage,

---

[607] Siehe zu einer entsprechenden Vertragsklausel die *Encyclopedia of Forms and Precedents*, volume 30, form 59, Nr. 543.

[608] Als Beispiel für einen Ausschluss des betroffenen Geschäftsführers von der Beschlussfassung siehe die in der vorigen Fußnote genannte Klausel.

[609] Sec. 303 (1) CA 1985; festgestellt in Bushell v. Faith [1970] AC 1099; North-West Transportation Ltd v. Beatty [1887] 12 AC 589; *Curry/Hannigan*, in: Halsbury's Laws of England, volume 7 (1), Nr. 681; *Pennington*, 669.

[610] Dies ist nach der Abschaffung einer *share qualification* der Geschäftsführer nicht zwingend der Fall, jedoch sind die Geschäftsführer kleinerer *private companies* häufig auch an der Gesellschaft beteiligt, vgl. *Charlesworth/Morse*, 240.

[611] Bushell v. Faith [1970] AC 1099; Ebrahimi v. Westbourne Galleries Ltd [1973] AC 360; *Charlesworth/Morse*, 247. Eine Ausnahme von diesem Grundsatz wurde in der Entscheidung Standard Chartered Bank v. Walker [1992] BCLC 603 gemacht, in dem einem *non-executive director*, der zehn Prozent der Stimmrechte der Gesellschaft hielt, die Ausübung dieser Stimmrechte bei der Beschlussfassung hinsichtlich seiner Abberufung versagt wurde.

ihre Abberufung zu verhindern, wenn sie hinreichend umfangreich an der Gesellschaft beteiligt sind. Seit der Entscheidung Bushell v. Faith[612] ist im übrigen anerkannt, dass den *directors* in den *articles of association* im Hinblick auf den Beschluss über die Abberufung eines Geschäftsführers überproportionale Stimmrechte zugewiesen werden können. Diese Stimmverteilung kann die Geschäftsführung in die Lage versetzen, ihre eigene Abberufung durch die Gesellschafterversammlung auch dann verhindern zu können, wenn sie nicht die Mehrheit der Anteile an der Gesellschaft hält[613]. Eine solche Stimmgewichtung, die der Abberufungskompetenz der Gesellschafterversammlung jede praktische Bedeutung nimmt, ist in der Praxis, insbesondere bei *private companies* häufig anzutreffen[614].

ddd) Ergebnis

Die Abberufung des Geschäftsführers einer deutschen Personengesellschaft setzt einen einstimmigen Beschluss der Gesellschafter voraus. Entsprechendes gilt für die SNC bzw. die SCS, wenn sämtliche Gesellschafter Geschäftsführer sind oder die Geschäftsführer bereits in den Statuten der Gesellschaft genannt sind[615]. Zur Teilnahme an einem solchen einstimmigen Abberufungsbeschluss ist der betroffene Geschäftsführer notwendigerweise nicht berechtigt, da andernfalls eine Abberufung gegen seinen Willen niemals möglich wäre und die Abberufungsbefugnis ins Leere liefe. In den übrigen Gesellschaftsformen, also insbesondere in den Kapitalgesellschaften, aber auch in der SC und der SNC sowie in der SCS im Fall des Fremdgeschäftsführers und in den englischen Personengesellschaften, erfolgt die Abberufung des Geschäftsführers durch einfachen Mehrheitsbeschluss der Gesellschafter. Anders als beim Einstimmigkeitserfordernis stellt sich beim Mehrheitserfordernis die Frage nach der Stimmberechtigung des betroffenen Geschäftsführers. Hierbei steht zunächst einmal fest, dass jedenfalls derjenige Geschäftsführer, der zugleich die Mehrheit der Anteile an der Gesellschaft hält, seine Abberufung verhindern oder seine erneute Ernennung durchsetzen kann unabhängig davon, ob er an der Beschlussfassung der Gesellschafter teilnimmt oder nicht. Schließlich ist er ja jederzeit in der Lage, einen entsprechenden erneuten Gesellschafterbeschluss herbeizuführen. Für den Minderheitsgesellschafter wird die Stimmberechtigung hinsichtlich der Beschlussfassung über seine Abberufung grundsätzlich

---

612 [1970] 1 AC 1099. Siehe dazu auch unten Seite 190.

613 Vgl. Gower/*Davies*, 189, krit. *Prentice* (1969) MLR 693.

614 Gower/*Davies*, 189.

615 Etwas anderes gilt für die SCS im Fall des satzungsmäßigen Geschäftsführers, siehe dazu oben Seite 166 f.

bejaht. Etwas anderes gilt lediglich im Recht der GmbH, wenn ein wichtiger Grund für die Abberufung eines Geschäftsführers vorliegt.

Mit einzelnen Abweichungen lassen sich die genannten Ergebnisse somit nach der Zugehörigkeit der jeweiligen Gesellschaftsform zum Personen- bzw. Kapitalgesellschaftsrecht ordnen. Während in einer Personengesellschaft die Abberufung des Geschäftsführers, der zugleich Gesellschafter ist, grundsätzlich durch einstimmigen Beschluss der übrigen Gesellschafter mit Ausnahme des betroffenen geschäftsführenden Gesellschafters erfolgt[616], wird die Abberufung des Geschäftsführers einer Kapitalgesellschaft sowie des Fremdgeschäftsführer einer Personengesellschaft durch einen Mehrheitsbeschluss der Gesellschafter herbeigeführt und zwar unter Beteiligung des betroffenen Geschäftsführers, sofern er selbst Gesellschafter ist. Hierbei erfolgt die Abberufung des Geschäftsführers grundsätzlich unmittelbar aufgrund eines entsprechenden Beschlusses der Gesellschafter. Lediglich im Recht der OHG und KG setzt die Abberufung des Geschäftsführers neben dem entsprechenden Gesellschafterbeschluss eine gerichtliche Entscheidung voraus.

Die Abberufung des Geschäftsführers einer Personengesellschaft, der zugleich Gesellschafter ist, setzt grundsätzlich einen einstimmigen Beschluss der übrigen Gesellschafter voraus. Teilweise erfordert die Abberufung neben dem Gesellschafterbeschluss eine entsprechende gerichtliche Entscheidung.

Für die Abberufung des Geschäftsführers einer Kapitalgesellschaft und des Fremdgeschäftsführers einer Personengesellschaft ist ein Mehrheitsbeschluss der Gesellschafter ausreichend. Ist der abzuberufende Geschäftsführer zugleich Gesellschafter, ist er zur Teilnahme an der Beschlussfassung der Gesellschafter berechtigt.

cc) Anhörung des betroffenen Geschäftsführers vor der Abberufung

Für die englische *company* sieht sec. 304 (1) CA 1985 vor, dass der abzuberufende Geschäftsführer im Vorfeld der Gesellschafterversammlung über die geplante Abberufung zu informieren und ihm Gelegenheit zu geben ist, bei der Beschlussfassung in der Versammlung zu seiner Abberufung Stellung zu nehmen. Auch im Recht der *partnership* gilt der Grundsatz, dass der Geschäftsführer vor seiner Abberufung durch die Gesellschafter von diesem Vorhaben zu informieren und in der Versammlung anzuhören ist[617]. Für das französische Gesellschaftsrecht ist der Grundsatz der Anhörung (*principe de la contradiction)* als Voraussetzung einer rechtmäßigen Abberufung ebenfalls aner-

---

[616] Abweichung: *partnership und SC.*

[617] Zur *partnership*: *Lindley/Banks*, 10-102.

kannt[618]. So ist insbesondere für die Abberufung des Geschäftsführers einer SARL und SA eine vorherige Information und Anhörung des betroffenen Geschäftsführers erforderlich[619]. Dagegen setzt die rechtmäßige Abberufung eines GmbH-Geschäftsführers die vorherige Anhörung des betroffenen Geschäftsführers nicht voraus[620]. Bei der OHG und KG wird die Abberufung im Rahmen eines gerichtlichen Verfahrens ausgesprochen. In diesem Verfahren kann der betroffene Geschäftsführer seine Sicht der Dinge vortragen, so dass dessen Anhörung gesetzlich gewährleistet ist. Es kann hier festgehalten werden, dass mit Ausnahme des Rechts der GmbH die rechtmäßige Abberufung eines Geschäftsführers durch die Gesellschafter die vorherige Information und Anhörung des abzuberufenden Geschäftsführers voraussetzt.

Voraussetzung der rechtmäßigen Abberufung eines Geschäftsführers durch die Gesellschafter ist die vorherige Benachrichtigung und Anhörung des betroffenen Geschäftsführers.

b) Materielle Voraussetzungen

Es steht fest, dass den Gesellschaftern als den Eigentümern der Gesellschaft die Möglichkeit gegeben werden muss, im Fall gesellschaftsschädigenden Verhaltens eines Geschäftsführers diesen von seiner Stellung als Geschäftsführer abzuberufen. Da jedoch die Abberufung eines Geschäftsführers regelmäßig dessen berufliche Existenz betrifft und zu weitreichenden Konsequenzen für den betroffenen Geschäftsführer führen kann, ist es angemessen und erforderlich, hierbei auch die Interessen des Geschäftsführers zu berücksichtigen und diesen vor einer willkürlichen Abberufung durch die Gesellschafter zu schützen[621]. Im Folgenden soll daher untersucht werden, wie die verschiedenen

[618] Vgl. *Adom*, Rev. soc. 1998, 487, 498; so auch *Petit/Reinhard*, Bericht zu *Cass. com.* 3. 1. 1996, RTDcom 1996, 485, 486; *Cass. com.* 26. 4. 1994, Rev. soc. 1994, 725: „Est irrégulière et revêt un caractère abusif, la révocation intervenue en dehors du conseil d'administration et sans que le directeur général ait été mis en mesure de présenter préalablement ses observations", note *Cohen*; Cass. com. 3. 1. 1996, RTDcom. 1996, 485: „La révocation d'un directeur général (...) n'est abusive que si elle (...) a été décidée brutalement sans respecter le principe de la contradiction".

[619] Zur SARL: *Mercadal/Janin*, Nr. 5309; *Ripert/Roblot*, Tome 1, Nr. 1307: Andernfalls steht dem abberufenen Geschäftsführer ein Schadensersatzanspruch gegenüber der Gesellschaft zu, *CA Paris*, 2. 10. 1997, Rev. soc. 1998, 160 Bericht *Guyon*. Zur klassischen SA: *Mercadal/Janin*, Nr. 7852, zur dualistischen SA: *Mercadal/Janin*, Nr. 9092; anders zur SA aber *Guyon*, Nr, 328, ablehnend auch *Cass. com.* 16. 7. 1984, Rev soc. 1984, 791 note *Guyénot*.

[620] *Lutter/Hommelhoff*, § 38 Rn 2; Hachenburg-*Stein*, § 38 Rn 59; Scholz/*Schneider*, § 38 Rn 16; jedoch sprechen Baumbach/Hueck/*Zöllner*, § 38 Rn 16 vom Rederecht des betroffenen Geschäftsführers in der Gesellschafterversammlung.

[621] Vgl. *Baillod*, RTDcom1983, 395, 399; *Aubert*, RTDcom1968, 977, 978.

Rechtsordnungen den Konflikt zwischen dem Interesse der Gesellschafter an einer jederzeitigen Abberufungsmöglichkeit und dem Interesse der Geschäftsführer an einem Schutz vor willkürlicher Abberufung zu lösen versuchen. Dabei soll zunächst lediglich auf die Frage eingegangen werden, unter welchen Voraussetzungen die Organstellung eines Geschäftsführers beendet werden kann. Das rechtliche Schicksal des Dienstvertrages, der regelmäßig zwischen Geschäftsführer und Gesellschaft vorliegen wird, sowie die damit eng verknüpfte Frage nach etwaigen Abfindungszahlungen des entlassenen Geschäftsführers werden an anderer Stelle behandelt (siehe dazu unten V.)[622].

aa) Deutschland

Das deutsche Personengesellschaftsrecht fordert für die Abberufung des Geschäftsführers das Vorliegen eines wichtigen Grundes in seiner Person[623]. Als Beispiele für einen solchen wichtigen Abberufungsgrund nennt das Gesetz eine grobe Pflichtverletzung des Geschäftsführers oder dessen Unfähigkeit zur ordnungsmäßigen Geschäftsführung[624]. Die Unfähigkeit zur ordnungsgemäßen Geschäftsführung setzt ein Verschulden des Geschäftsführers nicht voraus[625]. Sie kann sich aus intellektuellen Defiziten des Geschäftsführers, aber auch aus andauernder Krankheit ergeben[626]. Grobe Pflichtverletzung liegt beispielsweise vor im Fall grundlosen Blockierens der Geschäftsführung. Allgemein ist für das Vorliegen eines wichtigen Grundes maßgeblich, ob den Gesellschaftern die Fortführung der Geschäfte der Gesellschaft durch den jeweiligen Geschäftsführer zugemutet werden kann[627]. Bei der Beurteilung dieser Zumutbarkeit ist eine Abwägung vorzunehmen zwischen den Interessen der Gesellschaft an einer sofortigen Abberufung des Geschäftsführers und dessen Interessen am Fortbestand seiner Tätigkeit[628]. Abweichend vom Personengesellschaftsrecht

---

[622] Seite 191 ff.

[623] § 712 (1) 2. HS BGB (GbR); § 117 2. HS HGB (OHG), § 161 (2) iVm § 117 2. HS HGB (KG).

[624] So § 712 (1) 2. HS BGB und § 117 2. HS HGB.

[625] Vgl. zur GbR: *Soergel/Hadding*, § 712 Rn 2; Staudinger/*Habermeier*, § 712 Rn 7; Erman/*Westermann*, § 712 Rn 3; zur OHG: *Hueck*, 147; Heymann/*Emmerich*, § 117 Rn 6; Schlegelberger/*Martens*, § 117 Rn 16.

[626] *BGH*, Urteil v. 24. 1. 1972, NJW 1972, 862.

[627] *BGH*, Urteil v. 17. 12. 1959 (zu § 140 HGB), BGHZ 31, 295, 304; zur GbR: MüKo-BGB-*Ulmer*, § 712 Rn 9; zur OHG: Schlegelberger/*Martens*, § 117 Rn 15; Baumbach/Hopt/*Hopt*, § 117 Rn 4; zur GmbH: (§ 38 (2) GmbHG): Lutter/*Hommelhoff*, § 38 Rn 20; *Raiser*, § 32 Rn 45.

[628] Vgl. *BGH*, Urteil v. 17. 12. 1959 (zu § 140 HGB) BGHZ 31, 295, 304; *Marsch-Barner/Diekmann*, MüHbGesR, Band III, § 42 Rn 54; *Michalski*, § 117 Rn 5.

gewährt § 38 (1) GmbHG den Gesellschaftern einer GmbH die Befugnis zur Abberufung ihres Geschäftsführers, ohne hierfür weitere Voraussetzungen aufzustellen. Dies ergibt sich mittels eines Umkehrschlusses aus § 38 (2) GmbHG, wonach die Abberufungsbefugnis auf Fälle beschränkt werden kann, in denen wichtige Abberufungsgründe gegeben sind.

bb) Frankreich

Die einschlägigen Vorschriften für die französischen Personen- und Kapitalgesellschaften enthalten keine dem deutschen Recht entsprechenden ausdrücklichen materiellen Voraussetzungen für die Abberufung eines Geschäftsführers. Die Gesellschafter sind daher grundsätzlich nicht gehindert, einen Geschäftsführer auch ohne das Vorliegen eines sachlichen Grundes abzuberufen[629]. Dennoch sucht auch das französische Recht Wege, den Geschäftsführer einer Gesellschaft gegen eine willkürliche Abberufung durch die Gesellschafter zu schützen[630]. Hierzu gewährt es dem abberufenen Geschäftsführer Schadensersatzansprüche, wenn dessen Abberufung ohne das Vorliegen eines berechtigten Grundes, eines *juste motif*, erfolgt ist[631]. Ein berechtigter Abberufungsgrund kann unter anderem - im Einklang mit dem deutschen „wichtigen Grund" - in der physischen oder intellektuellen Unfähigkeit des jeweiligen Geschäftsführers[632] und in der missbräuchlichen Ausübung seiner Befugnisse liegen[633]. Zwar führt die Abberufung ohne das Vorliegen eines hinreichenden Grundes nicht zur Reintegrierung des betroffenen Geschäftsführers in die Gesellschaft, sondern ausschließlich zu Schadensersatzansprüchen[634]. Jedoch bewirken die drohenden Schadensersatzansprüche insbesondere in kleineren Gesellschaften, dass die Gesellschafter den Geschäftsführer regelmäßig nicht ohne das Vorliegen eines *juste motif* von seiner Geschäftsführerposition abbe-

---

629 Vgl. *Baillod*, RTDcom1983, 395, 400: „L'affirmation de ce droit consacre sans conteste la primauté de la souveraineté des associés."; siehe auch *Storck*, Jurisclasseur Sociétés, Fasc. 74-20, Nr. 45; *Mercadal/Janin*, Nr. 5317; *Rémond*, Rev. soc. 1972, 421, 431; *Dereu*, Jurisclasseur Sociétés, Fasc. 55, Nr. 81.

630 Vgl. *Baillod*, Rev. trim. dr. com 1983, 395, 399.

631 So Art. 1851 (1) CC (SC); Art. 221-12 (4) CCom (SNC und SCS); Art. 223-25 (1) CCom (SARL); Art. 225-61 (1) CCom (dualistische SA). Lediglich die Abberufung der Mitglieder des *conseil d'administration* ist abweichend geregelt, siehe dazu sogleich. *Adom*, Rev. soc. 1998, 487, 488 bezeichnet diese Regelung als *révocation contrôlée*, im Gegensatz zur *libre révocabilité* in der SA.

632 *Cass. com.* 17. 12. 1974, Rev. soc. 1975, 463 note *J. H.*

633 *Dijon*, 2. 11. 1955, Gaz. Pal. 1956. 1. 42; *Bordeaux*, 21. 2. 1988, Rev. dr. banc. 1988, 201, siehe zum Begriff des *juste motif* ausführlich *Baillod*, RTDcom 1983, 395 ff.

634 *Baillod*, RTDcom 1983, 395, 416; *Aubert*, RTDcom 1969, 977, 991.

rufen[635]. Ähnlich wirkt sich auch das dem abberufenen geschäftsführenden Gesellschafter seiner SNC (oder SCS) zustehende Recht aus, sich und sein Kapital nach erfolgter Abberufung aus der Gesellschaft zurückziehen zu können[636].

Für die Abberufung des Vorsitzenden des *conseil d'adminstration* fordert Art. 225-18 (2) CCom wie für die Abberufung aller Mitglieder des *conseil d'administration* nicht das Vorliegen eines berechtigten Grundes[637]. Wird ein Mitglied des *conseil d'administration* ohne Vorliegen von Gründen in seiner Person von seiner Stellung abberufen, so begründet dies für ihn auch keinerlei Schadensersatzansprüche gegen die Gesellschaft[638]. Hierbei handelt es sich um die Möglichkeit einer *„révocabilité ad nutum"*[639], die lediglich durch die allgemeinen Ausübungsschranken von Gesellschafterrechten begrenzt wird[640].

In der dualistischen SA ist die Gesellschafterversammlung nach der Neufassung[641] des Art. 225-61 (1) CCom befugt, die Abberufung der Mitglieder des *directoire* auch ohne einen entsprechenden Vorschlag des *conseil de surveillance* unmittelbar herbeizuführen[642]. Diese Gesetzesänderung ist darauf zurückzuführen, dass nach Auffassung des französischen Gesetzgebers das Erfordernis eines entsprechenden Abberufungsvorschlags des *conseil de surveillance* in der Vergangenheit häufig zur Verlängerung einer Krisensituation in einer Gesellschaft beigetragen hat[643]. Werden die Mitglieder des *directoire* ohne Vorliegen eines *juste motif* von ihrer Stellung abberufen, so sind sie gegenüber der Gesellschaft schadensersatzberechtigt[644].

---

[635] So spricht *Rémond*, Rev. soc. 1972, 421, 431 vom Erfordernis des *juste motif* als einer „sanction indirecte".

[636] Art. 221-12 (1) CCom; ausführlich dazu *Rémond*, Rev. soc. 1972, 421, 423.

[637] *Guyon*, Nr. 328; *Merle*, Nr. 386.

[638] *Mercadal/Janin*, Nr. 7851; *Merle*, Nr. 386; *Ripert/Roblot*, Tome 1, Nr. 1653.

[639] *Merle*, Nr. 386; *Mercadal/Janin*, Nr. 7851; *Guyon*, Nr. 329; krit. insoweit *Ripert/Roblot*, Tome 1, Nr. 1653.

[640] Insbesondere die Grenze des Rechtsmissbrauchs, vgl. dazu *Cass. com.* 1. 2. 1994, JCP éd E 1994, 363 Nr. 7 note *Viandier/Caussain*; *Cass. com*, 27. 3. 1990, JCP 1990 II, 21537; *Guyon*, Nr. 329; *Merle*, Nr. 386. Des weiteren kann der Abberufungsbeschluss der Gesellschafter annulliert werden, wenn er unter unrechtmäßigen Umständen zustande gekommen ist, vgl. *Cass. com.* 6. 5. 1974, JCP 1974 II, 17859; *Cass. com.* 21. 7. 1969, D. 1970, 88; *Guyon*, Nr. 329; *Merle*, Nr. 386. Zu den allgemeinen Ausübungsschranken siehe bereits oben Seite 90.

[641] Durch die LNRE v. 15. 5. 2001, JO v. 16. 5. 2001.

[642] Von einer grundlegenden Änderung der Organisation der dualistisch organisierten SA spricht *Lucas*, in: *Bonneau/Daigre*, Dr. soc. 2001, N° 8-9, 15.

[643] *Couret*, JCP ed E 2001, 1660, 1666; krit. *Lucas*, in: *Bonneau/Daigre*, Dr. soc. 2001, N° 8-9, 15, der den positiven Effekt der Unabhängigkeit der Mitglieder des *directoire* betont.

[644] Art. 225-61 (1) CCom.

cc) England

Der Widerruf der Befugnisse, die einem *managing partner* von den Gesellschaftern einer *partnership* oder *limited partnership* übertragen worden sind, ist nach allgemeinem Vertretungsrecht grundsätzlich an keine besonderen Voraussetzungen geknüpft[645]. Vielmehr kann ein *managing partner* jederzeit von seiner herausgehobenen Position in der Gesellschaft entfernt werden[646]. Jedoch finden sich in den *partnership agreements* einer englischen Personengesellschaft häufig Regelungen, die die Abberufung eines *managing partner* an die Voraussetzungen für den Ausschluss eines Gesellschafters aus der Gesellschaft koppeln[647]. Ein solcher Ausschluss setzt regelmäßig das Vorliegen eines wichtigen Grundes in der Person des auszuschließenden Gesellschafters voraus[648].

Im Recht der *companies* können die Gesellschafter die geschäftsführenden *directors* ohne das Hinzutreten weiterer Voraussetzungen von ihrer Stellung als Geschäftsführer abberufen[649]. Insbesondere ist das Vorliegen wichtiger Gründe in der Person des abzuberufenden Geschäftsführers nicht erforderlich[650].

dd) Ergebnis

Während in der deutschen GmbH, in der englischen *company* sowie im englischen Personengesellschaftsrecht die Abberufung eines Geschäftsführers durch die Gesellschafter grundsätzlich nicht an das Vorliegen bestimmter materieller Voraussetzungen geknüpft ist, machen die entsprechenden Vorschriften des deutschen Personengesellschaftsrechts die rechtmäßige Abberufung des Geschäftsführers vom Vorliegen eines wichtigen Grundes in der Person des abzuberufenden Geschäftsführers abhängig. Das französische Recht verfolgt hierbei einen Mittelweg: Zwar ist eine wirksame Abberufung des Geschäftsführers auch ohne das Vorliegen bestimmter Voraussetzungen in der Person des Geschäftsführers möglich. Jedoch führt die Abberufung ohne ent-

---

645 *Bowstead/Reynolds*, Rz 10-020 ff.

646 Dies betrifft gemäß sec. 24 (5), 19 PA 1890 ausschließlich die besondere Geschäftsführungsbefugnis des Gesellschafters, nicht jedoch dessen gesetzliche Geschäftsführungsbefugnisse, siehe dazu auch oben Seite 159.

647 *Lindley/Banks*, 10-94; siehe auch die in Note 571 genannte Klausel.

648 Zu den Voraussetzungen des Ausschlusses eines Gesellschafters aus der Gesellschaft siehe *Lindley/Banks*, 10-94 und *Morse*, 166 ff.

649 Siehe sec. 303 (1) CA 1985; *Palmer*, 8.032; *Pettet*, 196.

650 *Pennington*, 669; *Pettet*, 196.

sprechende Abberufungsgründe zu Schadensersatzansprüchen des abberufenen Geschäftsführers gegenüber der Gesellschaft[651]. Das deutsche Personengesellschaftsrecht und das französische Gesellschaftsrecht wählen also verschiedene Lösungswege, um einen Ausgleich zwischen den Interessen der Gesellschafter an einer jederzeitigen Abberufung der Geschäftsführer und dem Schutz des Geschäftsführers vor einer willkürlichen Abberufung zu erreichen. Das französische Recht räumt dem Willen der Gesellschafter hierbei grundsätzlich Priorität ein gegenüber den Interessen des Geschäftsführers, indem es die Abberufung ohne weitere Voraussetzungen in der Person des betroffenen Geschäftsführers als wirksam ansieht. Mit dieser Lösung orientiert sich das französische Recht daran, dass es sich bei der Gesellschafterversammlung um das höchste Organ der Gesellschaft handelt[652]. Zudem dient die französische Lösung der Rechtssicherheit, da - im Gegensatz zum deutschen Recht - zu jedem Zeitpunkt feststeht, ob ein Geschäftsführer wirksam abberufen worden ist oder nicht[653]. Demgegenüber räumt das deutsche Recht den Interessen des Geschäftsführers Vorrang ein vor den Interessen der Gesellschafter. So entfaltet eine Abberufung ohne Vorliegen eines wichtigen Grundes in der Person des Geschäftsführers keine Wirkungen. Trotz dieser Unterschiede führen die französische und die deutsche Lösung in der Praxis zu vergleichbaren Ergebnissen. Mit Blick auf die finanziellen Folgen für die Gesellschafter werden die französischen Gesellschafter die Abberufung eines Geschäftsführers häufig auch nur bei Vorliegen eines Abberufungsgrundes vornehmen. Anders als deutsche Gesellschafter haben es die französischen Gesellschafter aber selbst in der Hand, zu entscheiden, ob sie sich die Abberufung eines Geschäftsführers trotz fehlender sachlicher Gründe „leisten" können und wollen.

Die unterschiedlichen Lösungswege der untersuchten Rechtsordnungen können folgendermaßen zusammengefasst werden:

Das Fehlen besonderer Abberufungsgründe in der Person des betroffenen Geschäftsführers führt entweder zur Unwirksamkeit der Abberufung (deutsche Lösung) oder zu Schadensersatzansprüchen des abberufenen Geschäftsführers (französische Lösung).

[651] Etwas anders gilt lediglich für die Abberufung der Mitglieder des *conseil d'administration*.

[652] Zur Stellung der Gesellschafter als oberstes Gesellschaftsorgan siehe bereits oben Seite 51 f.

[653] Zur Problematik der Rechtsunsicherheit als Folge der deutschen Lösung siehe auch Schlegelberger/*Martens*, § 117 Rn 2. Dies trifft jedoch nicht auf die Rechtslage in der OHG zu, da dort die Abberufung lediglich durch gerichtliche Entscheidung möglich ist.

II. Beendigung der Geschäftsführerstellung durch den einzelnen Gesellschafter

Neben der Beendigung der Geschäftsführerstellung durch Gesellschafterbeschluss ist denkbar, dass auch dem einzelnen Gesellschafter das Recht zusteht, die Beendigung der Geschäftsführerstellung eines Geschäftsführers herbeizuführen. Eine solche individualrechtliche Abberufungsbefugnis verschafft dem Minderheitsgesellschafter die Möglichkeit, Druck auf den Geschäftsführer auch dann auszuüben, wenn dieser vom Mehrheitsgesellschafter der Gesellschaft gestützt und getragen wird[654].

1. Deutschland

Das deutsche Gesellschaftsrecht gewährt dem einzelnen Gesellschafter - abgesehen von der Teilnahme am Abberufungsbeschluss der Gesellschafter - grundsätzlich keine Einflussmöglichkeiten auf die Abberufung eines Geschäftsführers[655]. Vielmehr entscheiden die Gesellschafter in ihrer Gesamtheit bzw. die Kontrollgremien[656] über die Abberufung des Geschäftsführers. Kommt die für eine Beschlussfassung erforderliche Mehrheit nicht zustande, so ist die Abberufung eines Geschäftsführers regelmäßig gescheitert. Als einzige Möglichkeit kann ein Gesellschafter dann Klage gegen seine Mitgesellschafter erheben mit dem Begehren, diese zur Abgabe ihrer Zustimmungserklärung zum Abberufungsbeschluss zu verurteilen[657]. Bei den Personengesellschaften kann diese Klage auf Abgabe der Zustimmungserklärung verbunden werden mit der Entziehung der Geschäftsführungsbefugnis des Geschäftsführers[658]. Hingegen ist in der GmbH die Abberufung zwingend durch die Gesellschafterversammlung vorzunehmen, so dass eine gerichtliche Abberufung nicht in Betracht kommt[659]. Sind alle Gesellschafter verpflichtet,

---

[654] So auch *Aubert*, Rev. trim. dr. com.1968, 977, 994; *Ripert/Roblot*, Tome 1, Nr. 1308; *Bosquet-Denis*, Rev. soc. 1993, 751, 753; *Storck*, Jurisclasseur Sociétés, Fasc. 74-20, Nr. 52.

[655] Etwas anderes gilt lediglich in der Zwei-Personen-Gesellschaft, wenn der betroffene Geschäftsführer von der Teilnahme an der Beschlussfassung ausgenommen ist.

[656] Siehe dazu unten Seite 259 ff.

[657] *BGH*, Urteil v. 28. 4. 1975, BGHZ 64, 253, 256 ff. (zum Ausschluss eines Gesellschafters); Urteil v. 25. 4. 1983, NJW 1984, 173, 173 (zur Entziehung der Geschäftsführungsbefugnis). Zur OHG: *Mayen*, in: Ebenroth/Boujong/Joost, § 117 Rn 16; Schlegelberger/*Martens*, § 117 Rn 25; *Westermann*, Rn 333; aA: *Hueck*, § 10 VII 4.

[658] *BGH*, Urteil v. 18. 10. 1976, BGHZ 68, 81, 83 (zum Ausschluss eines Gesellschafters); *K. Schmidt*, § 47 V 1 b), 1390 f.; *Westermann*; Rn 33; Schlegelberger/*Martens*, § 117 Rn 27; *Mayen*, in: Ebenroth/Boujong/Joost, § 117 Rn 117.

[659] Scholz/*Schneider*, § 38 Rn 28a; Baumbach/Hueck/*Zöllner*, § 38 Rn 33.

der Abberufung zuzustimmen, so kann der einzelne Gesellschafter vor Gericht im Wege der einstweiligen Verfügung immerhin ein begrenztes oder umfassendes Tätigkeitsverbot für den jeweiligen Geschäftsführer erwirken[660].

2. Frankreich

Im Gegensatz zum deutschen Gesellschaftsrecht besteht in der SC sowie in der SARL für den einzelnen Gesellschafter die gesetzlich verankerte Möglichkeit, die Abberufung eines Geschäftsführers bei Gericht zu beantragen[661]. Voraussetzung für einen erfolgreichen Antrag des einzelnen Gesellschafters ist das Vorliegen einer *cause légitime*[662]. Dieser Begriff wird teilweise mit dem Begriff des *juste motif* gleichgestellt, wie er in den Vorschriften zur Abberufung eines Geschäftsführers durch Gesellschafterbeschluss verwendet wird[663]. Eine *cause légitime* kann sowohl in der physischen als auch in der geistigen Unfähigkeit des Geschäftsführers zur Führung der Geschäfte der Gesellschaft liegen[664]. Darüber hinaus liegt ein wichtiger Grund in der Person des Geschäftsführers vor, wenn dieser seine Befugnisse zur Geschäftsführung der Gesellschaft im eigenen Interesse missbraucht[665]. Allgemein reicht für die Annahme eines solchen Grundes die Feststellung aus, dass die Geschäftstätigkeit der Gesellschaft durch fehlerhafte Geschäftsführung beeinträchtigt ist[666].

Für die SNC und die SCS ist die Abberufung eines Geschäftsführers durch den einzelnen Gesellschafter im Gesetz zwar nicht (mehr) ausdrücklich geregelt[667]. Dennoch ist allgemein anerkannt, dass ein Gericht die Abberufung

---

[660] Vgl. Scholz/*Schneider*, § 38 Rn 20.

[661] Art. 1851 (2) CC: „Le gérant est également révocable par les tribunaux pour cause légitime, à la demande de tout associé." und Art. 223-25 (2) CCom: „En outre, le gérant est révocable par les tribunaux pur cause légitime, à la demande de tout associé".

[662] Art. 1851 (2) CC (SC); Art. 223-25 (2) CCom (SARL).

[663] *Chartier*, JCP 1978, 2817, Nr. 249; *Cozian/Viandier/Deboissy*, Nr. 1305; *Storck*, Jurisclasseur Sociétés, Fasc. 74-20, Nr. 52; anders *Aubert*, RTDcom 977, 994: Begriffe nicht vergleichbar, da sie in einem Fall die Voraussetzung für die Abberufung darstellen, im anderen lediglich der nachträglichen Kontrolle der Abberufung dienen.

[664] *Cass. com.* 17. 12. 1974, Rev. soc. 1975, 463 note J. H.; *Reims* 10.11.1975, Rev soc. 1976, 307 note J. G.; abweichend *Paris*, Urteil v. 4. 7. 1991, JCP 1991, éd E, pan. 991: physische Unfähigkeit des Geschäftsführers stellt keine *cause légitime* dar.

[665] *Paris*, 8. 11. 1991,RTDcom 1992, 395 Bericht *Champaud/Danet.*

[666] Vgl. *Bosquet-Denis*, Rev. soc. 1993, 751, 755.

[667] So aber Art. 1856 CC aF.

auf Antrag eines Gesellschafters aussprechen kann, wenn hierfür ein berechtigter Grund (*cause légitime)* vorliegt[668].

Die gerichtliche Abberufung wird wirksam, wenn das Urteil, das die Abberufung des Geschäftsführers ausspricht, rechtskräftig geworden ist[669]. Bis zu diesem Zeitpunkt bleibt der betroffene Geschäftsführer grundsätzlich im Amt. Es besteht jedoch die Möglichkeit, für diesen Zeitraum einen Gerichtsverwalter (*administrateur judiciaire)* einzusetzen, der die Geschäfte der Gesellschaft bis zur endgültigen gerichtlichen Entscheidung führt[670].

Das Recht der SA gewährt dem einzelnen Gesellschafter nicht die Befugnis, die Abberufung eines Geschäftsführers herbeizuführen[671]. Dieser Befund wird dadurch abgemildert, dass der einzelne Gesellschafter in einer SA - wie auch in den übrigen französischen Gesellschaften - die Einsetzung eines *administrateur provisoire* beantragen kann. Damit vermag er zwar nicht die Ablösung eines Geschäftsführers herbeizuführen. Jedoch kann er zumindest verhindern, dass der jeweilige Geschäftsführer die Geschäfte der Gesellschaft ohne Aufsicht weiterführt[672].

3. England

Das englische Personengesellschaft gewährt dem einzelnen Gesellschafter einer *partnership* nicht die Befugnis, die Beendigung der Geschäftsführerstellung eines geschäftsführenden Gesellschafters herbeizuführen. Eine solche Befugnis kann allerdings aufgrund der im englischen Gesellschaftsrecht geltenden Gestaltungsfreiheit im *partnership agreement* vereinbart werden, was jedoch regelmäßig nicht geschieht[673]. Der einzelne Gesellschafter einer *partnership* ist nach dem insoweit geltenden Recht lediglich befugt, eine einstweilige Verfügung (*injunction)* gegen den geschäftsführenden Gesellschafter zu erwirken oder die Einsetzung eines Verwalters (*receiver)* zu beantragen. Voraussetzung für den Erlass einer einstweiligen Verfügung (*injunction)* gegen den *managing*

---

[668] Vgl. *Paris*, 12. 9. 1995, Dr. soc. 1995, Nr. 245 note *Vidal*; *Mercadal/Janin*, Nr. 3843; *Juglart/Ippolito*, 274; *Merle*, Nr. 138 N. 4; *Ripert/Roblot*, Nr. 1193; zur Abberufung durch den einzelnen *commanditaire* siehe *Derrida*, Enc. Dalloz Sociétés, Band 1, Société en commandite simple, Nr. 39.

[669] *Chartier*, Nr. 250; auf die damit einhergehende Unsicherheit für die Gesellschaft weist, *Rémond*, Rev. soc. 1972, 421, 424 hin.

[670] *Juglart/Ippolito*, Nr. 275.

[671] *Guyon*, Nr. 329; *Aubert*, RTDcom 1968 977, 995.

[672] *Guyon*, Nr. 329; *Aubert*, RTDcom 1968, 977, 995. Zu den Voraussetzungen der Einsetzung eines *administrateur provisoire* siehe *Cozian/Viandier/Deboissy*, Nr. 452 ff.

[673] Jedenfalls sehen die gängigen Musterverträge für *partnerships* eine entsprechende Klausel nicht vor.

partner einer englischen Personengesellschaft ist das Vorliegen schwerwiegender Vorwürfe gegen den betroffenen geschäftsführenden Gesellschafter[674]. Der Ernennung eines *receiver* kommt für fortbestehende Personengesellschaften kaum praktische Bedeutung zu, da die Gerichte davor zurückschrecken, sich in die internen Angelegenheiten einer bestehenden Gesellschaft einzumischen[675]. Folglich hat der einzelne Gesellschafter einer englischen *partnership* in der Praxis kaum Möglichkeiten, die Beendigung der Geschäftsführerstellung eines *managing partners* herbeizuführen.

Im Recht der *companies* gewährt das individuelle Klagerecht aus sec. 459 CA 1985 dem einzelnen Gesellschafter die Möglichkeit, gegen Geschäftsführer vorzugehen, die die Geschäfte der Gesellschaft zum Nachteil der Gesellschafter führen[676]. Gibt das angerufene Gericht einer Klage aus sec. 459 CA 1985 statt, so kann es diejenige Maßnahme anordnen, die ihm zur Regelung der Angelegenheiten der Gesellschaft für die Zukunft angemessen erscheint[677]. Dies kann im Einzelfall auch die Abberufung eines unfähigen Geschäftsführers durch das angerufene Gericht sein[678]. Eine auf sec. 459 CA 1985 gestützte Klage hat Aussicht auf Erfolg, wenn die Geschäfte der Gesellschaft auf eine Weise geführt werden oder geführt worden sind, die sich gegenüber den Interessen der Mitglieder der Gesellschaft *(member's interest)*, zumindest aber gegenüber den Interessen des Klägers, als *unfairly prejudicial*, also als eine unangemessene Einschränkung darstellt. Hierbei umfasst der Begriff des *member's interest* nicht nur die Rechte der Gesellschafter, sondern darüber hinaus im Einzelfall auch berechtigte Erwartungen (*legitimate expectation)* der Gesellschafter hinsichtlich der Art und Weise der Geschäftsführung[679]. Der Begriff des *unfairly prejudical conduct* ist im Gesetz nicht defi-

---

[674] Automatic Self-Cleaning Filter Syndicate Co. Ltd. v. Cuninghame [1906] 2 Ch. 34, 44.

[675] *Lindley/Banks*, 23-130; Const. v. Harris [1824] Turn & R 496, 525 = ER 37, 1191; Hale v Hale [1841] 4 Beav 369 = ER 49, 382; Fairthorn v. Weston [1944] 3 Hare 387, 392 = ER 67, 432; *Sterry/Banks*, Halsbury's Laws of England, volume 35; para 152.

[676] Die Vorschrift der sec. 459 CA 1985 hat sich zum attraktivsten Rechtsmittel des Aktionärs entwickelt, der mit dem Verhalten der Geschäftsführung nicht zufrieden ist, vgl. Gower/*Davies*, 735; *Grier*, 320.

[677] Sec. 461 (1) CA 1985: „If the court is satisfied that a petition under this Part is well founded, it may make such order as it thinks fit for giving relief in respect of the matters complained of." And sec. 461 (2a): „(...) the court may regulate the conduct of the company's affairs in the future, (...)." Dieses Klagerecht besteht unabhängig von den in Foss. v. Harbottle aufgestellten Grundsätzen, siehe Re Elgindata Ltd [1991] BCLC 959.

[678] Re Elgindata Ltd [1991] BCLC 959; siehe auch *Lutter*, ZGR 1998, 191, 195 f.

[679] Re a company (Nr. 00477 of 1986) [1986] 2 BCC 99, 171 at 99, 174 (Hoffmann J); *Farrar*, 449; *Pettet*, 251; Gower/*Davies*, 742; *Stapledon*, Company Lawyer 1993, 94, 96; *Lowry*, Company Lawyer 1996, 67, 71; *Griffin*, Company Lawyer 1992, 83, 86 definiert die *member's interests* als

niert. Das Vorliegen eines *unfairly prejudicial conduct* ist objektiv festzustellen, wobei die Absichten der Geschäftsführung bei der Vornahme der jeweiligen Geschäftsführungsmaßnahmen nicht zu berücksichtigen sind[680]. Das Verhalten der Geschäftsführer stellt sich für die Gesellschafter jedenfalls beim Verstoß gegen Gesetz oder Satzung als eine unzumutbare Einschränkung der Interessen der Gesellschafter dar[681]. Darüber hinaus kann sich im Einzelfall auch ein Verhalten der Geschäftsführung, das an und für sich im Einklang mit Gesetz und Satzung steht, als eine unzumutbare Einschränkung der Gesellschafterrechte darstellen[682]. Dies ist insbesondere der Fall, wenn der Geschäftsführung schwerwiegendes Missmanagement vorzuwerfen ist[683].

Die Voraussetzungen für eine erfolgreiche Klage aus sec. 459 CA 1985 sind regelmäßig nur bei kleineren *private companies*, den sogenannten *quasi-partnerships* gegeben[684]. Die engen persönlichen Verhältnisse zwischen den Gesellschaftern einer *private company* geben nämlich Raum für Vereinbarungen hinsichtlich der Geschäftsführung der Gesellschaft, die Grundlage einer berechtigten Erwartung der Gesellschafter sein können, deren Enttäuschung eine Klage aus sec. 459 CA 1985 rechtfertigt[685].

Neben der Möglichkeit, eine Klage wegen *unfairly prejudicial conduct* aus sec. 459 CA 1985 zu erheben, kann der einzelne Gesellschafter einer *company* zudem den *Secretary of State* des *Department of Trade and Industry*

„an expectation which is linked to the proper functioning of a business organisation in which the shareholder has or had a financial stake".

680 Re Bovey Hotel Ventures Ltd [1983] BCLC 290; *Farrar*, 451; Gower/*Davies*, 747; *Palmer*, 8.9041/1; *Griffin*, Company Lawyer 1992, 83, 83; *Lutter*, ZGR 1998, 191, 198; *Pettet*, 249.

681 O'Neill v. Phillips [1999] BCC 600, 603 ff. (Lord Hoffmann):" (...) a member of a company will not ordinarily be entitled to complain of unfairness unless there has been some breach of the terms on which he agreed that the affairs of the company should be conducted".

682 O'Neill v. Phillips [1999] BCC 600, 603 ff. (Lord Hoffmann): „(...) there will be cases in which equitable considerations make it unfair for those conducting the affairs of the company to rely upon their strict legal powers."

683 Re Macro (Ipswich) Ltd, Re [1994] 2 BCLC 354; Elgindata Ltd, Re[1991] BCLC 959, *Warner* J, 993: „in an appropriate case it is open to the court to find that serious mismanagement of a company's business could constitute a conduct that is unfairly prejudicial to the interests of minority shareholders". Insgesamt sind die Gerichte hinsichtlich der Annahme eines Falles des *serious mismanagement* zurückhaltend, so *Farrar*, 454.

684 *Prime/Scanlan*, 229; *Mayson/French/Ryan*, 592; *Farrar*, 459. Bei einer *quasi-partnership* handelt es sich um eine *private company*, die ihrer eigentlichen Erscheinungsform nach eine *partnership* ist. So sprach Lord Wilberforce von einer *in substance partnership*, Ebrahimi v. Westbourne Galleries Ltd. [1973] AC 360, 379; siehe dazu auch bereits oben FN 288.

685 *Farrar*, 449; *Lowry*, Company Lawyer 1993, 67, 71; *Palmer*, 8.096; Gower/*Davies*, 743.

(DTI) anrufen, damit dieser gegebenenfalls einen Antrag auf Disqualifizierung des jeweiligen Geschäftsführers bei Gericht stellt[686].

4. Ergebnis

Ausdrücklich gewährt lediglich das französische Recht dem einzelnen Gesellschafter einer SC und SARL die Möglichkeit, die Abberufung eines Geschäftsführers bei Gericht zu beantragen. Anerkannt ist diese Möglichkeit des einzelnen Gesellschafters darüber hinaus in der SNC sowie in der SCS. Hingegen gewähren das Recht der SA sowie das deutsche und englische Gesellschaftsrecht dem einzelnen Gesellschafter lediglich auf Umwegen ein Initiativrecht im Hinblick auf die Abberufung eines Geschäftsführers. Während im deutschen Recht dieses Ergebnis dadurch erzielt wird, dass der Gesellschafter seine Mitgesellschafter auf Abgabe ihrer Zustimmungserklärung verklagen kann, kennen das englische Personengesellschaftsrecht sowie das französische Aktienrecht lediglich die Möglichkeit, die Ernennung eines Verwalters zu beantragen und dadurch die Entmachtung des Geschäftsführers herbeizuführen. Im englischen Kapitalgesellschaftsrecht bestehen zwar durchaus Klagebefugnisse des einzelnen Gesellschafters, diese werden jedoch im Ergebnis nur in den Fällen zur Abberufung eines Geschäftsführers führen, in denen ihm schweres Fehlverhalten vorzuwerfen ist.

Als Gemeinsamkeit kann im Hinblick auf die Möglichkeit des einzelnen Gesellschafters, die Abberufung des Geschäftsführers herbeizuführen, festgehalten werden, dass jedenfalls im Fall schweren Fehlverhaltens des Geschäftsführers alle drei Rechtsordnungen dem einzelnen Gesellschafter Möglichkeiten an die Hand geben, die Abberufung des Geschäftsführers herbeizuführen. Ist dem Geschäftsführer ein solches Fehlverhalten nicht vorzuwerfen, so setzen das deutsche und das englische Gesellschaftsrecht der Befugnis der einzelnen französischen Gesellschafter, die Abberufung des Geschäftsführers einer Gesellschaft zu beantragen, nichts entgegen.

Ist dem Geschäftsführer einer Gesellschaft schweres Fehlverhalten vorzuwerfen, so ist der einzelne Gesellschafter berechtigt, die Abberufung des Geschäftsführers herbeizuführen.

[686] Nach den Vorschriften des Company Directors Disqualification Act (CDDA) 1986.

III. Wirkungen der Beendigung der Geschäftsführerstellung

1. Auflösung der Gesellschaft

Die Abberufung eines Geschäftsführers führt weder in der GbR, OHG und GmbH noch in der SC, SARL und SA oder in der *company*[687] und der englischen Personengesellschaft zur Auflösung der Gesellschaft[688]. Entsprechendes gilt für das Recht der SNC und der SCS, wenn es sich um die Abberufung eines Fremdgeschäftsführers handelt[689]. Hingegen zieht die Abberufung des Geschäftsführers einer SNC oder SCS die Auflösung der Gesellschaft nach sich, wenn sämtliche Gesellschafter geschäftsführungsberechtigt sind oder einer bzw. mehrere der geschäftsführungsbefugten Gesellschafter bereits in den Statuten der Gesellschaft bestimmt sind und die Fortsetzung der Gesellschaft nicht in der Satzung vorgesehen ist und auch nicht nachträglich durch einstimmigen Beschluss der Gesellschafter bestimmt wird[690]. Der gesetzliche Regelfall der Auflösung der Gesellschaft tritt in der heutigen Gesellschaftspraxis jedoch selten ein[691]. Wird die Gesellschaft aufgrund einer entsprechenden Bestimmung in der Satzung oder eines Beschlusses der Gesellschafter nicht aufgelöst, so hat der seiner Geschäftsführungsbefugnisse entledigte Gesellschafter das Recht, aus der Gesellschaft auszutreten[692].

Als gemeinsames Prinzip der untersuchten Rechtsordnungen bleibt damit festzuhalten:

Die Abberufung des Geschäftsführers einer Gesellschaft führt nicht zur Auflösung des Gesellschaft.

[687] Jedoch hat der abberufene *directors* einer company regelmäßig das Recht, eine Auflösungsklage gemäß sec. 122 (1g) IA 1986 zu erheben, siehe dazu *Pettet*, 197.

[688] Zur SC ausdrücklich Art. 1851 (3) CC; *Bézard*, Jurisclasseur civil, Art. 48-30 Nr. 61; *Cozian/Viandier/Deboissy*, Nr. 1499; *Dereu*, Jurisclasseur Sociétés, Fasc. 55. Nr. 79.

[689] *Dereu*, Jurisclasseur Sociétés, Fasc. 55 Nr. 91.

[690] Art. 221-12 (1) CCom.

[691] Vgl. *Rémond*, Rev. soc. 1972, 421, 430.

[692] Art. 221-12 (1) CCom.

2. *Verlust der Geschäftsführungsbefugnisse*

a) Grundsatz

In sämtlichen untersuchten Gesellschaften verliert der betroffene Geschäftsführer mit dem Gesellschafterbeschluss bzw. mit der Rechtskraft des Urteils, das auf Entziehung der Geschäftsführungsbefugnis erkennt, die Befugnis, die Geschäfte der Gesellschaft für die übrigen Gesellschafter zu führen[693].

b) Außenwirkung

Damit die Beendigung der Geschäftsführerstellung des abberufenen Geschäftsführers Dritten seitens der Gesellschaft entgegengehalten werden kann, sind in allen drei untersuchten Rechtsordnungen Publizitätspflichten zu erfüllen[694]. So ist im deutschen Gesellschaftsrecht die Beendigung der Geschäfts- und Vertretungsbefugnis der Geschäftsführer zur Eintragung in das Handelsregister anzumelden[695], damit die Abberufung des Geschäftsführers Dritten nach § 15 (2) HGB entgegengesetzt werden kann. Etwas anderes gilt jedoch für das Recht der GbR, in der die Rechtsfolgen der Entziehung der Geschäftsführungsbefugnis grundsätzlich mit der Bekanntgabe der Entziehung gegenüber dem betroffenen Gesellschafter eintreten[696]. Tritt der abberufene geschäftsführende Gesellschafter weiterhin für die GbR auf, so kann im Einzelfall ein der GbR zurechenbarer Rechtsschein des Fortbestehens seiner Vertretungsmacht entstehen mit der Folge, dass gutgläubigen Dritten gegenüber der Fortfall der Vertretungsmacht nicht entgegengehalten werden kann (Grundsätze der Anscheins- und Duldungsvollmacht)[697].

---

[693] Zur OHG: *Mayen*, in: Ebenroth/Boujong/Joost, § 117 Rn 19; Baumbach/Hopt/*Hopt*, §117 Rn 9; zur GmbH: *Lutter/Hommelhoff*, § 38 Rn 24; zur SC: *Bézard*, Jurisclasseur civil, Art. 1832 - 1904, Nr. 60; zur SNC: *Mercadal/Janin*, Nr. 3840; *Dereu*, Jurisclasseur Sociétés, Fasc. 55, Nr. 80; zur SARL: *Storck*, Jurisclasseur Sociétés, Fasc. 74-20, Nr. 25; *Mercadal/Janin*, Nr. 5312. Insbesondere führt der Entzug der Geschäftsführungsbefugnis nach überwiegender Auffassung nicht zum Aufleben der gesetzlichen Verteilung der Geschäftsführungsbefugnis, wenn und soweit eine anderweitige gesellschaftsvertragliche Regelung existiert, vgl. *BGH*, Urteil v. 9. 12. 1968, BGHZ 51, 198, 201; MüKo-BGB-*Ulmer*, § 712 Rn 20; *Michalski*, § 117 Rn 14; *Fischer*, NJW 1959, 1057, 1061; aA Staudinger/*Habermeier*, § 712 Rn 13; RGRK-v. *Gamm*, § 712 Rn 4.

[694] Diese Publizitätspflichten gehen für das Kapitalgesellschaftsrecht zurück auf die erste gesellschaftsrechtliche Richtlinie vom 9. 3. 1968 (Publizitätsrichtlinie), AblEG Nr. L 65 v. 14. 3. 1968, 8 ff.

[695] § 125 IV HGB; § 39 (1) GmbHG.

[696] Erman/*Westermann*, § 712 Rn 8; Soergel/*Hadding*, § 714 Rn 28.

[697] Zu den Voraussetzungen der Anscheins- und Duldungsvollmacht siehe Erman/*Palm*, § 167 Rn 7 ff.

Im französischen Recht schreibt Art. 1846-2 (1) CC die ordnungsgemäße Veröffentlichung der Abberufung eines Geschäftsführers vor[698]. Die Registrierung im französischen Handels- und Gesellschaftsregister *(registre du commerce et des sociétés)* ist geregelt im Dekret Nr. 84-406 vom 30. 5. 1984.

Auch nach englischem Recht kann Dritten das Erlöschen der Geschäftsführungsbefugnisse eines Geschäftsführers ohne eine entsprechende Bekanntmachung, die sec. 36 (2) PA 1890 für die *partnership* und sec. 303 (2) CA 1985 für die *company* vorsehen, nicht entgegengehalten werden[699].

Die untersuchten Rechtsordnungen gehen somit für die Personengesellschaften – abgesehen von der GbR – einheitlich davon aus, dass die Abberufung eines Geschäftsführers Außenwirkung erst nach ordnungsgemäßer Veröffentlichung der erfolgten Abberufung entfalten kann. Die Entziehung der Geschäftsführungsbefugnis eines geschäftsführenden Gesellschafters der GbR entfaltet hingegen ihre Wirkungen mit der Bekanntgabe der Entziehung gegenüber dem betroffenen geschäftsführenden Gesellschafter. Jedoch kann auch in der GbR die Bekanntgabe der Entziehung der Geschäftsführungsbefugnis gegenüber den Geschäftspartnern erforderlich werden, wenn andernfalls ein der Gesellschaft zurechenbarer Rechtsschein geschaffen würde, dass der betroffene ehemalige geschäftsführende Gesellschafter weiterhin Vertretungsmacht besitzt. Die Anerkennung dieser Rechtsscheintatbestände im Recht der GbR und die damit einhergehende Relativierung der grundsätzlich abweichenden gesetzlichen Regelung für das Recht der GbR lässt die nachfolgende Prinzipienbildung für sämtliche untersuchten Personengesellschaften als angemessen erscheinen:

Die Abberufung des Geschäftsführers kann außerhalb der Gesellschaft stehenden Personen erst nach ordnungsgemäßer Bekanntmachung entgegengehalten werden.

[698] Art. 1846-2 (1) CC; siehe des weiteren zur SC: *Bézard*, Jurisclasseur civil, Art. 1832 - 1904, Nr. 75 ff.; zur SNC: *Dereu*, Jurisclasseur Sociétés, Fasc. 55 Nr. 79; zur SA: *Ripert/Roblot*, Tome 1, Nr. 1695. Die ordnungsgemäße Veröffentlichung erfordert eine Anzeige im journal d'annonces légales am Ort des Gesellschaftssitzes, eine Anzeige im *Bulletin officiel des annonces civiles et commerciales (BODACC)* und die Registrierung im *registre du commerce et des sociétés* am Gesellschaftssitz.

[699] *Lindley/Banks*, 13-35; siehe zur Rechtslage nach allgemeinem agency-Recht *Bowstead/Reynolds*, 10-023.

IV. Abdingbarkeit der Abberufungskompetenz der Gesellschafter

1. Deutschland

Bei den Vorschriften des deutschen Personengesellschaftsrechts, die die Abberufung der Geschäftsführer regeln, handelt es sich um dispositives Recht[700]. So können die Voraussetzungen für die Abberufung eines Geschäftsführers im Gesellschaftsvertrag sowohl verschärft als auch abgemildert werden. Unzulässig ist hingegen der vollständige Ausschluss der Abberufungsmöglichkeit im Gesellschaftsvertrag, da dies die Gesellschafter gegenüber unfähigen Geschäftsführern schutzlos stellen würde[701]. Das Recht zur jederzeitigen Abberufung des Geschäftsführers einer GmbH ist gemäß § 38 (2) GmbHG lediglich beschränkt dispositiv insofern, als die Abberufung vom Vorliegen wichtiger Gründe in der Person des Geschäftsführers abhängig gemacht werden kann. Darüber hinausgehende Einschränkungen der Abberufungskompetenz der Gesellschafter sind nicht zulässig[702]. Jedoch kann die Zuständigkeit für die Abberufung des Geschäftsführers gesellschaftsvertraglich auf ein anderes Gesellschaftsorgan übertragen werden[703].

2. Frankreich

Bei den Vorschriften, die die Abberufung der Geschäftsführer im französischen Recht regeln, handelt es sich um zwingende Vorschriften[704]. Dennoch können die Statuten die Anforderungen an die Beschlussfassung über die Abberufung eines Geschäftsführers erleichtern oder erschweren[705]. Die Ausübung der Abberufungskompetenz durch ein anderes Organ der Gesellschaft ist in

[700] Vgl. zur GbR: MüKo-BGB-*Ulmer*, § 712 Rn 22; Soergel/*Hadding*, § 712 Rn 6; Staudinger/*Habermeier*, §712 Rn 6; zur oHG: *Hueck*, 157; Heymann/*Emmerich*, § 117 Rn 25; Schlegelberger/*Martens*, § 117 Rn 50; Staub/*Ulmer*, § 117 Rn 9.

[701] So *BGH*, Urteil v. 3. 11. 1997, NJW 1998, 1225, 1226 (zu § 127 HGB); Baumbach/Hopt/*Hopt*, § 117 Rn 11; RGRK-*v. Gamm*, §712 Rn 1; Palandt/*Sprau*, § 712 Rn 1; anders unter Verweis auf die verbleibende Möglichkeit, die Gesellschaft aufzulösen oder den betroffenen Gesellschafter auszuschließen *Hueck*, 157; Staub/*Ulmer*, § 117 Rn 10 und 43; *v. Ditfurth*, MüHb-GesR, Band I, § 49 Rn 26; Heymann/*Emmerich*, § 117 Rn 25.

[702] Scholz/*K. Schmidt*, § 46 Rn 3.

[703] Vgl. *Raiser*, § 32 Rn 46; Scholz/*K. Schmidt*, § 46 Rn 3.

[704] Vgl. *Guyon*, in: *Lutter/Wiedemann*: Gestaltungsfreiheit im Gesellschaftsrecht; 297, 307: Abberufungsvorschriften gehören zum „ordre public"; siehe des weiteren *Bézard*, Jurisclasseur civil, Art. 1832-1904, Fasc. 48-30, Nr. 66; *Chartier*, Nr. 250.

[705] Cass. com. 6. 1. 1999, Bull. Joly 1999, 498 note *Couret*; *Bézard*, Jurisclasseur civil, Art. 1832 - 1904, Fasc. 48-30, Nr. 53.

der SNC, SCS sowie der SARL hingegen nicht zulässig[706], wohl aber in der SC[707]. Nicht eingeschränkt werden kann die Befugnis der Gesellschafter einer klassisch organisierten SA, die Mitglieder des *conseil d'administration* bzw. den Vorsitzenden des *conseil d'administration* abzuberufen[708]. In der dualistisch strukturierten SA kann nach der Neufassung des Art. 225-61 CCom die Abberufungsbefugnis neben der Gesellschafterversammlung auf den *conseil de surveillance* übertragen werden. Den Gesellschaftern der dualistischen SA kann die ihnen zustehende Abberufungsbefugnis hinsichtlich der Mitglieder des *directoire* jedoch nicht entzogen werden.

Für das gesamte französische Gesellschaftsrecht gilt, dass Vereinbarungen und Klauseln, in denen sich der Mehrheitsgesellschafter gegenüber der Gesellschaft oder den Geschäftsführern verpflichtet, seine Abberufungskompetenz nicht auszuüben bzw. den abberufenen Geschäftsführer zu entschädigen, nichtig sind[709]. Es stellt sich in diesem Zusammenhang die Frage, ob eine Klausel in der Satzung einer Gesellschaft zulässig ist, die dem Geschäftsführer, der ohne das Vorliegen eines *juste motif* abberufen worden ist, jegliche Schadensersatzansprüche gegenüber der Gesellschaft abspricht. Hinsichtlich dieser bisher sehr umstrittenen Frage[710] scheint sich nun eine Klärung abzuzeichnen, da sich die *Cour de cassation* in jüngerer Zeit für die Abdingbarkeit der Schadensersatzansprüche ausgesprochen und sich hierbei auf den Gesetzeswortlaut („elle [la révocation] *peut* donner lieu à dommages-intérêts“[711]) der entsprechenden Vorschriften berufen hat[712].

---

[706] Zur SNC: *Ripert/Roblot*, Tome 1, Nr. 1199; zur SCS: siehe Art. 222-9 (3) CCom (zur Abberufung des durch die Satzung bestellten Geschäftsführers); zur SARL: *Cozian/Viandier/Deboissy*, Nr. 1304; *Storck*, Jurisclasseur Sociétés, Fasc. 74-20, Nr. 18; *Mercadal/Janin*, Nr. 5307.

[707] TGI Paris, Urteil v. 23.2.1994, Dr. soc. 1994, 108 note *Bonneau*; bestätigt durch CA Paris, Urteil v. 17. 10. 1995, Dr. soc. 1996, 1 note *Bonneau*.

[708] *Mercadal/Janin*, Nr. 7851; *Merle*, Nr. 386; *Ripert/Roblot*, Tome 1, Nr. 1653.

[709] *Cass. com.* 17. 1. 1984, Bull. civ. IV Nr. 21; *Cass. com.*, 22. 7. 1986, Rev. soc. 1987, 45 note *Guyon*; zur Nichtigkeit eines Abfindungsversprechens: *Cass. com.* 2. 6. 1992, Rev. soc. 1992, 750 note *Guyon*; Urteil v. 4. 6. 1996, JCP 1996, ed E II, 849 note *Guyon*; *CA Paris*, 30. 4. 1987, Bull. Joly, 1987, 626; *Merle*, Nr. 386.

[710] Die Abdingbarkeit befürwortend *Aubert*, RTDcom1968, 977, 989; *Baillod*, RTDcom1983, 395, 419; *Mercadal/Janin*, Nr. 3835, ablehnend demgegenüber *Hémard/Terré/Mabilat*, Nr. 1079; *Storck*, Jurisclasseur Sociétés, Fasc. 74-20, Nr. 51.

[711] Hervorhebung erfolgte durch die Verf.

[712] *Cass.* 6. 1. 1999, Bull. Joly 1999, 498 note *Couret* (zur SC).

Aufgrund des Fehlens einer ausdrücklichen gesetzlichen Vorschrift für die Abberufung des *managing partner* im englischen Personengesellschaftsrecht, stellt sich die Frage nach der Abdingbarkeit einer solchen Vorschrift nicht. Die sich aus allgemeinem Vertretungsrecht ergebende Befugnis der Gesellschafter, den *managing partner* einer *partnership* die ihm übertragenen Befugnisse zu entziehen, ist grundsätzlich nicht abdingbar[713]. Insbesondere führt allein die Tatsache, dass die Abberufung eines Vertreters zu nachteiligen Folgen für den geschäftsführenden Gesellschafter führt, nicht dazu, dass dessen Vertretungsbefugnisse unwiderruflich sind[714].

Gemäß sec. 303 (1) CA 1985 besteht die Befugnis zur Abberufung eines *directors* durch Gesellschafterbeschluss „notwithstanding anything in its articles or in any agreement between it [the company] and him [the director]". Folglich ist ein vollständiger Ausschluss der in sec. 303 (1) CA 1985 verankerten Abberufungsmöglichkeit im Recht der *companies* nicht möglich[715]. Jedoch können die Gesellschafter in einem *shareholder's agreement* vereinbaren, von der ihnen grundsätzlich zustehenden Abberufungskompetenz keinen Gebrauch zu machen[716]. Des weiteren ist in diesem Zusammenhang von großem Interesse, dass die *articles of association* einer *private company* eine Stimmgewichtung vorsehen können, die die *directors* in die Lage versetzen, ihre Abberufung zu verhindern[717]. Eine solche Stimmgewichtung führt faktisch zur Abbedingung der Abberufungskompetenz der Gesellschafter[718]. Es ist jedoch fraglich und ungeklärt, inwieweit diese zur *private company* ergangene Rechtsprechung auch auf *public companies* übertragen werden kann[719].

---

713 *Bowstead/Reynolds*, Rz. 10-007: „The dominant assumption in the cases is that a grant of authority is of its nature revocable. The mere fact that a power is declared in the instrument granting it to be irrevocable does not make it so, even if that instrument is a deed under seal".

714 *Bowstead/Reynolds*, Rz. 10-006; Frith v. Frith [1906] A. C. 254.

715 *Pennington, 669; Pettet,* 196; *Fox/Bowen,* 103; *Prentice,* 1969 MLR 693, 693; *Lutter*, International Encyclopedia of comparative law, Band 13, 2. Kapitel, Nr. 255.

716 Russell v. Northern Bank Development Corp. Ltd [1992] BCLC 1016, 1023; *Mayson/French/Ryan*, 451; *Pettet,* 197; *Charlesworth/Morse* 247; in besonderem Maße gilt dies für *private companies,* Gower/*Davies,* 189; *Prentice,* 1969 MLR 693, 693.

717 Bushell v. Faith [1970] AC 1099; *Palmer*, 8.033.2; *Fox/Bowen*, 103; *Rajak,* 187, 210. Siehe auch *Pettet*, 198, mit dem Hinweis, dass eine derartige Vereinbarung in der Satzung für börsennotierte Gesellschaften aufgrund der *Listing Rules* wohl nicht in Betracht kommt.

718 So auch *Rajak,* 187, 210.

719 Gegen eine Übertragung der Rechtsprechung auf *public companies Palmer*, 8.033.1.

4. Ergebnis

Die Vorschriften über die Abberufung eines Geschäftsführers lassen eine abweichende Regelung hinsichtlich der Voraussetzungen und des Verfahrens der Abberufung grundsätzlich zu. Zulässig sind insoweit sowohl Erleichterungen als auch Verschärfungen der gesetzlichen Regelung. Etwas anderes gilt lediglich für die entsprechenden Vorschriften im Recht der SA, die nicht abbedungen werden können. Die untersuchten Rechtsordnungen stimmen des weiteren darin überein, dass ein vollständiger Verzicht auf das Abberufungsrecht grundsätzlich nicht möglich ist. Ausdrücklich geregelt ist dies für die GmbH in § 38 (2) GmbHG sowie für die *company* in sec. 303 (1) CA 1985. Für das englische Kapitalgesellschaftsrecht ergibt sich jedoch faktisch ein etwas anderes Bild, da die Rechtsprechung eine Stimmgewichtung in den *articles of association* – jedenfalls von *private companies* - für zulässig erachtet, die den Geschäftsführer einer *company* in die Lage versetzt, seine Abberufung durch die Gesellschafter zu verhindern.

Folgende gemeinsame Prinzipien können zur Frage der Abdingbarkeit der Abberufungsbefugnisse der Gesellschafter formuliert werden:

Das Verfahren und die Voraussetzungen der Beendigung der Geschäftsführerstellung durch die Gesellschafter stehen zur Disposition der Gesellschafter. Ein vollständiger Verzicht auf das Recht, den Geschäftsführer einer Gesellschaft abzuberufen, ist grundsätzlich nicht möglich.

V. Schadensersatz- und Abfindungsansprüche des abberufenen Geschäftsführers

Zahlungsverpflichtungen der Gesellschaft gegenüber dem abberufenen Geschäftsführer einer Personen- oder Kapitalgesellschaft können für die jeweilige Gesellschaft eine hohe finanzielle Belastung darstellen. Sie sind damit unter Umständen geeignet, die Befugnis der Gesellschafter, den Geschäftsführer seines Amtes zu entheben, faktisch erheblich einzuschränken. Aus diesem Grund ist es angezeigt, im Anschluss an die Frage nach der Abdingbarkeit der Abberufungsbefugnisse der Gesellschafter auch auf die Problematik einzugehen, ob und unter welchen Voraussetzungen Schadensersatz- oder Abfindungszahlungen an den abberufenen Geschäftsführer einer Personen- oder Kapitalgesellschaft zu zahlen sind. Erst im Anschluss daran lässt sich die praktische Bedeutung der Abberufungsbefugnisse der Gesellschafter für die Kontrolle der Geschäftsführung einer Gesellschaft bewerten.

1. Deutschland

Im deutschen Recht schweigen die einschlägigen Vorschriften zu der Frage nach der Zulässigkeit bzw. Erforderlichkeit von Schadensersatz- oder Abfindungsansprüchen des abberufenen Geschäftsführers einer Personen- oder Kapitalgesellschaft. Derartige Schadensersatzansprüche können sich daher allenfalls aus einem Dienstvertrag ergeben, wenn ein solcher zwischen den Geschäftsführern und der Gesellschaft abgeschlossen worden ist. Enthalten Vertrag oder Satzung der Gesellschaft keine anderslautende Regelung, endet ein dienstvertragliches Verhältnis nicht automatisch mit dem Widerruf der Bestellung zum Geschäftsführer einer Gesellschaft[720]. Vielmehr sind der Widerruf der Bestellung zum Geschäftsführer und die Beendigung des Dienstvertrages streng voneinander zu unterscheiden[721]. Es stellt sich dann bei der Abberufung eines Geschäftsführers die Frage, ob in der Abberufung zugleich die Kündigung des Dienstvertrages liegt[722]. Für die Abberufung des geschäftsführenden Gesellschafters einer Personengesellschaft wird hierbei regelmäßig davon ausgegangen, dass in der Entziehung der Geschäftsführungsbefugnis zugleich eine Kündigung des Dienstvertrages aus wichtigem Grund liegt[723]. Kann das Vorliegen eines außerordentlichen Kündigungsgrundes nicht nachgewiesen werden, bestehen das Vertragsverhältnis und die daraus resultierenden Zahlungsansprüche des ehemaligen Geschäftsführers bis zum vertragsmäßigen Ende des Dienstvertrages fort. Um einen langwierigen Rechtsstreit und die damit einhergehende negative Öffentlichkeitswirkung zu vermeiden, suchen insbesondere renommierte Gesellschaften in der Praxis regelmäßig eine

---

[720] Dies ergibt sich insbesondere aus § 84 (3) Satz 5 AktG. Siehe des weiteren *Raiser*, § 14 Rn 48; *Hüffer*, § 84 Rn 24; *Grunewald*, 2 C Rn 49. Eine entsprechende Verknüpfung von Organstellung und Anstellungsvertrag ist jedoch durchaus zulässig, so *BGH*, Urteil v. 29. 5. 1989, NJW 1989, 2683, 2683; *OLG Düsseldorf*, Urteil v. 24. 6. 1999, NZG 2000, 209, 209; *Mayen*, in: *Ebenroth/Boujong/Joost*, § 117 Rn 29; *Hüffer*, § 84 Rn 40.

[721] Ständige Rechtsprechung seit *BGH*, Urteil v. 11. 7. 1953, BGHZ 10, 17, 191; Urteil v. 7. 12. 1961, BGHZ 36, 142, 142; siehe auch KölnKomm.-*Mertens*, § 84 Rn 94 ff.; *Martens*, FS Werner, 496, 504 ff.

[722] *Raiser*, § 14 Rn 48 und § 32 Rn 45; KölnKomm.-*Mertens*, § 84 Rn 36.

[723] *Mayen*, in: Ebenroth/Boujong/Joost, § 117 Rn 29; Heymann/*Emmerich*, § 117 Rn 22a. Für die Abberufung des Vorstandsmitglieds einer AG wird hingegen davon ausgegangen, dass an die Kündigung aus wichtigem Grund im Sinne des § 626 BGB grundsätzlich höhere Anforderungen zu stellen seien als an die Abberufung aus wichtigem Grund, siehe dazu nur *Raiser*, § 14 Rn 49 und § 32 Rn 54; KölnKomm.-*Mertens*, § 84 Rn 127 ff.

einvernehmliche Lösung mit dem abberufenen Geschäftsführer und gewähren ihm großzügige Abfindungszahlungen[724].

2. Frankreich

Nach französischem Recht sind sämtliche Regelungen und Vereinbarungen unwirksam, die unmittelbar oder mittelbar die Möglichkeit der Gesellschafter einschränken, die Geschäftsführer einer Personen- oder Kapitalgesellschaft ohne Vorliegen weiterer Voraussetzungen abzuberufen[725]. Dies betrifft insbesondere auch Regelungen und Vereinbarungen, die einem Geschäftsführer für den Fall seiner Abberufung eine finanzielle Entschädigung gewähren. So ist beispielsweise eine Vereinbarung unwirksam, die einem Geschäftsführer im Fall seiner Abberufung den Rückkauf seiner Anteile an der Gesellschaft zu einem über dem Marktpreis liegenden Betrag garantiert[726]. Zulässig soll hingegen eine Klausel in den Gesellschaftsstatuten sein, die die Schadensersatzhöhe beziffert, die einem Geschäftsführer zu zahlen ist, der ohne das Vorliegen eines berechtigten Grundes *(juste motif)* von seiner Position als Geschäftsführer abberufen worden ist[727]. Zulässig sind auch Satzungsklauseln, die für den Fall der Abberufung die Gewährung einer Pension vorsehen[728]. Der jeweilige Betrag darf jedoch keinesfalls so hoch sein, dass er geeignet erscheint, die Gesellschafter von der Abberufung eines Geschäftsführers aus finanziellen Gründen abzuhalten[729].

Entsprechend der deutschen Rechtslage führt die Abberufung eines Geschäftsführers nicht automatisch zur Beendigung von Dienstverträgen, die zwischen dem Geschäftsführer und der Gesellschaft bestehen[730]. Vielmehr stehen dem abberufenen Geschäftsführer weiterhin vertragliche Lohn- und Schadensersatzansprüche gegenüber der Gesellschaft zu. Etwas anderes gilt nur, wenn ein Kündigungsgrund in der Person des jeweiligen Geschäftsführers vorliegt,

---

[724] Siehe dazu *Hoffmann-Becking*, FS Stimpel, 589, und die Entscheidungen, *BGH*, Urteil v. 13. 1. 1958, BGHZ 26, 236; Urteil v. 17. 4. 1967, BGHZ 47, 341; Urteil v. 24. 11. 1980, BGHZ 79, 38.

[725] *Guyon*, Nr. 328.

[726] *Cass. com.* 7. 3. 1989, Rev. soc. 1989, 664.

[727] Zur SARL: *Storck*, Jurisclasseur Sociétés, Fasc. 74-20, Nr. 49; *Mercadal/Janin*, Nr. 328.

[728] So *Cass. com.* 19. 12. 1983, Rev. soc. 1985, 105 note *K. Schmidt*; 22. 8. 1986, Rev. soc. 1987, 46 note *Guyon*.

[729] *Cass. com* 2. 6. 1987, Bull. Joly, 1987, 501; *Cass. com.* 6. 12. 1983, Rev. soc. 1984, 311 note *Le Cannu*; *Storck*, Jurisclasseur Sociétés, Band 4, Fasc. 74-20, Nr. 49; siehe auch *Guyon*, Nr. 328; *Mercadal/Janin*, Nr. 3835.

[730] *Cozian/Viandier/Deboissy*, Nr. 1308.

der zur Beendigung des jeweiligen Dienstvertrages berechtigt[731]. Entsprechend widmet das Recht der SA und der SARL der Kumulierung von Geschäftsführer- und Angestelltenposition besondere Aufmerksamkeit[732]. So kann ein Mitglied des *conseil d'administration* einer klassischen SA - im Gegensatz zum *directeur général* einer SA[733] - grundsätzlich keinen Dienstvertrag mit der Gesellschaft abschließen[734]. Des weiteren regelt Art. 225-22 CCom für die SA die Voraussetzungen, unter denen ein Angestellter der Gesellschaft Mitglied des *conseil d'administration* werden darf. Danach muss der Dienstvertrag bereits zwei Jahre bestehen und eine tatsächliche Beschäftigung des Angestellten widerspiegeln[735]. Für den Fall, dass diese Voraussetzungen nicht vorliegen, werden in der französischen Rechtsprechung verschiedene Auswirkungen auf den Dienstvertrag und die Geschäftsführerstellung diskutiert[736]. In der jüngeren Rechtsprechung scheint sich die Auffassung durchzusetzen, wonach der Arbeitsvertrag für den Zeitraum, in dem der jeweilige Arbeitnehmer zugleich die Funktion eines *administrateur* ausübt, suspendiert ist[737]. Verliert ein Mitglied des *conseil d'administration* seine Mitgliedschaft, so lebt der Arbeitsvertrag wieder auf mit der Folge, dass das abberufene Mitglied des *conseil d'administration* gegenüber der Gesellschaft lohn- und schadensersatzberechtigt ist[738]. Diese Lösung wird man wohl auch auf das Recht der SARL erstrecken können[739].

Folglich können einem Geschäftsführer, der zugleich in einem vertraglichen Verhältnis zur jeweiligen Gesellschaft steht, neben den gesetzlichen

---

[731] *Guyon*, Nr. 328 (SA); *Cozian/Viandier/Deboissy*, Nr. 1308 (SARL).

[732] *Guyon*, Nr. 321; *Cozian/Viandier/Deboissy*, Nr. 646 f.; *Merle*, Nr. 389.

[733] *Merle*, 432. Etwas anderes gilt jedoch auch hier dann, wenn der Abschluss des Dienstvertrages dazu dient, die Möglichkeit der jederzeitigen Abrufbarkeit einzuschränken, *Cass. soc.* 31. 3. 1981, Bull. Joly 1981, 742, Nr. 365.

[734] *Cass. soc.* 6. 10. 1993, Bull. Joly 1993, 1242 note *Le Cannu;* Cass. com., 26. 1. 1999, JCP E 1999, I, 1239, N° 6, obs. *Viandier/Caussain.*

[735] Art. 225-22 (1) CCom; zur SARL siehe *Cozian/Viandier/Deboissy,* Nr. 1309.

[736] *Cass. soc.* 28. 3. 1979, Rev. soc. 1979, 819 note *Le Cannu* (Unwirksamkeit der Ernennung zum *administrateur); Cass. soc.* 5. 6. 1980, JCP 1981, CI, II, 1362 note *Guyon (*Unwirksamkeit des Arbeitsvertrages); *Cass. soc.* 16. 10. 1980, Rev. soc. 1981, 88 note *Chartier* (Wirksamkeit von Ernennung und Arbeitsvertrag).

[737] *Cass. soc.* 11. 6. 1997, JCP E 1998, I, 508, obs. *Viandier/Caussain*; Ass. Plén. 4. 6. 1993, D. 1993, 501 note *Chartier;* Cass. soc. 15. 3. 2000, JCP 2000 II, 10346 note *Petit; Cass. soc.* 21. 6. 1994, Rev. soc. 1995, 59 note *Petit;* zust. *Cozian/Viandier/Deboissy*, Nr. 649.

[738] *Cass. soc.* 11. 6. 1997, JCP E 1998, I, 508, obs. *Viandier/Caussain; Guyon*, Nr. 321; *Cozian/Viandier/Deboissy*, Nr. 649.

[739] In diesem Sinne auch *Petit,* Rev. soc. 1995, 60 ff. in seiner Anmerkung zur Entscheidung *Cass. soc.* 21. 6. 1994, Rev. soc. 1995, 59.

Schadensersatzansprüchen für eine Abberufung ohne das Vorliegen eines *juste motif* vertragliche Schadensersatzansprüche zustehen. Von besonderem Interesse ist hierbei die Frage nach einem Anspruch auf Schadensersatzzahlungen wegen Verletzung des Dienstvertrages des Vorsitzenden des *conseil d'administration*, der zugleich die Funktion des *directeur général* ausübt (also der ehemalige *président-directeur général* (PDG)). Diesem stehen auch nach der Gesetzesänderung keine Schadensersatzansprüche allein deshalb zu, weil er ohne das Vorliegen eines *juste motif* von den Gesellschaftern abberufen worden ist.

3. England

Die Zulässigkeit einer Abfindungszahlung an den abberufenen *director* einer *company* unterliegt strengen Voraussetzungen. Die Gewährung einer Abfindung muss zum einen in den *articles of association* der Gesellschaft vorgesehen sein[740]. Zum anderen hat die Hauptversammlung der Gesellschafter die Abfindung an den abberufenen Geschäftsführer der Gesellschaft zu genehmigen[741]. Von dem Vorliegen einer Abfindung geht das englische Recht aus, wenn es sich um die Zahlung einer Geldsumme handelt, für die der abberufene Geschäftsführer keine Gegenleistung zu erbringen hat[742]. Nicht den genannten Voraussetzungen unterworfen sind hingegen Zahlungen, die bereits in den Dienstverträgen mit den Direktoren vorgesehen oder begründet sind und also auf einer vertraglichen Verpflichtung der Gesellschaft beruhen[743]. In diesem Zusammenhang ist jedoch darauf hinzuweisen, dass nicht sämtliche Geschäftsführer einer *company* in einem Dienstverhältnis zu der Gesellschaft stehen; insbesondere stehen die *non-executive directors* häufig in keinen dienstvertraglichen Beziehungen zu der Gesellschaft[744].

Der abberufene Geschäftsführer kann Schadensersatzansprüche aufgrund einer Verletzung des Dienstvertrages (*breach of contract)* gegen die Gesellschaft geltend machen, wenn der Dienstvertrag für einen bestimmten Zeitraum abgeschlossen wurde und die *articles of association* bzw. der Dienstvertrag die Abberufungsmöglichkeit der Gesellschafter nicht ausdrück-

---

[740] *Pennington, 688.*

[741] Sec. 312 CA 1985.

[742] *Pennington*, 688. Siehe aber die Ausnahme in sec. 316 (3) CA 1985.

[743] Taupo Totara Timber Co v. Rowe [1978] AC 537; Lander v. Premier Pict Petroleum Ltd [1998] 1 BCC, 248; *Pennington*, 688.

[744] Zu den Begriffen des *non-executive director* oder *outside director* siehe ausführlich unten Seite 227 ff.

lich vorsehen[745]. Jedoch scheint sich in der englischen Rechtsprechung eine allmählich dahingehende Entwicklung zu vollziehen, Dienstverträge so auszulegen, dass die einem *director* aus dem Dienstvertrag mit der Gesellschaft zustehenden Rechte - anders als im deutschen und französischen Recht - mit der Beendigung seiner Stellung als *director* automatisch entfallen[746].

Der abberufene Geschäftsführer kann - soweit er gleichzeitig Gesellschafter der Gesellschaft ist - neben der Geltendmachung von Schadensersatzansprüchen wegen *breach of contract* eine Geldzahlung seitens der Gesellschaft dadurch herbeiführen, dass er Klage gemäß sec. 459 (1) CA 1985 wegen *unfairly prejudicial conduct* erhebt und das angerufene Gericht eine sog. *purchase order* erlässt, die die Gesellschaft zum Erwerb der Aktien des ehemaligen Geschäftsführers verpflichtet. Insbesondere in kleineren *private companies* wird die Abberufung eines *director* häufig eine unberechtigte Einschränkung seiner Rechte im Sinne des Sec. 459 (1) CA 1985 darstellen[747].

4. Ergebnis

Die Frage nach der Zulässigkeit bzw. Erforderlichkeit der Zahlung einer Abfindung an einen abberufenen Geschäftsführer wird in den untersuchten Rechtsordnungen unterschiedlich beantwortet. Während das französische Gesellschaftsrecht die Zulässigkeit einer Abfindung regelmäßig verneint, ist nach englischem Recht die Zahlung einer Abfindung möglich, wenn diese in den *articles of association* vorgesehen ist und von den Gesellschaftern im Einzelfall genehmigt wird. Die strenge Haltung, die das französische Recht gegenüber der Zulässigkeit von Abfindungszahlungen einnimmt, wird dadurch relativiert, dass bereits die gesetzlichen Bestimmungen Schadensersatzansprüche des abberufenen Geschäftsführers ausdrücklich vorsehen, wenn die Abberufung ohne Vorliegen eines *juste motif* erfolgt ist. Ein gemeinsames Prinzip lässt sich somit für die Zulässigkeit bzw. Erforderlichkeit von Abfindungszahlungen nicht feststellen.

---

[745] Sec. 303 (5) CA 1985; zu den Voraussetzungen von Schadensersatzzahlungen siehe Nelson v. James Nelson & Sons Ltd [1914] 2 KB 770 [Abberufung eines managing director durch den board of directors]; Shindler v. Northern Raincoat Co [1960] 2 All ER 239 [Abberufung eines managing director durch die Gesellschafterversammlung]; *Pettet*, 197; *Pennington*, 670; *Farrar*, 343; Gower/*Davies*, 190; *Fox/Bowen*, 103.

[746] *Prime/Scanlan*, 158; Shuttleworth v. Cox Bros & Co (Maidenhead) Ltd [1927] 2 KB 9; Read . Astoria Garage (Streatham) Ltd [1952] Ch D 637.

[747] *Pettet*, 197; siehe dazu den Vorschlag der *law commission* (Shareholders Remedies, Law Com. Nr. 246), eine gesetzliche Vermutung einzuführen, wonach ein *unfair prejudicial conduct* stets vorliegen soll, wenn ein Gesellschafter einer *private company*, der mindestens 10% der Stimmrechte innehat, von der Teilnahme an der Geschäftsführung ausgeschlossen wird (Punkt 8. 3 und 8. 4).

Von der reinen Abfindung als einer Zahlung ohne Gegenleistung sind Schadensersatzzahlungen zu unterscheiden, die ihre Grundlage in dem jeweiligen Vertrag haben, der zwischen dem abberufenen Geschäftsführer und der Gesellschaft besteht. Sowohl im deutschen als auch im französischen sowie grundsätzlich auch (noch) im englischen Gesellschaftsrecht endet der Dienstvertrag zwischen Geschäftsführer und Gesellschaft nicht automatisch mit der Beendigung der Stellung als Geschäftsführer. Liegt ein Grund für die Kündigung des Geschäftsführers nicht vor, so bestehen die Lohnansprüche des Geschäftsführers bis zum vertragsmäßigen Ablauf des Arbeitsverhältnisses fort. Somit kann als gemeinsames Prinzip der drei Rechtsordnungen zu diesem Punkt festgehalten werden:

Die Abberufung eines Geschäftsführers führt nicht automatisch zur Beendigung des Dienstvertrages, der zwischen dem Geschäftsführer und der Gesellschaft besteht. Liegt kein Kündigungsgrund in der Person des Geschäftsführers vor, so behält dieser trotz Beendigung seiner Geschäftsführerstellung die aus dem Dienstvertrag resultierenden Lohn- und Schadensersatzansprüche gegenüber der Gesellschaft bis zur Beendigung des Dienstvertrages.

C. Zusammenfassung zur Beendigung der Geschäftsführerstellung durch die Gesellschafter

In diesem Kapital konnte aufgezeigt werden, dass die untersuchten Rechtsordnungen die Herbeiführung der Abberufung des Geschäftsführers einer Personen- und Kapitalgesellschaft kennen. Die Befugnis, die Beendigung der Geschäftsführerstellung herbeizuführen, steht mit Ausnahme der AG in allen untersuchten Gesellschaftsformen den Gesellschaftern unabhängig davon zu, ob es sich um Personen- oder Kapitalgesellschaften handelt. Hingegen ist in der AG die Abberufungskompetenz dem Aufsichtsrat als dem Kontrollgremium der Gesellschafter zugewiesen. Jedoch können die Gesellschafter auch in der AG mittelbaren Einfluss auf die Beendigung der Amtszeit der Vorstandsmitglieder nehmen, indem sie dem Vorstand der AG das Vertrauen entziehen. Unterschiede zwischen den Rechtsordnungen bestehen hingegen im Hinblick auf die Voraussetzungen, die für eine Beendigung der Geschäftsführerstellung durch die Gesellschafter erforderlich sind. Weitgehend ungeschützt stellt sich die Rechtsposition der Geschäftsführer im englischen und französischen Gesellschaftsrecht sowie im Recht der GmbH dar. Besondere Voraussetzungen für die Abberufung der Geschäftsführer fordern die einschlägigen Regelungen hier nicht. Hingegen setzt die Abberufung der Geschäftsführer einer deutschen Personengesellschaft das Vorliegen eines wichtigen Grundes in der Person des abzuberufenden Geschäftsführers voraus. Die Schutzlosigkeit des Geschäftsführers bzw. die weitgehenden Abberufungskompetenzen der Gesellschafter im französischen und englischen Recht sowie im Recht der GmbH werden zum Teil durch die Gewährung von Schadensersatzansprüchen aufgefangen, die sich aus entsprechenden gesetzlichen Regelungen oder aus der Verletzung des Dienstvertrages ergeben, den die Gesellschaft mit ihrem Geschäftsführer abgeschlossen hat. Ungeachtet dieser finanziellen Kompensationsmöglichkeiten ist festzuhalten, dass die Abberufung der Geschäftsführer im englischen und französischen Recht ohne das Hinzutreten weiterer Voraussetzungen wirksam ist. Die Frage nach etwaigen Schadensersatzansprüchen des abberufenen Geschäftsführers stellt sich demgegenüber erst auf zweiter Stufe. Zusammenfassend ist zur Abberufungsbefugnis der Gesellschafter festzuhalten, dass sie den Gesellschaftern weitreichende Einwirkungsmöglichkeiten auf die Geschäftsführung gewährt. In besonderem Maße ist dies der Fall in den Personengesellschaften sowie in den personalistisch ausgestalteten Kapitalgesellschaften, die eine geringe Anzahl von Gesellschaftern aufweisen.

3. Abschnitt: Mittelbare Kontrolle der Geschäftsführung durch die Gesellschafter

§ 1 Herbeiführung der Sonderprüfung

A. Einführung

Das Institut der Sonderprüfung, das in den untersuchten Rechtsordnungen ausschließlich im Kapitalgesellschaftsrecht anzutreffen ist, verschafft den Gesellschaftern die Möglichkeit, die von den Geschäftsführern getätigten Geschäfte nachträglich einer sachverständigen Prüfung zu unterziehen[748] und gegebenenfalls bestehende Ersatzansprüche gegen die Mitglieder der Geschäftsführung zu sichern[749]. Neben dieser nachträglichen Kontrolle gehen von der Existenz des Instituts der Sonderprüfung präventive und disziplinierende Wirkungen im Hinblick auf die handelnden Geschäftsführer einer Gesellschaft aus[750]. Die praktische Bedeutung der Sonderprüfung ist bislang im deutschen sowie im englischen Recht gering, während in Frankreich Sonderprüfungen häufig durchgeführt werden[751].

Die Sonderprüfung der Angelegenheiten der Gesellschaft durch professionelle Prüfer kann zum einen durch die Gesellschafter in ihrer Gesamtheit herbeigeführt werden. Stellt jedoch die Mehrheit der Gesellschafter zugleich die Geschäftsführung der Gesellschaft, so wird sie regelmäßig kein Interesse daran haben, eine Sonderprüfung durchzuführen und dadurch die von ihr gestützten Geschäftsführer zu schwächen[752]. Um eine Überprüfung der Geschäfte der Gesellschaft gegen den Willen der Mehrheitsgesellschafter herbeiführen zu können, benötigen Minderheitsgesellschafter ein eigenes Initiativrecht[753]. Im Folgenden werden daher neben den Befugnissen, die der Mehrheit der Gesellschafter im Hinblick auf die Herbeiführung einer Sonderprüfung (unter B II.) zustehen, auch die entsprechenden Befugnisse eines oder mehrerer Gesellschafter zu behandeln sein, die eine bestimmte Mindestbeteiligung am Kapital der Gesellschaft halten (unter B III.).

---

[748] *Von Rechenberg*, 40.

[749] Großkomm.-AktG-*Bezzenberger*, § 142 Rn 8; *Forum Europaeum Konzernrecht*, ZGR 1998, 672, 718.

[750] Vgl. zum deutschen Recht: KölnKomm.-*Kronstein/Zöllner*, § 142 Rn 3; Großkomm.-AktG-*Bezzenberger*, § 142 Rn 8; *Hüffer*, § 142 Rn 1; zum englischen Recht: Gower/*Davies*, 696, N. 30.

[751] *Cozian/Viandier/Deboissy*, Nr. 461.

[752] *Semler*, MüHbGesR, Band IV, § 42 Rn 7.

[753] Großkomm.-AktG-*Bezzenberger*, § 142 Rn 46.

B. Rechtslage in Deutschland, Frankreich und England

I. Existenz und Rechtsgrund der Sonderprüfung

1. Deutschland, England und Frankreich

Gesetzlich normiert ist die Sonderprüfung im deutschen Gesellschaftsrecht ausschließlich im Recht der AG, und zwar in den §§ 142 ff. AktG. Jedoch ist das Institut der Sonderprüfung daneben auch im Recht der GmbH anerkannt[754]. Sowohl im Recht der SA als auch der SARL ist die Sonderprüfung der Geschäfte der Gesellschaft, die *expertise de gestion* durch professionelle Prüfer, nämlich die *commissaires aux comptes*, gesetzlich geregelt. So finden sich die einschlägigen Vorschriften für die SARL in Art. 223-37 (1) CCom und für die SA in Art. 225-231 CCom. Für die *company* ist die Sonderprüfung in den Vorschriften der sec. 431 ff. CA 1985 normiert. Gemäß sec. 431 (2c) CA 1985 kann die Einleitung eines Sonderprüfungsverfahrens von der Gesellschaft und von einem einzelnen Gesellschafter beim englischen Wirtschafts- und Handelsminister, dem *Secretary of State* des *Department of Trade and Industry* beantragt werden.

2. Ergebnis

Das Institut der Prüfung der Angelegenheiten der Gesellschaft durch professionelle Prüfer ist in allen drei untersuchten Kapitalgesellschaftsrechten bekannt. Mit Ausnahme des Rechts der GmbH, in dem die Sonderprüfung nicht ausdrücklich geregelt ist, bestehen in den verschiedenen Rechtsordnungen jeweils entsprechende gesetzliche Regelungen. Während die Sonderprüfung im deutschen und französischen Kapitalgesellschaftsrecht ohne Zwischenschaltung staatlicher Stellen durch Wirtschaftsprüfer erfolgt, ist im Recht der englischen Kapitalgesellschaften der *Secretary of State* des englischen *Department of Trade and Industry* in die Sonderprüfung eingebunden.

Als gemeinsames Prinzip der untersuchten Rechtsordnungen kann zu diesem Punkt festgehalten werden:

---

[754] Gestritten wird lediglich über die Rechtsgrundlage der Sonderprüfung in der GmbH: Teilweise wird eine analoge Anwendung der §§ 142 ff. AktG auf das Recht der GmbH befürwortet, so Baumbach/Hueck/*Zöllner*, § 46 Rn 31; *Wolany*, 159; teilweise wird § 46 Nr. 6 GmbHG als Rechtsgrundlage herangezogen, so Scholz/*K. Schmidt*, § 46 Rn 117; *Fleischer*, GmbHR 2001, 45, 46; das *OLG Düsseldorf* hat diese Frage in seiner Entscheidung vom 15. 2. 1991 offengelassen, WM 1992, 14 ff.

In den Kapitalgesellschaften besteht die Möglichkeit einer besonderen Prüfung der Angelegenheiten der Gesellschaft durch professionelle Prüfer.

II. Herbeiführung der Sonderprüfung durch Gesellschafterbeschluss

1. Deutschland

Im Recht der AG stellt § 142 (1) AktG keine weiteren Voraussetzungen für die Bestellung eines Sonderprüfers auf. Die Hauptversammlung der AG und die Gesellschafter der GmbH entscheiden über die Bestellung eines Sonderprüfers mit einfacher Stimmenmehrheit[755]. Soll sich die Prüfung durch den Sonderprüfer auf Vorgänge erstrecken, die mit der Entlastung eines Vorstands- oder Aufsichtsratsmitglieds zusammenhängen, so sind die Geschäftsführer bzw. Vorstands- und Aufsichtsratsmitglieder von der Beschlussfassung ausgeschlossen[756]. Gegenstand der Sonderprüfung sind gemäß § 142 (1) AktG bestimmte abgrenzbare Vorgänge bei der Gründung oder Geschäftsführung der Gesellschaft. Darunter fällt das gesamte Handeln des Vorstands bzw. der Geschäftsführer[757]. Nicht zulässig ist jedoch eine Prüfung der Geschäftsführung im allgemeinen[758]. Während die Sonderprüfung in der AG grundsätzlich vergangenheitsbezogen ist[759], kann sie sich in der GmbH darüber hinaus auf die Recht- und Zweckmäßigkeit von zukünftigen Maßnahmen der Geschäftsführung erstrecken[760].

2. Frankreich

Das Recht auf Herbeiführung einer *expertise de gestion* durch einen oder mehrere *commissaires aux comptes* ist im Gesetz als Minderheitsrecht der Gesellschafter ausgestaltet. Naturgemäß kann dieses Recht daneben auch und erst recht von den Gesellschaftern in ihrer Gesamtheit ausgeübt werden. Die Ge-

---

[755] Zur AG: § 142 (1) Satz 1 AktG; zur GmbH: § 46 Nr. 6 GmbHG; *Fleischer*, GmbHR 2001, 45, 47.

[756] Zur GmbH: Baumbach/Hueck/*Zöllner*, § 46 Rn 31; Scholz/*K. Schmidt*, § 47 Rn 142; Brandner, FS Nirk, 75, 79; zur AG: § 142 (1) AktG. Dies befürwortet auch das *Forum Europaeum Konzernrecht* im in ZGR 1998, 719 ff. genannten Richtlinienvorschlag zur Sonderprüfung.

[757] Großkomm.-AktG-*Bezzenberger*, § 142 Rn 11; KölnKomm.-*Kronstein/Zöllner*, § 142 Rn 8.

[758] Vgl. Großkomm.-AktG-*Bezzenberger*, § 142 Rn 12; KölnKomm.-*Kronstein/Zöllner* § 142 Rn 12.

[759] Großkomm.-AktG-*Bezzenberger*, § 142 Rn 19.

[760] *Fleischer*, GmbHR 2001, 45, 46.

sellschafter beschließen dann über die Herbeiführung einer Sonderprüfung mit einfacher Mehrheit.

Besondere Voraussetzungen für die Herbeiführung einer Sonderprüfung stellt das Recht der SARL nicht auf[761]. Für die SA ist das Recht der Sonderprüfung durch die Gesetzesreform vom 15. 5. 2001 geändert worden[762]. War es bislang als einstufiges Verfahren ausgestaltet, so sieht das Gesetz in Art. 225-231 CCom nF nunmehr ein zweistufiges Verfahren der Sonderprüfung vor[763], ohne dass hierdurch die Voraussetzungen der Einleitung einer Sonderprüfung verschärft worden wären[764].

Als erste Stufe gewährt das Gesetz den Gesellschaftern ein besonderes Fragerecht gegenüber den Mitgliedern der Geschäftsführung hinsichtlich einer oder mehrerer Maßnahmen der Geschäftsführung (*opération de gestion*)[765]. Hierbei umfasst der Begriff der *opération de gestion* sämtliche Maßnahmen, die von einem Geschäftsführungsorgan ausgeführt werden oder bereits ausgeführt worden sind[766]. Die Geschäftsführung im allgemeinen kann hingegen - wie im deutschen Aktienrecht - nicht Gegenstand der Sonderprüfung sein[767]. Werden diese Fragen innerhalb eines Monats oder nach Auffassung der Gesellschafter nicht zufriedenstellend beantwortet, können die Aktionäre in einem zweiten Schritt bei Gericht eine einstweilige Verfügung mit dem Inhalt beantragen, einen oder mehrere Sachverständige mit dem Erstellen eines Berichts über eben diese Geschäftsführungsmaßnahmen zu beauftragen[768]. Das Gericht wird eine solche Verfügung erlassen, wenn präzise Tatsachen vorlie-

[761] Art. 223-37 (1) CCom: „Un ou plusieurs associés représentant au moins le dixième du capital social peuvent, soit individuellement, soit en se groupant sous quelque forme que ce soit, demander en justice la désignation d'un ou plusieurs experts chargé de présenter un rapport sur une ou plusieurs opérations de gestion".

[762] LNRE vom 15. 5. 2001, abgedruckt in JO v. 16. 5. 2001.

[763] Zur Neuregelung siehe *Viandier*, Nr. 353 ff; *Dom*, Rev. soc. 2001, 533, 550 f.; *Godon*, Bull. Joly 2001, 728, 732.

[764] So *Mercadal/Janin*, Nr. 351.

[765] Art. 225-231 (1) CCom: „(...) un ou plusieurs actionnaires représentant au moins 5 % du capital social, soit individuellement, soit en se groupant sous quelque forme ce soit, peuvent poser par écrit au président du conseil d'administration ou au directoire des questions sur une ou plusieurs opérations de gestion de la société (...)".

[766] *Cass. com.* 19. 1. 1991, Rev. sociétés 1992, 510 note *Marteau-Petit*; *Cass. com.* 12. 1. 1993, Rev. sociétés 1993, 426 note *Saintourens*.

[767] Vgl. zur alten Gesetzesfassung *Cozian/Viandier/Deboissy*[13], Nr. 488.

[768] Art. 225-231 (2) CCom: „À défaut de réponse dans un délai d'un mois ou à défaut de communication d'éléments de réponse satisfaisants, ces actionnaires peuvent demander en référé la désignation d'un ou plusieurs experts chargés de présenter un rapport sur une ou plusiers opérations de gestion".

gen, die Zweifel an der Rechtmäßigkeit einer Geschäftsführungsmaßnahme aufkommen lassen (sog. *présomption d'irrégularité*) oder Anhaltspunkte dafür vorliegen, dass eine Maßnahme dem Gesellschaftsinteresse schadet[769]. Nach dieser Neuregelung der *expertise de gestion* kommt der eigentlichen Prüfung der Geschäfte der Gesellschaft nur noch subsidiäre Bedeutung zu, wenn die zuvor von den Gesellschaftern gestellten Fragen von der Geschäftsführung nicht zufriedenstellend beantwortet werden[770]. Dadurch wird die Gesellschaft vor nicht notwendigen Sonderprüfungen geschützt, deren Grundlage bereits durch die Beantwortung von Fragen der Gesellschafter aus der Welt geschafft werden kann[771].

3. England

Das *general meeting* einer englischen Kapitalgesellschaft beschließt über die Einleitung einer Sonderprüfung mit einfacher Mehrheit (*ordinary resolution)*[772]. Gemäß sec. 431 (3) CA 1985 haben die Gesellschafter in ihrem Antrag auf Einleitung einer Sonderprüfung das Vorliegen nachvollziehbarer Gründe (*good reasons)* vorzubringen, die für die Durchführung einer Sonderprüfung durch das *Department of Trade and Industry* sprechen. Auf das Erfordernis, besondere Gründe für die Durchführung einer Sonderprüfung anzugeben, führt *Davies* die geringe praktische Bedeutung der sec. 431 CA 1985 zurück. Bestehen hinreichende Gründe für die Einleitung einer Sonderprüfung, sind regelmäßig auch die Voraussetzungen einer Einleitung der Sonderprüfung von Amts wegen gemäß sec. 432 CA 1985 erfüllt[773]. Da eine Untersuchung von Amts wegen eher gewährleistet, dass die Geschäftsführer der *company* von der geplanten Sonderprüfung der Geschäfte der Gesellschaft keine Kenntnis und damit keine Gelegenheit erhalten, belastende Unterlagen rechtzeitig zu vernichten, bevorzugen die Gesellschafter in der Praxis eine Einleitung der Prüfung von Amts wegen[774].

---

769 *Com.* 6. 7. 1982, Rev. soc. 1983, 356 note *Le Cannu*; 23. 2. 1988, Rev. soc. 1988, 227; *Cozian/Viandier/Deboissy*, Nr. 462.

770 So auch *Dom*, Rev. soc. 2001, 533, 550.

771 Vor diesem Hintergrund erklärte sich in der Vergangenheit die zahlenmäßig hohe Bedeutung der Sonderprüfung in Frankreich, siehe dazu oben Seite 200.

772 Vgl. Gowers/*Davies*, 695, FN 21.

773 Gower/*Davies*, 695.

774 Siehe dazu Gowers/*Davies*, 695.

4. Ergebnis

Die Gesellschafter einer Kapitalgesellschaft sind in allen drei untersuchten Rechtsordnungen berechtigt, eine Sonderprüfung der Angelegenheiten der Gesellschaft herbeizuführen. Hierüber beschließen sie mit einfacher Mehrheit.

Während das deutsche Recht und das Recht der französischen SARL keine weiteren Voraussetzungen für die Herbeiführung der Sonderprüfung aufstellen, macht das englische Recht das Initiativrecht der Gesellschafter vom Vorliegen berechtigter Gründe abhängig, die für die Durchführung einer solchen Prüfung sprechen. In der französischen SA ist die Sonderprüfung zweistufig ausgestaltet: Als ersten Schritt sieht das französische Aktienrecht ein besonderes Fragerecht der Gesellschafter vor. Erst wenn Fragen nicht oder nicht zufriedenstellend beantwortet werden, können die Gesellschafter in einem zweiten Schritt die gerichtliche Anordnung einer Sonderprüfung beantragen. Hinsichtlich der Voraussetzungen der Sonderprüfung lässt sich folglich ein gemeinsames Prinzip der untersuchten Rechtsordnungen nicht formulieren. Im übrigen kann für die Herbeiführung der Sonderprüfung festgehalten werden:

Die Gesellschafter einer Kapitalgesellschaft sind befugt, durch Mehrheitsbeschluss eine Sonderprüfung der Angelegenheiten der Gesellschaft herbeizuführen.

III. Herbeiführung der Sonderprüfung durch Minderheitsgesellschafter

1. Deutschland

a) AG

Im deutschen Aktienrecht ist für die Beantragung einer Sonderprüfung primär die Hauptversammlung der AG zuständig[775]. Lehnt die Hauptversammlung den Antrag auf Bestellung von Sonderprüfern ab und handelt es sich bei dem zu prüfenden Vorgang um einen Vorgang bei der Gründung der Gesellschaft oder um einen nicht über fünf Jahre zurückliegenden Geschäftsführungsvorgang, so sind einer oder mehrere Aktionäre, deren Anteile zusammen mindestens ein Zehntel des Grundkapitals oder den anteiligen Betrag von einer Million Euro erreichen, befugt, bei Gericht einen Antrag auf Bestellung eines Sonderprüfers

[775] Siehe dazu oben B II.

zu stellen[776]. Voraussetzung eines solches Antrags ist das Vorliegen von Tatsachen, die den Verdacht rechtfertigen, dass es bei dem zu prüfenden Vorgang, der im Antrag genau zu bezeichnen ist[777], zu Unredlichkeiten oder groben Verletzungen des Gesetzes oder der Satzung gekommen ist[778]. Dem Antrag fehlt das Rechtsschutzbedürfnis, wenn die zu prüfenden Vorgänge keinerlei praktischen Bezug zu den gegenwärtigen Verhältnissen der Gesellschaft haben[779] oder das Antragsrecht missbräuchlich ausgeübt wird[780].

b) GmbH

Das GmbH-Recht kennt im Gegensatz zum Aktienrecht kein Minderheitenrecht im Hinblick auf die Bestellung eines Sonderprüfers[781]. Mit Blick auf die entsprechenden Regelungen im Aktienrecht stellt sich grundsätzlich die Frage nach einer analogen Anwendung dieser Vorschriften auf die GmbH[782]. Das Vorliegen einer für eine analoge Anwendung erforderlichen planwidrigen Regelungslücke im Recht der GmbH ist jedoch mit Blick auf das weite Informationsrecht der Gesellschafter einer GmbH zu verneinen und vielmehr davon auszugehen, dass ein entsprechendes Minderheitenrecht auf Herbeiführung der Sonderprüfung in der GmbH nicht existiert[783].

2. Frankreich

In der SARL können ein oder mehrere Gesellschafter, die zusammen mindestens zehn Prozent des Gesellschaftsvermögens halten, gemäß Art. 223-37 (1) CCom eine Sonderprüfung von Geschäftsführungsmaßnahmen beantragen[784].

---

[776] § 142 (2) Satz 1 AktG. Ein weiteres spezielles Minderheitsrecht hinsichtlich der Beantragung einer Sonderprüfung enthält § 315 AktG.

[777] Vgl. Großkomm.-AktG-*Bezzenberger*, § 142 Rn 56.

[778] § 142 (2) Satz 1, 2. HS AktG.

[779] Großkomm.-AktG-*Bezzenberger*, § 142 Rn 58.

[780] Großkomm.-AktG-*Bezzenberger*, § 142 Rn 59.

[781] Vgl. Scholz/*K. Schmidt*, § 46 Rn 117.

[782] Ablehnend *Immenga*, BB 1977, 957, 961: kein Bedürfnis aufgrund des weiten Informationsrechts des einzelnen GmbH-Gesellschafters; *Brandner*, FS Nirk, 1992, 75, 76: Gefahr missbräuchlicher Ausübung des Minderheitsrechts sowie des Erschwerens einer ordnungsmäßigen Geschäftsführung.

[783] Ausführlich dazu *Fleischer*, GmbHR 2001, 45, 48.

[784] Fehlt den antragswilligen Gesellschaftern das erforderliche Quorum, so steht ihnen daneben die Möglichkeit offen, auf Art. 145 des *Nouveau Code de procédure civile* zurückzugreifen, siehe hierzu *Merle*, Nr. 523.

Weitere Voraussetzungen für die Herbeiführung der Sonderprüfung durch Minderheitsgesellschafter stellt das französische Recht für die SARL nicht auf.

Im Rahmen der Darstellung der Herbeiführung der Sonderprüfung durch Gesellschafterbeschluss ist bereits angesprochen worden, dass die Anforderungen an die Herbeiführung der Sonderprüfung in der SA durch das NRE vom 15. 5. 2001 reduziert worden ist[785]. Dies hat zu einer Verbesserung des Minderheitenschutzes in der SA geführt, da das Initiativrecht hinsichtlich der Sonderprüfung nun bereits einem oder mehreren Gesellschaftern zusteht, die fünf (früher: zehn) Prozent des Gesellschaftskapitals halten. Hinsichtlich der weiteren Voraussetzungen für die Herbeiführung der Sonderprüfung durch den einzelnen Gesellschafter einer SA wird auf die obigen Ausführungen verwiesen[786]. Insbesondere durchläuft die Herbeiführung der Sonderprüfung durch einen oder mehrere Minderheitsaktionäre ebenfalls ein zweistufiges Verfahren.

3. England

Im Recht der englischen *company* können gemäß sec. 431 (1), (2a) CA 1985 zweihundert Gesellschafter oder Gesellschafter, die mindestens ein Zehntel der ausgegebenen Aktien halten, beim *Secretary of State* des *Department of Trade and Industry* die Ernennung eines oder mehrerer Prüfer zur Untersuchung der Geschäfte der Gesellschaft beantragen[787]. Die weiteren Voraussetzungen der Initiierung einer Sonderprüfung durch die Gesellschafter entsprechen den Voraussetzungen der Herbeiführung einer Sonderprüfung durch Mehrheitsbeschluss. Insbesondere haben die Gesellschafter das Vorliegen nachvollziehbarer Gründe (*good reasons*) für die Durchführung einer Sonderprüfung darzulegen (sec. 431 (3) CA 1985). Im Übrigen wird auf die obigen Ausführungen zur Herbeiführung der Sonderprüfung durch Gesellschafterbeschluss verwiesen[788].

[785] JO v. 16. 5. 2001.

[786] Siehe oben Seite 202.

[787] Diesem Antragsrecht kommt in der Praxis nur geringe praktische Bedeutung zu, siehe Gower/*Davies*, 695 sowie den Bericht des *DTI*, Companies 2000-2001, 10.

[788] Siehe oben Seite 204.

4. Ergebnis

Mit Ausnahme des Rechts der GmbH gewähren die untersuchten Rechtsordnungen einem oder mehreren Minderheitsgesellschaftern von Kapitalgesellschaften die Befugnis, eine Sonderprüfung der Gesellschaft herbeizuführen. Das Minderheitenrecht setzt nach deutschem Aktienrecht und englischem Kapitalgesellschaftsrecht einen Anteil von zehn Prozent des Grundkapitals der Gesellschaft voraus. Nach englischem Recht können zudem jedenfalls zweihundert Gesellschafter eine Sonderprüfung unabhängig von der Höhe ihrer Beteiligung an der Gesellschaft beantragen. Bis zur Gesetzesänderung in Frankreich im Jahr 2001 sah auch das französische Kapitalgesellschaftsrecht eine entsprechende Regelung hinsichtlich der *expertise de gestion* vor. Diese Rechtslage besteht heute nur noch für die SARL fort. Für die SA hat der französische Gesetzgeber den Minderheitsschutz verbessert, indem er die erforderliche Quote für die Beantragung einer Sonderprüfung auf fünf Prozent des Gesellschaftskapitals herabgesetzt hat. Im Vergleich zum deutschen und englischen Kapitalgesellschaftsrecht ist der Minderheitenschutz im französischen Aktienrecht somit weiter entwickelt. Eine Einschränkung erfährt der französische Minderheitenschutz allerdings aufgrund der beschriebenen Zweistufigkeit des französischen Sonderprüfungsverfahrens.

Die Übereinstimmungen der Rechtsordnungen im Bereich der Herbeiführung der Sonderprüfung durch Minderheitsgesellschafter lassen sich zu dem nachfolgenden Prinzip zusammenfassen:

Ein oder mehrere Kapitalgesellschafter, die zusammen mindestens zehn Prozent des Gesellschaftskapitals halten, sind befugt, eine Sonderprüfung der Geschäfte der Gesellschaft herbeizuführen.

§ 2: Personalkompetenz hinsichtlich des Abschlussprüfers

A. Einführung

Die Prüfung der Rechnungslegung der Gesellschaften obliegt ab einer bestimmten Größenordnung der Gesellschaften zwingend professionellen Prüfern[789]. Dies sind in Deutschland die Abschlussprüfer, in England die *auditors* und in Frankreich die *commissaires aux comptes.* Funktion der Prüfung der Rechnungslegung durch professionelle Prüfer ist die Gewährleistung einer neutralen und sachgerechten Kontrolle der von der Geschäftsführung aufgestellten Rechnungslegung[790]. Dient die Durchführung von Abschlussprüfungen der Kontrolle der Geschäftsführung und wird diese Kontrolle nicht durch Gesellschafter, sondern durch Abschlussprüfer ausgeübt, so stellt sich die Frage, inwieweit die Gesellschafter ihrerseits die Durchführung der Abschlussprüfungen kontrollieren, um hierdurch mittelbaren Einfluß auf die Geschäftsführung nehmen zu können. Interessant ist hierbei in erster Linie die Frage, ob die Gesellschafter befugt sind, die Abschlussprüfer zu bestellen und abzuberufen, wenn der Abschlussprüfer die Überprüfung der Rechnungslegung nicht ordnungsgemäß vornimmt. Im Zusammenhang mit dieser Personalkompetenz der Gesellschafter im Hinblick auf die Abschlussprüfer ist jedoch zu berücksichtigen, dass die Unabhängigkeit der Abschlussprüfer gegenüber der Geschäftsführung und dementsprechend die Aussagekraft der Rechnungslegungsprüfung herabgesetzt wird, wenn der Prüfer Gefahr läuft, bei der Aufdeckung nicht ordnungsmäßiger Rechnungslegung vom Mehrheitsgesellschafter der Gesellschaft abberufen zu werden. Eine effektive Rechnungslegungsprüfung erfordert daher auch die persönliche Absicherung der Abschlussprüfer bei der Erfüllung ihrer Aufgaben[791].

B. Bestellung und Abberufung der Abschlussprüfer durch Gesellschafterbeschluss

I. Deutschland

Der Abschlussprüfer deutscher Gesellschaften wird gemäß § 318 (1) Satz 1 HGB von den Gesellschaftern gewählt, wobei die Zuständigkeit der Gesellschafter zur Bestellung der Abschlussprüfer grundsätzlich mit Ausnahme des

789 Sog. Konzeption der größenspezifischen Rechnungslegung, vgl. *Lutter*, Europäisches Unternehmensrecht, 140.

790 Vgl. *K. Schmidt*, Handelsrecht, § 15 V 1 a), Seite 440.

791 *Guyon*, Nr. 373; *Farrar*, 385.

Aktienrechts abdingbar ist (§ 318 (1) Satz 2 HGB). Die Bestellung des Abschlussprüfers erfolgt jährlich jeweils vor Ablauf des Geschäftsjahres, auf das sich seine Prüfungstätigkeit erstreckt. Lediglich innerhalb eines zweiwöchigen Zeitraums ab Bestellung können die Gesellschafter bei Gericht einen Antrag auf Ersetzung eines Abschlussprüfers stellen (§ 318 (3) Satz 2 HGB). Nach Ablauf dieser Frist kann der Austausch der Person des Abschlussprüfers erst wieder nach einem Jahr dadurch erfolgen, dass die Gesellschafter die Wiederbestellung des jeweiligen Abschlussprüfers ablehnen. Das Gericht wird einen Abschlussprüfer ersetzen, wenn ein Abberufungsgrund in seiner Person vorliegt (§ 318 (3) Satz 1 HGB). Das Gesetz nennt als Beispiel für einen Abberufungsgrund die Besorgnis der Befangenheit des Abschlussprüfers. Im Recht der AG setzt die Möglichkeit, das Gericht um die Ersetzung eines Abschlussprüfers zu ersuchen, voraus, dass die entsprechenden Gesellschafter bei der Wahl des Abschlussprüfers in der Hauptversammlung Widerspruch erklärt haben (§ 318 (3) Satz 2 HGB).

II. Frankreich

In den französischen Personengesellschaften, die aufgrund ihrer wirtschaftlichen Bedeutung zur Bestellung eines *commissaire aux comptes* verpflichtet sind, erfolgt die Bestellung des *commissaire aux comptes* durch einstimmigen Beschluss sämtlicher Gesellschafter (Art. 221-9 (1) CCom). In der SA und in der SARL erfolgt die Bestellung des *commissaire aux comptes* in der Gesellschafterversammlung (Art. 225-228 (1) CCom und Art. 223-38 (1) CCom). In der Praxis sind es jedoch regelmäßig die Geschäftsführer, die der Gesellschafterversammlung die Bestellung eines bestimmten Abschlussprüfers vorschlagen, was die Unabhängigkeit der Abschlussprüfer in Frage stellt[792]. Die *commissaires aux comptes* werden zwingend für einen Zeitraum von sechs Jahren bestellt[793]. Die Wiederbestellung eines amtierenden Prüfers ist unbegrenzt oft möglich[794].

Zur Wahrung der Unabhängigkeit der *commisssaires aux comptes* erfolgt die Abberufung der Abschlussprüfer unter Mitwirkung eines Gerichts[795]. Die Gesellschafterversammlung ist befugt, einen entsprechenden Antrag bei Gericht zu stellen, wenn der *commissaire aux comptes* einen Fehler begangen hat oder an der Wahrnehmung seiner Aufgaben gehindert ist (Art. 225-233 (1)

---

[792] Vgl. *Merle*, Nr. 503; *Guyon*, Nr. 373.

[793] Art. 223-38 (1) CCom (SARL); Art. 225-229 (1) CCom (SA); *Cozian/Viandier/Deboissy*, Nr. 962; *Monéger/Granier*, Enc. Dalloz Sociétés, Commissaire aux comptes, Nr. 350.

[794] *Cozian/Viandier/Deboissy*, Nr. 962.

[795] Vgl. *Merle*, Nr. 507; *Guyon*, Nr. 373.

CCom)[796]. Daneben steht den Gesellschaftern das Recht zu, die erneute Bestellung eines gegenwärtigen *commissaire aux comptes* abzulehnen. Im Vorfeld einer entsprechenden Beschlussfassung der Gesellschafter ist der betroffene Prüfer von der Gesellschafterversammlung anzuhören (Art. 225-234 CCom).

III. England

Die *auditors* werden gemäß sec. 384 (2) CA 1985 von den Gesellschaftern in der Gesellschafterversammlung bestellt, in der den Gesellschaftern die Rechnungslegung vorgelegt wird. Die Bestellung erfolgt jeweils für die Dauer eines Geschäftsjahres[797]. *Private companies* können jedoch von der jährlichen Bestellung der Rechnungsprüfer absehen mit der Folge, dass der bestellte Abschlussprüfer bis auf weiteres als wiederbestellt gilt[798].

Sowohl in *private* als auch in *public companies* kann ein Abschlussprüfer jederzeit von den Gesellschaftern durch einfachen Mehrheitsbeschluss abberufen werden (sec. 391 (1) CA 1985). In diesem Zusammenhang muss gewährleistet sein, dass ein in den Augen der Direktoren unbequemer Abschlussprüfer, der die Schwachstellen der Rechnungslegung offen legt, nicht kurzerhand auf Vorschlag der Geschäftsführer, die zugleich die Mehrheit der Anteile an der *company* halten, abberufen werden kann[799]. Aus diesem Grund stellt der Companies Act 1985 weitere Voraussetzungen für die Abberufung eines *auditors* auf[800]. Zum einen ist der Abberufungsbeschluss innerhalb von vierzehn Tagen dem Registerführer (*registrar*) mitzuteilen (sec. 391 (2) CA 1985). Des weiteren ist ein spezielles Bekanntmachungsverfahren durchzuführen[801], der abzuberufende sowie der neu zu bestellende *auditor* sind von der geplanten Abberufung bzw. Bestellung in Kenntnis zu setzen[802]

[796] Diese Vorschrift gilt über Art. 223-39 (1) CCom auch für die SARL.

[797] *Pennington*, 868.

[798] Sec. 386 (1) und (2) CA 1985.

[799] Vgl. Gower/*Davies*, 549; siehe auch *Farrar*, 485: „As far as the removal, replacement or resignation of auditors is concerned, the legislative reflect a trend towards strengthening the position of auditors vis-à-vis the management so that the auditors are in a better position to promote the accountability of management to the shareholders and indirectly thereby to serve the public interest by ensuring the efficient use of the company's assets".

[800] Vgl. Gower/*Davies*, 549: „In other words, a company cannot remove an auditor against his will without facing a serious risk of a row at the general meeting (and in the case of a listed company, adverse press publicity) and, probably, payment of compensation."

[801] Im Sinne der sec. 379 CA 1985.

[802] Sec. 391 (2) CA 1985.

und dem abzuberufenden *auditor* ist Gelegenheit zu geben, schriftlich zur geplanten Abberufung Stellung zu nehmen (sec. 391 A (1) und (2) CA 1985).

IV. Ergebnis

Die Bestellung der Abschlussprüfer erfolgt in allen untersuchten Gesellschaftsformen durch Beschluss der Gesellschafter. In den Personengesellschaften erfordert die Bestellung der Abschlussprüfer einen einstimmigen Gesellschafterbeschluss, während in den Kapitalgesellschaften ein mit einfacher Mehrheit zustande gekommener Beschluss ausreicht. Unterschiede zwischen den Rechtsordnungen bestehen hinsichtlich der Dauer der Bestellung eines Abschlussprüfers: Während die Bestellung nach deutschem und englischem Recht grundsätzlich für die Dauer eines Geschäftsjahres gilt, wird der französische *commissaire aux comptes* für den Zeitraum von sechs Jahren bestellt. Dies führt dazu, dass der französische Abschlussprüfer im Vergleich zu seinen deutschen und englischen Kollegen grundsätzlich eine unabhängigere Stellung gegenüber der zu prüfenden Gesellschaft und deren Geschäftsführung innehat[803].

Als kleinster gemeinsamer Nenner kann für die Bestellung des Abschlussprüfers in den untersuchten Rechtsordnungen folglich festgehalten werden:

Die Bestellung der Abschlussprüfer erfolgt für die Dauer von mindestens einem Jahr durch Gesellschafterbeschluss, der in Personengesellschaft einstimmig und in Kapitalgesellschaften mit Stimmenmehrheit gefasst wird.

Die Zuständigkeit der Gesellschafter für die Abberufung der Abschlussprüfer regeln die untersuchten Rechtsordnungen nicht einheitlich. Während das englische Recht die Abberufung der Abschlussprüfer unmittelbar der Entscheidung der Gesellschafter zuweist, gewähren das französische sowie das deutsche Gesellschaftsrecht den Gesellschaftern lediglich ein entsprechendes Antragsrecht bei Gericht. Des weiteren bestehen Unterschiede hinsichtlich der Voraussetzungen der Abberufung. So können die Gesellschafter einer deutschen Gesellschaft die Abberufung lediglich in einem zweiwöchigen Zeitraum ab der Bestellung des Abschlussprüfers bei Gericht beantragen, wenn in dessen Person Abberufungsgründe vorliegen. Ähnlich fordert auch das französi-

[803] *Ripert/Roblot,* Tome 1, Nr. 1731: „L'évolution législative n'a pas cessé d'allonger la durée des fonctions des commissaires aux comptes pour renforcer leur stabilité et leur indépendance". Siehe hierzu jedoch auch *Kaminski/Marks,* 245, 273, die bezweifeln, ob eine längere Amtszeit des Abschlußprüfers tatsächlich dessen Unabhängigkeit zu stärken vermag.

sche Recht für die Abberufung eines *commissaire aux comptes* das Vorliegen eines Abberufungsgrundes in seiner Person, stellt jedoch im Hinblick auf die Abberufung keine Frist auf. Die Gesellschafter einer englischen Gesellschaft hingegen können den *auditor* jederzeit ohne Vorliegen besonderer Voraussetzungen oder Fristen seines Postens entheben. Daher lassen sich an dieser Stelle gemeinsame Prinzipien der Rechtsordnungen, die über die bloße Möglichkeit der Abberufung eines Abschlussprüfers hinausgehen, nicht entwickeln. Es kann deshalb lediglich festgestellt werden:

Gesellschafter sind berechtigt, die Abberufung eines Abschlussprüfers herbeizuführen.

C. Bestellung und Abberufung der Abschlussprüfer durch Minderheitsgesellschafter

I. Rechtslage in Deutschland, Frankreich und England

Das deutsche sowie auch das englische Gesellschaftsrecht gewähren dem einzelnen Gesellschafter einer Personen- oder Kapitalgesellschaft keinerlei Befugnisse hinsichtlich der Bestellung oder Abberufung der Abschlussprüfer einer Gesellschaft. Diese können vielmehr - wie bereits dargestellt - lediglich durch einen Beschluss der Gesellschafter in ihrer Gesamtheit bestellt und abberufen werden. Hingegen ist der einzelne Gesellschafter einer SNC befugt, die gerichtliche Ernennung eines *commissaire aux comptes* zu beantragen (Art. 221-9 (3) CCom). Das gleiche Recht steht einem oder mehreren Gesellschaftern einer SARL oder SA zu, die zusammen mindestens ein Zehntel des Kapitals der Gesellschaft halten[804]. Diese sind darüber hinaus berechtigt, die Abberufung des *commissaire aux comptes* zu beantragen, wenn hinreichende Gründe (*juste motif, faute, empêchement)* in dessen Person vorliegen (sog. *récusation judiciaire)*[805].

II. Ergebnis

Lediglich das französische Recht gewährt neben der Bestellung und Abberufung des Abschlussprüfers durch die Gesellschafter in ihrer Gesamtheit auch dem Minderheitsgesellschafter entsprechende individualrechtliche Kompetenzen. Entsprechend lässt sich ein gemeinsames Prinzip der untersuchten Rechtsordnungen zu diesem Aspekt nicht entwickeln.

---

[804] Für die SARL: Art. 223-39 (1) iVm Art. 225-229 (3); für die SA: Art. 225-229 (3) CCom.

[805] Artt. 225-230 (1), 225-233 (1) CCom.

4. Abschnitt: Ergebnis zur Kontrolle der Geschäftsführung durch die Gesellschafter

Im zweiten Teil dieser Untersuchung konnte gezeigt werden, dass den Gesellschaftern von Personen- und Kapitalgesellschaften in den Rechtsordnungen Deutschlands, Frankreichs und Englands verschiedene Befugnisse zustehen, um die Geschäftsführung einer Gesellschaft einer Kontrolle zu unterziehen. Zu einem überwiegenden Teil werden diese Kontrollbefugnisse durch die Gesellschafter in ihrer Gesamtheit ausgeübt. Daneben gibt es in sämtlichen untersuchten Gesellschaftsformen auch individuelle Kontrollrechte der einzelnen Gesellschafter. Zu diesen gehören insbesondere die Informationsrechte, die die Grundlage für eine sinnvolle Kontrolle der Geschäftsführung durch die Gesellschafter schaffen. Es konnte des weiteren festgestellt werden, dass die verschiedenen Kontrollmöglichkeiten der Gesellschafter teilweise präventiv und teilweise repressiv wirken und sich in manchen Kontrollmitteln beide Wirkungsrichtungen miteinander verbinden. Hingegen sind nicht sämtliche untersuchten Kontrollmechanismen in allen behandelten Gesellschaftsformen anzutreffen und nicht alle Kontrollmechanismen weisen eine vergleichbare Reichweite in den verschiedenen Gesellschaftsformen auf. Es soll daher im folgenden der Versuch unternommen werden, Zusammenhänge zwischen den verschiedenen Kontrollbefugnissen der Gesellschafter aufzuzeigen, um auf diesem Weg ein besseres Verständnis für die Kontrollsysteme in den verschiedenen Gesellschaftsformen zu erhalten.

§ 1 Zusammenhang zwischen Informationsrechten und anderen Kontrollbefugnissen der Gesellschafter

Für die Informationsrechte konnte gezeigt werden, dass den Gesellschaftern im Personengesellschaftsrecht weitgehend vergleichbare und umfangreiche Informationsrechte zustehen[806]. Im Vergleich dazu bleiben die Informationsrechte der Kapitalgesellschafter hinter den Informationsrechten der Personengesellschafter zurück. In der Zusammenfassung zu den Informationsrechten ist bereits die These formuliert worden, dass diese Unterschiede zwischen der Reichweite der den Gesellschaftern gewährten Informationsrechte auf den Umfang der übrigen Mitwirkungs- bzw. Kontrollrechte der Gesellschafter in den verschiedenen Gesellschaftsformen zurückzuführen sein könnten, weil es sich bei den Informationsrechten um Hilfsrechte handelt, die die Ausübung der übrigen Kontrollbefugnisse erst ermöglichen sollen[807]. Weniger weitreichende

[806] Siehe oben Seite 105 ff.

[807] Siehe hierzu oben Seite 105.

Informationsrechte würden hiernach mit weniger weitreichenden anderen Kontrollrechten zusammenfallen, umgekehrt müssten weitreichende Informationsrechte mit weitreichenden Kontrollbefugnissen der Gesellschafter zusammentreffen. Trifft diese Aussage zu, so müssten angesichts der hinter den Informationsrechten von Personengesellschaftern zurückbleibenden Informationsrechte der Kapitalgesellschafter die übrigen Kontrollbefugnisse von Kapitalgesellschaftern tendenziell hinter denjenigen von Personengesellschaftern zurückbleiben. Für Weisungsbefugnisse und Zustimmungsrechte kann dies nicht bestätigt werden. Diese finden sich in vergleichbarem Maße sowohl in den untersuchten Personen- als auch Kapitalgesellschaften. Gestützt wird die These jedoch durch die Kontrollrechte, die Kapitalgesellschaftern im Zusammenhang mit der Abberufung des Geschäftsführers zustehen. So sind zwar deutsche Personengesellschafter grundsätzlich berechtigt, die Abberufung des geschäftsführenden Gesellschafters herbeizuführen, nicht jedoch auch die Gesellschafter einer AG. In der klassischen SA entscheidet der *conseil d'administration* und nicht die Gesellschafterversammlung über die Abberufung des Geschäftsführers. Des weiteren sind die Gesellschafter in der englischen *company* sowie in der dualistischen SA zwar grundsätzlich zuständig für die Abberufung eines *director* bzw. eines Mitglieds des *directoire*. Sie üben die Abberufungskompetenz jedoch nicht zwingend als einziges dafür zuständiges Organ der Gesellschaft aus, sondern es kann daneben - wie im dritten Teil der Untersuchung gezeigt werden soll - auch dem Kontrollgremium (Aufsichtsrat der AG, *conseil de surveillance* der dualistischen SA) einer Gesellschaft die Abberufungskompetenz übertragen werden. Auch in diesem Fall scheint eine umfassende Information der Gesellschafter nicht in demselben Maße wie in Personengesellschaften erforderlich. Die Tatsache, dass die Kontrollbefugnisse der Gesellschafter einer Kapitalgesellschaft im Hinblick auf die Abberufung eines Geschäftsführers hinter den Kontrollbefugnissen der Personengesellschafter zurückbleiben, stützt die These, dass hierin zumindest ein Grund liegt, warum die Informationsrechte der Kapitalgesellschafter hinter denjenigen der Personengesellschafter zurückbleiben. Diese These wird auch nicht mit Blick darauf widerlegt, dass die Kapitalgesellschafter im Gegensatz zu den Personengesellschaftern zuständig sind für die Initiierung einer Sonderprüfung. Dieses mittelbare Kontrollrecht stellt vielmehr den Ausgleich dar für die geringere Informationsdichte, die den Gesellschaftern einer Kapitalgesellschaft zusteht und kompensiert die im Vergleich zu den Personengesellschaftern weniger weitreichenden Informationsrechte und sonstigen Kontrollbefugnisse der Gesellschafter.

§ 2 Zusammenhang zwischen Informationsrechten und persönlicher Haftung der Gesellschafter für Gesellschaftsverbindlichkeiten

Ein weiterer Grund dafür, dass die Informationsrechte von Kapitalgesellschaftern hinter denjenigen von Personengesellschaftern zurückbleiben, könnte in der fehlenden persönlichen Haftung von Kapitalgesellschaftern liegen. Haftet der Gesellschaft für die Verbindlichkeiten der Gesellschaft nur bis zu einer bestimmten Höhe bzw. nicht mehr nach Leistung seiner Einlage an die Gesellschaft, so hat er ein geringeres Informationsbedürfnis als ein Gesellschafter, der Gefahr läuft, die Verbindlichkeiten der Gesellschaft mit seinem persönlichen Vermögen begleichen zu müssen. Diese an und für sich überzeugende Erklärung für die ihrem Umfang nach weniger weitreichenden Informationsrechte von Kapitalgesellschaftern muss sich jedoch fragen lassen, wie sich mit ihr vereinbaren lässt, dass die Informationsrechte von beschränkt und unbeschränkt haftenden Personengesellschaftern von ihrem Umfang her grundsätzlich vergleichbar sind. Hieran wird deutlich, dass die Unterschiede bei der Haftung der Gesellschafter für sich genommen die unterschiedliche Reichweite der Informationsrechte der Gesellschafter nicht abschließend erklären können, sondern dass es darüber hinaus des Rückgriffs auf die unter § 1 dargelegten Zusammenhänge zwischen sonstigen Kontrollbefugnissen und der Reichweite der Informationsrechte bedarf.

§ 3 Zusammenhang zwischen Weisungsbefugnissen und gesetzlichen Zustimmungsvorbehalten zugunsten der Gesellschafter

Zustimmungsvorbehalte und Weisungsbefugnisse liegen im Hinblick auf ihre Wirkungsweise relativ nah beieinander. Beide Kontrollmittel beeinflussen die Art und Weise der Tätigkeit der Geschäftsführung. Während sich Zustimmungsvorbehalte jedoch primär blockierend auswirken, können die Gesellschafter mit Hilfe von Weisungsrechten die Geschäftsführung einer Gesellschaft tatsächlich formen und lenken. Die beiden Kontrollmechanismen stehen in einem gewissen Stufenverhältnis zueinander, wobei Weisungsbefugnisse weitergehende Kontrollmöglichkeiten beinhalten. Vor diesem Hintergrund stellt sich die Frage, ob sich die These erhärten lässt, dass dann, wenn Weisungsbefugnisse zugunsten der Gesellschafter existieren, zugleich ein Weniger an Zustimmungsrechten zugunsten der Gesellschafter zu verzeichnen ist, weil die Existenz eines Weisungsrechts Zustimmungsvorbehalte als nicht erforderlich erscheinen lässt. Ein Blick auf die englische *company* zeigt jedoch, dass diese These nicht zutreffend ist. So existieren im englischen Kapitalgesellschaftsrecht sowohl gesetzliche Zustimmungsvorbehalte als auch Weisungsrechte zugunsten der satzungsändernden Gesellschaftermehrheit. Das Nebeneinanderstehen von Zustimmungsvorbehalten und Weisungsrechten stellt sich auch nicht als von vornherein sinnlos dar. Zwar stehen Zustimmungsvorbehalte und Weisungsbefugnisse in ihrer Wirkungsweise relativ nah beieinander, sie sind jedoch nicht identisch. Während die Gesellschafter bei der Erteilung von Weisungen aus eigener Initiative aktiv werden müssen, bringen Zustimmungsvorbehalte für die Gesellschafter den Vorteil mit sich, dass der Geschäftsführer von sich aus verpflichtet ist, sich um die Zustimmung der Gesellschafter zu bemühen. Ein Zusammenhang zwischen der Existenz von Zustimmungsvorbehalten und Weisungsbefugnissen ist somit nicht festzustellen.

§ 4 Möglichkeit der Prinzipienbildung hinsichtlich der Abberufungskompetenzen

Im Hinblick auf die Abberufung eines Geschäftsführers hat die Untersuchung weitreichende Übereinstimmungen gezeigt mit der Folge, dass die Bildung von Prinzipien in weiten Bereichen möglich war. Von dieser Einheitlichkeit hebt sich das deutsche Aktienrecht deutlich ab. Den Gesellschaftern einer AG steht nämlich nicht die Befugnis zu, die Abberufung der Mitglieder des Vorstands vorzunehmen. Diese Kompetenz ist vielmehr dem noch zu behandelnden Aufsichtsrat zugewiesen. Es zeigt sich anhand dieses Beispiels deutlich, dass allein aufgrund der bisherigen Erörterungen eine abschließende Bewertung der Kontrollrechte, die den Gesellschaftern in den verschiedenen Gesellschaftsformen zustehen, noch nicht möglich ist. Denn die Gesellschafter einer AG verfügen aufgrund ihrer fehlenden Abberufungskompetenz im Hinblick auf die Vorstandsmitglieder zwar über weniger Rechte als die Gesellschafter anderer Gesellschaftsformen. Jedoch wird dieses Defizit an Kontrollbefugnissen der Aktionäre möglicherweise in vollem Umfang aufgefangen durch den Umstand, dass der Aufsichtsrat als Kontrollgremium mit der Ausübung der Abberufungskompetenz betraut ist.

3. Teil: Die Kontrolle der Geschäftsführung durch Kontrollgremien der Gesellschaft

1. Abschnitt: Kontrollgremien in Personengesellschaften

A. Einführung

Die Personengesellschaften der untersuchten Rechtsordnungen weisen keine obligatorischen Kontrollgremien auf[808]. Vielmehr obliegt die Aufgabe, die Geschäftsführung zu kontrollieren, primär den Gesellschaftern. Dies erscheint in einer Personengesellschaft, die – anders als die typische Kapitalgesellschaft - regelmäßig eine kleinere Anzahl von Gesellschaftern aufweist und in der die Gesellschafter teilweise persönlich für die Verbindlichkeiten der Gesellschaft haften, durchaus folgerichtig. Bei Bedarf steht es den Gesellschaftern von Personengesellschaften frei, die Einrichtung eines Kontrollgremiums im Gesellschaftsvertrag zu vereinbaren[809]. In Personengesellschaften mit einer geringen Anzahl von Gesellschaftern wird ein Bedürfnis für die Einrichtung eines solchen Kontrollgremiums regelmäßig nicht bestehen. Im Hinblick auf eine effektive Kontrolle der Geschäftsführung kann die Schaffung eines solchen Kontrollorgans hingegen in Publikumsgesellschaften mit einer Vielzahl von Gesellschaftern durchaus erforderlich sein[810]. Insbesondere ermöglicht die Übertragung von Überwachungsbefugnissen auf ein Gremium eine Kontrolle der Geschäftsführung ohne gleichzeitige Störung des normalen Geschäftsablaufs der Gesellschaft[811]. Des weiteren kann die Einrichtung eines Kontrollgremiums die Gefahr einer schikanösen Ausübung der Kontrollbefugnisse durch einzelne Gesellschafter verringern[812]. Zudem kann ein Kontrollgremium aufgrund des

---

[808] Teilweise wird allerdings für Publikumsgesellschaften vertreten, diese seien aus Gründen des Anlegerschutzes zur Einrichtung eines Überwachungsorgans verpflichtet, siehe *Wiedemann*, 504; *Schneider*, ZHR 142, 228, 258.

[809] Zur OHG: *Michalski*, § 118 Rn 49; *Riegger*, MüHbGesR, Band II, § 11 Rn 3; zur KG: *Voormann*, 12 ff.; *Hüffer*, ZGR 1980, 320, 320; zur SCS: *Bougnoux*, Jurisclasseur Sociétés, Fasc. 62-50, Nr. 85; *Derrida*, Enc. Dalloz Sociétés I, Société en commandite simple, Nr. 107; zur partnership: *Lindley/Banks*, 10-87; siehe auch *The Encyclopedia of Forms and Precedents*, Band 30, Para. 224-12.

[810] So auch *Voormann*, 13; *Windbichler*, ZGR 1985, 50, 72.

[811] *Voormann*, 13; *Maulbetsch*, 24; *Hahn*, BB 1997, 741, 745. Insbesondere in der KG wird häufig ein Kontrollgremium eingerichtet, siehe z. B. die Sachverhalte in *BGH*, Urteil v. 4. 7. 1977, BGHZ 69, 207, oder *BGH*, Urteil v. 7. 11. 1977, NJW 1978, 425, 425; ausführlich dazu *Hüffer*, ZGR 1980, 310 ff.; Heymann/*Horn*, § 161 Rn 23, 66; *Klauss/Mittelbach*, Rn 168; Schlegelberger/*Martens*, § 161 Rn 159; *Voormann*, 14 und 58; *Windbichler*, ZGR 1985, 50, 72.

[812] *Immenga*, ZGR 1974, 385, 389 ff.; Schlegelberger/*Martens*, § 164 Rn 24; so spricht auch *Wiedemann*, FS Schilling, 105, 124 von der „Filter"-funktion eines Beirats.

regelmäßig höheren Kenntnisstands seiner Mitglieder eine effektive Geschäftsführungskontrolle eher gewährleisten, als dies die Gesellschafter in ihrer Gesamtheit könnten. Die Schaffung eines solchen Kontrollgremiums liegt daher grundsätzlich im Interesse der Gesellschafter[813]. Auf der anderen Seite kann jedoch die Einrichtung eines Kontrollgremiums auch zu einer Beeinträchtigung der Stellung der Gesellschafter führen. Dies gilt insbesondere, wenn die Einrichtung eines Kontrollgremiums zur Einschränkung oder Ausschließung der Kontrollrechte bestimmter Gesellschaftergruppen führt[814].

Das im Gesellschaftsvertrag verankerte Kontrollgremium einer deutschen Personengesellschaft wird häufig als Beirat bezeichnet[815]. Sein französisches Pendant ist unter der Bezeichnung *conseil de surveillance* bekannt[816] und die Gesellschaftsverträge englischer Personengesellschaften sprechen von der Einrichtung von *executive committees*[817].

B. Befugnisse fakultativer Kontrollgremien

Fakultativen Kontrollgremien deutscher Personengesellschaften kann zulässigerweise die Ausübung der Kontrollbefugnisse der Gesellschafter übertragen werden, soweit die Kontrollbefugnisse den Gesellschaftern nicht zwingend durch Gesetz zugewiesen sind und den Gesellschaftern weiterhin das Recht zusteht, auf die Ausübung der Kontrollbefugnisse Einfluß zu nehmen[818]. Diesen Einfluß können sich die Gesellschafter dadurch sichern, dass sie sich im Gesellschaftsvertrag Zustimmungsvorbehalte bzw. Weisungsbefugnisse gegenüber den Kontrollgremien vorbehalten[819]. Die Kontrollgremien können grundsätzlich auch mit Kontrollrechten ausgestattet werden, die über die Befugnisse der Gesellschafter hinausgehen[820].

---

[813] *Maulbetsch*, 24. Dennoch scheinen Kontrollgremien in den Personengesellschaften Deutschlands, Frankreichs und Englands keine bedeutende Rolle zu spielen.

[814] *Maulbetsch*, 25; *Voormann*, 14.

[815] *Riegger*, MüHbGesR, Band II, § 11 Rn 1.

[816] *Bougnoux*, Jurisclasseur Sociétés, Fasc. 62-50, Nr. 85.

[817] *Lindley/Banks*, 10-87; *The Encyclopedia of forms and precedents*, Band 30, para. 224.12 sowie zu einer entsprechenden Gesellschaftsvertragsklausel, *form* 60.

[818] *BGH*, Urteil v. 14. 4. 1975, WM 1975, 767, 769; Urteil v. 4. 7. 1977, BGHZ 69, 207, 220; *Riegger*, MüHbGesR, Band II, § 8 Rn 19; Schlegelberger/*Martens*, § 164 Rn 25; *Voormann*, 60; *Reuter*, FS Steindorff, 229, 242.

[819] *Riegger*, MüHbGesR, Band II, § 38 Rn 23; Schlegelberger/*Martens*, § 64 Rn 25; *Voormann*, 13.

[820] *Michalski*, § 118 Rn 49; *Voormann*, 56; Schlegelberger/*Martens*, § 166 Rn 40.

Mitglieder eines Kontrollgremiums können neben den Gesellschaftern auch gesellschaftsfremde Dritte sein[821]. Entsprechend der deutschen Rechtslage können die Gesellschafter einer englischen Personengesellschaft Organisation sowie Befugnisse des *executive committee* frei ausgestalten, ihm insbesondere Überwachungsbefugnisse übertragen[822]. Gegenüber dieser gestaltungsfreundlichen Rechtslage im deutschen und englischen Personengesellschaftsrecht nimmt sich das französische Gesellschaftsrecht restriktiv aus[823]. So dürfen die dem *conseil de surveillance* zugewiesenen Befugnisse nicht weiter gehen als die entsprechenden Kontrollrechte der Gesellschafter, die durch das Kontrollgremium repräsentiert werden[824].

C. Ergebnis

Die Personengesellschaftsrechte Deutschlands, Englands und Frankreichs stimmen darin überein, dass sie keine obligatorischen Kontrollgremien für die verschiedenen Personengesellschaften vorsehen. Es steht den Personengesellschaftern frei, ein entsprechendes Gremium einzurichten und dieses mit der Kontrolle der Geschäftsführung zu betrauen. Der Umfang der den Kontrollgremien zugewiesenen Kontrollbefugnisse steht grundsätzlich zur Disposition der Gesellschafter. Diese Gestaltungsfreiheit ist jedoch nicht grenzenlos, wenn das Kontrollgremium neben den Gesellschaftern auch gesellschaftsfremde Personen umfasst[825].

Als gemeinsames Prinzip kann hinsichtlich der Kontrollgremien im Personengesellschaftsrecht formuliert werden:

> Personengesellschaften weisen keine obligatorischen Kontrollgremien zur Überwachung der Geschäftsführung auf. In allen Personengesellschaften besteht die Möglichkeit, ein solches Kontrollgremium durch Gesellschafterbeschluss einzurichten. Diesem Kontrollgremium können die Kontrollbefugnisse der durch das Gremium repräsentierten Gesellschafter zur Ausübung übertragen werden.

---

[821] *BGH*, Urteil v. 23. 10. 1967, BB 1968, 145, 145; Heymann/*Horn*, § 161 Rn 66; *Maulbetsch*, 69; *Voormann*, 118 ff.; zweifelnd mit Blick auf die Verbandssouveränität *Riegger*, MüHbGesR, Band II, § 8 Rn 13, 24; *Wiedemann*, FS Schilling, 105, 118 ff.; differenzierend *Teubner*, ZGR 1986, 565, 571 f.

[822] *The Encyclopedia of forms and precedents*, Band 30, form 60.

[823] Ausführlich dazu *Guyon*, in: *Lutter/Wiedemann*, Gestaltungsfreiheit im Gesellschaftsrecht, 257 ff.

[824] Zur SCS: *Bougnoux*, Jurisclasseur Sociétés, Fasc. 62-50, Nr. 87.

[825] Dazu ausführlich *Wiedemann*, FS Schilling, 105 ff.

2. Abschnitt: Kontrollgremien in Kapitalgesellschaften

§ 1 Existenz von Kontrollgremien in Kapitalgesellschaften

A. Einführung

I. Dualismus versus Monismus der Leitungsgremien

Für die Kontrolle der Geschäftsführung von Kapitalgesellschaften kommt Kontrollgremien große Bedeutung zu. Klassisches Kontrollgremium in dem Sinne, dass ihm die Kontrolle der Geschäftsführung als primäre Aufgabe gesetzlich zugewiesen ist, ist der Aufsichtsrat der AG. Gemäß § 111 (1) AktG hat der Aufsichtsrat die Aufgabe, die Geschäftsführung der Gesellschaft zu überwachen. Neben dem deutschen Aktienrecht spricht auch das Recht der dualistisch organisierten SA in den Artt. 225-58 (3), 225-68 (1) CCom ausdrücklich von der Überwachungsaufgabe des *conseil de surveillance.* Diese Verteilung der Aufgaben von Geschäftsführung und Überwachung der Geschäftsführung auf zwei organisatorisch getrennte Organe, wie sie in der AG und in der neueren Form der französischen SA anzutreffen ist, wird als dualistische Organisationsform bezeichnet. Dagegen kennen das Recht der klassisch organisierten SA sowie das Recht der *company* keine besonderen Gremien, denen die Aufgabe der Überwachung der Geschäftsführung als ausschließliche oder vorrangige Aufgabe gesetzlich übertragen ist. Vielmehr sind im *conseil d'administration* der klassisch organisierten SA sowie im *board of directors* der *company* die Aufgaben der Geschäftsführung und Überwachung der Geschäftsführung in einem Gremium vereint[826]. Als Gegenstück zur dualistischen Organisation wird dieses Erscheinungsbild der Leitungssysteme von Kapitalgesellschaften als monistische Organisationsform bezeichnet. In der Praxis der *company* sowie der klassisch organisierten SA ist jedoch häufig eine dahingehende Unterteilung des einheitlichen Geschäftsführungs- und Überwachungsgremiums zu finden, dass einige Mitglieder die Geschäfte der Gesellschaft führen, während die übrigen sich auf die Überwachung der durch ihre Kollegen getätigten Geschäftsführungsmaßnahmen beschränken[827]. Dies lässt es trotz der skizzierten Unterschiede zwischen dualistischer und monistischer Organisationsform angemessen erscheinen, den klassischen Kontrollgremien der deutschen Aktiengesellschaft und der dualistisch organisierten SA die ein-

---

[826] Siehe Prinzip A.1. des Combined Code: „Every listed company should be headed by an effective board which should lead and control the company".

[827] Zur company: Gower/*Davies*, 196; *Farrar*, 363; für die klassisch organisierte SA: *Merle*, Nr. 372. Näher dazu unten Seite 227 ff.

heitlichen Leitungsorgane des französischen *conseil d'administration* bzw. des englischen *board of directors* gegenüberzustellen[828].

II. Auswirkungen von Kontrollgremien auf die Kontrolle der Geschäftsführung

Bereits bei der Darstellung der Kontrollrechte der Gesellschafter sind die Schwierigkeiten und Unzulänglichkeiten angesprochen worden, die mit der Überwachung der Geschäftsführung durch eine Vielzahl von Gesellschaftern einhergehen können. Auf diese Ausführungen kann hier verwiesen werden[829]. Es soll in diesem Zusammenhang lediglich ins Gedächtnis gerufen werden, dass die Schwierigkeiten einer effektiven Geschäftsführungskontrolle durch die Gesellschafter im Grundsatz auf zwei verschiedenen Aspekten beruhen. Zum einen liegen sie in der Person des einzelnen Gesellschafters begründet, wenn dieser seine Anteile an einer Gesellschaft als reine Kapitalanlage betrachtet. Dieser Anlagegesellschafter ist an der persönlichen Kontrolle der Geschäftsführung seiner Gesellschaft regelmäßig nicht interessiert und besitzt häufig auch nicht das für eine effektive Kontrolle erforderliche Fachwissen[830]. Zum anderen beruhen die Schwierigkeiten der Kontrolle der Geschäftsführung durch die Gesellschafter darauf, dass es sich bei den Gesellschaftern großer Kapitalgesellschaften häufig um eine inhomogene Gruppe handelt, die Entscheidungen nur schwerfällig treffen und daher kaum jemals kurzfristig auf aktuelle Kontrollbedürfnisse in einer Gesellschaft reagieren kann. Diesen Schwierigkeiten, die mit der Kontrolle der Geschäftsführung durch eine Vielzahl von Gesellschaftern verbunden sind, kann mit Kontrollgremien jedenfalls teilweise begegnet werden. So ist die Anzahl der Kontrolleure in Kontrollgremien im Vergleich zur Gesellschaftergesamtheit erheblich geringer und es besteht darüber hinaus die Möglichkeit, ausschließlich Personen in die Gremien zu berufen, die über das für eine effektive Geschäftsführungskontrolle erforderliche Fachwissen verfügen[831]. Jedoch hat auch die Existenz von Kontrollgremien im Kapitalgesellschaftsrecht ihre zwei Seiten. So führt die Einschaltung von Kontrollgremien zu einer geringeren Einbindung der Gesellschafter in die Überwachung der Geschäftsführung und damit tendenziell zu einer Entde-

---

[828] Von der Vergleichbarkeit der beiden Systeme spricht auch *Wymeersch*, in: *Isaksson/Skog*, 83, 103; siehe auch die Ausführungen der *Kommission der Europäischen Gemeinschaften*, Bulletin der EG, Beilage 8/75, 21.

[829] Siehe dazu oben Seite 51 ff.

[830] Ausführlich dazu *Jauffret-Spinosi*, 125, 130; *Kommission der Europäischen Gemeinschaften*, Bulletin der EG, Beilage 8/75, 18.

[831] Siehe dazu auch *Windbichler*, ZGR 1985, 50, 71.

mokratisierung des Gesellschaftslebens. Zudem erhöht ein kleinerer Kreis von Kontrolleuren die Gefahr von engen personellen Verflechtungen zwischen den Mitgliedern des Kontrollgremiums und den Mitgliedern der zu kontrollierenden Geschäftsführung[832]. Problematisch ist im Zusammenhang mit der Kontrolle der Geschäftsführung durch Kontrollgremien des weiteren die Frage, ob und inwieweit die Kontrollgremien sich im Rahmen ihrer Überwachungstätigkeit ihrerseits einer Kontrolle ausgesetzt sehen.

III. Gang der Untersuchung

Im folgenden werden die verschiedenen Gremien in den einzelnen Gesellschaftsformen, die als Kontrollgremien im hier verstandenen Sinne in Betracht kommen, zunächst im Überblick dargestellt (unter B.), ohne ihre Kontrollfunktion abschließend zu beurteilen. Hierfür ist die Untersuchung der einzelnen Kontrollbefugnisse dieser Gremien erforderlich, die in den §§ 2-6 erfolgt. Hierbei enthält § 2 die Darstellung der Informationsrechte der Gremien, § 3 schildert die zugunsten von Gremien bestehenden Zustimmungsvorbehalte, §§ 4 und 5 die Weisungs- bzw. Abberufungsbefugnisse der Gremien hinsichtlich der Geschäftsführung und § 6 die Prüfung und Feststellung des Jahresabschlusses durch Gremien.

B. Rechtslage in Deutschland, England und Frankreich

I. Deutschland

1. Kontrollgremien in der GmbH

Das deutsche Recht sieht für die GmbH die Errichtung eines Kontrollgremiums lediglich dann zwingend vor, wenn die Gesellschaft der Mitbestimmung unterliegt[833]. Dies ist der Fall, wenn eine GmbH regelmäßig zwischen fünfhundert und zweitausend bzw. über zweitausend Arbeitnehmer beschäftigt[834]. In den übrigen GmbHs steht es den (Gründungs-)Gesellschaftern einer GmbH wie im Personengesellschaftsrecht frei, einen fakultativen Aufsichtsrat einzurichten[835]. Von dieser Möglichkeit wird jedoch in der Praxis nur selten

[832] Siehe dazu *Malik*, 171; *Leihmkühler*, Die Wirtschaftsprüfung 1996, 305, 305.

[833] § 6 (1) MitbestG 1976 bzw. § 77 (1) BetrVG 1952.

[834] § 1 (1) MitbestG 1976 bzw. § 77 (1) BetrVG 1952.

[835] *Rowedder/Schmidt-Leithoff*, § 45 Rn 7; Scholz/*K. Schmidt*, § 46 Rn 5; *Voormann*, 60; *Großfeld/Brondics*, AG 1987, 293, 294; ablehnend *Raiser*, § 34 Rn 1 ff. Teilweise wird die Errichtung

Gebrauch gemacht, obwohl auch in der GmbH die Einrichtung eines solchen fakultativen Kontrollgremiums die Interessen der verschiedenen Gesellschafter bündeln und eine effektivere Kontrolle der Geschäftsführung ermöglichen könnte[836].

Die Mitglieder eines fakultativen sowie eines obligatorischen Aufsichtsrats, bei denen es sich sowohl um Gesellschafter als auch um Dritte handeln kann[837], werden von der Gesellschafterversammlung bestellt und abberufen[838]. Für Mitglieder beider Kontrollgremien gilt der Grundsatz der Inkompatibilität von Geschäftsführungs- und Kontrolltätigkeiten[839]. Die Kontrolleure können daher nicht zugleich Geschäftsführer der GmbH sein.

Die primäre Aufgabe des Aufsichtsrats einer GmbH besteht regelmäßig in der Überwachung der Geschäftsführung[840]. Kontrollbefugnisse können dem fakultativen Aufsichtsrat zum einen neben[841], aber - im Gegensatz zum obligatorischen Aufsichtsrat - auch an Stelle der Gesellschafterversammlung übertragen werden. Voraussetzung hierfür ist lediglich, dass die Kontrollbefugnisse der Gesellschafter dispositiv sind[842] und die Gesellschafterversammlung durch die Übertragung von Kontrollbefugnissen auf das Kontrollgremium nicht vollständig entmachtet wird[843]. Hingegen übt der obligatorische Aufsichtsrat einer mitbestimmten GmbH seine Überwachungsfunktion nicht allein, sondern vielmehr neben der Gesellschafterversammlung aus, die auch in der mitbestimmten GmbH oberstes Gesellschaftsorgan bleibt[844].

---

eines fakultativen Aufsichtsrats auch in einer mitbestimmten GmbH für zulässig gehalten, so *Mertens*, FS Stimpel, 417, 424 ff.

[836] *Bea/Scheurer/Gutwein*, DB 1996, 1193, 1193; *Hopt*, ZGR 2000, 779, 784.

[837] Scholz/*Schneider*, § 52 Rn 136; *Rowedder/Schmidt-Leithoff*, § 52 Rn 9; *Raiser*, § 34 Rn 7; *Beuthien/Gätsch*, ZHR 157 (1993) 483, 493.

[838] § 52 GmbHG iVm §§ 101, 103 AktG und § 6 (2) MitbestG 1976 iVm §§ 101, 103 AktG.

[839] Gemäß § 52 (1) GmbHG iVm § 105 AktG bzw. §§ 6 (2) MitbestG 1976, 77 (1) BetrVG 1952 iVm § 105 AktG.

[840] *Lutter/Krieger*, Rn 331; *Großfeld/Brondics*, AG 1987, 293, 295. Die Überwachungsaufgabe ergibt sich für den obligatorischen Aufsichtsrat aus § 25 (1) Nr. 2 MitbestG 1976 iVm § 111 (1) AktG bzw. aus § 77 BetrVG 1952.

[841] *Lutter/Hommelhoff*, § 46 Rn 17; Baumbach/Hueck/*Zöllner*, § 52 Rn 40; Scholz/*Schneider*, § 52 Rn 59.

[842] *Maulbetsch*, 69; *Voormann*, 57 ff; Schlegelberger/*Martens*, § 164 Rn 25; Baumbach/Hopt/*Hopt*, § 118 Rn 17; *Immenga*, ZGR 1974, 385, 404.

[843] Scholz/*K. Schmidt*, § 45 Rn 10.

[844] *Lutter/Krieger* Rn 331; *Kallmeyer*, GmbH-Handbuch, Rn 1533; *Bea/Scheurer*, DB 1995, 1289, 1291. Von vornherein von der Überwachung durch den Aufsichtsrat ausgenommen sind Maßnahmen der Geschäftsführung, die diese auf Weisung der Gesellschafterversammlung ausgeführt hat, *Lutter/Krieger*, Rn 334.

In der AG ist der Aufsichtsrat obligatorisches Gesellschaftsorgan und gemäß § 111 (1) Satz 1 AktG in erster Linie zuständig für die Kontrolle der Geschäftsführung[845]. Die Größe und die Zusammensetzung des Aufsichtsrats der AG ergeben sich für mitbestimmte AGs aus den jeweils anzuwendenden Mitbestimmungsvorschriften[846]. Die Anzahl der Aufsichtsratsmitglieder variiert danach zwischen mindestens drei bis maximal einundzwanzig Mitgliedern[847]. Wie im Recht der GmbH so herrscht auch im Aktienrecht der Grundsatz der Inkompatibilität zwischen der Mitgliedschaft im geschäfts-führenden Vorstand und im Aufsichtsrat (§ 105 AktG).

Der Aufsichtsrat einer AG ist befugt, aus seiner Mitte einen oder mehrere Ausschüsse zu bestellen und diese mit der Wahrnehmung bestimmter Aufgaben zu betrauen[848]. In der Praxis macht der Aufsichtsrat von dieser Möglichkeit häufig Gebrauch[849]. So hat es sich durchgesetzt, dass wesentliche Überwachungsaufgaben des Aufsichtsrats von Aufsichtsratsausschüssen wahrgenommen werden[850]. Üblich ist hierbei insbesondere die Einrichtung von Personal-, Finanz-, Investitions- und Kreditausschüssen[851]. Jedoch kann der Aufsichtsrat weder die in § 107 (3) Satz 2 AktG genannten Entscheidungsbefugnisse[852] noch die vollständige Wahrnehmung seiner Überwachungsaufgabe[853] auf Ausschüsse delegieren.

---

845 *Baums* 4; *Hoffmann-Becking*, MüHbGesR, Band IV, § 29 Rn 1; *Hüffer*, § 111 Rn 2.

846 § 7 MitbestG 1976.

847 § 95 (1) AktG.

848 § 107 (3) Satz 1 AktG; siehe dazu auch *Hoffmann-Becking*, MüHbGesR, Band IV, § 32 Rn 1; KölnKomm.-*Mertens*, § 107 Rn 94 ff.; *Hirte*, Rn 332.

849 *Vogel*, 183; *Bleicher*, 25 ff.; KölnKomm.-*Mertens*, § 107 Rn 94; *Hoffmann-Becking*, MüHbGesR, Band IV, § 32 Rn 1.

850 *Bleicher/Leberl/Paul*, 72; siehe dazu auch KölnKomm.-*Mertens*, § 107 Rn 99.

851 *Wilhelm*, Rn 975; Raiser, § 15 Rn 69; *Lutter/Krieger*, 256; *Hoffmann-Becking*, MüHbGesR, Band IV, § 32 Rn 1.

852 Zu den dem Aufsichtsrat zwingend zugewiesenen Befugnissen zählen die Kompetenz zur Einberufung der Hauptversammlung, die Prüfung des Jahresabschlusses sowie Beschlüsse, wonach bestimmte Arten von Geschäften der Zustimmung des Aufsichtsrats bedürfen.

853 KölnKomm.-*Mertens*, § 107 Rn 130; *Hoffmann-Becking*, MüHbGesR, Band IV, § 32 Rn 3; *Lutter/Krieger*, Rn 259.

II. England

1. Der board of directors als Kontrollgremium?

Es ist bereits erwähnt worden[854], dass das englische Kapitalgesellschaftsrecht kein Gremium kennt, dem die Aufgabe der Überwachung der Geschäftsführung einer *company* als ausschließliche Aufgabe ausdrücklich vom Gesetz zugewiesen ist[855]. Es findet daher in der *company* grundsätzlich „keine Überwachung der Unternehmensführung im Sinne einer institutionell, mindestens jedoch personell getrennten Funktionsausübung statt“[856]. Vielmehr ist die Aufgabe der Geschäftsführung zusammen mit der Aufgabe der Überwachung der Geschäftsführung einem einzigen Organ, dem *board of directors*, zugewiesen. In der heutigen Gesellschaftspraxis sind jedoch einheitliche *boards of directors*, in denen sämtliche Mitglieder ihre gesamte Zeit der Geschäftsführung der Gesellschaft widmen, regelmäßig nur noch in kleineren *private companies*, den sog. *quasi-partnerships* anzutreffen[857]. In größeren Unternehmen, vor allem in *public companies*, teilt sich der *board of directors* in zwei Gruppen auf: in die Gruppe der *executive* oder *full-time directors* und in die Gruppe der *non-executive directors*, die häufig auch als *part-time-directors* oder *outside directors* bezeichnet werden[858]. Während die *executive directors* ihre volle Arbeitskraft dem alltäglichen Geschäftsablauf der Gesellschaft widmen[859], beschränken sich die *non-executive directors* auf die Teilnahme an den Sitzungen des *board* und auf die Überwachung ihrer geschäftsführenden Kollegen[860]. Des weiteren ist es in der heutigen Praxis der *company* üblich, dass der *board of directors* eines oder mehrere seiner Mitglieder zu *managing directors* ernennt, denen die Verantwortung für die Abwicklung des täglichen Geschäfts obliegt und hierfür weiterreichende Befugnisse vom *board* übertragen wer-

---

[854] Siehe oben Seite 222.

[855] So auch *Davies*, ZGR 2001, 268, 269; *Behrens*, GB/NI/EL 23.

[856] *Theisen*, 107.

[857] *Pennington*, 706; *Cheffins*, 96; so für die amerikanische Rechtslage auch *Windbichler*, ZGR 1985, 50, 56. Zum Begriff der *quasi-partnerships* siehe *Grier*, 328 f.

[858] *Pennington*, 706, *Farrar*, 305; Gower/*Davies*, 193; *Mayson/French/Ryan*, 435; *Cheffins*, 96; *Ryan*, paragraph 197 ff.; *Windbichler*, ZGR 1985, 50, *Mülbert/Bux*, WM 2000, 1665, 1675.

[859] *Farrar*, 305; *Mayson/French/Ryan*, 435; *Ryan*, paragraph 108; *Griffin*, 227; Gower/*Davies*, 193: „Executive directors are those who, in addition to their roles as directors, hold some executive or managerial position (...)“.

[860] *Farrar*, 363; *Ryan*, paragraph 110; Gower/*Davies*, 196: „Today, in the case of public companies it is normally the executive directors who manage the business of the company, with the board as a whole exercising only a supervisory role.“

den[861]. Dies setzt eine entsprechende Ermächtigung des *board* in den *articles of association* der Gesellschaft voraus[862]. Regelmäßig enthalten die *articles of association* der Gesellschaften eine solche Ermächtigung (siehe dazu Art. 84 der *Table A)*[863]. Sind *managing directors* bestellt, werden die täglichen Geschäfte der Gesellschaft von einer Ebene unterhalb des eigentlichen Geschäftsführungsgremium *board of directors* ausgeführt[864]. Die *managing directors* bilden eine Untergruppe der *executive directors* im *board of directors*[865]. Beide Erscheinungsformen von Geschäftsführern einer *company* - der *executive director* im allgemeinen wie auch der *managing director* als Unterfall des *executive director* - sind Objekt der Überwachung der Geschäftsführung und somit im folgenden Gegenstand der Betrachtung.

Aufgrund der skizzierten Arbeitsteilung im *board of directors* zwischen *executive* und *non-executive directors* nähert sich die Praxis der Geschäftsführung und Kontrolle der Geschäftsführung jedenfalls in den größeren englischen *companies* der deutschen Verteilung der Aufgaben der Geschäftsführung und Überwachung auf zwei verschiedene Organe an[866]. Diese Entwicklung ist in jüngerer Zeit weiter verstärkt worden durch den *Combined Code*. Der *Combined Code* fasst die Ergebnisse der sog. *Cadbury*- *Greenbury*- und *Hampel*-Kommissionen zur Verbesserung der *Corporate Governance* zusammen und ist am 25. 6. 1998 als Anhang zu den englischen Börsenzulassungsregeln (*Listing Rules*) erlassen worden, betrifft somit ausschließlich börsennotierte Gesellschaften[867]. Er sucht die Stellung der *non-executive directors* gegenüber

---

[861] Art. 84 Table A; siehe auch *Farrar*, 304; *Pettet*, 159; *Pennington*, 706.

[862] Boschoek Pty Co Ltd. v. Fuke [1906] 1 Ch. D. 148; *Pennington*, 706.

[863] Art. 84 Table A: „Subject to the provisions of the Act, the directors may appoint one or more of their number to the office of managing director or to any other executive office under the company (...).".

[864] *Pettet*, 159; *Pennington*, 706.

[865] Vgl. *Pennington*, 706: „Usually an arrangement by which day-to-day management is left in the hands of the full-time directors is given formal effect by one or more of the full-time directors being appointed to be the managing or executive director or directors [...] and by him or them being given powers of management which are exercisable without reference to the board".

[866] Ausführlich dazu *Davies*, ZGR 2001, 268 ff.; siehe auch Gower/*Davies*, 196; *Yavasi*, Company Lawyer 2001, 47, 51; *Mülbert/Bux*, WM 2000, 1665, 1675; *Schneider-Lenné*, in: *Scheffler*, Corporate Governance, 27, 33; *Hopt*, ZGR 2000, 779, 817 prophezeit eine weitere Annäherung aufgrund der Globalisierung und des internationalen Wettbewerbs.

[867] Die börsennotierten Gesellschaften müssen in ihrem Jahresbericht gemäß Art. 12.43A der *Listing Rules* angeben, in welchem Umfang sie die Vorgaben des Combined Code in den letzten zwölf Monaten erfüllt haben und aus welchen Gründen sie von den Empfehlungen des Combined Code abgewichen sind. Somit handelt es sich bei den Empfehlungen des Combined Code zwar nicht um durchsetzbare rechtliche Vorschriften, faktisch werden sie von den börsennotierten Gesellschaften jedoch durchaus befolgt; zum Ganzen siehe *Davies*, ZGR 2001, 268, 273, *Pettet*, J. I. B. L. 1998,

den *executive directors* im *board* und damit auch die Bedeutung der *non-executive directors* für die Kontrolle der Geschäftsführung einer *company* zu stärken[868].

Trotz der beschriebenen Annäherung der englischen an die kontinentale Organisationsform der Aktiengesellschaft dürfen die nach wie vor existierenden grundlegenden Unterschiede zwischen der Organisation der *company* und der Aktiengesellschaft, zwischen der dualistischen und monistischen Organisationsform nicht verharmlost werden. Vielmehr handelt es sich beim englischen *board of directors* nach wie vor um ein grundsätzlich einheitliches Leitungsgremium, dem die Aufgaben der Geschäftsführung sowie der Überwachung der Geschäftsführung als Ganzes zustehen[869]. Insbesondere ist zu betonen, dass die Gruppe der geschäftsführenden Direktoren vom Kreis der sie kontrollierenden Personen, der *non-executive directors,* organschaftlich nicht getrennt ist[870]. Dies stellt den wohl markantesten Unterschied zum deutschen Recht dar, der vom Grundsatz der Inkompatibilität von Geschäftsführungs- und Kontrollfunktionen ausgeht[871]. In der englischen Kapitalgesellschaft sind Interessenkonflikte der *non-executive directors* vorprogrammiert: sie sollen die Geschäftsführung des Unternehmens kontrollieren, sind jedoch als Mitglied des *board of directors* Bestandteil der zu überwachenden Geschäftsführung[872]. Vor diesem Hintergrund stellt sich die Frage, ob und inwieweit von den *non-executive directors* tatsächlich kontrollierende Wirkungen ausgehen können.

Eine abschließende Bewertung wird erst möglich sein, wenn die einzelnen Einwirkungs- und Kontrollmöglich-keiten der *non-executive directors* dargestellt worden sind. An dieser Stelle soll deshalb nur der Hinweis erfolgen, dass zum Begriff der Kontrolle die Befugnis gehört, ein gewünschtes Ergebnis gegen den Willen der zukontrollierenden Personen herbeiführen zu können[873]. Da der *board of directors* seine Beschlüsse mit einfacher Mehrheit

---

394, 397; *DTI*, Modern Company Law: Developing the Framework, 61. Zur fehlenden Durchsetzbarkeit des *Combined Code* siehe auch *Copp/Goddard,* Company Lawyer 1998, 277, 278. Eine entsprechende Regelung sieht für das deutsche Recht nun § 161 AktG vor, der durch das Transparenz- und Publizitätsgesetz vom 19. 07. 2002, BGBl. I, S. 2681 ff. in das AktG eingeführt worden ist. Nach dieser Vorschrift haben Vorstand und Aufsichtsrat börsennotierter Gesellschaften jährlich zu erklären, dass und inwieweit den Verhaltensregeln der Kodex-Kommission zur Unternehmensleitung und -überwachung entsprochen wurde.

[868] Gower/*Davies*, 196; *Dean*, Company Lawyer 2001, 104, 105.

[869] *Davies*, ZGR 2001, 262, 283; *Owen*, Accountancy, 1995, 75 ff.; *Shearman*, in: Zentrale für GmbH (Hrsg.): Die GmbH in den EG-Staaten, 49, 66; *Farrar*, 304.

[870] *Davies*, ZGR 2001, 262, 284; *Loges*, ZIP 1997, 437, 438.

[871] So auch *Loges*, ZIP 1997, 437, 438.

[872] *Owen,* Accountancy 1995, 75 ff.

[873] Siehe dazu oben Seite 38.

fasst und grundsätzlich sämtliche seiner Mitglieder an der Beschlussfassung teilnehmen, würde die effektive Überwachung der *executive directors* durch die *non-executive directors* grundsätzlich voraussetzen, dass die *non-executive directors* die Mehrheit der Mitglieder im *board of directors* stellen. Gesetzliche Regelungen hierzu existieren im englischen Kapitalgesellschaftsrecht nicht[874]. In der Praxis stellten bislang in den überwiegenden Fällen die *executive directors* die Mehrheit der Mitglieder des *board of directors*[875]. Nach einer von Ernst & Young im Jahr 1999 durchgeführten Studie machen die *non-executive directors* durchschnittlich 44 Prozent der Mitglieder im *board of directors* aus[876]. Zahlenmäßig beherrschen die *non-executive directors* ihre geschäftsführenden Kollegen somit regelmäßig nicht[877]. Es ist ihnen daher häufig nicht möglich, im *board of directors* Beschlüsse gegen den Willen der *executive directors* herbeizuführen. Vielmehr steht ihnen lediglich die Möglichkeit offen, von ihrem Amt zurückzutreten bzw. ihren geschäftsführenden Kollegen mit ihrem öffentlichkeitswirksamen Rücktritt zu drohen[878]. Nunmehr ermöglicht der bereits erwähnte *Combined Code* jedenfalls für börsennotierte Gesellschaften eine optimistischere Beurteilung, da er ein zahlenmäßiges Gleich-gewicht zwischen *executive* und *non-executive directors* im *board of directors* empfiehlt[879], das den *non-executive directors* die Möglichkeit gibt, auf die *executive directors* Einfluss zu nehmen[880]. Gedämpft wird dieser positive Eindruck jedoch dadurch, dass das Prinzip A. 3. 1 des Combined Code ausdrücklich lediglich einen Mindestanteil der *non-executive directors* von einem Drittel, nicht jedoch von 50 Prozent fordert.

---

[874] Siehe dazu auch *DTI*, Modern Company Law: Developing The Framework, 18.

[875] Gower/*Davies*, 196; *Palmer*, 8.201.

[876] *Ernst & Young;* vgl. hierzu auch *Cheffins*, 96.

[877] Ebenfalls kritisch hinsichtlich einer Kontrollmöglichkeit der *non-executive directors Mayson/French/Ryan*, 436, unter Verweis auf die Entscheidung Re Polly Peck International plc (No. 2) [1994] 1 BCLC 574, in der den *non-executive directors*, die eine Minderheit im *board of directors* bildeten, vom *Secretary of State* vorgeworfen worden war, den *executive director*, der zugleich die Mehrheit der Gesellschaftsanteile hielt, nicht ausreichend kontrolliert zu haben.

[878] Gower/*Davies*, 196.

[879] Prinzip A. 3.: „The board should include a balance of executive and non-executive directors (including independent non-executives) such that no individual or small group of individuals can dominate the board's decision taking".

[880] Prinzip A. 3. 1.: „The board should include non-executive directors of sufficient calibre and number for their views to carry significant weight in the board's decisions. Non-executive directors should comprise not less than one third of the board".

2. Ausschüsse des board of directors als Kontrollgremien?

Zunehmend werden in englischen *companies* und insbesondere in *public companies* Ausschüsse des *board of directors* gebildet, denen ausschließlich oder überwiegend *non-executive directors* angehören[881]. So ermächtigen die heute üblichen *articles of association* den *board of directors* zur Bildung von Ausschüssen sowie zur Delegierung von Befugnissen des *board* an eben diese Ausschüsse[882]. Hierbei werden regelmäßig *nomination committees, remuneration committees* sowie *audit committees* eingerichtet[883]. Während ein *nomination committee* zuständig ist für die Ernennung neuer Direktoren, legt das *remuneration committee* die Bezüge der geschäftsführenden Direktoren fest[884]. Für die Kontrolle der Geschäftsführung einer *company* von besonderer Bedeutung sind die *audit committees,* die die Rechnungslegung der Geschäftsführung überprüfen[885] sowie die Ordnungsmäßigkeit der Geschäftsführung kontrollieren[886]. Einem *audit committee* gehören regelmäßig ausschließlich *non-executive directors* an[887]. Dies gilt häufig auch für die *remuneration committees*[888]. Die Ausschüsse des *board of directors* können folglich effektive Kontrolle hinsichtlich der *executive directors* durchaus ausüben mit der Folge, dass diese als Kontrollgremien im eigentlichen Sinne einzuordnen sind.

3. Ergebnis zum englischen Kapitalgesellschaftsrecht

Die Kontrollfunktion des *board of directors* sowie insbesondere der *non-executive directors* ist mit rechtlichen und insbesondere deutschen Maßstäben schwer zu fassen. So betonen auch englische Autoren, dass eine effektive Kontrolle durch die *non-executive directors* im *board* häufig nicht erzwungen werden kann[889]. Vielmehr hängt die kontrollierende Bedeutung der *non-*

---

881 *Mayson/French/Ryan*, 436; *Davies*, ZGR 2001, 268, 275; *Böckli*, Handbuch Corporate Governance, 201, 209.

882 Art. 72 *Table A*: „The directors may delegate any of their powers to any committee consisting of one or more directors."; siehe dazu auch *Mayson/French/Ryan*, 462; *Pennington*, 702.

883 So die Empfehlungen des Combined Code, Artikel A. 5. 1; B. 2. 1, B. 2. 2; D. 3. 1 und D. 3. 2.

884 Art. 5. 1, B. 2. 1 und B. 2. 2 Combined Code.

885 Art. D. 3. 1 und D. 3. 2 Combined Code.

886 *Pennington*, 702; *Scheffler*, ZGR 1993, 63, 64.

887 *Davies/Stapledon*, 55, 73.

888 *Davies/Stapledon*, 55, 73.

889 Gower/*Davies*, 196; *Mayson/French/Ryan*, 436; siehe dazu auch die Ausführungen der *Kommission* der *Europäischen Gemeinschaften*, Bulletin der EG, Beilage 8/75, 21.

executive directors im *board of directors* und die Kontrolle durch den *board of directors* in seiner Gesamtheit in erster Linie von der jeweiligen Ausgestaltung der Zuständigkeiten und Befugnisse der *non-executive directors* in den *articles of association* einer Gesellschaft ab. Bei entsprechender Ausgestaltung, insbesondere, wenn die *non-executive directors* die Mehrheit der Mitglieder im *board of directors* bzw. in einem Ausschuss stellen, kommt den nicht geschäftsführenden Direktoren in der englischen *company* jedoch kontrollierende Bedeutung im Hinblick auf die *executive directors* zu. Die Gegenüberstellung des *board of directors* und der klassischen Kontrollgremien in Deutschland und Frankreich erscheint daher durchaus sinnvoll.

III. Frankreich

1. Kontrollgremien in der SARL

Der französische Code de Commerce schreibt für die SARL die Bildung eines Kontrollgremiums nicht (mehr) vor[890]. Nach überwiegender Auffassung in der französischen Literatur ist es den Gesellschaftern einer SARL trotz diesbezüglichen Schweigens des Gesetzgebers möglich, ein Kontrollgremium in den Statuten der Gesellschaft zu verankern, soweit die ihm übertragenen Befugnisse nicht in die Kompetenzen der anderen Gesellschaftsorgane eingreifen[891]. Das Schweigen des Gesetzes wird damit erklärt, dass der französische Gesetzgeber davon ausging, für die Einrichtung eines Kontrollgremiums werde es aufgrund der Einführung der Abschlussprüfung durch das Gesetz vom 24. 7. 1966 regelmäßig kein Bedürfnis mehr geben[892].

2. Kontrollgremien in der klassisch organisierten SA

a) Der conseil d'administration als Kontrollgremium?

In der klassisch organisierten SA sind die Aufgaben der Geschäftsführung sowie der Überwachung der Geschäftsführung im *conseil d'administration* vereint[893]. Dieser verfügt über weitreichende Befugnisse: Er bestimmt die Richtli-

---

[890] So aber noch das Gesetz v. 7. 3. 1925 für SARL mit mehr als zwanzig Gesellschaftern.

[891] *Guyon*, in: *Lutter/Wiedemann*, Gestaltungsfreiheit im Gesellschaftsrecht, 297, 301; *Mercadal/Janin*, Nr. 915; *Bougnoux*, Jurisclasseur Sociétés, Fasc. 77, Nr. 4; so auch *Behrens*, F 17; *Michalski*, DStR 1991, 1563, 1564.

[892] *Guyon*, Traité des contrats, Les sociétés, Nr. 154.

[893] *Viandier*, Nr. 123 f.; *Hémard/Terré/Mabilat*, Nr. 1109; *Guyon*, Enc. Dalloz Sociétés, Corporate Governance, Nr. 23 spricht von der „double mission d'incitation et de contrôle" des *conseil d'administration*.

nien der Geschäftstätigkeit der Gesellschaft, wacht über ihre Umsetzung[894] und führt diejenigen Kontrollen durch, die er für angemessen hält[895]. Zur Führung des laufenden Tagesgeschäfts der SA ist jedoch primär nicht der *conseil d'administration*, sondern der *directeur général* zuständig, der gemäß Art. 225-51-1 (1) CCom vom *conseil d'administration* bestellt wird und ebenso wie der *conseil d'administration* über weitreichende Geschäftsführungsbefugnisse verfügt[896]. Auf Vorschlag des *directeur général* kann der *conseil d'administration* dem *directeur général* einen oder mehrere *directeurs généraux délegués* zur Seite stellen (Art. 225-53 (1) CCom).

Bis zur Gesetzesänderung im Jahr 2001 war der *directeur général* immer zugleich Vorsitzender (*président*) des *conseil d'administration*. Nun eröffnet das französische Recht die Möglichkeit, die Funktionen des *directeur général* und des Vorsitzenden des *conseil d'administration* verschiedenen Personen zuzuweisen. Aufgrund dieser bestehenden Wahlmöglichkeit hinsichtlich der Organisation der klassischen SA kann diese nicht mehr eindeutig dem monistischen System zugewiesen werden[897]. Vielmehr kann die Organisation der klassischen SA nun grundsätzlich an das dualistische System angenähert werden. Hieraus folgt für die Einordnung des *conseil d'administration* als Kontrollgremium, dass dessen kontrollierende Funktion in denjenigen SA, in denen die Funktionen des *directeur général* und des Vorsitzenden des *conseil d'administration* nicht in einer Person vereint sind, eindeutiger erscheint, als in einer SA, die von einem herkömmlichen *président-directeur général* (PDG) geleitet wird[898].

Daneben kommt dem *conseil d'administration* aber auch in SA, die von einem PDG geleitet werden, durchaus kontrollierende Bedeutung zu[899]. So

---

[894] Art. 225-35 (1) Satz 1 CCom: „Le conseil d'administration détermine les orientations de l'activité de la société et veille à leur mise en oeuvre. Sous réserve des pouvoirs expressément attribués aux assemblées d'actionnaires et dans la limite de l'objet social, il se saisit de toute question intéressant la bonne marche de la société et règle par ses délibérations les affaires qui la concernent".

[895] Art. 225-35 (2) Satz 2 CCom: „Le conseil d'administration procède aux contrôles et vérifications qu'il juge opportuns".

[896] Art. 225-56 (1) CCom „Le directeur général est investi des pouvoirs les plus étendus pour agir en toute circonstance au nom de la société".

[897] So auch *Bureau*, Bull. Joly 2001, § 149 Nr. 16.

[898] *Bureau*, Bull. Joly 2001, § 149 Nr. 17.

[899] *Rapport Viénot II*, 5, 8 und 10 (www.worldbank.org/html/fpd/privatesector/cd/vienot2-fr.pdg); *Cozian/Viandier/Deboissy*, Nr. 651; *Stoufflet*, 411; *Dijan*, 119, spricht von einer Doppelrolle des *conseil d'administration*: „un rôle de surveillance du président-directeur général d'une part qui est semblable à celui des contrôleurs de la gestion existant dans les autres pays et un rôle d'orientations d'autre part dans la mesure où il fixe la politique générale de la société".

wurde zur alten Rechtslage ausgeführt, der *conseil d'administration* beteilige sich an der Geschäftsführung lediglich in grundlegenden Fragen und beschränke sich ansonsten auf eine kontrollierende Tätigkeit[900]. Diese Kontrollfunktion des *conseil d'administration* hat sich durch die Neuregelung der Befugnisse der Leitungsorgane in der klassisch organisierten SA weiter verstärkt[901]. Die Kontrollaufgabe des *conseil d'administration* ergab und ergibt sich insbesondere vor dem Hintergrund, dass die Mitglieder des *conseil d'administration* für Schäden haften, die der Gesellschaft durch unterlassene Kontrolle der Geschäftsführung entstehen[902]. Diese Haftung setzt zwingend voraus, dass die Überwachung der Geschäftsführung, also des *directeur général* der klassisch organisierten SA, zu den Aufgaben und Pflichten der Mitglieder des *conseil d'administration* gehören.

Entsprechend der Situation in der englischen *company* mit ihrem *board of directors* ist die Bedeutung, die dem *conseil d'administration* für die Kontrolle der Geschäftsführung in beiden Organisationsvarianten der klassischen SA zukommt, dadurch erheblich beschränkt, dass die zu kontrollierenden Geschäftsführer, wenn sie zugleich Mitglieder des *conseil d'administration* sind, an dessen Beschlussfassung grundsätzlich teilnehmen können[903]. Da der *conseil d'administration* seine Beschlüsse mit einfacher Mehrheit trifft, können die zu kontrollierenden Geschäftsführer je nach Zusammensetzung des *conseil d'administration* daher durchaus in der Lage sein, die übrigen Mitglieder des *conseil d'administration* zu überstimmen und Entscheidungen des *conseil d'administration* zu Lasten der Geschäftsführer zu verhindern. Immerhin sind die Geschäftsführer gemäß Art. 225-40 (1) Satz 2 CCom bei Entscheidungen des *conseil d'administration* über die Genehmigung der Insichgeschäfte der Geschäftsführer nicht stimmberechtigt.

---

900 Vgl. dazu *Rapport Viénot I*, 8 ff. (www.worldbank.org/html/fpd/privatesector/cd/does/vienot1-fr.pdg).

901 So *Saintourens*, Rev. soc. 2001, 515, 523.

902 *Dijan*, 109; die Haftung für Kontrolldefizite wurde festgestellt durch *Cass. com.* 10. 5. 1948, JCP 1949 II 4937 note *Bastian*: „Les membres du conseil d'administration d'une société commerciale sont en principe responsables des fautes commises par les administrateurs délégués lorsque par leur vigilance ou leur perspicacité, ils auraient pu les empêcher; ils n'échappent à cette responsabilité qu'à la condition d'établir qu'ils aient pu légitimement ignorer ces actes, qu'ils aient été victimes de fraudes qu'ils n'étaient pas en mesure de déjouer ou que leurs instructions n'aient pas été suivies."; zur Haftung für Kontrolldefizite siehe auch *Guyon*, Jurisclasseur Sociétés, Fasc. 132, Nr. 86 ff.

903 Zur Ausnahme siehe *Cass. com.* 24. 4. 1975, Rev. soc. 1976, 92 note *Oppetit*.

b) Ausschüsse des conseil d'administration als Kontrollgremien?

Parallel zur entsprechenden Entwicklung im englischen und deutschen Aktienrecht ist auch im französischen Aktienrecht die Tendenz erkennbar, Ausschüsse (*comités*) des *conseil d'administration* zu bilden[904]. So werden in der heutigen französischen Praxis insbesondere *comités d'audit*, *comités de rémunération* sowie *comités de stratégie* eingerichtet[905]. Jedoch ist es bislang nach französischer Rechtslage nicht zulässig, diesen Ausschüssen Befugnisse des *conseil d'administration* zur eigenverantwortlichen Ausführung zu übertragen[906]. Vielmehr nehmen die Ausschüsse lediglich eine beratende Funktion hinsichtlich des *conseil d'administration* wahr[907]. Sie können daher bislang nicht als Kontrollgremien im engeren Sinn angesehen werden.

3. Kontrollgremium in der dualistisch organisierten SA

a) Der conseil de surveillance als Kontrollgremium?

Entsprechend ihrem deutschen Vorbild[908] weist die dualistisch organisierte SA ein dem deutschen Aufsichtsrat vergleichbares Kontrollgremium auf, den *conseil de surveillance*[909]. Dieser ist personell und organisatorisch vom Geschäftsführungsorgan streng getrennt[910]. Dem *conseil de surveillance* ist durch Gesetz die Aufgabe zugewiesen, die Geschäftsführungstätigkeit des *directoire* zu überwachen[911]. Er kontrolliert insbesondere die Ordnungsmäßigkeit sowie die Zweckmäßigkeit der Geschäftsführung[912].

---

904 Art. 90 (2) D 67-236; *Viandier*, Jurisclasseur Sociétés, Fasc. 133-20, Nr. 82.

905 *Cozian/Viandier/Deboissy*, Nr. 652; *Viandier*, Jurisclasseur Sociétés, Fasc. 133-20, Nr. 82.

906 *Cozian/Viandier/Deboissy*, Nr. 652.

907 Dies ergibt sich aus dem Wortlaut des Art. 90 (2) D 67-236: „Il [le conseil d'administration] peut décider la création de comités chargés d'étudier les questions que lui-même ou son président soumet, pour avis, à leur examen.", siehe auch *Guyon*, Enc. Dalloz, Corporate Governance, Nr. 18; *Viandier*, Jurisclasseur Sociétés, Fasc. 133-20, Nr. 84; *Hémard/Terré/Mabilat*, Nr. 953; Cass. com. 4. 7. 1995, Rev. soc. 1995, 504 note *Le Cannu*.

908 Zur Orientierung am deutschen Recht siehe nur *Juglart/Ippolito*, Nr. 392; *Plaisant/Delaisi*, Enc. Dalloz Sociétés, Directoire et conseil de surveillance, Nr. 76.

909 *Caussain*, Jurisclasseur Sociétés, Fasc. 133-D, Nr. 130; *Hémard/Terré/Mabilat*, Nr. 1109.

910 Art. 225-74 CCom: „Aucun membre du conseil de surveillance ne peut faire partie du directoire".

911 Art. 225-68 (1) CCom: „Le conseil de surveillance exerce le contrôle permanent de la gestion de la société par le directoire".

912 *Merle*, Nr. 451; *Cozian/Viandier/Deboissy*, Nr. 794.

b) Ausschüsse des conseil de surveillance als Kontrollgremien?

Wie der *conseil d'administration* in der klassisch organisierten SA so ist auch der *conseil de surveillance* zur Einrichtung von Ausschüssen befugt. So spricht Art. 115 des Dekrets 67-236 von der Einrichtung von Kommissionen des *conseil de surveillance*. Jedoch ist auch der *conseil de surveillance* nicht berechtigt, seine ihm gesetzlich gewährten Befugnisse an die von ihm errichteten Ausschüsse zu delegieren[913]. Vielmehr nehmen diese Ausschüsse wie auch die Ausschüsse des *conseil d'administration* lediglich eine beratende Funktion war. Es handelt sich folglich bei den Ausschüssen des *conseil de surveillance* in der dualistisch organisierten SA nicht um Kontrollgremien.

C. Ergebnis zu den Kontrollgremien im Kapitalgesellschaftsrecht

Es konnte aufgezeigt werden, dass alle untersuchten Kapitalgesellschaften - teilweise obligatorische und jedenfalls fakultative - Kontrollgremien kennen, die Kontrolle über die Geschäftsführung der Gesellschaften ausüben können. Die jeweilige Organisation der Kontrollgremien sowie ihre kontrollierende Bedeutung gegenüber der Geschäftsführung ist in den verschiedenen Kapitalgesellschaftsformen unterschiedlich ausgestaltet. Während das deutsche Aktienrecht und die dualistisch organisierte SA das Kontrollgremium - den Aufsichtsrat bzw. den *conseil de surveillance* - organisatorisch und personell streng vom Geschäftsführungsorgan (Vorstand bzw. *directoire*) trennen, sind Geschäftsführung und Kontrolle der Geschäftsführung im englischen *board of directors* wie auch im französischen *conseil d'administration* in einem Leitungsgremium vereint.

Betrachtet man diese verschiedenen Organisationsformen aus einem rein organisationsrechtlichen Blickwinkel, so zeigt sich, dass die Kontrollfunktion, die den Gremien gegenüber der Geschäftsführung zukommt, in der deutschen AG sowie in der dualistisch organisierten SA am vollständigsten entwickelt ist[914]. Insbesondere scheint dem deutschen Betrachter der monistischen Organisationsform der Kapitalgesellschaften in England und Frankreich eine effektive Kontrolle durch ein Gremium, in dem Kontrolleure und zu Kontrollierende vereint sind, kaum möglich zu sein, da sich in diesen Gremien die zu kontrollierenden Personen teilweise selbst kontrollieren. Jedoch ist insbesondere in den letzten zehn Jahren angesichts von Unternehmenszusammenbrüchen deutscher Aktiengesellschaften, die unter anderem auf ein Versagen der Kontrolle

---

[913] *Plaisant/Delaisi*, Enc. Dalloz Sociétés, Directoire et conseil de surveillance, Nr. 126.

[914] So *Conard*, ZGR 1987, 180, 187.

der Geschäftsführung zurückgeführt werden[915], deutlich geworden, dass auch die dualistische Struktur der AG eine effektive Geschäftsführungskontrolle nicht per se gewährleistet[916]. Auf der anderen Seite scheint die Kontrolle der Geschäftsführung durch den *board of directors* in der Praxis durchaus zu funktionieren[917]. Dies fasst *Davies* zutreffend wie folgt zusammen:

> „Der deutsche Aufsichtsrat bleibt ein eher ineffektives Überwachungsorgan, während der britische Board formell zwar nicht nur die Überwachungsaufgabe hat, diese aber in der Praxis besser umsetzen kann“[918].

Hinzu kommt, dass die englische und die französische Gesellschaftspraxis zu einer Zweiteilung des einheitlichen *board of directors* bzw. des *conseil d'administration* in geschäftsführende und nicht geschäftsführende Direktoren und damit zu einer Annäherung an die dualistische Organisationsform tendieren[919].

Abschließend kann daher trotz aller bestehenden Unterschiede zwischen den Rechtsordnungen festgehalten werden, dass sich die Geschäftsführung in sämtlichen Kapitalgesellschaften, deren Anteile einem Handel am öffentlichen Kapitalmarkt offen stehen, einer Kontrolle durch Kontrollgremien ausgesetzt sieht. Diese Kontrolle ist teils gesetzlich institutionalisiert (Aktiengesellschaft, dualistische SA), teils unterliegt sie in erster Linie der Ausgestaltung in der Satzung der Gesellschaft *(company)*[920]. Offen geblieben und klärungsbedürftig ist die nachfolgend zu behandelnde Frage, über welche Kontrollbefugnisse die

[915] Siehe die oben in FN 4 genannten Unternehmenskrisen sowie die Untersuchung von *Hofmann/Hofmann*.

[916] Dies liegt u. a. auch darin begründet, dass zwischen Vorstand und Aufsichtsrat ein personeller Austausch stattfindet; so wechseln Vorstandsmitglieder nach Erreichen der Altersgrenze in den Aufsichtsrat, krit. dazu *Schlömer*, 93 sowie *Thümmel*, „Das Amt des Aufsichtsrats verlangt Unabhängigkeit“, in: FAZ v. 11.4.2001, Seite 36. Zur zahlreichen Kritik an der Überwachung der Geschäftsführung durch den Aufsichtsrat siehe des weiteren nur *Baums*, 9 ff.; *Bleicher/Leberl/Paul*, 72; *Malik*, 29 ff.

[917] Siehe *Conard*, ZGR 1987, 180, 196, der für den amerikanischen *board* die These aufstellt, dass die bloße Anwesenheit von nicht geschäftsführenden Direktoren im *board* bereits ausreiche für deren kontrollierende und disziplinierende Funktion gegenüber den geschäftsführenden Direktoren.

[918] ZGR 2001, 262, 292.

[919] Ähnlich *Wymeersch*, in: *Hopt/Kanda/Roe/Wymeersch/Prigge*, 1045, 1096. Zur entsprechenden Entwicklung im us-amerikanischen Gesellschaftsrecht siehe nur *Kraakman*, 129; zum schweizerischen Aktienrecht siehe *Böckli*, Rz. 1759 ff.

[920] Eine beschränkte Institutionalisierung der Kontrolle der Geschäftsführung einer *company* bringt jedoch nun der *Combined Code* mit sich; siehe dazu oben FN 867.

verschiedenen Kontrollgremien im einzelnen gegenüber der Geschäftsführung verfügen. Diese sollen im folgenden dargestellt werden.

§ 2 Die Informationsrechte der Kontrollgremien

A. Einführung

Voraussetzung einer effektiven Kontrolle der Geschäftsführung ist die hinreichende Information über die verschiedenen Tätigkeiten der Geschäftsführung. Dies gilt auch für die Kontrolle der Geschäftsführung einer Kapitalgesellschaft durch Kontrollgremien[921]. Mit der unterschiedlichen Organisation der Kapitalgesellschaften und insbesondere der Kontrollsysteme von Kapitalgesellschaften geht tendenziell eine differenzierte Informationsversorgung der Mitglieder der jeweiligen Kontrollgremien einher. So haben die *non-executive directors* im *board of directors* der englischen *company* grundsätzlich leichteren und insbesondere unbürokratischeren Zugang zu Informationen über die Geschäftsführung als Mitglieder der reinen Kontrollgremien im dualistischen System[922]. Dies liegt zum einen darin begründet, dass die kontrollierenden Mitglieder des *board of directors* aufgrund ihrer Zugehörigkeit zum einheitlichen Leitungsorgan der Gesellschaft unmittelbar am Geschehen der Gesellschaft beteiligt sind[923]. Entsprechend komplizierter stellt sich deshalb die Informationsversorgung der Mitglieder von Aufsichtsrat und *conseil de surveillance* und damit von Kontrollgremien dar, die organisatorisch von dem zu kontrollierenden Geschäftsführungsorgan streng getrennt sind[924]. Zum anderen führt die Arbeitnehmerbeteiligung in den Aufsichtsräten bestimmter Aktiengesellschaften dazu, dass der Vorstand aus Gründen der Geheimhaltung häufig vor einer frühen Einbeziehung des Aufsichtsrats in geplante Maßnahmen der Geschäftsführung zurückschreckt[925]. Das Transparenz- und Publizitätsgesetz (TransPuG) vom 19. Juli 2002 hat nun die Informationsversorgung deutscher Aufsichtsräte weiter verbessert[926].

---

[921] *Scheffler*, ZGR 1993, 63, 67: „Die Überwachung der Geschäftsführung wird im wesentlichen auf der Grundlage von Informationen durchgeführt (...)“; *Guyon*, Enc. Dalloz, Corporate Governance, Nr. 23; *v. Werder*, 16.

[922] *Scheffler*, ZGR 1993, 63, 65; siehe nur das bei *Hopt*, ZGR 2000, 779, 801 geschilderte Vorgehen des Vorstands bei der Daimler-Chrysler-Fusion, von der der Aufsichtsrat von Daimler-Benz erst erfahren hatte, nachdem die Fusion bereits detailliert ausgehandelt war.

[923] Dennoch stellt sich auch die Informationsversorgung der *non-executive directors* englischer *boards* nicht in jedem Fall als zufriedenstellend dar, siehe dazu *Cheffins*, 105; zur klassischen SA siehe *Stoufflet*, 407, 412.

[924] *Davies*, ZGR 2001, 261, 284; *Lutter*, ZGR 2001, 224, 226; *Scheffler*, FS Havermann, 653, 653; *Frühauf*, ZGR 1998, 407, 414; *Loges*, ZIP 1997, 437, 438.

[925] *Hopt*, ZGR 2000, 779, 801; *Wagner*, 98.

[926] BGBl. I, Seite 2681. So wurde in § 90 (4) AktG ein Satz 1 angefügt, der die rechtzeitige und schriftliche Berichterstattung des Vorstands gegenüber dem Aufsichtsrat vorsieht. Weitere Ergän-

B. Rechtslage in Deutschland, Frankreich und England

I. Deutschland

1. Einsichts- und Prüfungsrecht, § 111 (2) Satz 1 AktG

Der Aufsichtsrat einer AG wie auch der obligatorische Aufsichtsrat einer mitbestimmten GmbH sind gemäß § 111 (2) Satz 1 AktG berechtigt, zur Überwachung des Vorstands (bzw. der Geschäftsführung) die Bücher und Schriften der Gesellschaft einzusehen und zu prüfen und sich die Vermögensgegenstände der Gesellschaft anzusehen[927]. Hierbei sind Gegenstand der Prüfung durch den Aufsichtsrat konkrete Vorgänge der Geschäftsführung, wie sie gemäß § 142 AktG Gegenstand einer Sonderprüfung sein könnten[928]. Das Einsichtsrecht aus § 111 (2) AktG kann vom Aufsichtsrat grundsätzlich jederzeit ausgeübt werden[929]. Darüber hinaus ist der Aufsichtsrat befugt, einzelne seiner Mitglieder oder externe Sachverständige mit der Ausübung des Einsichtsrechts zu beauftragen[930]. Da die Ausübung des Einsichtsrechts aus § 111 (2) AktG als Ausdruck eines Misstrauens gegenüber dem Vorstand gedeutet werden und eine Belastung der gesamten Gesellschaft darstellen kann, nimmt der Aufsichtsrat in der Praxis das ihm zustehende Einsichts- und Prüfungsrecht lediglich selten als ultima ratio in Anspruch[931].

2. Berichtspflicht des Vorstands gegenüber dem Aufsichtsrat, § 90 (1), (2) AktG

Die Vorschrift des § 90 AktG legt dem Vorstand umfangreiche Berichtspflichten zugunsten des Aufsichtsrats auf. So hat der Vorstand dem Aufsichtsrat einmal jährlich über die beabsichtigte Geschäftspolitik und andere grundsätzliche Fragen der Unternehmensplanung sowie über die Rentabilität der Gesell-

---

zungen enthält der deutsche Corporate Governance Kodex, III, Nr. 4. Siehe jedoch hierzu *Lutter/Krieger*, Rn 92a, die die gesetzlichen Informationsrechte des Aufsichtsrats als ausreichend erachten und die Informationsdefizite der Mitglieder des Aufsichtsrats auf schlechte Vorstandsberichte oder auf die Passivität des Aufsichtsrats zurückführen.

927 Dieses Informationsrecht ergibt sich für den obligatorischen Aufsichtsrat der mitbestimmten GmbH aus § 25 (1) Nr. 2 MitbestG 1976 bzw. § 77 (1) Satz 2 BetrVG 1952 iVm § 111 (2) Satz 1 AktG.

928 *Hoffmann-Becking*, MüHbGesR, Band IV, § 29 Rn 33.

929 *Lutter/Krieger*, Rn 90.

930 *Steinbeck*, 130.

931 *Lutter/Krieger*, Rn 90; *Scheffler*, ZGR 1993, 63, 68.

schaft Bericht zu erstatten[932]. Darüber hinaus hat der Vorstand dem Aufsichtsrat regelmäßig und mindestens viermal jährlich über den Gang der Geschäfte, den Umsatz und die Lage der Gesellschaft zu berichten[933]. Rechtzeitig vor der Vornahme der jeweiligen Geschäfte ist dem Aufsichtsrat zudem über Maßnahmen zu berichten, die für die Rentabilität oder Liquidität der Gesellschaft von Bedeutung sein können[934].

3. Recht des Aufsichtsrats, einen Bericht vom Vorstand zu verlangen, § 90 (3) AktG

Neben diesen Berichtspflichten des Vorstands kann der Aufsichtsrat vom Vorstand jederzeit einen Bericht über Angelegenheiten der Gesellschaft verlangen, die auf die Lage der Gesellschaft von erheblichem Einfluß sein können[935]. Hierbei handelt es sich um ein weitreichendes Informationsrecht des Aufsichtsrats, das sachlich lediglich durch den notwendigen Bezug zu den Angelegenheiten der Gesellschaft begrenzt ist[936]. Des weiteren steht dem Aufsichtsrat das Recht zu, ergänzende Fragen zu den Vorstandsberichten zu stellen[937]. Wie die Gesellschafter unterliegt auch der Aufsichtsrat bei der Ausübung seiner Informationsrechte dem Verbot der missbräuchlichen Rechtsausübung[938]. Jedoch wird eine missbräuchliche Ausübung der Informationsrechte durch den Aufsichtsrat aufgrund der Tatsache, dass das Aktienrecht keinerlei Auskunftsverweigerungsrechte gegenüber dem Aufsichtsrat vorsieht, nur selten festzustellen sein[939]. Insbesondere kann sich der Vorstand gegenüber dem Aufsichtsrat nicht auf seine Verschwiegenheitspflicht berufen, da andernfalls das Informationsrecht des Aufsichtsrats praktisch bedeutungslos würde[940].

---

[932] § 90 (1) Satz 1 Nr. 1, 2, (2) Nr. 1, 2 AktG.

[933] § 90 (1) Satz 1 Nr. 3, (2) Nr. 3 AktG.

[934] § 90 (1) Satz 1 Nr. 4, (2) Nr. 4 AktG.

[935] § 90 (3) AktG. Gemäß § 25 (1) Nr. 2 MitbestG 1976 bzw. § 77 (1) Satz 2 BetrVG 1952 ist § 90 (3) AktG auf den obligatorischen Aufsichtsrat einer mitbestimmten GmbH und gemäß § 52 (1) GmbHG auch auf den fakultativen Aufsichtsrat anzuwenden.

[936] *Hoffmann/Preu*, Rn 259; *Lutter/Krieger*, Rn 68.

[937] *Semler*, Leitung, Rn 163.

[938] *Hoffmann/Preu*, Rn 258; *Wilde*, ZGR 1998, 423, 432.

[939] *Wilde*, ZGR 1998, 423, 432.

[940] *Wilde*, ZGR 1998, 423, 430; *Henn*, Rn 617.

4. Vorlage des Jahresabschlusses, des Lageberichts und des Vorschlags zur Gewinnverwendung, § 170 (1), (2) AktG

Unverzüglich nach der Feststellung des Jahresabschlusses hat der Vorstand dem Aufsichtsrat Jahresabschluss und Lagebericht mit dem Vorschlag zur Gewinnverwendung vorzulegen. Der Aufsichtsrat soll dadurch in die Lage versetzt werden, die ihm obliegende Aufgabe der Prüfung des Jahresabschlusses wahrzunehmen. Entsprechendes gilt gemäß § 52 (1) GmbHG und vorbehaltlich einer anderslautenden gesellschaftsvertraglichen Regelung für den fakultativen Aufsichtsrat einer GmbH, die nicht den Regeln der Mitbestimmung unterliegt[941].

5. Informationsrecht im Zusammenhang mit zustimmungsbedürftigen Geschäften

Ein ungeschriebenes Informationsrecht steht dem Aufsichtsrat darüber hinaus zu, wenn er über die Zustimmung zu einem zustimmungsbedürftigen Geschäft entscheiden soll, da dies ohne vorherige Informationen kaum sinnvoll möglich wäre[942].

6. Ergebnis zu den Informationsrechten des Aufsichtsrats

Der Aufsichtsrat der AG verfügt über weitgehende Informationsrechte gegenüber dem zu kontrollierenden Vorstand[943]. Grundsätzlich müsste er, wenn er diese ihm zustehenden Rechte tatsächlich in Anspruch nimmt, hinreichend informiert und damit in der Lage sein, die Geschäftsführung des Vorstands effektiv zu überwachen. Dennoch wird der Aufsichtsrat in der Praxis allgemein als zu wenig informiert angesehen[944]. Dies wird neben anderen Gründen darauf zurückgeführt, dass der Aufsichtsrat seine Informationen vom Vorstand und damit von dem zu überwachenden Organ erhält[945].

---

[941] Hingegen verweisen die §§ 25 (1) Nr. 2 MitbestG 1976, 77 (1) BetrVG 1952 für den obligatorischen Aufsichtsrat einer mitbestimmten GmbH nicht auf § 170 AktG.

[942] *Lutter/Krieger*, Rn 73; *Semler*, Leitung, Rn 214. Zu den zustimmungsbedürftigen Geschäften siehe unten Seite 248.

[943] So auch *Caussain*, Jurisclasseur Sociétés, IV, Fasc. 133-D, Nr. 131.

[944] *Wagner*, 98; *Scheffler*, ZGR 1993, 63, 65.

[945] *Wagner*, 100, bezeichnet dies als ein Dilemma; siehe auch *Thomas Becker*, 35; *Beal/Scheurer*, DB 1994, 2145, 2149; *Loges*, ZIP 1997, 437, 437; *Frühauf*, ZGR 1998, 407, 414.

II. England

Die Informationsrechte des *board of directors* in seiner Gesamtheit sowie des einzelnen Mitglieds des *board of directors* sind nicht gesetzlich geregelt. Allgemein anerkannt ist jedoch, dass der einzelne Direktor zur Einsichtnahme in die Bücher der Gesellschaft berechtigt ist[946]. So spricht der *Combined Code* von der Notwendigkeit einer umfassenden Information des *board of directors,* die ihn in die Lage versetzt, seine Pflichten zu erfüllen[947]. Des Weiteren sieht der *Combined Code* die Verpflichtung des *management* vor, den *board of directors* mit angemessenen und rechtzeitigen Informationen zu versorgen. Zudem fordert er die Geschäftsführer zur weitergehenden Informationsbeschaffung auf, wenn die freiwillige Informationsversorgung durch den *managing director* nicht ausreichend ist[948]. Bei der Ausübung seiner Informationsrechte ist das einzelne Mitglied des *board of directors* berechtigt, einen Sachverständigen hinzuzuziehen[949]. Der Person des Sachverständigen kann die Gesellschaft gegebenenfalls widersprechen[950]. Die genannten Informationsrechte stehen grundsätzlich jedem Mitglied des *board of directors* unabhängig davon zu, ob es sich bei ihm um einen *executive* oder *non-executive director* handelt. Dennoch stellen sie eine wichtige Voraussetzung dafür da, dass die *non-executive directors* im *board of directors* überhaupt kontrollierend gegenüber den *executive directors und den managing directors* tätig werden können.

III. Frankreich

1. Klassisch organisierte SA

Bislang war ein ausdrückliches Informationsrecht zugunsten des *conseil d'administration* der klassisch organisierten SA zwar nicht gesetzlich normiert, jedoch seit einer Entscheidung der *Cour de cassation* im Jahr 1985 richterrechtlich anerkannt[951]. Die *LNRE* vom 15. Mai 2001 hat nun ein weites In-

---

946 *Gore-Brown,* 26.7; Burn v. London and South Wales Coal Co. [1890] WN 209; Conway & Ors v. Petronious Clothing Co. Ltd & Ors [1978] 1 All ER 185.

947 Prinzip A.4.: „The board should be supplied in a timely manner with information in a form and of a quality appropriate to enable it to discharge its duties".

948 Prinzip A.4.1: „Management has an obligation to provide the board with appropriate and timely information, but information volunteered by management is unlikely to be enough in all circumstances and directors should make further enquiries where necessary".

949 *Gore-Brown,* 26.7.

950 *Gore-Brown,* 26.7.

951 *Cass.* 2. 7. 1985 (aff. Cointreau), D. 1986. 351 note *Loussouarn*; siehe auch die Urteilszusammenfassung bei *Cozian/Viandier/Deboissy,* Nr. 642; *Cass.* 24. 4. 1990, Rev. soc. 1991, 347

formationsrecht zugunsten des einzelnen Mitglied des *conseil d'administration* in Art. 225-35 (2) CCom verankert[952]. Danach ist jedes Mitglied des *conseil d'administration* zum Empfang sämtlicher Informationen berechtigt, die für die Erfüllung der ihm obliegenden Pflichten erforderlich sind[953]. Da die Informationen das einzelne Mitglied des *conseil d'administration* in die Lage versetzen sollen, umfassend informiert an den Sitzungen des *conseil d'administration* teilzunehmen, orientiert sich die Reichweite der erforderlichen Informationen grundsätzlich an der jeweiligen Tagesordnung der Versammlung des *conseil d'administration*[954].

Des weiteren sind jedem Mitglied des *conseil d'administration* gemäß Art. 225-35 (2) CCom auf seinen Antrag hin sämtliche Unterlagen zuzuleiten, die ihm zur Erfüllung seiner Aufgaben nützlich erscheinen. Danach obliegt es der Einschätzung eines jeden Mitglieds des *conseil d'administration*, welche Informationen es für die Erfüllung seiner Überwachungsaufgabe im Einzelfall benötigt[955]. Die angeforderten Informationen müssen nach dem Wortlaut der Vorschrift lediglich einen Zusammenhang zum Aufgabenbereich des *conseil d'administration* aufweisen. Seine Informationsbegehren hat das einzelne Mitglied an den Vorsitzenden des *conseil d'administration* zu richten, der gemäß Art. 225-51 CCom für die Organisation der Arbeit des *conseil d'administration* zuständig ist[956].

Trotz Schweigens des Gesetzes zur Frage der Grenzen der Informationsrechte ist davon auszugehen, dass der Vorsitzende des *conseil d'administration* zur Informationsverweigerung berechtigt ist, wenn die Informationsgewährung dem Gesellschaftsinteresse erheblich schaden würde oder das Informationsbegehren eines Mitglieds sich als eine missbräuchliche Ausübung der ihm zustehenden Informationsrechte darstellt[957].

---

note *Didier*; RTDcom 1990, 416, Nr. 4 note *Reinhard*; Paris, 16. 3. 1995, Rev. soc. 1996, 120 note *Guyon*.

[952] *Viandier*, Nr. 210; *Bureau*, Bull. Joly 2001, § 149 Nr. 18.

[953] Art. 225-35 (2) CCom: "Chaque administrateur reçoit toutes les informations nécessaires à l'accomplissement de sa mission (...)."

[954] *Viandier*, Nr. 211; *Saintourens*, Rev. soc. 2001, 515, 520.

[955] *Viandier*, Nr. 213; so auch *Reinhard* im Rahmen einer Veranstaltung der Editions Dalloz am 4. 10. 2001 in Paris zum neuen Gesellschaftsrecht, siehe die Berichterstattung in D. 2001, 3027 ff.

[956] *Viandier*, Nr. 214.

[957] *Viandier*, Nr. 214; siehe auch *Guyon*, Enc. Dalloz Sociétés, Corporate Governance, Nr. 24; *Ripert/Roblot*, Tome 1, Nr. 1666.

Ein umfangreiches Informationsrecht gewährt das Gesetz dem *conseil de surveillance* in Art. 225-68 (3) CCom[958]. Danach ist das Kontrollgremium der dualistisch organisierten SA befugt, jederzeit die Prüfungen und Kontrollen durchzuführen, die es für angemessen hält, und sich hierzu die Unterlagen vorlegen zu lassen, die ihm zur Erfüllung seiner Überwachungsaufgaben nützlich erscheinen[959]. Dies umfasst sowohl die Konten und die Buchführung der Gesellschaft, die Kasse sowie die Unterlagen über den Lager- und Warenbestand, mit anderen Worten allgemein alle Dokumente, die von der Gesellschaft erstellt oder an diese gerichtet sind[960].

Des weiteren ist das *directoire* dreimal jährlich verpflichtet, dem *conseil de surveillance* einen Bericht über den Gang der Geschäfte (*rapport sur la marche des affaires sociales)* vorzulegen[961]. Der *conseil de surveillance* ist zudem jederzeit befugt, von der Geschäftsführung einen speziellen Bericht über eine bestimmte Geschäftsführungsmaßnahme zu fordern[962]. Am Ende eines Geschäftsjahres hat das Direktorium dem *conseil de surveillance* die *comptes annuels* vorzulegen[963]. Darüber hinaus steht dem *conseil de surveillance* gegenüber der Geschäftsführung das Recht zu, Fragen zu stellen[964].

C. Zusammenfassung zu den Informationsrechten der Kontrollgremien

Gesetzliche Informationsrechte stehen den Kontrollgremien in der GmbH und der AG sowie in den französischen Aktiengesellschaften zu. Insbesondere das deutsche Aktienrecht widmet den Informationsrechten des Aufsichtsrats zahlreiche Vorschriften. So normiert § 90 AktG umfassende Berichtspflichten des Vorstands gegenüber dem Aufsichtsrat. Für die klassische SA ist ein ausdrückliches gesetzliches Informationsrecht zugunsten der Mitglieder des *conseil d'administration* erst durch die *LNRE* vom 15. Mai 2001 eingeführt worden (Art. 225-35 (2) CCom), während eine entsprechende Vorschrift

---

[958] So auch *Plaisant/Delaisi*, Enc. Dalloz Sociétés, Directoire et conseil de surveillance, Nr. 83 sowie *Caussain*, Jurisclasseur Sociétés, Band 4, Fasc. 133-D, Nr. 131.

[959] Art. 225-68 (3) CCom: „A toute époque de l'année, le conseil de surveillance opère les vérifications et les contrôles qu'il juge opportuns et peut se faire communiquer les documents qu'il estime utiles à l'accomplissement de sa mission".

[960] *Caussain*, Jurisclasseur Sociétés, Band 4, Fasc. 133-D, Nr. 131.

[961] Art. 225-68 (4) CCom.

[962] *Caussain*, Jurisclasseur Sociétés, Band 4, Fasc. 133-D, Nr. 132.

[963] Art. 225-68 (5) iVm Art. 225-100 (2) CCom.

[964] *Plaisant/Delaisi*, Enc. Dalloz Sociétés, Directoire et conseil de surveillance, Nr. 73.

zugunsten der Mitglieder des *conseil de surveillance* bereits zuvor bestand (Art. 225-68 (3) CCom). Das Recht der *company* kennt hingegen keine ausdrücklichen gesetzlichen Informationsrechte zugunsten des *board of directors* oder einzelner seiner Mitglieder. Für börsennotierte Gesellschaften ist die Informationsversorgung der *executive* und *non-executive directors* im *board of directors* nun in den Empfehlungen des *Combined Code* ausdrücklich aufgeführt und damit faktisch gewährleistet. Darüber hinaus waren und sind Einsichtsrechte zugunsten der Mitglieder des *board of directors* nach *common law* grundsätzlich anerkannt. Sie scheinen jedoch in der Praxis keine wichtige Rolle zu spielen. Vielmehr verläuft der Informationsfluss von den *executive* zu den *non-executive directors* im Rahmen der gemeinsamen Sitzungen des *board of directors* regelmäßig unbürokratisch.

Abschließend kann zu den Informationsrechten der Kontrollgremien in den untersuchten Kapitalgesellschaften festgehalten werden, dass die Informationsversorgung der Gremien und ihrer Mitglieder über die Art und Weise der Geschäftsführung der jeweiligen Gesellschaft – wenn auch im einzelnen unterschiedlich ausgestaltet – im Grundsatz in allen Kapitalgesellschaften gesichert ist. Dies führt uns zum nachfolgenden gemeinsamen Prinzip:

> Die Mitglieder der Kontrollgremien sind gegenüber der zu kontrollierenden Geschäftsführung grundsätzlich umfassend informationsberechtigt.

§ 3 Zustimmungsvorbehalte zugunsten von Kontrollgremien

A. Einleitung

Im Rahmen der Kontrolle der Geschäftsführung durch Kontrollgremien kommt - wie bei der Kontrolle durch die Gesellschafter - gesetzlichen sowie satzungsmäßigen Zustimmungsvorbehalten zugunsten der Kontrollgremien erhebliche Bedeutung zu. Zustimmungsvorbehalte ermöglichen die Einflussnahme auf die Geschäftsführung der Gesellschaft und die Überwachung und Verhinderung riskanter Geschäfte[965]. Zudem erfüllen Zustimmungsvorbehalte eine wesentliche Kontrollfunktion im Hinblick auf die Art und Weise der Geschäftsführung[966]. Zwar kann ein zustimmungsbedürftiges Geschäft grundsätzlich auch ohne Zustimmung des kontrollierenden Gremiums mit Wirkung im Außenverhältnis ausgeführt werden[967]. Jedoch macht sich die Geschäftsführung in einem solchen Fall gegenüber der Gesellschaft schadensersatzpflichtig[968]. In der Regel wird die Geschäftsführung daher Geschäfte, denen das Kontrollgremium die erforderliche Zustimmung verweigert hat, nicht ausführen[969]. Trotz dieser kontrollierenden Wirkungen, die von Zustimmungsrechten ausgehen können, darf nicht übersehen werden, dass sie dem zustimmungsberechtigten Gremium lediglich eine negative Mitentscheidungskompetenz im Hinblick auf das zustimmungsbedürftige Geschäft gewähren[970]. Positiv entscheidungsbefugt bleibt ausschließlich die Geschäftsführung; insbesondere geht mit Zustimmungsvorbehalten keine Weisungsgebundenheit der Geschäftsführung einher[971].

---

[965] *Hüffer*, ZGR 1980, 320, 344; *Mülbert/Bux*, WM 2000, 1665, 1669 sprechen von Zustimmungsrechten als der deutlichsten Ausprägung von Gremienkontrolle.

[966] *Raiser*, § 15 Rn 7; *Hoffmann/Preu*, Rn 30; *Mülbert/Bux*, WM 2000, 1665, 1666.

[967] Zur AG: § 82 (1) AktG.

[968] Zur AG: § 93 (2) AktG.

[969] *Hoffmann-Becking*, MüHbGesR, Band 29 Rn 37.

[970] *Semler*, Leitung Rn 210; *Bleicher/Leberl/Paul*, 59; *Bea/Scheurer*, DB 1994, 2145, 2147; *Henze*, NJW 1998, 3309, 3312.

[971] *Hoffmann-Becking*, MüHbGesR, Band IV, § 29 Rn 37.

B. Rechtslage in Deutschland, England und Frankreich

I. Deutschland

1. Gesetzliche Zustimmungsvorbehalte

Gesetzliche Zustimmungsvorbehalte zugunsten des Aufsichtsrats der AG bestehen hinsichtlich der Gewährung von Krediten gegenüber Mitgliedern der Führungsebene der Gesellschaft sowie ihnen nahestehenden Personen seitens der Gesellschaft (§ 89 (1) AktG). Hierdurch soll die Einräumung überhöhter Kredite oder eine unangemessen niedrige Verzinsung oder Tilgung gewährter Kredite verhindert werden[972]. Ohne Zustimmung des Aufsichtsrats gewährte Kredite sind nicht nichtig, jedoch gemäß § 89 (5) AktG sofort zurückzuzahlen, es sei denn, der Aufsichtsrat erteilt nachträglich seine Zustimmung.

2. Satzungsmäßige Zustimmungsvorbehalte

In der AG ist nicht der Aufsichtsrat, sondern der Vorstand gemäß § 76 (1) AktG eigenverantwortlich zuständig für die Führung der Geschäfte. Entsprechend stellt § 111 (4) Satz 1 AktG klar, dass dem Aufsichtsrat Maßnahmen der Geschäftsführung nicht übertragen werden können. Der Aufsichtsrat ist damit grundsätzlich reines Überwachungsorgan der Gesellschaft[973].

Eine Ausnahme hiervon ergibt sich aus § 111 (4) Satz 2 AktG, der durch das Transparenz- und Publizitätsgesetz (TrPublG) vom 19. 07. 2002 neugefaßt worden ist[974]. Danach sind nunmehr zugunsten des Aufsichtsrats einer AG Zustimmungsvorbehalte hinsichtlich von „bestimmten Arten von Geschäften" zwingend in der Satzung der Gesellschaft zu verankern[975]. Bereits vor der Gesetzesänderung durch das TrPublG vom 19. 07. 2002 konnten in der Satzung der AG allerdings für bestimmte Arten von Geschäften Zustimmungsvorbehalte zugunsten des Aufsichtsrats verankert werden. Die Änderung des § 111 (4) Satz 2 AktG erweitert die Möglichkeiten des Aufsichtsrats, Einfluss auf den Vorstand der AG zu nehmen. Dem Gesetzgeber ging es hierbei darum, Entscheidungen der Geschäftsführung, die von grundlegender Bedeutung für die Entwicklung einer AG sind, dem Votum sowohl des Vorstands

---

[972] *Hüffer*, § 89 Rn 1.

[973] *Wagner*, 81; *Hoffmann/Preu*, Rn 302; *Bleicher/Leberl*/Paul, 59.

[974] Art. 1 Nr. 9 TrPublG, BGBl. I, Seite 2681 ff.

[975] Eine Regelung entsprechend des neugefassten § 111 (4) Satz 2 AktG enthält der deutsche Corporate Governance Kodex, III. Nr. 3, im Internet unter http://www.ovs.de/corporate_governance.htm.

als auch des Aufsichtsrats zu unterstellen[976]. Die Entscheidung darüber, welche Arten von Geschäften der Zustimmung des Aufsichtsrats bedürfen, soll nach dem Willen des Gesetzgebers aus Gründen der notwendigen Flexibilität und im Hinblick auf die verschiedenen Erscheinungsformen der AG im Wirtschaftsleben dem Aufsichtsrat bzw. der Hauptversammlung überlassen bleiben[977].

Dem Wortlaut der Vorschrift des § 111 (4) AktG konnte bislang und kann auch nach der Gesetzesänderung weiterhin entnommen werden, dass Einzelgeschäfte einem Zustimmungsvorbehalt grundsätzlich nicht unterliegen[978], aber auch generalklauselartige Zustimmungsvorbehalte in der Satzung der AG nicht zulässig sind[979].

Im Rahmen der Entscheidung über die Erteilung oder Verweigerung der Zustimmung prüft der Aufsichtsrat die Recht- und Zweckmäßigkeit sowie die Wirtschaftlichkeit der geplanten Geschäftsführungsmaßnahme[980]. Verweigert der Aufsichtsrat nach einer entsprechenden Überprüfung die erforderliche Zustimmung zu einer Geschäftsführungsmaßnahme, so ist der Vorstand befugt, das Geschäft gemäß dem durch die Gesetzesreform unberührt gebliebenen Satz 3 des § 111 (4) AktG der Hauptversammlung der Aktionäre zur Zustimmung vorlegen. Mit einer Mehrheit von drei Vierteln der abgegebenen Stimmen kann die Hauptversammlung die Zustimmungsverweigerung des Aufsichtsrats überwinden (§ 111 (4) Satz 4 AktG).

Führte der Vorstand einer AG eine Geschäftsführungsmaßnahme aus, ohne zuvor die erforderliche Zustimmung des Aufsichtsrats einzuholen, so war diese Geschäftsführungsmaßnahme in der Vergangenheit wirksam, obwohl der Aufsichtsrat satzungwidrig übergangen worden war. An dieser fehlenden Außenwirkung der Zustimmungsvorbehalte zugunsten des Aufsichtsrats einer AG hat sich auch durch die Umformulierung des § 111 (4) Satz 2 AktG im Rahmen des TrPublG nichts geändert. Die satzungsmäßigen Zustimmungsvorbehalte zugunsten des Aufsichtsrats der AG entfalten ihre Wirkungen somit weiterhin ausschließlich im Innenverhältnis der Gesellschaft[981].

---

976 BegrRegE, BGBl. I, Seite 2681 (39).

977 BegrRegE, BGBl. I, Seite 2681 (39).

978 In Ausnahmefällen können jedoch auch besonders wichtige Einzelgeschäfte der Zustimmung des Aufsichtsrats unterworfen werden, siehe *Hoffmann-Becking*, MüHbGesR, Band IV, § 29 Rn 39; *Lutter/Krieger*, § 2 Rn 37; *Hüffer*, § 111 Rn 18.

979 *Lutter/Krieger*, § 2 Rn 37; *Hoffmann-Becking*, MüHbGesR, Band IV, § 29 Rn 39; *Hüffer*, § 111 Rn 18; *Bea/Scheurer*, DB 1994, 2145, 2147.

980 *Raiser*, § 15 Rn 7.

981 KölnKomm²-*Mertens*, § 111 Rn 86; Großkomm.-AktG/*Meyer-Landrut*, § 111 Rn 16.

II. Frankreich

1. Gesetzliche Zustimmungsvorbehalte

Gesetzliche Zustimmungsvorbehalte zugunsten des *conseil d'administration* bzw. des *conseil de surveillance* normieren Art. 225-38 (1) CCom sowie Art. 225-86 (1) CCom. Danach bedürfen Verträge zwischen der Gesellschaft und einem Mitglied der Führungsebene der Zustimmung des *conseil d'administration* bzw. des *conseil de surveillance*. Diese zustimmungsbedürftigen Verträge werden als *conventions réglémentées* bezeichnet[982]. Von diesem Zustimmungserfordernis ausgenommen sind Verträge im Rahmen der täglichen Geschäftstätigkeit, die zu normalen Bedingungen abgeschlossen werden[983]. Zu den alltäglichen Verträgen gehören diejenigen Verträge, die von der Gesellschaft regelmäßig und im Rahmen ihres Tätigkeitsfeldes geschlossen werden[984]. Das Vorliegen normaler Bedingungen ist zu bejahen, wenn die Gesellschaft sowie vergleichbare Konkurrenzunternehmen regelmäßig Verträge zu diesen Bedingungen abschließen[985].

Das Verfahren hinsichtlich der Genehmigung der *conventions réglémentées* ist kompliziert und durchläuft mehrere Stufen[986]. Zunächst hat der jeweilige Geschäftsführer - *directeur général, directeur général délegué, administrateur* bzw. ein Mitglied des *directoire*[987] - dem zuständigen Kontrollgremium das Vorliegen eines solchen Vertrages anzuzeigen[988]. Das jeweilige Kontrollgremien entscheidet dann über die Genehmigung des Vertrages bzw. über die Verweigerung der Genehmigung[989]. Holt ein *directeur général*, ein *directeur général délégué* oder ein Mitglied des *directoire* die erforderliche Zustimmung des Kontrollgremiums nicht ein, so führt dies gemäß Art.

---

982 Siehe dazu bereits oben Seite 116 ff.

983 Art. 225-39 (1) CCom bzw. 225-87 (1) CCom. Diese sind jedoch dem Vorsitzenden des *conseil d'administration* bzw. dem Vorsitzenden des *conseil de surveillance* gemäß Art. 225-39 (2) bzw. Art. 225-87 (2) CCom anzuzeigen.

984 *Cass. com* 8. 10. 1973, Rev. soc. 1974, 518 note *Toubiana*; *Aix-en-Provence*, 27. 1. 1994, Rev. soc. 1995, 367 Bericht *Guyon*; *Merle*, Nr. 400.

985 *Merle*, Nr. 400.

986 *Cozian/Viandier/Deboissy*, Nr. 728 ff. Siehe zu diesem Verfahren oben Seite 117 ff.

987 Des weiteren sind auch die Mitglieder des *conseil de surveillance* in der dualistisch organisierten SA diesen Einschränkungen unterworfen. Da es sich bei den Mitgliedern des *conseil de surveillance* jedoch nicht um Personen handelt, die eine geschäftsführende Funktion erfüllen, bleiben sie im Folgenden von der Darstellung ausgenommen.

988 Zur klassischen SA: Art. 225-40 CCom; zur dualistischen SA: Art. 225-88 (1) CCom.

989 Zur klassischen SA: Art. 225-38 (1) CCom; zur dualistischen SA: Art. 225-86 (1) CCom.

225-42 CCom zur Nichtigkeit des jeweiligen Geschäfts, wenn es schädigende Folgen für die Gesellschaft nach sich zieht. Des weiteren macht sich der Geschäftsführer gegenüber seiner Gesellschaft schadensersatzpflichtig[990].

Der vorherigen Genehmigung durch den *conseil d'administration* bzw. den *conseil de surveillance* bedürfen des weiteren Sicherheiten, die durch den Geschäftsführer einer französischen Aktiengesellschaft gewährt werden[991]. Eine solche Zustimmung ist allerdings nicht erforderlich, wenn es sich bei der Aktiengesellschaft um ein Bank- oder Finanzinstitut handelt[992]. Erteilt der Geschäftsführer eine derartige Sicherheit ohne zuvor die Zustimmung der Kontrollgremien einzuholen, so kann der Sicherheitsnehmer die bestellte Sicherheit der Gesellschaft nicht entgegenhalten[993]. Die ohne die erforderliche Zustimmung gewährten Sicherheiten können auch nicht nachträglich durch den *conseil d'administration* genehmigt werden[994].

Zugunsten des *conseil de surveillance* besteht des weiteren ein Zustimmungsvorbehalt hinsichtlich der Übertragung von Immobilien sowie der vollständigen oder teilweisen Übertragung von Beteiligungen (Art. 225-68 (2) Satz 2 CCom). Der *conseil d'administration* sowie der *conseil de surveillance* sind berechtigt, den Geschäftsführer der Gesellschaft zur Gewährung von Sicherheiten sowie zur Übertragung von Immobilien und Beteiligungen bis zu einem bestimmten Umfang zu ermächtigen[995].

2. Satzungsmäßige Zustimmungsvorbehalte

a) Satzungsmäßige Zustimmungsvorbehalte zugunsten des conseil de surveillance

Neben den gesetzlichen Zustimmungsvorbehalten können die Statuten der Gesellschaft einen Katalog von Geschäften vorsehen, die der Zustimmung des *conseil de surveillance* bedürfen[996]. Diese Zustimmungserfordernisse entfalten jedoch aufgrund der grundsätzlichen Unbeschränktheit der Befugnisse der Ge-

---

[990] *Cozian/Viandier/Deboissy*, Nr. 729.

[991] Art. 225-35 (3) CCom bzw. Art. 225-68 (2) Satz 2 CCom. Siehe dazu *Plaisant/Delaisi*, Enc. Dalloz Sociétés, Directoire et conseil de surveillance, Nr. 141; *Cozian/Viandier/Deboissy*, Nr. 705.

[992] Art. 225-35 (3) CCom bzw. Art. 225-68 (2) Satz 2 CCom.

[993] *Com.* 8. 11. 1994, Rev. soc. 1995, 63 note *Delebecque*; *Com.* 17. 11. 1992, Rev. soc. 1993, 585 note *Delebecque*; *Merle*, Nr. 397; *Cozian/Viandier/Deboissy*, Nr. 705.

[994] *Cozian/Viandier/Deboissy*, Nr. 705.

[995] Artt. 89, 113, 113-1 D 67-236.

[996] Art. 225-68 (2) Satz 1 CCom; siehe dazu auch *Merle*, Nr. 452; *Cozian/Viandier/Deboissy*, Nr. 794.

schäftsführung keine Außenwirkungen, sondern sind lediglich im Innenverhältnis der Gesellschaftsorgane zueinander relevant[997]. Bedarf eine Maßnahme der Geschäftsführung der Zustimmung des *conseil de surveillance* und verweigert dieser die Zustimmung, so kann das *directoire* die Frage der Gesellschafterversammlung vorlegen, die dann über die fragliche Maßnahme entscheidet (Art. 100 D 67-236).

b) Satzungsmäßige Zustimmungsvorbehalte zugunsten des conseil d'administration

Die Möglichkeit, zugunsten des *conseil d'administration* Zustimmungsvorbehalte in den Statuten der Gesellschaften zu verankern, ergibt sich - seit der Gesetzesänderung vom 15. Mai 2001 - aus der Vorschrift des Art. 225-56 (3) CCom. Diese Vorschrift spricht von Entscheidungen des *conseil d'administration*, die die Befugnisse des *directeur général* begrenzen[998]. Die Zulässigkeit der Einführung zustimmungsbedürftiger Geschäfte in den Statuten der Gesellschaft wird des weiteren gestützt durch die Neufassung des Art. 225-35 (1) CCom, wonach der *conseil d'administration* jede Frage an sich ziehen darf, die den Fortgang der Gesellschaft betrifft[999]. Durch die Einführung von Zustimmungsvorbehalten zugunsten des *conseil d'administration* darf der *directeur général* der Gesellschaft jedoch nicht zu einem bloßen Ausführungsorgan degradiert werden[1000]. Zustimmungsvorbehalte zugunsten des *conseil d'administration* entfalten gemäß Art. 225-56 (3) CCom keine Wirkungen im Außenverhältnis[1001].

---

[997] Art. 225-64 (3) CCom; siehe dazu auch *Merle*, Nr. 452; *Plaisant/Delaisi*, Enc. Dalloz Sociétés, Directoire et conseil de surveillance, Nr. 15; *Guyon*, Nr. 356.

[998] *Merle*, Nr. 435; auch nach alter Rechtslage war diese Gestaltungsbefugnis zugunsten des *conseil d'administration* allgemein anerkannt, siehe nur *Cozian/Viandier/Deboissy*[13], Nr. 706.

[999] Art. 225-35 (1) CCom: „(...) il [le conseil d'administration] se saisit de toute question intéressant la bonne marche de la société et règle par ses délibérations les affaires qui la concernent". Zur Bedeutung der Formulierung „bonne marche de la société" siehe *Viandier*, Nr. 118 f.

[1000] *Cass. com.* 2. 6. 1992, Bull. Joly 1992, 946 note *Le Cannu*.

[1001] Vgl. zur inhaltsgleichen alten Rechtslage *Cozian/Viandier/Deboissy*[13], Nr. 706.

III. England

Die Ausgestaltung der Befugnisse der *managing directors* obliegt dem *board of directors* in seiner Gesamtheit. Dieser ist mangels abweichender Regelungen in den *articles of association* der Gesellschaft frei in der Ausgestaltung der rechtlichen Verhältnisse zwischen den *managing directors* und dem gesamten *board of directors*. Dies folgt aus Art. 72 *Table A*, wonach die Direktoren

> „may also delegate to any managing director or any director holding any other executive office such of their powers as they consider desirable to be exercised by him".

Des weiteren heißt es in Art. 72 *Table A:*

> „any such delegation may be made subject to any conditions the directors may impose, and either collaterally with or to the exclusion of their own powers and may be revoked or altered".

Dieser weite Gestaltungsspielraum, der dem *board of directors* hinsichtlich der Organisation der Geschäftsführung einer *company* zusteht, umfasst die Befugnis, sich hinsichtlich bestimmter Geschäftsführungsmaßnahmen die eigene Zustimmung vorzubehalten. Derartige Zustimmungsvorbehalte können jedoch gegenüber gutgläubigen Dritten gemäß sec. 35 A (1) CA 1985 keine Außenwirkungen entfalten.

C. Ergebnis

In allen untersuchten Kapitalgesellschaften besteht die Möglichkeit, in der Satzung der Gesellschaft Zustimmungsvorbehalte zugunsten der Kontrollgremien für bestimmte Geschäfte vorzusehen. Daneben kennen das deutsche und das französische Kapitalgesellschaftsrecht auch gesetzliche Zustimmungsvorbehalte zugunsten der Kontrollgremien. So bedarf die Gewährung von Krediten an Mitglieder des Vorstands einer deutschen AG der Zustimmung des Aufsichtsrats. Entsprechend bestehen im französischen Recht Zustimmungsvorbehalte zugunsten des *conseil d'administration* bzw. des *conseil de surveillance* hinsichtlich der Gewährung von Sicherheiten (*avals, cautions, garanties)*. Des weiteren existieren im französischen Aktienrecht Zustimmungsrechte der Gremien im Hinblick auf bestimmte Insichgeschäfte der Geschäftsführer. Hingegen kennt das englische Kapitalgesellschaftsrecht keine gesetzlichen Zustimmungsvorbehalte zugunsten des *board of directors* bzw. der kontrollierenden Mitglieder im *board of directors.* Dies erklärt sich vor dem Hintergrund, dass es sich bei der bereits erläuterten Zweiteilung des *board of directors* in *executive* und *non-executive directors* nicht um eine vom Gesetz vorgegebene, sondern vielmehr um eine in der Praxis entwickelte Organisationsform handelt. Im Rahmen der Ausgestaltung der Befugnisse der *executive/managing directors* durch den *board of directors* kann dieser grundsätzlich jedoch auch Zustimmungsrechte zugunsten der kontrollierenden Mitglieder des *board of directors* in den *articles of association* der Gesellschaft verankern.

Zu den gesetzlichen Zustimmungsvorbehalten zugunsten der verschiedenen Kontrollgremien lassen sich demzufolge gemeinsame Prinzipien der untersuchten Rechtsordnungen nicht bilden. Insoweit treten die trotz der skizzierten Annäherung beider Systeme nach wie vor bestehenden grundsätzlichen Unterschiede zwischen der dualistischen und der monistischen Organisationsform der Kapitalgesellschaft deutlich zu Tage. Übereinstimmung besteht zwischen den untersuchten Rechtsordnungen hinsichtlich der Frage nach der Außenwirkung von etwaigen satzungsmäßigen Zustimmungserfordernissen. Diese wirken grundsätzlich nicht im Außenverhältnis der Gesellschaft, sondern sind vielmehr lediglich im Innenverhältnis der Gesellschaft relevant.

Als gemeinsames Prinzip der untersuchten Rechtsordnungen kann daher für die satzungsmäßigen Zustimmungsvorbehalte zugunsten von Kontrollgremien festgehalten werden:

Die Satzung einer Kapitalgesellschaft kann hinsichtlich bestimmter Maßnahmen der Geschäftsführung Zustimmungsvorbehalte zugunsten der Kontrollgremien vorsehen, die jedoch ihre Wirkungen lediglich im Innenverhältnis der Gesellschaft entfalten.

§ 4 Weisungsbefugnisse der Kontrollgremien gegenüber der Geschäftsführung

A. Einführung

Anders als bloßen Zustimmungsrechten kommen Weisungsbefugnissen gegenüber der Geschäftsführung nicht nur kontrollierende, sondern darüber hinaus auch gestaltende Wirkungen zu. Wie bereits bei den Kontrollbefugnissen der Gesellschafter dargestellt worden ist, sind Weisungsrechte gegenüber der Geschäftsführung zugunsten der Gesellschafter äußerst selten anzutreffen[1002]. So kennt grundsätzlich nur das Recht der GmbH in § 27 (1) GmbHG gesetzliche Weisungsbefugnisse der Gesellschafter gegenüber der Geschäftsführung. Vor diesem Hintergrund stellt sich die Frage, ob den Kontrollgremien - anders als den Gesellschaftern - Weisungsbefugnisse gegenüber der Geschäftsführung zustehen.

B. Rechtslage in Deutschland, England und Frankreich

I. Deutschland

In der GmbH steht dem obligatorischen Aufsichtsrat und nach überwiegender Auffassung auch dem fakultativen Aufsichtsrat ein originäres gesetzliches Weisungsrecht gegenüber der Geschäftsführung nicht zu[1003]. Dem fakultativen Aufsichtsrat der GmbH kann jedoch grundsätzlich das Weisungsrecht, das den Gesellschaftern gegenüber der Geschäftsführung zusteht, zur Ausübung übertragen werden[1004]. Der Aufsichtsrat der AG ist dem Vorstand gegenüber ebenfalls nicht weisungsbefugt, da dieser gemäß § 76 (1) AktG die Geschäfte der Gesellschaft eigenverantwortlich und somit unbeeinträchtigt von etwaigen Weisungen anderer Gesellschaftsorgane leitet[1005]. Ein Weisungsrecht des Aufsichtsrats gegenüber dem Vorstand einer AG kann auch nicht in der Satzung der Gesellschaft wirksam vereinbart werden[1006]. Insbesondere ergibt sich eine solche Weisungsbefugnis nicht aus in der Satzung vorgesehenen Zustim-

---

[1002] Siehe dazu oben Seite 144 ff.

[1003] Baumbach/Hueck/*Zöllner*, § 46 Rn 63 und § 52 Rn 64.

[1004] *Großfeld/Brondics*, AG 1987, 293, 295; Baumbach/Hueck/*Zöllner*, § 46 Rn 63. Dem obligatorischen Aufsichtsrat kann das Weisungsrecht der Gesellschaft hingegen nicht übertragen werden, Baumbach/Hueck/*Zöllner*, a. a. O.

[1005] Vgl. *Theisen*, 108.

[1006] *Hoffmann-Becking*, MüHbGesR, Band IV, § 29 Rn 10.

mungsvorbehalten zugunsten des Aufsichtsrats für bestimmte Arten von Geschäftsführungsmaßnahmen[1007].

II. England

Die Ausgestaltung des Verhältnisses zwischen den *executive/managing directors* und dem *board of directors* steht nach der gesetzlichen Ausgangslage (Art. 72 *Table A)* zur freien Disposition des *board of directors.* Somit kann der *board of directors* den *executive/managing directors* Geschäftsführungsbefugnisse übertragen und sich hierbei hinsichtlich der Art und Weise der Ausübung dieser Befugnisse ein Weisungsrecht vorbehalten. Hat der *board of directors* sich ein derartiges Weisungsrecht nicht bei der Übertragung von Geschäftsführungsbefugnissen auf die geschäftsführenden Direktoren gesichert, so kann er auch noch nachträglich durch einen Mehrheitsbeschluss die Befugnisse der geschäftsführenden Direktoren entsprechend ändern bzw. beschränken[1008]. Der *board of directors* gibt nämlich auch durch die Einsetzung von *managing directors* seine originären Geschäftsführungsbefugnisse nicht endgültig aus der Hand. Er bleibt vielmehr jederzeit berechtigt, seine Befugnisse wieder an sich zu ziehen[1009].

III. Frankreich

1. Weisungsrecht des conseil d'administration

Durch Mehrheitsbeschluss kann der *conseil d'administration* die Befugnisse des *directeur général* mit Wirkung im Innenverhältnis beschränken[1010]. Aus dieser Beschränkungskompetenz des *conseil d'administration* wird dessen Weisungsbefugnis gegenüber dem Geschäftsführer, dem *directeur général,* abgeleitet[1011]. Für die Annahme eines Weisungsrechts des *conseil d'administration* gegenüber der Geschäftsführung spricht nun auch der durch die *LNRE* vom 15. 5. 2001 neugefasste Art. 225-35 (1) CCom, wonach der

---

[1007] *Hoffmann-Becking*, MüHbGesR, Band IV, § 29 Rn 37.

[1008] *Pennington*, Jura Europae, 90.10.141.

[1009] Gower/*Davies*, 197: „The board can maintain a firm grip on them [the managing directors] and curtail the range of their activities as it sees fit".

[1010] Art. 225-56 I (3) CCom: „Les dispositions des statuts ou les décisions du conseil d'administration limitant les pouvoirs du directeur général sont inopposables aux tiers".

[1011] *Ripert/Roblot*, Tome 1, Nr. 1688 zu Art. 225-51 (4) CCom aF. Von einem Weisungsrecht des *conseil d'administration* spricht auch die *Cour de cassation* in ihrer Entscheidung vom 10. 5. 1948, JCP 1949, II 4937 note *Bastian;* RTDcom 1948, 1049 note *Rault*.

conseil d'administration die Richtlinien der Geschäftsführung, die grundsätzliche „orientation de l'activité de la société" bestimmt[1012]. Bei der Ausübung seiner Weisungsbefugnisse gegenüber der Geschäftsführung hat der *conseil d'administration* die dem *directeur général* gesetzlich zugewiesenen Befugnisse zu berücksichtigen[1013]. Er ist folglich insbesondere nicht befugt, in das Tagesgeschäft der Gesellschaft einzugreifen[1014].

2. *Weisungsrecht des conseil de surveillance*

Dem *conseil de surveillance* stehen gegenüber der Geschäftsführung, dem *directoire,* keine Weisungsbefugnisse zu[1015]. Die fehlende Weisungsgebundenheit des *directoire* erklärt sich wohl vor dem Hintergrund, dass es sich beim *conseil de surveillance* anders als beim *conseil d'administration* um ein reines Kontrollgremium handelt und nicht um ein einheitliches Leitungsgremium, das sowohl Aufgaben der Geschäftsführung als auch Kontrollaufgaben wahrzunehmen hat. Das Gesetz zählt die Kompetenzen des *conseil de surveillance* in Art. 225-68 CCom abschließend auf. Darüber hinaus gehende Rechte, die die Befugnisse der Geschäftsführung begrenzen würden, können dem Kontrollgremium auch nicht durch die Statuten der Gesellschaft verliehen werden. Insoweit besteht im französischen Kapitalgesellschaftsrecht keine Gestaltungsfreiheit[1016].

C. Ergebnis

Während den Kontrollgremien in den dualistisch organisierten Kapitalgesellschaften keine Weisungsbefugnisse gegenüber der zu kontrollierenden Geschäftsführung zustehen, ist die Weisungsgebundenheit der Geschäftsführung gegenüber dem *conseil d'administration* in der klassisch organisierten SA gesetzlich anerkannt. Darüber hinaus ist die Einführung einer solchen Weisungsgebundenheit der *managing directors* gegenüber dem *board of directors*

[1012] LNRE vom 15. 5. 2001, JO v. 16. 5. 2001.

[1013] *Ripert/Roblot*, Tome 1, Nr. 1688.

[1014] *Cass. com.*, 11. 6. 1965, RTDcom. 1965, 861, Nr. 3 note *Houin*; 4. 6. 1946, JCP 1947 II, 3518 note *Bastian*; *Cass.* Urteil v. 6.5. 1974, JCP 1974 II, 17859 note *Burst;* 18. 5. 1982, Rev soc. 1983, 71 note *Sibon*.

[1015] Zu diesem Ergebnis kommt auch *Theisen*, 108.

[1016] *Caussain,* Jurisclasseur Sociétés, Band 4, Fasc. 133-D, Nr. 130; siehe auch *Cass.* Urteil v. 4. 6. 1946, JCP 1947 II, 3518 note *Bastian*; Cass. Urteil v. 6.5. 1974, JCP 1974 II, 17859 note *Burst*, Rev soc. 1983, 71 note *Sibon*. Zur Gestaltungsfreiheit im französischen Kapitalgesellschaftsrecht siehe ausführlich *Guyon*, in: *Lutter/Wiedemann*, Gestaltungsfreiheit im Gesellschaftsrecht, 297 ff.

durchaus möglich. An dieser Stelle treten wiederum die grundsätzlichen Unterschiede, die zwischen dem dualistischen System auf der einen Seite und der monistischen Organisationsform auf der anderen Seite bestehen, deutlich zu Tage. In dualistisch organisierten Kapitalgesellschaften, in denen die Aufgaben der Geschäftsführung und Kontrolle der Geschäftsführung organisatorisch streng getrennt sind, beschränkt sich die Tätigkeit der Kontrollgremien auf die reine Überwachung der Geschäftsführung. Eine darüber hinausgehende gestaltende Einflussnahme der Kontrollgremien auf die zu kontrollierende Geschäftsführung stünde im Widerspruch zur strikten Trennung der Funktionen Geschäftsführung und Kontrolle. Aus diesem Grund scheint die fehlende Weisungsgebundenheit der Geschäftsführung gegenüber den reinen Kontrollgremien durchaus systemgerecht. Derartigen dogmatischen Bedenken sieht sich das monistische System nicht ausgesetzt. Da die Aufgaben der Geschäftsführung und Überwachung der Geschäftsführung im *board of directors* in einem Gremium zusammengefasst sind, erscheint eine über die bloße Überwachung hinausgehende kontrollierende Einflussnahme auf die *managing/executive directors* seitens der *non-executive directors* bzw. des *board of directors* in seiner Gesamtheit nicht nur als nicht ausgeschlossen, sondern sogar als logische Konsequenz dieser Organisationsform. Die skizzierten Unterschiede zwischen dem dualistischen und dem monistischen Organisationssystem ergeben sich zudem daraus, dass den Mitgliedern des Vorstands einer deutschen Aktiengesellschaft anders als den *managing/executive directors* einer englischen *company* Bereiche eigenverantwortlicher Zuständigkeiten zwingend durch Gesetz zugewiesen sind. In eben diesen Bereichen eigenverantwortlicher Geschäftsführung sind die Mitglieder des Vorstands keinen Weisungen unterworfen, weder seitens der Gesellschafter noch seitens des Aufsichtsrats. Es kann im Ergebnis festgehalten werden, dass die Existenz von Weisungsrechten immer dann verneint wird, wenn durch die Erteilung von Weisungen in die gesetzliche Kompetenzverteilung eingegriffen würde. Dieses Schema findet sich auch in der klassischen SA hinsichtlich der Weisungsbefugnisse des *conseil d'administration* wieder: Zwar sind Weisungsrechte zugunsten des *conseil d'administration* grundsätzlich zulässig, sie dürfen jedoch nicht zur Einschränkung der den Geschäftsführern gesetzlich zugewiesenen Befugnisse führen.

Diese Ergebnisse führen uns zu den nachfolgenden gemeinsamen Prinzipien:

In dualistisch organisierten Kapitalgesellschaften sind Kontrollgremien gegenüber der Geschäftsführung nicht weisungsbefugt. In monistisch organisierten Kapitalgesellschaften ist eine Weisungsgebundenheit der Geschäftsführung gegenüber den Kontrollgremien möglich.

Weisungsbefugnisse der Kontrollgremien gegenüber der Geschäftsführung sind in allen Kapitalgesellschaften ausgeschlossen, wenn und soweit durch die Erteilung von Weisungen in gesetzlich zugewiesene Aufgabenbereiche der Geschäftsführer eingegriffen würde. Entsprechende Weisungsbefugnisse können auch nicht durch Satzungsbestimmungen begründet werden.

§ 5 Abberufung des Geschäftsführers durch Kontrollgremien

A. Einführung

Bereits bei der Darstellung der Kontrollbefugnisse der Gesellschafter ist deutlich geworden, dass wirksame Kontrolle insbesondere von demjenigen ausgeht, der über die Abberufung eines Geschäftsführers zu entscheiden hat[1017]. Im folgenden wird daher der Frage nachgegangen, ob die Kontrollgremien in den verschiedenen Kapitalgesellschaften befugt sind, die Geschäftsführer ihres Amtes zu entheben.

B. Rechtslage in Deutschland, England und Frankreich

I. Deutschland

1. GmbH

Der fakultative Aufsichtsrat einer GmbH ist grundsätzlich vorbehaltlich einer anderslautenden Regelung im Gesellschaftsvertrag nicht befugt, die Geschäftsführung der GmbH zu bestellen oder abzuberufen. Hierfür ist vielmehr gemäß § 46 Nr. 5 GmbHG die Gesellschafterversammlung zuständig[1018]. Etwas anderes gilt für die mitbestimmte GmbH, in der der obligatorische Aufsichtsrat über die Bestellung und Abberufung der Geschäftsführer entscheidet[1019]. Zwar ist die Gesellschafterversammlung auch in der mitbestimmten GmbH grundsätzlich oberstes Gesellschaftsorgan und kann daher Beschlüsse des Aufsichtsrats jederzeit ändern oder aufheben[1020]. Jedoch erstreckt sich die Souveränität der Gesellschafter nicht auf Befugnisse des Aufsichtsrats, die diesem zwingend durch Gesetz zugewiesen sind[1021]. Die Abberufung des Geschäftsführers einer GmbH durch den obligatorischen Aufsichtsrat einer mitbestimmten GmbH setzt das Vorliegen eines wichtigen Grundes voraus[1022]. Zu weiteren Einzelheiten wird auf die Ausführungen zur Aktiengesellschaft verwiesen (siehe dazu sogleich).

[1017] Siehe zum deutschen Recht: *Steinbeck*, 138; *Malik*, 265 ff.; *Raiser*, § 14 Rn 28; *Mülbert/Bux*, WM 2000, 1665, 1669.

[1018] Siehe dazu auch oben Seite 156.

[1019] Gemäß § 31 (1) MitbestG 1976 bzw. § 77 (1) BetrVG 1952 iVm § 84 (1), (3) AktG.

[1020] *Lutter/Hommelhoff*, § 52 Rn 2.

[1021] *Marsch-Barner/Diekmann*, MüHbGesR, Band III, § 48 Rn 10.

[1022] § 31 (1) MitbestG 1976 iVm § 84 (3) AktG bzw. § 77 (1) BetrVG 1952 iVm § 84 (3) AktG.

In der AG obliegt die Bestellung des Vorstands gemäß § 84 (1) AktG dem Aufsichtsrat. In der Praxis erfolgt die Bestellung der Vorstandsmitglieder regelmäßig in enger Abstimmung mit den amtierenden Vorstandsmitgliedern[1023]. Dennoch verleiht die Bestellungskompetenz dem Aufsichtsrat Einfluss auf die Unternehmensführung, weil sie ihm die Möglichkeit gibt, ein nicht zufriedenstellend handelndes Vorstandsmitglied nach Ablauf seiner Amtsperiode nicht wiederzubestellen[1024]. Bei Vorliegen eines wichtigen Grundes ist der Aufsichtsrat gemäß § 84 (3) AktG berechtigt, die Bestellung zum Vorstandsmitglied durch einfachen Mehrheitsbeschluss zu widerrufen. Als Beispiele für das Vorliegen eines wichtigen Grundes nennt das Gesetz in § 84 (3) Satz 2 AktG grobe Pflichtverletzung, die Unfähigkeit zur ordnungsgemäßen Geschäftsführung sowie den Vertrauensentzug durch die Hauptversammlung. Entscheidend für das Vorliegen eines wichtigen Grundes in der Person eines Vorstandsmitglieds ist die Frage, ob der Gesellschaft die Fortführung der Geschäfte durch das jeweilige Vorstandsmitglied bis zum Ablauf der Amtszeit zugemutet werden kann[1025]. Ein schuldhaftes Verhalten des Vorstandsmitglieds ist für die Annahme eines wichtigen Grundes jedoch nicht erforderlich[1026].

Die Abberufungskompetenz ist dem Aufsichtsrat zwingend zugewiesen[1027]. In der Praxis kommt die Abberufung eines Vorstandsmitglieds durch den Aufsichtsrat allerdings nur sehr selten vor[1028]. Weitaus größer ist dagegen wohl die disziplinierende und damit präventive Wirkung der Abberufungskompetenz des Aufsichtsrats im Hinblick auf die Mitglieder des Vorstands.

Wie bei der Abberufung eines Geschäftsführers durch die Gesellschafter sind bei der Abberufung der Mitglieder des Vorstands durch den Aufsichtsrat in der AG Klauseln im Dienstvertrag mit den Vorstandsmitgliedern problematisch, die dem Vorstandsmitglied für die Zeit nach Beendigung des Anstellungsvertrages finanzielle Leistungen gewähren[1029]. Insoweit kann auf die obi-

---

[1023] *Lutter/Krieger*, Rn 122.

[1024] *Raiser*, § 14 Rn 28; *Bea/Scheurer*, DB 1994, 2145, 2145.

[1025] *BGH*, Urteil v. 21. 9. 1970, BB 1970, 1460, 1461; *Raiser*, § 14 Rn 33; *Hoffmann/Preu*, Rn 218; *Lutter/Krieger*, Rn 139; siehe zur parallelen Fragestellung bei der Abberufung des Geschäftsführers durch die Gesellschafter oben Seite 173.

[1026] *Raiser*, § 14 Rn 35.

[1027] *Lutter/Krieger*, Rn 138; KölnKomm.-*Mertens*, Band 2, § 84 Rn 9.

[1028] Siehe dazu FAZ v. 14. 5. 2001, 30; *Malik*, 158.

[1029] *Wiesner*, MüHbGesR, Band IV, § 21 Rn 22.

gen Ausführungen zur Abberufung der Geschäftsführer durch die Gesellschafter verwiesen werden[1030].

II. England

Die Bestellung der *managing directors* erfolgt durch den gesamten *board of directors*, der hierzu gemäß Art. 84 der *Table A* vorbehaltlich einer anderslautenden Regelung in den *articles of association* einer Gesellschaft grundsätzlich ermächtigt ist[1031]. Die Bestellung bedarf vorbehaltlich einer entsprechenden Regelung in den *articles* nicht der Zustimmung durch die Gesellschafterversammlung. Etwas anders gilt jedoch mit Blick auf sec. 319 (1), (3) CA 1985, wenn mit dem bestellten *managing director* ein Dienstvertrag über einen Zeitraum von mehr als fünf Jahren abgeschlossen wird. Unabhängig von der Existenz einer entsprechenden Regelung in den *articles* der Gesellschaft ist der *board of directors* befugt, die an die *managing directors* delegierten Befugnisse jederzeit zurückzunehmen und sie ihrer Stellung zu entheben[1032]. Dies gilt entsprechend für die Mitglieder eines *executive committee*[1033].

III. Frankreich

1. Klassisch organisierte SA

Die Bestellung des *directeur général* einer klassisch organisierten SA erfolgt gemäß Art. 225-51-1 (1) CCom durch den *conseil d'administration*. Der *directeur général* kann jederzeit vom *conseil d'administration* abberufen werden[1034]. Dasselbe gilt auf Vorschlag des *directeur général* für die *directeurs généraux délégués* (Art. 225-55 (1) Satz 2 CCom). Bislang war die Abberufung der Geschäftsführer in der klassisch organisierten SA ohne das Vorliegen weiterer Voraussetzungen möglich. Es handelte sich hierbei um einen Fall der sog. *révocation ad nutum*[1035]. Durch die *LNRE* vom 15. Mai 2001 ist die Vorschrift des Art. 225-55 CCom um einen Satz ergänzt worden, wonach dem abberufenen Geschäftsführer einer klassisch organisierten SA Schadensersatzansprüche gegenüber der Gesellschaft zustehen, wenn die Abberufung ohne

---

[1030] Siehe Seite 190.

[1031] Art. 84 *Table A*; siehe auch *Pennington*, 706; *Gore-Brown*, 26.9.

[1032] *Pennington*, 702.

[1033] Manton v. Brighton Corpn. [1951] 2. KB 393.

[1034] Art. 225-55 (1) Satz 1 CCom: „Le directeur général est révocable à tout moment par le conseil d'administration".

[1035] *Juglart/Ippolito*, Nr. 428.

Vorliegen eines *juste motif* erfolgt ist[1036]. Zum Begriff des *juste motif* kann auf die obige Darstellung der Abberufung des Geschäftsführers durch die Gesellschafter verwiesen werden[1037]. So liegt ein Abberufungsgrund unter anderem bei körperlicher oder physischer Unfähigkeit des Geschäftsführers bzw. der missbräuchlichen Ausübung der ihm übertragenen Geschäftsführungsbefugnisse (*faute de gestion)* vor. Damit unterliegt die Abberufung des Geschäftsführers einer klassisch organisierten SA nun den gleichen Voraussetzungen wie die Abberufung der Geschäftsführer der Personengesellschaften oder der SARL durch die Gesellschafter. Hinzuweisen ist in diesem Zusammenhang auf die nach wie vor bestehende Besonderheit, dass dem abberufenen *directeur général* einer SA, der zugleich die Funktion des Vorsitzenden des *conseil d'administration* ausübt, gemäß Art. 225-55 (1) Satz 3 CCom keine Schadensersatzansprüche zustehen.

Dem abzuberufenden Geschäftsführer ist Gelegenheit zu geben, sich vor der Beschlussfassung über die Abberufung zu äußern[1038]. Dieses Recht ist auch durch die im Gesetz verwendete Formulierung, die von einer Abberufung „à toute époque" spricht, nicht eingeschränkt worden[1039].

2. Dualistisch organisierte SA

Die Bestellung der Mitglieder des *directoire* erfolgt gemäß Art. 225-59 (1) CCom durch den *conseil de surveillance.* Die Abberufung der Mitglieder des *directoire* obliegt hingegen den Gesellschaftern[1040]. Seit der Gesetzesänderung im Jahr 2001 ist hierfür ein entsprechender Vorschlag des *conseil de surveillance* nicht mehr erforderlich[1041]. Dennoch ist ein Tätigwerden des *conseil de surveillance* nach wie vor notwendig für die Einberufung der Gesellschafterversammlung, die über die Abberufung des Geschäftsführers beschließen soll[1042].

1036 Art. 225-55 (1) Satz 3 CCom: „si la révocation est décidée sans juste motif, elle peut donner lieu à dommages-intérêts, sauf lorsque le directeur général assume les fonctions de président du conseil d'administration".

1037 Siehe dazu oben Seite 174.

1038 *Viandier,* Nr.168; *Cass. com.* 24. 2. 1998, RJDA 6/98, Nr. 740; *CA Paris*, 4. 9. 1998, RJDA 12/98, Nr. 1369; *CA Paris*, 24. 11. 1998, RJDA 4/99, Nr. 429 ; *CA Paris*, 28. 1. 1999, Bull. Joly 1999, 1001 note *Ruellan; CA Dijon,* 20. 5. 1999, Bull. Joly 2000, 200 note *Scholer.*

1039 *Viandier,* Nr. 168.

1040 Art. 225-61 (1) CCom. Siehe dazu auch bereits oben Seite 157.

1041 So aber nach Art. 225-61 (1) CCom aF.

1042 *Viandier*, Nr. 306.

Die Statuten der Gesellschaften können nun alternativ vorsehen, dass neben der Gesellschafterversammlung auch der *conseil de surveillance* berechtigt ist, die Mitglieder des *directoire* abzuberufen[1043]. Die Zuweisung der Abberufungsbefugnis an den *conseil de surveillance* darf jedoch nicht zu einer Beschränkung der Abberufungskompetenz der Gesellschafter führen[1044]. Bei entsprechender Ausgestaltung in den Statuten der Gesellschaft sind die Gesellschafterversammlung sowie der *conseil de surveillance* somit nebeneinander zuständig für die Abberufung der Geschäftsführer in der dualistisch organisierten SA.

Erfolgt die Abberufung eines Mitglieds des *directoire* oder des einzigen Direktors einer SA (*directeur général unique)* seitens des *conseil de surveillance*, ohne dass hierfür ein *juste motif* vorliegt, so ist der abberufene Direktor gegenüber der Gesellschaft gemäß Art. 225-61 (1) Satz 2 CCom schadensersatzberechtigt. Zum Begriff des *juste motif* wird wiederum auf die obigen Ausführungen verwiesen[1045].

C. Ergebnis

Den obligatorischen Kontrollgremien in der GmbH, in der AG sowie in der klassisch organisierten SA steht die Befugnis zu, einen Geschäftsführer jederzeit durch einfachen Mehrheitsbeschluss abzuberufen. Die Abberufungskompetenz ist im Organisationsgefüge dieser Gesellschaften ausschließlich diesen Kontrollgremien zugewiesen. Hingegen erfolgt die Abberufung der Mitglieder des *directoire* einer dualistisch organisierten SA grundsätzlich durch die Gesellschafter. Daneben können die Statuten die Abberufungskompetenz dem *conseil de surveillance* zuweisen mit der Folge, dass Gesellschafter und *conseil de surveillance* nebeneinander für die Abberufung der Mitglieder des *directoire* zuständig sind. In der englischen *company* entscheiden ebenfalls die Gesellschafter über die Abberufung der *directors*. Hat der *board of directors* aufgrund einer entsprechenden Regelung in den *articles of association* einen oder mehrere seiner Mitglieder zu *managing directors* bestellt, so ist neben den Gesellschaftern auch der *board of directors* befugt, den *managing directors* die ihnen gewährten besonderen Geschäftsführungsbefugnisse wieder zu entziehen.

Im Grundsatz existieren folglich zwei verschiedene Regelungen hinsichtlich der Abberufung der Geschäftsführer. Einige Gesellschaftsformen sehen die Abberufung der Geschäftsführer als alleinige Aufgabe der Kontroll-

---

[1043] Art. 225-61 (1) Satz 1 CCom, geändert durch die *LNRE* vom 15. Mai 2001, JO 16. 5. 2001.

[1044] *Viandier*, Nr. 306.

[1045] Siehe dazu oben Seite 174.

gremien an. In den übrigen Gesellschaftsformen ist die Abberufungskompetenz zwingend den Gesellschaftern und lediglich bei entsprechender Regelung in der Satzung der Gesellschaft konkurrierend auch den Kontrollgremien zugewiesen. Gemeinsam ist den Rechtsordnungen jedoch, dass Kontrollgremien von Kapitalgesellschaften regelmäßig zur Abberufung der Geschäftsführer befugt sind - sei es, dass ihnen diese Befugnis als einzigem Organ im Organisationsgefüge der Gesellschaft zusteht, sei es, dass sie diese Kompetenz neben den Gesellschaftern ausüben. Somit kann als gemeinsames Prinzip der untersuchten Rechtsordnungen festgehalten werden:

Die Kontrollgremien von Kapitalgesellschaften sind grundsätzlich berechtigt, die Geschäftsführer abzuberufen.

Unterschiede weisen die untersuchten Rechtsordnungen hinsichtlich der Voraussetzungen auf, die für eine Abberufung der Geschäftsführung durch Kontrollgremien vorliegen müssen. Während das deutsche Recht das Vorliegen eines wichtigen Grundes in der Person des betroffenen Vorstandsmitglieds fordert, ist eine Abberufung der Geschäftsführung in den französischen und englischen Kapitalgesellschaften grundsätzlich ohne das Vorliegen weiterer Voraussetzungen möglich. Wird der Geschäftsführer einer französischen Aktiengesellschaft ohne Vorliegen eines *juste motif* abberufen, so stehen ihm jedoch Schadensersatzansprüche gegenüber der Gesellschaft zu. Entsprechend ist auch der abberufene *director* einer *company* schadensersatzberechtigt, wenn er, wie es regelmäßig der Fall sein wird, in einem Vertragsverhältnis zu der Gesellschaft steht und seine Abberufung eine Verletzung der vertraglichen Pflichten darstellt. Vom rechtlichen Standpunkt her haben die Kontrollgremien der französischen und englischen Kapitalgesellschaften daher grundsätzlich weitergehende Möglichkeiten zur Abberufung der Geschäftsführer einer Gesellschaft als die obligatorischen Kontrollgremien der deutschen Kapitalgesellschaften. Im praktischen Ergebnis ist die Reichweite der verschiedenen Abberufungskompetenzen jedoch vergleichbar, da von den drohenden Schadensersatzforderungen des abberufenen Geschäftsführers gegenüber englischen und französischen Kapitalgesellschaften ähnlich einschränkende Wirkungen ausgehen wie vom Erfordernis des Vorliegens eines wichtigen Grundes im deutschen Recht. Während das englische und französische Recht die Abwägung, ob Gründe die Abberufung eines Geschäftsführers erfordern, grundsätzlich den Kontrollgremien überlassen, wird diese Abwägung im deutschen Recht den Gerichten zugewiesen, die darüber zu entscheiden haben, ob ein wichtiger Grund für die Abberufung eines Vorstandsmitglieds vorgelegen hat. Diese Ergebnisse können zu dem nachfolgenden gemeinsamen Prinzip der untersuchten Rechtsordnungen zusammengefasst werden:

Erfolgt die Abberufung des Geschäftsführers einer Kapitalgesellschaft durch das Kontrollgremium ohne Vorliegen eines wichtigen Grundes in der Person des betroffenen Geschäftsführers, so entfaltet die Abberufung keine Wirkungen oder sie führt zu Schadensersatzansprüchen des abberufenen Geschäftsführers.

§ 6 Prüfung und Feststellung des Jahresabschlusses durch Kontrollgremien

A. Einführung

Im Zusammenhang mit der Kontrolle der Geschäftsführung durch die Gesellschafter wurde bereits die Thematik der Prüfung und Feststellung des Jahresabschlusses durch die Gesellschafter dargestellt[1046]. An dieser Stelle ist nun noch aus dem Blickwinkel der Kontrollgremien darauf einzugehen, welche Kontrollbefugnisse den verschiedenen Kontrollgremien im Hinblick auf die Jahresabschlüsse der Gesellschaften zukommen.

B. Rechtslage in Deutschland, England und Frankreich

I. Deutschland

Der Aufsichtsrat der AG hat gemäß § 171 (1) AktG den Jahresabschluss, den Lagebericht sowie den Vorschlag für die Verwendung des Bilanzgewinns zu prüfen. Diese Vorschrift ist ebenfalls auf den fakultativen Aufsichtsrat der GmbH sowie auf den obligatorischen Aufsichtsrat in der mitbestimmten GmbH anwendbar[1047]. Der Aufsichtsrat prüft den Jahresabschluss sowie den Lagebericht und den Gewinnverwendungsvorschlag sowohl unter Rechtsmäßigkeits- als auch unter Zweckmäßigkeitsgesichtspunkten[1048]. Um eine ordnungsgemäße und effektive Prüfung des Jahresabschlusses durch den Aufsichtsrat zu gewährleisten, haben auf Verlangen des Aufsichtsrats die Abschlussprüfer an den Verhandlungen des Aufsichtsrats teilzunehmen und über die wesentlichen Ergebnisse ihrer Prüfung zu berichten[1049]. Die Prüfungsbefugnis und -pflicht ist dem Aufsichtsrat zwingend zugewiesen[1050].

Kommt der Aufsichtsrat bei der Prüfung des Jahresabschlusses sowie der übrigen Unterlagen zu dem Ergebnis, dass diese nicht ordnungsgemäß erstellt worden sind, so hat er die Feststellung des Jahresabschlusses zu verweigern[1051]. In diesem Fall obliegt es der Hauptversammlung, den Jahresabschluss

---

[1046] Siehe dazu oben Seite 138 ff.

[1047] § 52 (1) GmbHG; § 25 (1) Nr. 2 MitbestG 1976; § 77 (1) BetrVG 1952.

[1048] *Hoffmann-Becking*, MüHbGesR, Band IV, § 44 Rn 14; Großkomm.-AktG-*Brönner*, § 171 Rn 4; *Hüffer*, § 171 Rn 3.

[1049] § 171 (1) Satz 2 AktG.

[1050] § 23 (5) AktG; Großkomm.-AktG-*Brönner*, § 171 Rn 3.

[1051] *Bea/Scheurer*, DB 1994, 2145, 2148; *Bleicher*, 111.

festzustellen[1052]. Da es für den Vorstand regelmäßig erheblich leichter sein wird, den Jahresabschluss im Einvernehmen mit dem Aufsichtsrat festzustellen, als auf die Genehmigung der Hauptversammlung angewiesen zu sein, stellt die Möglichkeit des Aufsichtsrats, die Feststellung zu verweigern, faktisch eine weitere Kontroll- und Einflussmöglichkeit gegenüber dem Vorstand dar[1053].

II. England

Die *annual accounts* werden von den *directors* der *company* aufgestellt[1054]. Die aufgestellten *accounts* werden gemäß sec. 233 (1) CA 1985 vom *board of directors* genehmigt und in diesem Zusammenhang auch überprüft[1055]. Insgesamt trägt der *board of directors* die Hauptverantwortung für die Rechnungslegung der Gesellschaft[1056]. In diesem Zusammenhang ist darauf hinzuweisen, dass die Überprüfung der Rechnungslegung der Gesellschaft in der Praxis regelmäßig besonderen Ausschüssen des *board of directors*, den *audit committees* übertragen wird[1057]. Diese setzen sich aus Mitgliedern des *board of directors* zusammen und bestehen entsprechend den Empfehlungen des *Combined Code* überwiegend aus *non-executive directors*[1058]. Die Aufgabe eines *audit committee* besteht insbesondere darin, die Rechnungslegung der Gesellschaft auf ihre Ordnungsmäßigkeit hin zu überprüfen[1059]. Die detaillierte Überprüfung der Unterlagen der Rechnungslegung erfolgt jedoch nicht durch den *board of directors*, sondern durch die *auditors* der Gesellschaft[1060].

III. Frankreich

In der französischen SA ist der *conseil d'administration* bzw. der *conseil de surveillance* anders als der Aufsichtsrat der deutschen AG für die Billigung

[1052] § 173 (1) AktG.

[1053] *Beal/Scheurer*, DB 1994, 2145, 2148.

[1054] Sec. 226 (1) CA 1985.

[1055] *Pennington*, 854; *Pettet*, 200.

[1056] *Pettet*, 200.

[1057] *Pennington*, 702; *Allvey*, 57, 70; *Charkham*, 274; siehe dazu auch paragraph 4.3 des *Cadbury Report*.

[1058] *Charkham*, 275.

[1059] *Charkham*, 274; *Allvey*, 57, 70; *Pennington*, 702.

[1060] Siehe dazu unten Seite 281 ff.

(*approbation*) des Jahresabschlusses nicht primär zuständig[1061]. In erster Linie obliegt die Genehmigung des Jahresabschlusses vielmehr der Gesellschafterversammlung[1062]. Dennoch ist beiden Kontrollgremien die Aufgabe zugewiesen, die Rechnungslegung der Gesellschaft zu überwachen[1063]. So hat der *commissaire aux comptes* dem *conseil d'administration* sowie dem *conseil de surveillance* die durchgeführten Kontrollen und Prüfungen, die erforderlich gewordenen Änderungen in der Rechnungslegung der Gesellschaft sowie sämtliche in der Rechnungslegung der Gesellschaft aufgedeckten Unregelmäßigkeiten zur Kenntnis zu bringen (Art. 225-337 CCom).

C. Ergebnis zur Prüfung und Feststellung der Jahresabschlüsse durch Kontrollgremien

Zuständig für die detaillierte Überprüfung der Jahresabschlüsse von Kapitalgesellschaften sind grundsätzlich die Abschlussprüfer der Gesellschaften. Im französischen Gesellschaftsrecht obliegt die Billigung des Jahresabschlusses den Gesellschaftern und nicht den Kontrollgremien. Jedoch gehört die Überwachung der Rechnungslegung der Gesellschaft in gewissem Umfang auch zum Aufgabenkreis der französischen Kontrollgremien. In der deutschen AG entscheidet hingegen grundsätzlich nicht die Gesellschafterversammlung, sondern der Aufsichtsrat über die Billigung des Jahresabschlusses. Dieser ist daher neben dem Abschlussprüfer zuständig für die Überprüfung des Jahresabschlusses. In der englischen Kapitalgesellschaft wird der Jahresabschluss vom *board of directors* aufgestellt, geprüft und gebilligt, bevor er an die *auditors* weitergeleitet wird. Hierbei ist die Aufgabe der Überprüfung der Rechnungslegung häufig *audit committees* übertragen, die sich überwiegend aus *non-executive directors* zusammensetzen. Somit sind die Kontrollgremien sowohl in der deutschen AG als auch in der englischen *company* zuständig für die Billigung des Jahresabschlusses. Jedoch lässt sich mit Blick auf die abweichende französische Rechtslage zu diesem Punkt ein gemeinsames Prinzip nicht formulieren.

[1061] Auf die Unterschiede zwischen deutschem und französischem Gesellschaftsrecht weisen auch *Caussain*, Jurisclasseur Sociétés, Band 4, Fasc. 133-D, Nr. 137 sowie *Hémard/Terré/Mabilat*, Nr. 1143 hin.

[1062] Siehe dazu oben Seite 138 ff.

[1063] *Caussain*, Jurisclasseur Sociétés, Band 4, Fasc. 133-D, Nr. 133.

§ 7 Zusammenfassung zur Kontrolle der Geschäftsführung von Kapitalgesellschaften durch Kontrollgremien

Die Kontrollgremien sind in den untersuchten Kapitalgesellschaftsformen Deutschlands, Englands und Frankreichs sehr unterschiedlich ausgestaltet. Hierbei besteht der wohl grundlegendste Unterschied darin, dass es sich bei dem deutschen Aufsichtsrat und dem französischen *conseil de surveillance* um Organe der Gesellschaft handelt, denen die Aufgabe, die Geschäftsführung der Gesellschaft zu überwachen, als primäre Aufgabe von Gesetzes wegen zugewiesen ist, während sich in den englischen Kapitalgesellschaften sowie in der klassisch organisierten SA Leitungsgremien finden, in denen die Aufgaben der Geschäftsführung und der Überwachung der Geschäftsführung vereint sind. Zwar findet sich in der Praxis der englischen Kapitalgesellschaften sowie der klassischen SA häufig eine Unterteilung des einheitlichen Leitungsgremiums in geschäftsführende und überwachende Gremiumsmitglieder. Dies ändert jedoch nichts an dem grundlegenden Unterschied, dass es sich bei der Aufsichtsratskontrolle in Deutschland und teilweise in Frankreich um eine gesetzlich verankerte, zwingende Kontrolle der Geschäftsführung handelt, während es sich - jedenfalls in der englischen Kapitalgesellschaft - bei der Kontrolle der Geschäftsführung im einheitlichen Leitungsgremium um eine fakultative Kontrolle handelt, d. h. um eine de facto-Kontrolle, die von den kontrollierenden Mitgliedern im Gremium grundsätzlich nicht eingeklagt und damit nicht durchgesetzt werden kann. Entsprechend führt das *Department of Trade and Industry* in seinem Bericht aus:

> „It is open to NEDs [non-executive directors] to put informal pressure on management or to seek the assistance of shareholders, particularly institutional shareholders, if they are dissatisfied. NEDs have no sanctions of their own, however, should such action prove ineffective (except resignation – an important practical sanction).“[1064].

In diesem Zusammenhang ist noch einmal der englische *Combined Code* in Erinnerung zu rufen, der eine weitere Annäherung der beiden Kontrollsysteme sowie eine Erhöhung der kontrollierenden Funktion der nicht geschäftsführenden Mitglieder des *board of directors* mit sich bringt. Die Feststellung der beschriebenen Annäherung von monistischem und dualistischem Kontrollsystem darf allerdings nicht dazu führen, bestehende Unterschiede zwischen den verschiedenen Kontrollsystemen zu verwischen. Auch wenn *non-executive directors* Kontrolle über ihre geschäftsführenden Kolle-

---

[1064] *DTI*, Modern Company Law: Developing the Framework, 68.

gen ausüben, so erlangen sie dadurch nicht den rechtlichen Status, der deutschen Aufsichtsräten als Mitgliedern eines separaten Kontrollorgans zukommt. Eine Kombination der verschiedenen Kontrollsysteme findet sich in der klassischen französischen *société anonyme*, wie sie sich nach der Gesetzesänderung durch die *LNRE* vom 15. 5. 2001 darstellt. Dort gibt es neben der Möglichkeit eines einheitlichen Leitungsgremiums mit einem mächtigen Vorsitzenden an der Spitze die Option, die Funktionen des Vorsitzenden des Gremiums und die Spitze der Geschäftsführung unterschiedlichen Personen zu übertragen und dadurch eine Annäherung an die dualistische Organisationsform zu erreichen.

Die genannten Ergebnisse lassen sich dahingehend zusammenfassen, dass sich jedenfalls die Geschäftsführung von Gesellschaften, deren Anteile am öffentlichen Kapitalmarkt gehandelt werden können, einer Kontrolle seitens Kontrollgremien ausgesetzt sieht. Diese Gremienkontrolle weicht im einzelnen in den verschiedenen Rechtsordnungen voneinander ab. So gibt es Kontrollgremien, denen Kontrollbefugnisse gegenüber der Geschäftsführung als primäre Aufgabe zugewiesen sind – hierzu gehört insbesondere der Aufsichtsrat der AG, da ihm allein die Befugnis zur Abberufung der Vorstandsmitglieder zusteht – und Kontrollgremien, die Kontrollrechte neben den Gesellschaftern ausüben – wie es insbesondere beim *conseil de surveillance* in der dualistischen SA und dem englischen *board of directors* der Fall ist. Dies hat Auswirkungen auf die Stellung der Kontrollgremien im Hinblick auf die Kontrolle der Geschäftsführung der Gesellschaft. Sind nur ihnen und nicht parallel auch den Gesellschaftern die Kontrollbefugnisse zugewiesen, treten die Kontrollgremien an die Stelle der Gesellschafter und vertreten diese bei der Ausübung der Kontrolle der Geschäftsführung. Dadurch können insbesondere geringe Kontrollbefugnisse der Gesellschafter kompensiert werden.

Zusammenfassend lässt sich für den Bereich der Kontrolle der Geschäftsführung von Kapitalgesellschaften durch Gremien als grundlegendes gemeinsames Prinzip formulieren:

Die Geschäftsführung einer Kapitalgesellschaft, deren Anteile einem Börsenhandel zugänglich sind, ist einer in den einzelnen Rechtsordnungen unterschiedlich ausgestalteten Gremienkontrolle unterworfen. Die Kontrollbefugnisse können dem jeweiligen Kontrollgremium als ausschließliche oder neben den Gesellschaftern als konkurrierende Befugnisse zustehen.

4. Teil: Die Kontrolle der Geschäftsführung durch professionelle Prüfer

§ 1 Einleitung

A. Allgemeines

Wichtiger Bestandteil des Kontrollsystems insbesondere von Kapitalgesellschaften ist in allen drei untersuchten Rechtsordnungen die Prüfung der Rechnungslegung der Gesellschaften durch professionelle Prüfer[1065]. Diese sind Bestandteil des Kontrollsystems in den Kapitalgesellschaften und damit Teil der Corporate Governance[1066]. Da sie außerhalb der zu prüfenden Gesellschaften stehen, stellen professionelle Prüfer eine im Grundsatz unabhängige Kontrollinstanz dar[1067]. Die Prüfung der Rechnungslegung der Gesellschaften durch professionelle Prüfer dient neben dem Schutz der Gläubiger der Gesellschaft im hohen Maße der Information der Gesellschafter und der Kontrolle der Geschäftsführung[1068]. Eine große Bedeutung erlangt die Kontrolle durch professionelle Prüfer insbesondere in der *company*, die kein Kontrollgremium im eigentlichen - dualistischen - Sinne kennt[1069]. Aber auch das französische Recht spricht für die SA in Art. 225-218 (1) CCom davon, dass die Kontrolle in der Gesellschaft durch einen oder mehrere *commissaires aux comptes* ausgeübt wird.

Für eine effektive Kontrolle der Geschäftsführung durch Rechnungsprüfer ist die Qualifikation dieser Prüfer von wesentlicher Bedeutung. Da die Qualifikationsvoraussetzungen der Abschlussprüfer durch die achte gesellschaftsrechtliche Richtlinie (Prüferbefähigungsrichtlinie) auf europäischer Ebene vereinheitlicht worden sind, wird auf diesen Aspekt im folgenden nicht weiter eingegangen[1070].

[1065] Siehe zum englischen Recht *DTI*, Modern Company Law: Developing the Framework, 200.

[1066] *Hommelhoff*, ZGR 2001, 238, 258; *Hommelhoff/Mattheus*, Handbuch Corporate Governance, 639, 640; *Pettet*, 203; *Hopt*, Rev. soc. 2001, 1, 13.

[1067] *Pettet*, 203; *Guyon*, Nr. 359.

[1068] So *Guyon*, Nr. 357.

[1069] *Pettet*, 203.

[1070] Achte gesellschaftsrechtliche EU-Richtlinie vom 10. 4. 1984 (84/253/EWG) AblEG Nr. L 126 v. 12. 5. 1984, 20 ff.

B. Prüfungspflichtige Gesellschaften

I. Personengesellschaften

Nach deutschem Recht sind Personengesellschaften prüfungspflichtig, wenn sie zwei der in § 1 (1) PublG genannten Kriterien erfüllen (Bilanzsumme von mehr als 65 Millionen Euro, Umsatzerlös von mehr als 130 Millionen Euro und mehr als fünftausend Arbeitnehmer)[1071]. Sie können sich jedoch freiwillig einer Prüfung durch Abschlussprüfer unterwerfen[1072].

Auch das französische Recht macht die Prüfungspflicht einer Personengesellschaft von der jeweiligen Wirtschaftskraft der Gesellschaft abhängig (Art. 221-9 (2) CCom). So ist eine französische Personengesellschaft prüfungspflichtig, wenn eine Gesellschaft in zwei aufeinanderfolgenden Geschäftsjahren eine Bilanzsumme von mehr als 1, 524440 Millionen Euro, einen Umsatz vor Steuern von mehr als 3, 0489803 Millionen Euro[1073] oder mehr als fünfzig dauerhaft angestellten Mitarbeiter aufweist[1074]. Unabhängig von der Wirtschaftskraft einer Gesellschaft können die Gesellschafter in jeder Gesellschaft einen oder mehrere *commissaire aux comptes* für eine freiwillige Überprüfung der Bücher bestellen[1075].

Das englische Personengesellschaftsrecht kennt eine Prüfungspflicht für die *partnership* bzw. die *limited partnership* nicht.

II. Kapitalgesellschaften

Deutsche Kapitalgesellschaften sind prüfungspflichtig, soweit es sich nicht um kleine Kapitalgesellschaften handelt (§ 316 (1) HGB). Eine kleine Kapitalgesellschaft liegt vor, wenn eine Gesellschaft zwei der in § 267 (1) HGB genannten Größenmerkmale nicht überschreitet: eine Bilanzsumme von 3,438000 Millionen Euro, einen Umsatzerlös von 6,875000 Millionen Euro sowie eine jahresdurchschnittliche Anzahl von fünfzig Arbeitnehmern. Unabhängig hiervon sind sämtliche börsennotierte Gesellschaften gemäß § 267 (3) HGB stets prüfungspflichtig. Entsprechend hängt auch die Prüfungspflicht der französi-

[1071] Eine Prüfungspflicht hinsichtlich dieser Gesellschaften besteht jedoch, wenn ausschließlich Kapitalgesellschaften Gesellschafter der Personengesellschaft sind, § 264a HGB.

[1072] MüKo-HGB-*Ebke*, § 316 Rn 8; *Ehricke*, in: Ebenroth/Boujong/Joost, § 120 Rn 32.

[1073] Die Umrechnung in Euro ist geregelt in der *ordonnance relative à l'Euro* vom 13. 9. 2000. Danach ist die jeweilige im Gesetz angeführte Francs-Summe durch den Faktor 6,55957 zu teilen und auf- bzw. abzurunden.

[1074] Zur SNC: Art. 221-9 (2) CCom iVm Art. 12 (1) D 67-236; zur SC: Art. 22 D 85-295.

[1075] Zur SNC: Art. 221-9 (1) CCom.

scher SARL von der Wirtschaftskraft der jeweiligen Gesellschaft abhängig (Art. 223-35 (2) CCom). Hierfür gelten die dieselben Kriterien wie für die Prüfungspflicht französischer Personengesellschaften (Bilanzsumme von mehr als 1, 524440 Millionen Euro, Umsatz vor Steuern von mehr als 3, 0489803 Millionen Euro, mehr als fünfzig dauerhaft angestellte Mitarbeiter). Demgegenüber sind französische *sociétés anonymes* unabhängig von ihrer Größe und ihrer wirtschaftlichen Bedeutung prüfungspflichtig[1076].

Englische *private* und *public companies* waren traditionell unabhängig von ihrer jeweiligen wirtschaftlichen Bedeutung prüfungspflichtig[1077]. Seit 1994 gilt dies gemäß sec. 249 B (1a) CA 1985 weiterhin für sämtliche *public companies* sowie für diejenigen *private companies*, die eine bestimmte Wirtschaftskraft besitzen. Kleine *companies* sind hingegen von der Pflicht zur Durchführung einer Abschlussprüfung ausgenommen[1078]. Dies ist der Fall, wenn in einem Finanzjahr der Umsatz die Summe von 350000 Pfund und die Bilanz die Summe von 1,4 Millionen Pfund nicht übersteigen[1079].

III. Ergebnis

Die drei untersuchten Rechtsordnungen kennen im Grundsatz die Prüfung der Rechnungslegung der Gesellschafter durch professionelle Prüfer. Diese Prüfer werden in Deutschland als Abschlussprüfer, in England als *auditors* und in Frankreich als *commissaires aux comptes* bezeichnet. In allen drei Rechtsordnungen sind börsennotierte Gesellschaften stets prüfungspflichtig. Darüber hinaus sehen die englische sowie die französische Rechtsordnung die Prüfungspflicht für alle Gesellschaften vor, deren Anteile einem Handel am öffentlichen Kapitalmarkt grundsätzlich zugänglich sind. Etwas anderes gilt für das deutsche Recht, das in § 267 (1) HGB kleine Aktiengesellschaften von der Pflichtprüfung ausnimmt. Für die übrigen Kapitalgesellschaften (GmbH und SARL) sowie für die Personengesellschaften machen das deutsche sowie das französische Recht die Prüfungspflicht von der wirtschaftlichen Kraft der jeweiligen Gesellschaft abhängig. Entsprechendes gilt auch für das Recht der englischen *private company*, für die das Gesetz in sec. 384 (1) CA 1985 zwar

---

1076 *Ripert/Roblot*, Tome 1, Nr. 1721. Sie hat grundsätzlich einen und, wenn sie zur Erstellung sog. *comptes consolidés* verpflichtet ist, zwei *commissaires aux comptes* zu bestellen, Art. 225-228 CCom.

1077 *Fox/Bowen*, 290.

1078 Sec 249 A (1) iVm (3) CA 1985.

1079 Etwas anderes gilt gemäß sec. 249 B CA 1985, wenn die Gesellschaft im abgelaufenen Geschäftsjahr *public company* war oder wenn es sich bei ihr um ein Bank- oder Versicherungsunternehmen handelt.

grundsätzlich eine Pflichtprüfung, daneben in sec. 388 A (1) CA 1985 jedoch die Möglichkeit vorsieht, durch Gesellschafterbeschluss auf die Prüfung der Rechnungslegung durch einen *auditor* zu verzichten. Hingegen kennt das englische Personengesellschaftsrecht eine Pflichtprüfung der Rechnungslegung der *general* oder *limited partnership* nicht. Für das Personengesellschaftsrecht lässt sich ein gemeinsames Prinzip der drei Rechtsordnungen hinsichtlich der Verpflichtung der Gesellschaften, eine Abschlussprüfung durchzuführen, somit nicht feststellen. Für das Kapitalgesellschaftsrecht können die nachfolgenden - auf die vierte gesellschaftsrechtliche Richtlinie zurückgehenden[1080] - gemeinsamen Prinzipien formuliert werden, wobei hinsichtlich des zweiten Prinzips die Besonderheit der deutschen Aktiengesellschaft zu berücksichtigen ist, die nicht unabhängig von ihrer Wirtschaftskraft prüfungspflichtig ist.

Kapitalgesellschaften, deren Anteile einem Handel am öffentlichen Kapitalmarkt zugänglich sind, sind unabhängig von ihrer wirtschaftlichen Bedeutung prüfungspflichtig.

Für die übrigen Kapitalgesellschaften hängt die Prüfungspflicht von der wirtschaftlichen Bedeutung der Gesellschaften ab.

[1080] Richtlinie vom 25. 7. 1978 (78/660/EWG), AblEG Nr. L 222 v. 14. 8. 1978, 11 ff.

§ 2 Informationsrechte der professionellen Prüfer

A. Einführung

Voraussetzung einer effektiven Überprüfung der Rechnungslegung von Gesellschaften durch professionelle Prüfer ist deren hinreichende Information über die Art und Weise der Geschäftsführung und über die Geschäftszahlen der Gesellschaft[1081].

B. Rechtslage in Deutschland, Frankreich und England

I. Deutschland

Dem Abschlussprüfer sind gemäß § 320 (1) Satz 1 HGB der Jahresabschluss und der Lagebericht der Gesellschaft unverzüglich nach deren Aufstellung vorzulegen. Des weiteren haben die gesetzlichen Vertreter der zu prüfenden Kapitalgesellschaft dem Abschlussprüfer die Einsichtnahme und Prüfung der Bücher und Schriften der Kapitalgesellschaft sowie der Vermögensgegenstände und Schulden, namentlich der Kasse und der Bestände an Wertpapieren und Waren zu gestatten (§ 320 (1) Satz 2 HGB). Hierbei umfasst der Begriff der Bücher sämtliche Bücher im Sinne der §§ 238 ff. HGB[1082]. Darüber hinaus sind dem Abschlussprüfer auch die auf Datenträgern gespeicherten Daten zugänglich zu machen[1083].

Neben der Einsichtnahme in die Unterlagen der Rechnungslegung kann der Abschlussprüfer vom gesetzlichen Vertreter der Kapitalgesellschaft gemäß § 320 (2) Satz 1 HGB alle Aufklärungen und Nachweise verlangen, die für eine sorgfältige Prüfung des Jahresabschlusses notwendig sind. Unter Aufklärungen sind Auskünfte, Erklärungen und Begründungen zu verstehen, die in der Regel mündlich erteilt werden können, während Nachweise regelmäßig in schriftlicher Form zu erteilen sind[1084]. Der Abschlussprüfer ist gehalten, vom geprüften Unternehmen eine Erklärung einzuholen, die die Vollständigkeit der erteilten Auskünfte bestätigt[1085]. Soweit es zur Vorbereitung der Abschlussprüfung erforderlich ist, stehen dem Abschlussprüfer die genannten Informationsrechte bereits vor der Aufstellung des Jahresabschlusses zu (§ 320 (2) Satz 2 HGB).

[1081] *Raiser*, § 18 Rn 5; *Farrar*, 482.

[1082] *Wiedmann*, in: Ebenroth/Boujong/Joost, § 320 Rn 4.

[1083] MüKo-HGB-*Ebke*, § 320 Rn 8.

[1084] *Wiedmann*, in: Ebenroth/Boujong/Joost, § 320 Rn 6; MüKo-HGB-*Ebke*, § 320 Rn 15.

[1085] *Wiedmann*, in: Ebenroth/Boujong/Joost, § 320 Rn 6.

Das deutsche Recht gewährt dem Abschlussprüfer somit zur Aufgabenerfüllung umfassende Informations- und Einsichtsrechte[1086]. Diese sind grundsätzlich zwingender Natur[1087]. Erteilt die Geschäftsführung dem Abschlussprüfer unrichtige Informationen, so macht sie sich strafbar (§ 331 Nr. 1 HGB).

Werden dem Abschlussprüfer die ihm gemäß § 320 HGB zustehenden Informationen verweigert, so kann er seine Informationsrechte jedoch nicht gerichtlich durchsetzen[1088]. Immerhin hat er die Möglichkeit, den von ihm zu erstellenden Bestätigungsvermerk im Hinblick auf den überprüften Jahresabschluss einzuschränken oder vollständig zu versagen, wenn die verweigerten Auskünfte oder Nachweise für die Urteilsbildung über die Ordnungsmäßigkeit des Jahresabschlusses von wesentlicher Bedeutung sind[1089]. Die Geschäftsführung der geprüften Gesellschaft wird an der Einschränkung bzw. Verweigerung des Bestätigungsvermerks durch den Abschlussprüfer regelmäßig kein Interesse haben und dies in jedem Fall zu verhindern suchen. Aus diesem Grund wird es in der Praxis nur selten zur Verweigerung der Erteilung von Informationen kommen, die der Abschlussprüfer begehrt.

Die Informationsrechte sind dem Abschlussprüfer nicht unbegrenzt gewährt. Vielmehr stehen sie ihm lediglich insoweit zu, wie er die Informationen zur Erfüllung der ihm obliegenden Aufgaben benötigt[1090]. Entsprechend ergibt sich eine Schranke für die Ausübung der Informationsrechte des Abschlussprüfers aus dem Zweck der Abschlussprüfung. Keine Beschränkung der Informationsrechte ergibt sich hingegen aus der Geheimhaltungspflicht der Geschäftsführung[1091]. Die Interessen der Gesellschaft an der Geheimhaltung ihrer Geschäftsgeheimnisse sind durch die dem Abschlussprüfer auferlegten Verschwiegenheitspflichten nämlich hinreichend gesichert[1092].

[1086] *Raiser*, § 18 Rn 5; MüKo-HGB-*Ebke*, § 317 Rn 14.

[1087] *Wiedmann*, in: Ebenroth/Boujong/Joost, § 320 Rn 1; MüKo-HGB-*Ebke*, § 320 Rn 3.

[1088] MüKo-HGB-*Ebke*, § 320 Rn 20.

[1089] *Wiedmann*, in: Ebenroth/Boujong/Joost, § 320 Rn 12 m. w. Nachw.; MüKo-HGB-*Ebke*, § 320 Rn 20.

[1090] *Wiedmann*, in: Ebenroth/Boujong/Joost, § 320 Rn 11; MüKo-HGB-*Ebke*, § 320 Rn 19.

[1091] MüKo-HGB-*Ebke*, § 320 Rn 22.

[1092] *Wiedmann*, in: Ebenroth/Boujong/Joost, § 320 Rn 11.

II. Frankreich

Die *commissaires aux comptes* sind zu den Versammlungen der Gesellschafter zu laden und zur Teilnahme an diesen Versammlungen berechtigt[1093]. Einen Monat vor der Einberufung der Gesellschafterversammlung steht den *commissaires aux comptes* das Recht zu, den Bericht der Geschäftsführung (*rapport de gestion)*, das Inventarverzeichnis (*l'inventaire)* und die Jahreskonten der Gesellschaft (*comptes annuels)* am Gesellschaftssitz einzusehen[1094]. Des weiteren können sich die französischen Rechnungsprüfer jederzeit sämtliche Dokumente zuschicken lassen, die ihnen zur Erfüllung ihrer Aufgabe nützlich erscheinen, wie insbesondere Verträge, Bücher und Unterlagen der Rechnungslegung[1095]. In wirtschaftlich bedeutenden Gesellschaften[1096] stehen den Rechnungsprüfern zudem die Unterlagen über geplante Geschäftsführungsmaßnahmen sowie die Geschäftsführungsberichte hinsichtlich der zukünftigen Entwicklung der Gesellschaft zur Einsichtnahme offen[1097]. Diese Unterlagen sind den Prüfern innerhalb einer Woche nach ihrer Aufstellung vorzulegen (Art. 224-4 D 67-236). Des weiteren sind den Prüfern die Antworten auf die Fragen zur Geschäftsführung mitzuteilen, die die Gesellschafter den Geschäftsführern stellen[1098].

Bei der Ausübung ihrer Prüfungsbefugnisse sind die *commissaires aux comptes* gemäß Art. 225-236 (2) CCom zur Hinzuziehung von Sachverständigen sowie gemäß Art. 242 (2) D 67-236 zur Anfertigung von Notizen und Kopien der eingesehenen Unterlagen befugt.

Stellen die *commissaires aux comptes* Fehler in der Informationserteilung fest, so haben sie dies in einem Bericht an die Geschäftsführung bzw. in ihrem Jahresbericht innerhalb eines Monats nach Ablauf der Fristen, die für die Aufstellung der Unterlagen bestehen, mitzuteilen[1099]. Die unberechtigte Verweigerung von Informationen gegenüber den *commissaires aux comptes*

[1093] Zur SNC: Art. 221-11 (2) CCom; zur SARL Art. 223-39 (2) CCom; zur SA: Art. 225-238 CCom. In der SA nehmen die *commissaires aux comptes* darüber hinaus an den Versammlungen des *conseil d'administration* bzw. des *directoire* teil, Art. 225-238 CCom.

[1094] Zur SNC: Art. 221-11 (3) iVm Art. 221-7 (2) CCom sowie Art. 12-1 D 67-236; zur SARL: Artt. 223-39 (3) iVm 223-26 (1) CCom; Artt. 44, 243 (1) D 67-236.

[1095] Zur SA: Art. 225-236 (1) CCom; zur SARL: Art. 223-39 (1) CCom iVm Art. 225-236 (1) CCom; zur SNC: Art. 211-11 (1) iVm Art. 225-236 (1) CCom.

[1096] Zu den Kriterien siehe Art. 244 D 67-236.

[1097] Artt. 232-4 (1) iVm 232-2 (1) CCom; Artt. 243, 244-4 iVm 244-1, 244-2 D 67-236.

[1098] Art. 223-26 bzw. Art. 225-231 (1) CCom.

[1099] Art. 232-4 (2) CCom; Art. 244-5 (1) D 67-236.

bzw. die Unterlassung der Ladung der Prüfer zu den Gesellschafterversammlungen kann mit einer Haft- oder Geldstrafe geahndet werden[1100].

III. England

Die Informationsrechte des *auditor* gegenüber der zu prüfenden Gesellschaft sind in sec. 389 A CA 1985 geregelt. Danach haben die *auditors* einer *company* jederzeit das Recht, die Bücher und Rechnungslegungsunterlagen der Gesellschaft einzusehen (sec. 389 A (1) CA 1985). Des weiteren sind die *auditors* gemäß sec. 390 CA 1985 zum Empfang sämtlicher Mitteilungen und Veröffentlichungen berechtigt, die im Zusammenhang mit einer Gesellschafterversammlung verbreitet werden. Neben der Einsichtnahme in bestimmte Unterlagen der Gesellschaft können die *auditors* von den Mitarbeitern der Gesellschaft zudem diejenigen Informationen und Erklärungen verlangen, die sie zur Erfüllung der ihnen obliegenden Pflichten für erforderlich halten[1101]. Ein Anspruch auf eine bestimmte Form der Informationserteilung wie beispielsweise eine schriftliche Auskunftserteilung steht ihnen jedoch nicht zu[1102]. Jedoch können die *auditors* die Einhaltung einer bestimmten Form faktisch dadurch erzwingen, dass sie sich auf den Standpunkt stellen, die ihnen obliegenden Pflichten nur bei schriftlicher Informationserteilung erfüllen zu können[1103].

Eine unzureichende Informationsversorgung durch die Geschäftsführer der zu prüfenden Gesellschaft ist von den *auditors* gemäß sec. 437 (3) CA 1985 in ihren Bericht aufzunehmen. Sind die erteilten Informationen irreführend oder falsch, so macht sich der Mitarbeiter der Gesellschaft, der die Informationen erteilt hat, strafbar[1104] Der *auditor* kann die ihm zustehenden Informationsrechte gegenüber der Gesellschaft zudem durch die Beantragung einer einstweiligen Verfügung bei Gericht durchsetzen[1105].

[1100] Zur SA: Artt. 242-25, 242-28 CCom (Haftstrafe von bis zu fünf Jahren, Geldstrafe von 18000 Euro); zur SARL und SNC: Art. 241-8 (2) iVm Artt. 242-25, 242-28 CCom, wenn es sich um eine obligatorische Abschlussprüfung handelt.

[1101] Sec. 389 A (1) CA 1985; siehe dazu auch *Fox/Bowen*, 288; *Horstemeier*, GmbHR 2001, 332, 335.

[1102] *Charlesworth/Morse*, 417.

[1103] Vgl. *Charlesworth/Morse*, 417.

[1104] Sec. 389 A (2) CA 1985.

[1105] *Pennington*, 879.

C. Ergebnis

Den professionellen Prüfern der Rechnungslegung - den Abschlussprüfern, *auditors* und *commissaires aux comptes* - stehen in den drei untersuchten Rechtsordnungen grundsätzlich gleichwertige Informationsrechte gegenüber der Geschäftsführung der zu prüfenden Gesellschaft zu. Die Informationsversorgung der Abschlussprüfer ist sowohl nach deutscher, als auch nach englischer und französischer Rechtslage umfassend[1106]. Zwingend erforderlich für die Ausübung der ihnen obliegenden Aufgaben ist die Einsichtnahme in die Unterlagen der Rechnungslegung, die den Prüfern in allen Rechtsordnungen gewährt wird. Darüber hinaus sind sie berechtigt, weitere Informationen, Erklärungen und Nachweise zu verlangen, soweit sie dies für die Prüfung der Ordnungsmäßigkeit der Rechnungslegung für erforderlich halten.

Die untersuchten Rechtsordnungen stimmen hingegen in der Frage der Durchsetzbarkeit der Informationsrechte des Abschlussprüfers gegenüber der zu prüfenden Gesellschaft und ihren Mitarbeitern nicht überein. Während der englische sowie der französische Prüfer der Rechnungslegung die ihm zustehenden Informationsrechte auch klageweise geltend machen kann, steht diese Möglichkeit dem deutschen Abschlussprüfer nicht zu. Im Ergebnis führt dies jedoch in der Praxis nicht zu gravierenden Unterschieden. Werden einem deutschen Abschlussprüfer im Rahmen der Prüfung des Jahresabschlusses Informationen verweigert, beschränkt dieser seinen Bestätigungsvermerk hinsichtlich des Jahresabschlusses entsprechend. Da die Geschäftsführung der geprüften Gesellschaft an einem derartigen unvollständigen Bestätigungsvermerk regelmäßig kein Interesse hat, wird sie dem Abschlussprüfer in aller Regel von vornherein sämtliche Informationen, die er begehrt, zur Verfügung stellen.

Zusammenfassend können folgende gemeinsame Prinzipien für die Informationsrechte der Rechnungslegungsprüfer formuliert werden:

Die Rechnungsprüfer (Abschlussprüfer, auditor, commissaire aux comptes) sind gegenüber der zu prüfenden Gesellschaft grundsätzlich umfassend informationsberechtigt. Sie sind zur Einsichtnahme in die Unterlagen der Rechnungslegung und zu weiteren Auskünften gegenüber den Mitarbeitern des zu prüfenden Unternehmens berechtigt. Die Informationsrechte der Rechnungsprüfer sind gegenüber der Gesellschaft durchsetzbar.

[1106] So zum deutschen Recht *Raiser*, § 18 Rn 5; MüKo-HGB-*Ebke*, § 317 Rn 14; zum französischen Recht *Guyon*, Nr. 366; zum englischen Recht *Fox/Bowen*, 288.

§ 3 Prüfung des Jahresabschlusses und Prüfungsbericht

A. Einführung

Nachdem nun dargestellt worden ist, welche Informationen den professionellen Prüfern der Rechnungslegung in den verschiedenen Rechtsordnungen hinsichtlich der zu prüfenden Gesellschaften zustehen, soll in diesem Teil der Untersuchung nun der Ablauf der Jahresabschlussprüfung durch die professionellen Prüfer untersucht werden. Die Prüfung des Jahresabschlusses durch professionelle Prüfer sowie die sich darin anschließende Berichterstattung über die Prüfung gewährleisten Gesellschaftern und Gläubigern die Ordnungsmäßigkeit der Rechnungslegung der Gesellschaft[1107]. Die Überprüfung der Rechnungslegung der Gesellschaft hat insofern Kontroll-, Informations- und Beglaubigungsfunktion für Gesellschafter und Gläubiger[1108].

B. Rechtslage in Deutschland, Frankreich und England

I. Deutschland

Gemäß §§ 316 (1), 317 (1) HGB prüft der Abschlussprüfer den Jahresabschluss, die Buchführung und den Lagebericht der prüfungspflichtigen Gesellschaften. Hierbei handelt es sich anders als bei der Überprüfung der Rechnungslegung durch den Aufsichtsrat, der neben der Rechtmäßigkeit auch die Zweckmäßigkeit der Rechnungslegung prüft, um eine reine Rechtmäßigkeitsprüfung[1109]. Der Abschlussprüfer kontrolliert hierbei, ob der Jahresabschluss im Einklang mit den gesetzlichen Vorschriften und den Bestimmungen des Gesellschaftsvertrages bzw. der Satzung steht (§ 317 (1) Satz 2 HGB). Hinsichtlich des Lageberichts prüft der Abschlussprüfer gemäß § 317 (2) Satz 1 HGB dessen Übereinstimmung mit dem Jahresabschluss sowie mit den bei der Prüfung gewonnenen Erkenntnissen des Abschlussprüfers.

Das Ergebnis dieser Prüfungen hat der Abschlussprüfer gemäß § 321 (1) Satz 1 HGB in einem Prüfungsbericht zusammenzufassen, in dem er auch zum Lagebericht des Vorstands Stellung zu nehmen und darzustellen hat, ob Buchführung und Lagebericht der Gesellschaft den gesetzlichen Vorschriften sowie den ergänzenden Bestimmungen des Gesellschaftsvertrages bzw. der Satzung entsprechen und ob die gesetzlichen Vertreter der geprüften Gesell-

---

[1107] *Pennington*, 880.

[1108] MüKo-HGB-*Ebke*, § 316 Rn 22.

[1109] *Raiser*, § 18 Rn 5; MüKo-HGB-*Ebke*, § 316 Rn 7.

schaft die verlangten Aufklärungen und Nachweise erbracht haben[1110]. Der Abschlussprüfer stellt in seinem Bericht des weiteren fest, ob der Jahresabschluss der geprüften Gesellschaft ein den tatsächlichen Verhältnissen entsprechendes Bild der Vermögens-, Finanz- und Ertragslage der Gesellschaft vermittelt (§ 321 (2) Satz 2 HGB). Das Ergebnis seiner Prüfung fasst der Abschlussprüfer gemäß § 322 (1) Satz 1 HGB in einem Bestätigungsvermerk zusammen. Bestehen keine Einwendungen gegen den Jahresabschluss der Gesellschaft, so teilt der Abschlussprüfer dies im Bestätigungsvermerk gemäß § 322 (1) Satz 3 HGB mit. Andernfalls schränkt er den Bestätigungsvermerk unter Angabe von Gründen entsprechend ein (vgl. § 322 (4) Satz 1 HGB).

II. Frankreich

Primäre Aufgabe der *commissaires aux comptes* in den französischen Personen- und Kapitalgesellschaften ist die Überprüfung der Werte und der Rechnungslegungsunterlagen (*documents comptables*) der Gesellschaft im Hinblick auf ihre Übereinstimmung mit den geltenden Rechnungslegungsvorschriften[1111]. Insbesondere überprüfen die *commissaires aux comptes* die Rechnungslegungsunterlagen gemäß Art. 225-235 (3) CCom daraufhin, ob sie ein wahrheitsgemäßes Bild von der finanziellen Situation der Gesellschaft und der Jahresergebnisse des Unternehmens abgeben[1112]. Hierzu verfügen die Prüfer über weitreichende Prüfungsrechte gegenüber der zu prüfenden Gesellschaft sowie gegenüber Dritten, die in Verbindung zu der zu prüfenden Gesellschaft stehen[1113]. So steht den Prüfern jederzeit das Recht zu, diejenigen Prüfungen und Kontrollen durchzuführen, die sie für angemessen halten[1114]. Der genaue Prüfungsablauf seitens der *commissaires aux comptes* ist im Detail nicht gesetzlich geregelt[1115].

Kommt der *commissaire aux comptes* bei der Überprüfung der Rechnungslegung einer Gesellschaft zu dem Ergebnis, dass die Konten der Gesellschaft ordnungsgemäß aufgestellt worden sind, so stellt er dies in einem entsprechenden Zertifikat fest[1116]. Bestehen seiner Auffassung nach Zweifel an

---

[1110] § 321 (1) Satz 1 und Satz 2, (2) Satz 1 HGB.

[1111] *Langé*, Jurisclasseur Sociétés, Band IV, Fasc. 134-20, Nr. 3.

[1112] Vgl. *Bougnoux*, Jurisclasseur Sociétés, Fasc. 76-10, Nr. 86; *Ripert/Roblot*, Tome 1, Nr. 1733; *Guyon*, Nr. 358; *Langé*, Jurisclasseur Sociétés, Band IV, Fasc. 134-20, Nr. 7 ff.

[1113] *Guyon*, Nr. 367; *Ripert/Roblot*, Tome 1, Nr. 1735.

[1114] Art. 225-236 (1) CCom: „A toute époque de l'année, les commisssaires aux comptes, ensemble ou séparément, opèrent toutes vérifications et tous contrôles qu'il jugent opportuns (...)."

[1115] Zur SARL: *Bougnoux*, Jurisclasseur Sociétés, Fasc. 76-10, Nr. 89.

sprechenden Zertifikat fest[1116]. Bestehen seiner Auffassung nach Zweifel an der Ordnungsmäßigkeit der Rechnungslegung der Gesellschaft, so hat er diese Bedenken anzugeben und zu begründen (Art. 193 (1b) D 67-236) oder - äußerstenfalls - die Erteilung des Zertifikats abzulehnen (Art. 193 (1c) D 67-236).

III. England

Die Prüfungspflicht und die damit einhergehenden Prüfungsbefugnisse der professionellen Prüfer ergeben sich für das englische Kapitalgesellschaftsrecht aus sec. 237 (1) CA 1985. Danach haben die *auditors* bei der Vorbereitung ihres Berichts diejenigen Untersuchungen durchzuführen, die sie in die Lage versetzen, sich eine Meinung darüber zu bilden, ob ein ordnungsgemäßer Jahresabschluss von der Gesellschaft aufgestellt worden ist und ob dieser eine wahrheitsgemäße und angemessene Berichterstattung (*true and fair view)* von der Unternehmenslage und dem Unternehmensergebnis darstellt[1117]. Gegenstand der Prüfung sind die Bilanz, die Gewinn- und Verlustrechnung, die Buchführung sowie der Geschäftsbericht des Vorstands (*director's report*)[1118]. Der Abschlussprüfer einer *company* hat den Gesellschaftern im Anschluss an die Prüfung gemäß sec. 235 (1) CA 1985 einen Bericht vorzulegen, den *auditor's report.* In diesem Bericht hat der Abschlussprüfer darzulegen, ob und inwieweit seiner Auffassung nach die *annual accounts* der Gesellschaft ordnungsgemäß aufgestellt worden sind und ob sie ein wahrheitsgemäßes und angemessenes Bild vom Stand der Geschäfte der Gesellschaft sowie von den Gewinnen und Verlusten der Gesellschaft gewähren (sec. 235 (2) CA 1985). Sind die *accounts* seiner Auffassung nach ordnungsgemäß aufgestellt worden, so erteilt der Prüfer einen Bestätigungsvermerk, sein Abschlußbericht ist dann ein sog. *unqualified report*. Kommt er bei der Prüfung der Rechnungslegung zu dem Ergebnis, dass keine oder fehlerhafte *accounting records* aufgestellt worden sind, so hat er dies in seinem Bericht ebenfalls festzustellen (sec. 237 (2) CA 1985).

[1116] Zur SA: Art. 225-235 (1) CCom, Art. 193 D 67-236; für die SARL verweist Art. 223-39 (1) CCom auf das Recht der SA.

[1117] Siehe dazu *Pettet*, 203; *Pennington*, 878.

[1118] Bei der Prüfung des *directors' report* dürfen die *auditors* grundsätzlich auf dessen Ordnungsmäßigkeit vertrauen. Haben sie jedoch Grund zur Annahme, dass die Rechnungslegung der Gesellschaft nicht ordnungsgemäß erfolgt ist, so sind sie zur Durchführung weiterer Prüfungen verpflichtet, vgl. *Farrar*, 486.

C. Ergebnis

Dem Abschlussprüfer obliegt in allen untersuchten Gesellschaften die Aufgabe, den Jahresabschluss der Gesellschaft zu überprüfen. Hierbei prüft der Rechnungslegungsprüfer in den drei Rechtsordnungen, ob der Jahresabschluss rechtmäßig aufgestellt worden ist und ob er ein den tatsächlichen Verhältnissen entsprechendes Bild der Vermögens-, Finanz- und Ertragslage („true and fair view") der Gesellschaft vermittelt. Über das Ergebnis dieser Prüfung haben die professionellen Prüfer den Gesellschaftern in der Gesellschafterversammlung zu berichten. Kommen sie zu dem Ergebnis, dass der geprüfte Jahresabschluss ordnungsgemäß aufgestellt worden ist, so stellen sie dies in ihrem Abschlussbericht ausdrücklich fest. Bestehen nach Auffassung des Prüfers der Rechnungslegung Zweifel an der ordnungsgemäßen Aufstellung des Jahresabschlusses, so hat er dies ebenfalls in seinem Bericht festzustellen. Diese Übereinstimmung der Rechtsordnungen geht zurück auf die vierte gesellschaftsrechtliche EU-Richtlinie[1119].

Als gemeinsames Prinzip kann für die Kontrolltätigkeit der professionellen Prüfer in Gesellschaften festgehalten werden:

Der Abschlussprüfer, auditor bzw. commissaire aux comptes prüft den Jahresabschluss einer Gesellschaft auf seine Rechtmäßigkeit und daraufhin, ob er ein den tatsächlichen Verhältnissen der Gesellschaft entsprechendes Bild von der Vermögens-, Finanz- und Ertragslage der Gesellschaft vermittelt. Über das Ergebnis dieser Prüfung hat er den Gesellschaftern zu berichten.

[1119] Richtlinie vom 25. 7. 1978 (78/660/EWG), AblEG Nr. L 222 v. 14. 8. 1978, 11 ff.

5. Teil: Die Kontrolle der Geschäftsführung durch staatliche Stellen

A. Einführung

Bislang haben wir uns mit der gesellschaftsinternen Kontrolle der Geschäftsführung durch die Gesellschafter und durch Kontrollgremien der Gesellschaft sowie mit der Kontrolle der Geschäftsführung durch professionelle Prüfer beschäftigt. Daneben kann Geschäftsführungskontrolle aber auch durch staatliche Stellen ausgeübt werden. Diese Form der Kontrolle der Geschäftsführung existiert lediglich im englischen Kapitalgesellschaftsrecht, während das deutsche sowie das französische Gesellschaftsrecht eine staatliche Kontrolle der Geschäftsführung von Gesellschaften – mit Ausnahme kapitalmarktrechtlicher Erscheinungsformen staatlicher Kontrolle - nicht kennen. Die staatliche Kontrolle wird in England durch den *Secretary of State* des *Department of Trade and Industry* (DTI) ausgeübt, der über umfangreiche Prüfungsbefugnisse hinsichtlich der Geschäftsführung von Kapitalgesellschaften verfügt[1120]. Hohe praktische Bedeutung kommt der Kontrolle durch den *Secretary of State* hingegen grundsätzlich nicht zu[1121]. Dies ist insbesondere darauf zurückzuführen, dass die Anordnung einer Untersuchung der Geschäfte einer Gesellschaft seitens des *Secretary of State* regelmäßig zu erheblichen schädlichen Folgen für die betroffene Gesellschaft führen wird, weil eine Untersuchungsanordnung regelmäßig öffentlich gemacht wird[1122]. Bereits von der bloßen Existenz staatlicher Kontrollmöglichkeiten gehen jedoch bereits starke präventive Wirkungen für die Geschäftsführer von *companies* aus[1123].

[1120] Gower/*Davies*, 691 spricht vom „draconian power" des DTI.

[1121] *Palmer*, 10.001; *Triebel/Hodgson/Kellenter/Müller*, Rn 740; siehe dazu insbesondere die Berichte des *DTI*, Companies in 1999-2000.

[1122] *Palmer*, 10.001. Aus diesem Grund greift der *Secretary of State* grundsätzlich zunächst auf seine diskreteren Informationsrechte zurück, siehe *Farrar*, 505.

[1123] *Pennington*, 845.

B. Kontrollbefugnisse des Secretary of State

I. Recht zur Anordnung der Vorlage von Geschäftsbüchern und Unterlagen der Gesellschaft, sec. 447 CA 1985[1124]

Der englische *Secretary of State* des *DTI* ist jederzeit berechtigt, von einer *company* die Vorlage bestimmter Geschäftsbücher oder sonstiger Dokumente zu verlangen, wenn hierfür ein sachlicher Grund (*good reason*) besteht[1125]. Dieses Recht bezieht sich neben schriftlichen Dokumenten in herkömmlicher Form auch auf andere Dokumente[1126] und umfasst die Befugnis, Kopien und Auszüge aus den vorgelegten Dokumenten anzufertigen (sec. 447 (5a i) CA 1985). Nicht gesetzlich definiert ist der Begriff des ‚*good reason*'. Er umfasst den Verdacht des Vorliegens eines Betrugs, Delikts oder Fehlverhaltens gegenüber den Aktionären bzw. der Vorenthaltung von Informationen, die den Aktionären zustehen[1127]. Der *Secretary of State* ist des weiteren befugt, von den Angestellten der Gesellschaft ergänzende Erklärungen zu den vorgelegten Unterlagen zu verlangen (sec. 447 (5a ii) CA 1985). Hingegen ist er aus eigenem Recht nicht berechtigt, Personen zu verhören[1128]. Hierzu muss er vielmehr eine Untersuchung der Geschäfte der Gesellschaft durch von ihm ernannte Prüfer anordnen (siehe dazu sogleich).

Können die begehrten Unterlagen nicht vorgelegt werden, so ist die zur Vorlage aufgeforderte Person verpflichtet, nach bestem Wissen Auskunft darüber zu geben, wo sich die Unterlagen ihrer Meinung nach befinden[1129]. Das Informationsrecht steht in keinem zwingenden Zusammenhang zu Prüfungen des *Secretary of State*, vielmehr kann es der *Secretary of State* immer in Anspruch nehmen, wenn er glaubt, dass hinreichende sachliche Gründe dafür

---

[1124] Bei dem Recht auf Vorlage der Geschäftsbücher und Unterlagen der Gesellschaft handelt es sich um die praktisch bedeutendste Befugnis des *Secretary of State*. So wurden im Zeitraum von 1999-2000 insgesamt 167 Untersuchungen gemäß sec. 447 CA 1985 ausgeführt, während die übrigen Befugnisse des *Secretary of State* nicht in Anspruch genommen wurden, *DTI*, Companies in 2000-2001, 10. Insgesamt nimmt die Zahl der Untersuchungen nach sec. 447 CA 1985 jedoch tendenziell ab; im Zeitraum von 1998-99 wurden noch 214, im Zeitraum von 1997-98 noch 218 Untersuchungen durchgeführt, siehe dazu *DTI*, a.a.O.

[1125] Sec. 447 (2) CA 1985: „The Secretary of State may at any time, if he thinks there is good reason to do so, give directions to a company requiring it, at such time and place as may be specified in the directions, to produce such documents as may be so specified".

[1126] Sec. 447 (9) CA 1985.

[1127] *Farrar*, 506.

[1128] *Pennington*, 846.

[1129] Sec. 445 (5b) CA 1985.

sprechen[1130]. In der Praxis dient das Informationsrecht aus sec. 447 CA 1985 im Vorfeld einer Untersuchung zur Klärung der Frage, ob eine Untersuchung der Geschäfte der Gesellschaft anzuordnen ist[1131]. Werden die Unterlagen nicht vorgelegt, obwohl dies grundsätzlich möglich wäre, so macht sich die zur Vorlage verpflichtete Person eines Vergehens schuldig und wird gemäß sec. 447 (6) CA 1985 mit einer Geldstrafe belegt.

II. Anordnung der Untersuchung der Geschäfte der Gesellschaft, sec. 432 CA 1985[1132]

Der *Secretary of State* kann eine Untersuchung der Geschäfte einer Gesellschaft durch von ihm einzusetzende Prüfer anordnen, wenn sich die Geschäfte der Gesellschaft gegenüber den Gläubigern der Gesellschaft als betrügerisch darstellen, wenn sie die Interessen der Mitglieder der Gesellschaft beeinträchtigen (sec. 432 (2a) CA 1985), sich die Gründungsmitglieder oder Geschäftsführer der Gesellschaft eines Fehlverhaltens gegenüber den Mitgliedern der Gesellschaft schuldig gemacht haben (sec. 432 (2c) CA 1985) oder den Gesellschaftsmitgliedern Informationen, die sie vernünftigerweise erwarten konnten, nicht erteilt worden sind (sec. 432 (2d) CA 1985)[1133]. Der *Secretary of State* ist nicht verpflichtet, die Gründe für die Anordnung der Untersuchung aufzudecken[1134].

Die vom *Secretary of State* eingesetzten Prüfer können von den Angestellten der Gesellschaft die Vorlage sämtlicher Geschäftsunterlagen (sec. 434 (1a) CA 1985), ihr Erscheinen vor den Prüfern (sec. 434 (1b) CA 1985) sowie jedwede Unterstützung im Zusammenhang mit der Untersuchung verlangen (sec. 434 (1c) CA 1985). Des weiteren sind die staatlichen Prüfer zur Befra-

---

[1130] *Pennington*, 846.

[1131] *Pettet*, 206.

[1132] Daneben gibt es die Prüfungsbefugnis aus sec. 442 (1) CA 1985, die den Secretary of State zur Prüfung der Mitgliederschaft (*investigation of the company's ownership*) einer Gesellschaft ermächtigt, sowie die Befugnisse aus sec. 446 (1) und (3) CA 1985 zur Prüfung des Handels mit Anteilspapieren (*investigation of share dealings*). Hierauf soll nachfolgend nicht weiter eingegangen werden, da von diesen Befugnissen im Zeitraum von 1995- 2000 nicht ein einziges Mal Gebrauch gemacht worden ist, siehe *DTI*, Companies in 2000-2001, 10 sowie *Pettet*, 206. Auch die Prüfungsbefugnis aus sec. 432 CA 1985 wurden in diesem Zeitraum lediglich dreimal in Anspruch genommen, siehe *DTI*, a.a.O.

[1133] Des weiteren nennt sec. 432 (2b) CA 1985 den Fall, das die Gesellschaft zu einem verbotenen Zweck gegründet worden ist. Liegt ein gerichtlicher Beschluss zur Untersuchung der Geschäfte der Gesellschaft vor, so ist der *Secretary of State* zur Anordnung der Prüfung verpflichtet (sec. 432 (1) CA 1985). Im übrigen steht es in seinem Ermessen, ob er eine Untersuchung anordnet, so *Palmer*, 10.005.

[1134] *Pennington*, 840.

gung jeder weiteren Person befugt, von der sie glauben, dass sie Informationen über prüfungsrelevante Angelegenheiten besitzt (sec. 434 (2) CA 1985). Die Prüfer verfügen somit über weitgehende Befugnisse gegenüber der Gesellschaft[1135]. Der Umfang der Prüfungsbefugnisse stößt jedoch an seine Grenzen, wo sich die Fragen der Prüfer als unfair oder schikanierend darstellen[1136]. Zudem dürfen die Prüfer von den Befragten keine Informationen verlangen, die diese mit Blick auf ihre beruflichen Sonderrechte verweigern können[1137]. In diesem Zusammenhang ist darauf hinzuweisen, dass nach englischer Rechtsauffassung die Auskunft gegenüber staatlichen Prüfern nicht mit der Begründung verweigert werden kann, dass der Befragte sich andernfalls selbst bezichtigen müsste[1138]. Jedoch haben die Prüfer der befragten Person zu gestatten, widersprechende Aussagen anderer Personen einzusehen und diese ins Kreuzverhör zu nehmen[1139]. Des weiteren haben sie der befragten Person zumindest den Inhalt der gegen sie erhobenen Vorwürfe mitzuteilen und ihr Gelegenheit zu geben, sich dazu zu äußern[1140]. Verweigert sie die geforderten Informationen zu Unrecht, so sind die Prüfer befugt, dies dem Gericht anzuzeigen, welches eine Bestrafung anordnen kann (sec. 436 CA 1985).

III. Klagebefugnisse des Secretary of State, sec. 460 (1) CA 1985

Wie der einzelne Gesellschafter, so ist auch der *Secretary of State* zur Klageerhebung berechtigt, wenn er der Auffassung ist, dass die Geschäfte der Gesellschaft in einer Weise geführt werden oder geführt worden sind, die sich als *unfairly prejudicial* gegenüber den Interessen der Gesellschafter oder Teilen der Aktionäre darstellt (sec. 460 (1) CA 1985). Zu den einzelnen Klagevor-

---

[1135] So auch *Behrens*, GB/NI/EL 28.

[1136] Re London United Investments plc [1992] BCLC 285, 299; R v. Seelig [1991] 4 All ER 429. Dies erscheint problematisch mit Blick auf Art. 6 (1) EMRK, wonach niemand zur Selbstbezichtigung verpflichtet ist. Der Europäische Gerichtshof für Menschenrechte (EGMR) hat sich bislang in zwei Entscheidungen mit dieser Problematik befaßt. In der Entscheidung Fayed v. United Kingdom [1994] 19 EHRR 393 verneinte das Gericht die Anwendung des Art. 6 (1) EMRK auf Untersuchungen des *Secretary of State* mit der Begründung, andernfalls wäre die Kontrolle von komplexen finanziellen Aktivitäten nicht möglich. In der Entscheidung Saunders v. United Kingdom [1998] 1 BCLC 362 stellte der EGMR hingegen die Verletzung des Art. 6 (1) EMRK fest; zum ganzen siehe *Palmer*, 10.012/1.

[1137] *Pennington*, 841.

[1138] *Pennington*, 842.

[1139] McClelland, Pope & Langley Ltd v. Howard [1968] 1 All ER 569n; Re Pergamon Press Ltd. [1970] 2 All ER 449.

[1140] Karak Rubber Co Ltd. v. Burden [1971] 3 All ER 1118; Maxwell v. Department of Trade and Industry [1974] 2 All ER 122.

aussetzungen sowie den möglichen gerichtlichen Anordnungen sei auf die obigen Ausführungen zur Klageerhebung seitens der Gesellschafter einer *company* verwiesen[1141].

IV. Beantragung eines Berufsverbots (disqualification) für den Geschäftsführer einer Gesellschaft

Als weitere Maßnahme steht dem *Secretary of State* die Möglichkeit offen, bei Gericht ein Berufsverbot für einen Geschäftsführer zu beantragen, der sich als unfähig zur Führung der Geschäfte einer Gesellschaft herausgestellt hat[1142]. Die Unfähigkeit zur Geschäftsführung ist zum einen anzunehmen in Fällen, in denen ein Verstoß gegen die *commercial morality* vorliegt, was insbesondere bei einer vorsätzlichen Schädigung der Gläubigerinteressen der Fall ist[1143]. Zum anderen liegt Unfähigkeit zur Geschäftsführung bei fehlender Kompetenz des Geschäftsführers vor, was sich beispielsweise im Unterlassen der Aufstellung von Jahresabschlüssen oder durch das nicht ordnungsmäßige Führen der Bücher zeigen kann[1144].

V. Beantragung der gerichtlichen Auflösung der Gesellschaft, sec. 124 A IA 1986

Hält der *Secretary of State* aufgrund der Prüfungsberichte oder anderer Informationen die Auflösung einer Gesellschaft im öffentlichen Interesse für erforderlich, so kann er einen entsprechenden Antrag bei Gericht stellen (sec. 124 A IA 1986). Im Zeitraum von 1999-2000 wurden auf Antrag des *Secretary of State* zweiundvierzig Gesellschaften aufgelöst[1145].

C. Ergebnis

Der *Secretary of State* des *Department of Trade and Industry* verfügt über umfangreiche Kontrollbefugnisse gegenüber der Geschäftsführung von Kapitalgesellschaften. Er ist unter anderem berechtigt, eigene Prüfer mit der Untersuchung der Geschäfte der Gesellschaft zu betrauen. Darüber hinaus kann er

---

[1141] Siehe dazu oben Seite 102 ff.

[1142] Sec. 7 iVm 6 Company Directors Disqualification Act (CDDA) 1986. Hierbei handelt es sich um eine praktisch sehr bedeutende Maßnahme. So wurden im Zeitraum von 1999-2000 insgesamt 1540 *disqualification orders* vom *Secretary of State* mitgeteilt.

[1143] Siehe dazu Gower/*Davies*, 685.

[1144] Gower/*Davies*, 687.

[1145] *DTI*, Companies in 1999-2000, 13.

bei Vorliegen bestimmter Voraussetzungen die Auflösung der Gesellschaft oder auch die Erteilung eines Berufsverbots (*disqualification*) eines Geschäftsführers beantragen. Diese weitreichenden Prüfungsbefugnisse wirken sich in der Praxis überwiegend präventiv aus. Zur tatsächlichen Anwendung dieser Befugnisse kommt es hingegen nur äußerst selten. Naturgemäß lassen sich diese präventiven Auswirkungen der staatlichen Kontrolle kaum messen. Daher ist es schwierig, abschließend zu beurteilen, welche Bedeutung der englischen staatlichen Kontrolle im Hinblick auf die Kontrolle der Geschäftsführung von englischen Kapitalgesellschaften zukommt. Festgehalten werden kann jedoch, dass mit der Existenz staatlicher Kontrolle zumindest zu einem gewissen Teil die Tatsache ausgeglichen wird, dass das englische Kapitalgesellschaftsrecht keine ‚reinen' Kontrollgremien im Sinne dualistischer Organisationssysteme aufweist.

6. Teil: Schlussteil

1. Abschnitt: Abschließende Betrachtungen

Diese Untersuchung hat den Versuch unternommen, die verschiedenen rechtlichen Mechanismen zu vergleichen, die das deutsche, französische und englische Recht für die Kontrolle der Geschäftsführung von Personen- und Kapitalgesellschaften bereitstellen, und die einzelstaatlichen Regelungen - soweit möglich - in gemeinsamen Prinzipien zusammenzufassen. Hierbei hat die Untersuchung der einzelnen Gesellschaftsformen ergeben, dass das deutsche, französische und englische Gesellschaftsrecht die Ausgestaltung der Kontrolle der Geschäftsführung von Personengesellschaften weitgehend den Gesellschaftern überlässt. Diese gesetzgeberische Zurückhaltung findet ihren Grund in der gesetzlichen Ausgangslage in einer Personengesellschaft, nach der in den untersuchten Rechtsordnungen grundsätzlich sämtliche Gesellschafter geschäftsführungsberechtigt und damit in der Lage sind, sich gegenseitig zu kontrollieren. Im Gegensatz zum Personengesellschaftsrecht ist die Überwachung der Geschäftsführung von Kapitalgesellschaften grundsätzlich detailliert und durch zwingende Vorschriften geregelt. Lediglich das englische Kapitalgesellschaftsrecht regelt nur einige Aspekte der Geschäftsführungskontrolle und überlässt die weiteren Regelungsbereiche der Ausgestaltung in der Praxis. Insbesondere im Bereich der Leitungsebene der Gesellschaft hält das englische Kapitalgesellschaftsrecht für die Kontrolle der Geschäftsführung nur wenige Regelungen bereit. Diese Gestaltungsfreiheit des englischen Gesellschaftsrechts wird jedoch teilweise dadurch kompensiert, dass das englische Gesellschaftsrecht dem Handels- und Wirtschaftsministerium (*Department of Trade and Industry)* weitreichende Kontrollbefugnisse gegenüber englischen Kapitalgesellschaften gewährt. Hieran wird deutlich, dass die Kontrolle der Geschäftsführung von Personen- und Kapitalgesellschaften in Kontrollsystemen organisiert ist, die als Ganzes betrachtet werden müssen, will man nicht eine verzerrte Wahrnehmung und Bewertung der verschiedenen Kontrollsysteme riskieren.

An der Kontrolle der Geschäftsführung einer Personen- oder Kapitalgesellschaft sind in allen untersuchten Gesellschaftsformen mehrere Akteure beteiligt. Während die Geschäftsführung von Personengesellschaften in erster Linie von den Gesellschaftern kontrolliert wird, erfolgt die Kontrolle der Geschäftsführung von Kapitalgesellschaften weniger durch die Gesellschafter als vielmehr durch Kontrollgremien, durch professionelle Rechnungsprüfer und - im englischen Kapitalgesellschaftsrecht - auch durch staatliche Stellen. Diesen verschiedenen Kontrollberechtigten kommt in den einzelnen Rechtsordnungen und Gesellschaftsformen unterschiedliche Bedeutung für die Kontrolle der Geschäftsführung zu. So werden die Gesellschafter zwar grundsätzlich als höchstes Organ der Gesellschaft betrachtet und regelmäßig mit entsprechend weitreichenden Kontrollbefugnissen ausgestattet. Jedoch zeigt sich beispielsweise im deutschen Aktienrecht die Tendenz, Instrumente zur Kontrolle des Vorstands nicht den Gesellschaftern, sondern dem Aufsichtsrat als Kontrollgremium der Gesellschaft zu übertragen, womit eine Entmachtung der Gesellschafter einhergeht. So ist lediglich der Aufsichtsrat und sind nicht die Gesellschafter zuständig zur Abberufung eines Vorstandsmitglieds. Auch über den Jahresabschluss beschließen nicht die Gesellschafter, wie dies im französischen und englischen Recht der Fall ist, sondern der Aufsichtsrat als Kontrollgremium der Aktiengesellschaft.

Die vorliegende Untersuchung hat weiterhin gezeigt, dass zur Kontrolle der Geschäftsführung in den verschiedenen Gesellschaftsformen unterschiedliche Kontrollmechanismen bereitstehen. So dienen der Überwachung der Geschäftsführung in allen untersuchten Rechtsordnungen Informationsrechte, die die Grundlage für die sinnvolle Kontrolle durch die einzelnen Kontrollberechtigten - seien es Gesellschafter, Mitglieder von Kontrollgremien oder auch professionelle Prüfer bzw. staatliche Stellen - schaffen und denen damit grundlegende Bedeutung für die Kontrolle der Geschäftsführung zukommt. Des weiteren kennen die untersuchten Rechtsordnungen das Institut der Zustimmungsvorbehalte für bestimmte Geschäftsführungsmaßnahmen zugunsten verschiedener Kontrollberechtigter, insbesondere zugunsten der Gesellschafter und der Kontrollgremien. Sowohl das deutsche als auch das englische und das französische Gesellschaftsrecht sehen darüber hinaus die Abberufung der Geschäftsführer als Kontrollbefugnis und die Sonderprüfung der Geschäfte der Gesellschaft sowie die Prüfung der Rechnungslegung der Gesellschaft durch professionelle Prüfer vor.

Im Verlauf dieser Untersuchung konnten zahlreiche Gemeinsamkeiten der untersuchten Rechtsordnungen festgestellt und in Prinzipien zusammengefasst werden. Weitgehend unproblematisch war die Bildung gemeinsamer Prinzipien in den eher technischen Bereichen der Kontrolle der Geschäftsführung, wie beispielsweise im Bereich der Informationsrechte. Weniger einfach war die Formulierung gemeinsamer Prinzipien hingegen in denjenigen Bereichen, die eng mit den Grundprinzipien der jeweiligen Rechtsordnung verknüpft sind. So konnten hinsichtlich der Weisungsbefugnisse von Gesellschaftern gegenüber der Geschäftsführung keine gemeinsamen Prinzipien formuliert werden, weil das französische Gesellschaftsrecht Weisungsbefugnisse grundsätzlich nicht als Instrumente zur Kontrolle der Geschäftsführung bereitstellt. Das französische Recht nimmt hierbei den Begriff der Kontrolle wörtlich und gewährt den verschiedenen Beteiligten an einer Gesellschaft keine Gestaltungsbefugnisse im Hinblick auf Bereiche, die zum gesetzlich ausgewiesenen Zuständigkeitsbereich der Geschäftsführung gehören.

Schwierigkeiten traten bei der Prinzipienbildung des weiteren vor allem hinsichtlich der Kontrolle der Geschäftsführung durch Kontrollgremien auf. Dies ist darauf zurückzuführen, dass die untersuchten Rechtsordnungen zwei verschiedene Organisationsformen der Kapitalgesellschaft kennen: die dualistische Organisationsform, in der die Geschäftsführung und die Kontrolle der Geschäftsführung in zwei institutionell getrennten Gremien organisiert ist, und die monistisch organisierten Kapitalgesellschaften, die über ein Leitungsgremium verfügen, in dem die Aufgaben der Geschäftsführung und der Überwachung der Geschäftsführung vereint sind. Zwar findet in der Praxis der monistischen Kapitalgesellschaften in den Leitungsgremien häufig eine Arbeitsteilung dahingehend statt, dass sich einige Mitglieder der Gremien auf die Geschäftsführung und andere auf die Kontrolle ihrer geschäftsführenden Kollegen beschränken mit der Folge, dass in beiden Organisationsformen eine „Gremienkontrolle“ stattfindet und sich das monistische System an die dualistische Organisationsform de facto annähert. Während diese Kontrolle im dualistischen System jedoch gesetzlich institutionalisiert ist, hängt sie im Rahmen des monistischen Systems von der jeweiligen Ausgestaltung der Organisation des Leitungsgremiums ab. Auch wenn in der Literatur immer wieder betont wird, dass die beiden Organisationsformen der Kapitalgesellschaft von ihrer Kontrolleffizienz her vergleichbar seien und nun das verabschiedete Statut für die Europäische Aktiengesellschaft entsprechend beide Organisationsformen zur Wahl stelle[1146], ist im Rahmen der Feststellung gemeinsamer Rechtsprinzipien zunächst einmal der rechtliche status quo von Interesse, der in den einzelnen Rechtsordnungen vorzufinden ist. Danach ist festzuhalten, dass die verschiedenen Ausgestaltungen der Kontrolle der Geschäftsführung durch Kontrollgremien nach wie vor von unterschiedlichen Ansätzen ausgehen. Diese Ansätze spiegeln in besonderem Maße Grundsätze der verschiedenen Rechtsordnungen wider: starke Regulierung auf der deutschen und in noch stärkerem Ausmaße auf der französischen Seite, umfassende Gestaltungsfreiheit auf der englischen Seite.

Von vornherein nicht möglich war die Bildung gemeinsamer Prinzipien im Bereich der Kontrolle der Geschäftsführung durch staatliche Stellen, da lediglich das englische Kapitalgesellschaftsrecht eine staatliche Kontrolle in weitem Maße vorsieht. Angesichts der Tatsache, dass sich das englische Recht ansonsten stets am Grundsatz der Vertragsfreiheit ausspricht, verwundert die Existenz zwingender staatlicher Kontrolle im Gesellschaftsrecht. Sie erklärt sich jedoch möglicherweise gerade als Reaktion auf das hohe Maß an

[1146] So auch *Hommelhoff/Teichmann*, SZW 2002, 1, 5.

Vertragsfreiheit, das die englische Rechtsordnung grundsätzlich und auch im Gesellschaftsrecht bereit hält.

Die vorliegende Untersuchung hat alles in allem gezeigt, dass die Feststellung gemeinsamer Prinzipien des Personen- und Kapitalgesellschaftsrechts europäischer Rechtsordnungen in weiten Teilen möglich ist und die Gesellschaftsrechte der untersuchten Rechtsordnungen zahlreiche Gemeinsamkeiten aufweisen. Dies stimmt optimistisch im Hinblick auf zukünftige rechtsvereinheitlichende Projekte auf europäischer Ebene. Hierbei ist jedoch zu berücksichtigen, dass sich die hier erarbeiteten gemeinsamen Prinzipien lediglich auf die Rechtsordnungen Deutschlands, Frankreichs und Englands stützen. Diese drei Rechtsordnungen können zwar grundsätzlich als Repräsentanten des germanischen, romanischen und angelsächsischen Rechtskreises betrachtet werden und decken damit weite Bereiche der Europäischen Union ab. Für eine verallgemeinerungsfähige Prinzipienbildung wäre darüber hinaus jedoch zumindest die Berücksichtigung des skandinavischen Rechtskreises sowie der Rechtsordnungen der osteuropäischen Beitrittsländer erforderlich. Die Tatsache, dass die Bildung gemeinsamer Prinzipien im Verlauf dieser Untersuchung möglich war, lässt daher noch keine endgültige Aussage darüber zu, ob sich dieser Befund auch dann bestätigen lässt, wenn weitere Mitgliedstaaten der Europäischen Union - idealerweise sämtliche Mitgliedstaaten - berücksichtigt werden. Anlass zur Hoffnung gibt insoweit die erfolgreiche Ausarbeitung gemeinsamer Prinzipien im Vertragsrecht durch die Lando-Kommission. Ihr gilt es in weiteren rechtsvergleichenden Arbeiten zum europäischen Gesellschaftsrecht nachzueifern.

2. Abschnitt: Gemeinsame Prinzipien

§ 1 Kontrolle durch die Gesellschafter

A. Informationsrechte

I. Existenz und Rechtsgrundlage der Informationsrechte

Die Gesellschafter von Personen- und Kapitalgesellschaften sind gegenüber der Geschäftsführung ihrer Gesellschaft informationsberechtigt.

1. Einsichtsrechte

Die Gesellschafter verfügen über gesetzliche Einsichtsrechte gegenüber der Gesellschaft[1147].

2. Auskunftsrechte

Die Gesellschafter sind gegenüber der Gesellschaft auskunftsberechtigt. Die Auskunftsrechte ergeben sich entweder aus einer ausdrücklichen gesetzlichen Regelung bzw. aus allgemeinen Rechtsgrundsätzen (common law) oder einer entsprechenden Rechtsfortbildung durch die Gerichte.

> Im französischen Gesellschaftsrecht sowie im deutschen Kapitalgesellschaftsrecht ergeben sich die Auskunftsrechte der Gesellschafter aus ausdrücklichen gesetzlichen Vorschriften[1148]. Das deutsche Personengesellschaftsrecht spricht hingegen lediglich von den Einsichtsrechten des Gesellschafters. Nach der Rechtsprechung ist jedoch anerkannt, dass ein Personengesellschafter ausnahmsweise neben der Einsicht auch Auskunft von der Geschäftsführung verlangen kann, wenn andernfalls seine hinreichende Information über die Angelegenheiten der Gesellschaft nicht gewährleistet ist.

[1147] Die Einsichtsrechte der Gesellschafter sind für die deutschen Personengesellschaften geregelt in § 716 (1) BGB bzw. §§ 118 (1), 166 (1), (3) HGB, für die GmbH in § 51a GmbHG und für die AG in § 175 (2) AktG. Im französischen Recht sehen Art. 1855 CC für die SC, Artt. 221-7, 221-8 CCom für die SNC, Art. 222-7 CCom für die SCS, Art. 223-26 (2), (4) für die SARL und Artt. 225-115, 225-116, 225-117 CCom für die SA die Einsichtsrechte der Gesellschafter vor. Entsprechende gesetzliche Einsichtsrechte regelt das englische Personengesellschaftsrecht in sec. 24 (9), 28 PA 1890 und in sec. 6 (1) LPA 1907. Für die Gesellschafter einer *public* oder *private company* ergeben sich allgemeine Einsichtsrechte aus sec. 238 (1), 239 (1) CA 1985. Weitere spezielle Einsichtsrechte ergeben sich aus sec. 19 (1), 318 (7), 319 (5) CA 1985.

[1148] Art. 1855 CC (SC); Art. 221-8 CCom (SNC); Art. 222-7 CCom (SCS); Artt. 223-26 (3), 223-36 CCom (SARL); Artt. 225-232, 225-108 (3) CCom (SA); § 51a GmbHG (GmbH); § 131 (1) AktG.

Für die englischen Kapitalgesellschaften existieren ebenfalls keine entsprechenden gesetzlichen Vorschriften. Im *common law* ist jedoch anerkannt, dass die Gesellschafter einer *company* in den Gesellschafterversammlungen berechtigt sind, Fragen an die Geschäftsführung zu richten. Für die Personengesellschafter ergibt sich die Auskunftsberechtigung aus den umfassenden Informationspflichten, die den Gesellschaftern zueinander obliegen.

II. Persönliche Voraussetzungen der Informationsrechte

1. Gesellschafterstellung

Die Informationsrechte knüpfen an die Gesellschafterstellung an: sie beginnen mit dem Eintritt des Gesellschafters in die Gesellschaft und enden mit seinem Ausscheiden aus der Gesellschaft.

2. Umfang der Beteiligung an der Gesellschaft

Die individuellen Informationsrechte stehen jedem Gesellschafter unabhängig vom Umfang seiner Beteiligung an der Gesellschaft zu.

Eine Ausnahme hiervon kennt das Recht der SA. So gewährt Art. 225-232 CCom den Gesellschaftern einer SA, die mindestens fünf Prozent der Anteile an der Gesellschaft halten, unter bestimmten Voraussetzungen ein besonderes Fragerecht gegenüber der Geschäftsführung.

III. Umfang der Informationsrechte

1. Umfang des Einsichtsrechts

a) Gegenstand der Einsichtnahme

Die Personengesellschafter sind befugt, sämtliche Unterlagen der Gesellschaft einzusehen, die über die Geschäftsvorgänge in der Gesellschaft Auskunft geben können.

Die Kapitalgesellschafter sind zur Einsichtnahme in den Jahresabschluss (comptes annuels, annual accounts) sowie in die Berichte der Leitungs- und Überwachungsorgane der Gesellschaft berechtigt.

Die Gesellschafter einer Personengesellschaft haben weiterreichende Einsichtsrechte in die Unterlagen der Gesellschaft als die Gesellschafter einer Kapitalgesellschaft.

Etwas anderes gilt lediglich für die Gesellschafter einer GmbH, denen gemäß § 51 a (1) GmbHG ein umfassendes Einsichtsrecht gegenüber der Geschäftsführung zusteht.

b) Einsichtnahme in elektronisch verarbeitete Daten

Die Gesellschafter sind neben der Einsicht in herkömmliche Daten auch zur Einsichtnahme in elektronisch erfasste Geschäftsdaten befugt.

c) Bezugszeitraum der einzusehenden Unterlagen

Das Einsichtsrecht der Personen- und Kapitalgesellschafter bezieht sich auf die Unterlagen des laufenden Geschäftsjahrs sowie der vorherigen Geschäftsjahre.

2. Umfang des Auskunftsrechts

Die Auskunftsrechte der Personengesellschafter beziehen sich auf sämtliche Angelegenheiten, die die Geschäftsführung der Gesellschaft betreffen.

Die Kapitalgesellschafter können im Vorfeld bzw. während einer Gesellschafterversammlung Fragen an die Geschäftsführung richten, die einen Bezug zu den in der Versammlung zu behandelnden Gegenständen aufweisen.

Keine derartigen Einschränkungen weist das Auskunftsrecht des GmbH-Gesellschafters auf. Dieser kann vielmehr sämtliche Fragen an die Geschäftsführung richten, die einen Bezug zu den Angelegenheiten der Gesellschaft aufweisen.

IV. Modalitäten der Ausübung

1. Zeitpunkt und Häufigkeit der Ausübung

Die Gesellschafter einer Personengesellschaft können grundsätzlich frei über den Zeitpunkt der Ausübung ihrer Informationsrechte entscheiden.

Etwas anderes gilt für das ordentliche Informationsrecht des Kommanditisten einer KG, das lediglich im zeitlichen Zusammenhang mit der Erstellung des Jahresabschlusses geltend gemacht werden kann.
Die französischen Personengesellschafter können zwar frei über den Zeitpunkt der Ausübung ihrer Informationsrechte entscheiden, diese jedoch nur ein- bzw. zweimal jährlich geltend machen.

Die Informationsrechte der Kapitalgesellschafter können grundsätzlich nur innerhalb eines beschränkten Zeitraums im Vorfeld bzw. in der Gesellschafterversammlung geltend gemacht werden.

2. Ort der Ausübung

Die Einsichtnahme in die Originalunterlagen der Gesellschaft erfolgt am Sitz der Gesellschaft. Die einzusehenden Unterlagen dürfen grundsätzlich nicht aus den Räumen der Gesellschaft entfernt werden, es sei denn der Gesellschafter ist über einen längeren Zeitraum hinweg an der Einsichtnahme in den Gesellschaftsräumen gehindert.

Im Kapitalgesellschaftsrecht werden den Gesellschaftern üblicherweise von vornherein Kopien der einzusehenden Unterlagen oder auch zusammenfassende Berichte über die Lage der Gesellschaft zugesandt.

3. Anfertigung von Kopien

Die ihnen zustehenden Einsichtsrechte berechtigen Personengesellschafter, Kopien von den eingesehenen Unterlagen zu erstellen.

4. Hinzuziehung Dritter zur Ausübung der Informationsrechte

a) Rechtsgeschäftliche Vertretung

Die Gesellschafter einer Gesellschaft, deren Anteile am öffentlichen Kapitalmarkt gehandelt werden können, sind befugt, sich bei der Ausübung ihrer Informationsrechte vertreten zu lassen.

Für die übrigen Gesellschaftsformen bestehen insoweit keine einheitlichen Regelungen. Während das englische Recht die Zulässigkeit der Vertretung bei der Ausübung der Informationsrechte bejaht, lehnen das deutsche und französische Recht die Vertretung mit Blick auf die Höchstpersönlichkeit der Informationsrechte und auf das schutzwürdige Interesse der Gesellschaft an der Wahrung ihrer Geschäftsgeheimnisse ab.

b) Hinzuziehung eines Sachverständigen

Gesellschafter können zur Ausübung ihrer Informationsrechte einen Sachverständigen hinzuziehen. Zum Schutz berechtigter Geheimhaltungsinteressen der Gesellschaft sind die Gesellschafter entweder in der Auswahl der Person des Sachverständigen von vornherein auf eine Gruppe besonders vertrauenswürdiger Personen beschränkt oder der Gesellschaft steht im Einzelfall das Recht zu, einen bestimmten Sachverständigen abzulehnen.

Das deutsche Gesellschaftsrecht erlaubt dem Gesellschafter zur Ausübung seiner Informationsrechte die Hinzuziehung eines berufsmäßig zur Verschwiegenheit verpflichteten Sachverständigen. In Frankreich ist der Gesellschafter auf die Auswahl von

Sachverständigen beschränkt, die in den offiziellen Gerichtslisten genannt werden. Im englischen Gesellschaftsrecht steht den Gesellschaftern im Einzelfall die Möglichkeit offen, vernünftige Einwände gegen die Person des Sachverständigen zu erheben.

V. Missbrauchsverbot/Gesellschaftsrechtliche Treuepflicht als Schranke der Informationsrechte

Die Informationsrechte der Gesellschafter dürfen nicht offensichtlich missbräuchlich ausgeübt werden.

Das allgemeine Verbot missbräuchlicher Rechtsausübung wird im deutschen Gesellschaftsrecht durch die gesellschaftsrechtliche Treuepflicht verstärkt, die den Gesellschaftern im Verhältnis zueinander obliegt. Im französischen Recht gilt das Verbot des *abus de droit*, im englischen Recht wird die gesellschaftsrechtliche Treuepflicht unter den Stichworten der *duty of good faith* sowie der *fiduciary duties* diskutiert.

VI. Beschränkung, Ausschluss und Erweiterung der Informationsrechte im Vertrag oder in der Satzung der Gesellschaft

1. Beschränkung und Ausschluss der Informationsrechte

Die Informationsrechte der Kapitalgesellschafter sind unabdingbar.

Für das Personengesellschaftsrecht der drei untersuchten Rechtsordnungen lässt sich zur Frage der Beschränk- und Augschließbarkeit der Informationsrechte kein gemeinsames Prinzip bilden. Während die Informationsrechte in Frankreich grundsätzlich (Art. 1855 CC) und in Deutschland dann unabdingbar sind, wenn der Verdacht unredlicher Geschäftsführung besteht (§ 716 (2) BGB, § 118 (2) HGB), geht das englische Personengesellschaftsrecht von der vollständigen Abdingbarkeit der Informationsrechte aus (sec. 19 PA 1890).

2. Erweiterung der Informationsrechte

Die Informationsrechte der Gesellschafter können in Vertrag oder Satzung der Gesellschaft erweitert werden.

Etwas anderes gilt wegen des Grundsatzes der Satzungsstrenge des deutschen Aktienrechts für die Informationsrechte des Aktionärs (§ 23 (5) AktG).

VII. Durchsetzung der Informationsrechte

1. Einklagbarkeit

Die Informationsrechte der Gesellschafter können klageweise durchgesetzt werden.

2. Schadensersatzansprüche des nicht oder falsch informierten Gesellschafters

Werden einem Gesellschafter die ihm zustehenden Informationen verweigert oder werden ihm falsche Informationen erteilt, so ist er gegenüber der Gesellschaft schadensersatzberechtigt.

3. Strafandrohung zu Lasten des informationsverpflichteten Geschäftsführers

Die Verletzung der Informationsrechte der Personengesellschafter ist grundsätzlich nicht mit Strafe bedroht.

Lediglich das französische Gesellschaftsrecht spricht in Art. 16 D 67-236 für die SNC und SCS von der Möglichkeit, dem Geschäftsführer bei Verletzung der Informationsrechte die Zahlung einer Geldbuße (*amende)* aufzuerlegen.
Sowohl das deutsche als auch das englische Kapitalgesellschaftsrecht sanktionieren die Verletzung der gesetzlichen Gesellschafter-Informationsrechte mit strafrechtlichen Maßnahmen. Bis zur Gesetzesänderung in Frankreich im Mai 2001 stellte auch das französische Kapitalgesellschaftsrecht die Informationsrechtsverletzung unter Strafe. Nun drohen dem Geschäftsführer, der keine oder falsche Informationen an die Gesellschafter weiterleitet, lediglich Schadensersatzverpflichtungen. Somit lässt sich für das Kapitalgesellschaftsrecht ein gemeinsames Prinzip nicht (mehr) entwickeln.

B. Zustimmungsvorbehalte zugunsten der Gesellschafter

I. Existenz und Rechtsgrundlage gesetzlicher Zustimmungsvorbehalte

1. Personengesellschaften

Ist in einer Personengesellschaft die Geschäftsführungsbefugnis auf einen oder mehrere Gesellschafter unter Ausschluss der übrigen Gesellschafter übertragen, so stehen den nicht geschäftsführungsbefugten Gesellschaftern keine gesetzlichen Zustimmungsrechte hinsichtlich gewöhnlicher Maßnahmen der Geschäftsführung zu. Hingegen bedürfen ungewöhnliche Geschäftsführungsmaßnahmen sowie Insichgeschäfte der Geschäftsführer grundsätzlich der Zustimmung der Gesellschafter.

2. *Kapitalgesellschaften*

a) Allgemeines

Das AktG sieht für besonders bedeutende Maßnahmen der Geschäftsführung (Verpflichtung der Aktiengesellschaft zur Übertragung des ganzen Gesellschaftsvermögens, § 179a (1) AktG) die Zustimmung der Gesellschafter vor. Des weiteren besteht für besonders wichtige Maßnahmen der Geschäftsführung, die in die Mitgliedsrechte der Aktionäre eingreifen, ein ungeschriebener Zustimmungsvorbehalt zugunsten der Gesellschafter[1149]. Entsprechendes gilt für außergewöhnliche Maßnahmen der Geschäftsführung im Recht der GmbH. Hingegen kennen das französische wie auch das englische Kapitalgesellschaftsrecht - abgesehen von dem unter b) aufgeführten Sonderfall der Insichgeschäfte eines Geschäftsführers - keine Zustimmungsvorbehalte zugunsten der Gesellschafter.

b) Insichgeschäfte eines Geschäftsführers

Zum Abschluss von Eigengeschäften zwischen sich selbst und der Gesellschaft ist der Geschäftsführer einer Kapitalgesellschaft ohne Zustimmung der Gesellschafter bzw. eines Kontrollgremiums nicht befugt.

II. Zulässigkeit gesellschaftsvertraglicher bzw. satzungsmäßiger Zustimmungsvorbehalte

Zugunsten der Gesellschafter können Zustimmungsvorbehalte hinsichtlich bestimmter Maßnahmen der Geschäftsführung im Gesellschaftsvertrag bzw. in der Satzung der Gesellschaft verankert werden.

Dies gilt aufgrund des in § 23 (5) AktG verankerten Grundsatzes der Satzungsstrenge nicht für die deutsche AG. An Stelle von satzungsmäßigen Zustimmungsvorbehalten zugunsten der Gesellschafter können bzw. müssen nunmehr dem Aufsichtsrat einer AG Zustimmungsrechte hinsichtlich bestimmter Maßnahmen der Geschäftsführung eingeräumt werden (§ 111 (4) Satz 2 AktG)[1150]. Für die französische SA ist der Gestaltungsspielraum hinsichtlich der Erweiterung der Befugnisse der Gesellschafter gegenüber der Geschäftsführung als gering einzustufen. Seit der Entscheidung *Motte* des französischen Kassationshofes ist nämlich anerkannt, dass die gesetzliche Organisation

---

[1149] *BGH*, Urteil v. 25. 2. 1982, BGHZ 83, 122 (Holzmüller).

[1150] Durch Art. 1 Nr. 9 des TrPublG vom 19. 07. 2002, BGBl. I, Seite 2681 ff. sind die im bisherigen § 111 (4) Satz 2 AktG enthaltenen fakultativen Zustimmungsvorbehalte zugunsten des Aufsichtsrats in zwingende Zustimmungsrechte umgewandelt worden.

der SA nicht beliebig verändert werden kann und die gesetzlich zugewiesene Leitungsmacht der Geschäftsführungsorgane nicht beschnitten werden darf[1151].

III. Wirkungen von Zustimmungsvorbehalten

1. Personengesellschaften

Soweit Gesetz oder Vertrag Zustimmungsvorbehalte zugunsten der Gesellschafter einer Personengesellschaft vorsehen, entfalten diese grundsätzlich keine Außenwirkungen gegenüber Dritten, die in Unkenntnis dieser Zustimmungsvorbehalte Verträge mit der Gesellschaft abschließen.

Einzige Ausnahme bildet die GbR, in der gemäß § 714 BGB Vertretungsmacht und Geschäftsführungsbefugnis parallel laufen, soweit nicht ausnahmsweise die Rechtsscheinstatbestände der Anscheins- und Duldungsvollmacht eingreifen.

Der Geschäftsführer einer Personengesellschaft, der eine zustimmungsbedürftige Maßnahme der Geschäftsführung ohne Zustimmung oder trotz verweigerter Zustimmung der Gesellschafter ausführt, haftet der Gesellschaft bzw. den Gesellschaftern auf Schadensersatz.

2. Kapitalgesellschaften

Gesetzliche Zustimmungsvorbehalte zugunsten der Gesellschafter einer Kapitalgesellschaft wirken grundsätzlich im Außenverhältnis der Gesellschaft.

In der Satzung verankerte Zustimmungsvorbehalte zugunsten der Gesellschafter hinsichtlich bestimmter Maßnahmen der Geschäftsführung entfalten keine Wirkungen gegenüber gutgläubigen Dritten.

IV. Sonderfall der Feststellung des Jahresabschlusses (*comptes annuels, annual accounts*) durch die Gesellschafter

1. Personengesellschaftsrecht

Die Gesellschafter einer Personengesellschaft entscheiden durch einstimmigen Beschluss über die Feststellung des Jahresabschlusses (*comptes annuels, annual accounts*).

[1151] *Cass. com* 4. 6. 1946, JCP 1947 II, 3518 note *Bastian.*

2. *Kapitalgesellschaftsrecht*

Im Kapitalgesellschaftsrecht lässt sich zur Feststellung des Jahresabschlusses durch die Gesellschafter ein gemeinsames Prinzip nicht formulieren. So entscheiden in der GmbH, in der SARL und der SA die Gesellschafter über die Feststellung des Jahresabschlusses bzw. der *comptes annuels*[1152]. In der AG ist die Entscheidung über den Jahresabschluss den Gesellschaftern nur dann zugewiesen, wenn Vorstand und Aufsichtsrat die Übertragung dieser Zuständigkeit auf die Hauptversammlung beschließen oder der Aufsichtsrat die Billigung des Jahresabschlusses ablehnt (§§ 172, 173 AktG). Nach englischem Recht sind die Gesellschafter für die Feststellung der *annual accounts* vorbehaltlich einer anderslautenden Regelung in den *articles of association* ebenfalls grundsätzlich nicht zuständig.

C. Weisungsbefugnisse der Gesellschafter gegenüber der Geschäftsführung

I. Existenz gesetzlicher Weisungsrechte

Hinsichtlich der Frage, ob den Gesellschaftern der untersuchten Personen- und Kapitalgesellschaften Weisungsbefugnisse gegenüber der Geschäftsführung zustehen, lässt sich ein gemeinsames Prinzip nicht ermitteln. Überwiegend kennen die untersuchten Gesellschaftsformen Weisungsbefugnisse zugunsten der Gesellschafter nicht. Lediglich im Recht der GmbH und im englischen Personengesellschaftsrecht sind die Gesellschafter gegenüber ihren Geschäftsführern weisungsberechtigt. Im englischen Kapitalgesellschaftsrecht bestehen zudem Weisungsbefugnisse zugunsten der satzungsändernden Mehrheit der Gesellschafter.

II. Zulässigkeit gesellschaftsvertraglicher bzw. satzungsmäßiger Weisungsrechte der Gesellschafter

Ein gemeinsames Prinzip der untersuchten Rechtsordnungen ergibt sich zu der Frage nach der Zulässigkeit gesellschaftsvertraglicher bzw. satzungsmäßiger Weisungsbefugnisse nicht. Zwar geht das deutsche Recht mit Ausnahme des Aktienrechts grundsätzlich von der Zulässigkeit gesellschaftsvertraglicher bzw. satzungsmäßiger Weisungsrechte aus. Jedoch lehnt das französische Gesellschaftsrecht derartige Weisungsbefugnisse grundsätzlich ab. Auch das englische Kapitalgesellschaftsrecht sieht die Verankerung von Weisungsbefugnisse in den *articles of association* zugunsten der einfachen Mehrheit der Gesellschafter als unzulässig an.

[1152] § 46 Nr. 1 GmbHG; Art. 223-26 (1) CCom (SARL); Art. 225-100 (3) CCom (SA).

III. Wirkungen von Weisungsbefugnissen der Gesellschafter

Soweit Vertrag oder Satzung der Gesellschaft Weisungsrechte der Gesellschafter gegenüber der Geschäftsführung vorsehen, entfalten Anweisungen der Gesellschafter keine Wirkungen gegenüber gutgläubigen Dritten.

Einzige Ausnahme bildet die GbR, in der gemäß § 714 BGB Vertretungsmacht und Geschäftsführungsbefugnis parallel laufen, soweit nicht ausnahmsweise die Rechtsscheinstatbestände der Anscheins- und Duldungsvollmacht eingreifen.

D. Die Beendigung der Geschäftsführerstellung durch die Gesellschafter

I. Beendigung der Geschäftsführerstellung durch Gesellschafterbeschluss

1. Existenz und Rechtsgrundlage

Die Gesellschafter einer Personen- oder Kapitalgesellschaft sind berechtigt, die Beendigung der Geschäftsführerstellung ihrer Geschäftsführer herbeizuführen.

Die Abberufung des Geschäftsführers erfolgt überwiegend unmittelbar durch einen entsprechenden Beschluss der Gesellschafter. Lediglich in der AG und in der klassischen SA ist die Entscheidung über die Abberufung der Vorstandsmitglieder bzw. des *directeur général* nicht der Hauptversammlung der Aktionäre, sondern dem Aufsichtsrat bzw. dem *conseil d'administration* zugewiesen[1153].

2. Voraussetzungen der Beendigung der Geschäftsführerstellung durch Gesellschafterbeschluss

a) Formelle Voraussetzungen

aa) Beschluss in der Gesellschafterversammlung

Die Gesellschafter einer Kapitalgesellschaft sind befugt, die Einberufung einer Gesellschafterversammlung sowie die Aufnahme eines Tagesordnungspunktes in die Tagesordnung der Gesellschafterversammlung gegen den Willen eines Geschäftsführers durchzusetzen. Diese Befugnis steht den Gesellschaftern insbesondere auch zu, wenn es sich um die Einberufung einer Gesellschafterversammlung oder die Aufnahme eines Tagesordnungspunktes in die Tagesord-

[1153] § 84 (3) AktG; Artt. 225-47 (3), 225-55 CCom.

nung zu dem Zweck handelt, die Abberufung eines Geschäftsführers herbeizuführen.

bb) Mehrheitsanforderungen an die Beschlussfassung

Die Abberufung des Geschäftsführers einer Personengesellschaft, der zugleich Gesellschafter ist, setzt grundsätzlich einen einstimmigen Beschluss der übrigen Gesellschafter voraus. Teilweise erfordert die Abberufung neben dem Gesellschafterbeschluss eine entsprechende gerichtliche Entscheidung.

Abweichend hiervon genügt für die Abberufung des Geschäftsführers einer SC ein Mehrheitsbeschluss der Gesellschafter, an dem der betroffene geschäftsführende Gesellschafter auch teilnehmen darf (Art. 1851 (1) CC). Entsprechendes gilt für die englischen Personengesellschaften. Handelt es sich um die Abberufung eines Geschäftsführers, der bereits in den Statuten der Gesellschaft benannt worden ist, so ist für die Abberufung in der SCS ein Beschluss sämtlicher persönlich haftender Gesellschafter und der Mehrheit der beschränkt haftenden Gesellschafter ausreichend (Art. 222-9 (2) CCom).

Für die Abberufung des Geschäftsführers einer Kapitalgesellschaft und des Fremdgeschäftsführers einer Personengesellschaft ist ein Mehrheitsbeschluss der Gesellschafter ausreichend. Ist der abzuberufende Geschäftsführer zugleich Gesellschafter, ist er zur Teilnahme an der Beschlussfassung der Gesellschafter berechtigt.

Da ein betroffener Geschäftsführer, der zugleich Gesellschafter ist, auch hinsichtlich der Beschlussfassung über seine Abberufung stimmberechtigt ist, hat dieser gegebenenfalls die Möglichkeit, seine unfreiwillige Abberufung durch die Gesellschafter zu verhindern. Diese von den jeweiligen Umständen abhängende Möglichkeit wird in der englischen *company* zur Gewissheit, wenn in den *articles of association* den *directors* im Hinblick auf den Abberufungsbeschluss in der Gesellschafterversammlung überproportionale Stimmrechte verliehen werden, mit deren Hilfe sie ihre unfreiwillige Abberufung in jedem Fall verhindern können.

cc) Anhörung des betroffenen Geschäftsführers

Voraussetzung der rechtmäßigen Abberufung eines Geschäftsführers durch die Gesellschafter ist die vorherige Benachrichtigung und Anhörung des betroffenen Geschäftsführers.

b) Materielle Voraussetzungen

Das Fehlen besonderer Abberufungsgründe in der Person des betroffenen Geschäftsführers führt entweder zur Unwirksamkeit der Abberufung (deutsche

Lösung) oder zu Schadensersatzansprüchen des abberufenen Geschäftsführers (französische Lösung).

II. Beendigung der Geschäftsführerstellung durch den einzelnen Gesellschafter

Ist dem Geschäftsführer einer Gesellschaft schweres Fehlverhalten vorzuwerfen, so ist auch der einzelne Gesellschafter berechtigt, die Abberufung des Geschäftsführers herbeizuführen.

Ausdrücklich sprechen lediglich das Recht der SC und der SARL von der Befugnis des einzelnen Gesellschafters, bei Gericht einen Antrag auf Abberufung eines Geschäftsführers zu stellen[1154]. Darüber hinaus werden den einzelnen Gesellschaftern von SNC und SCS entsprechende Befugnisse zuerkannt. Das deutsche sowie das englische Personengesellschaftsrecht geben dem einzelnen Gesellschafter hingegen nur mittelbare und komplizierte Mittel an die Hand, eine Abberufung des Geschäftsführers oder jedenfalls eine Beschränkung seiner Befugnisse herbeizuführen. Der einzelne Gesellschafter kann bei entsprechendem Fehlverhalten des Geschäftsführers Klage gegen seine Mitgesellschafter auf Abgabe ihrer Zustimmungserklärung zur Abberufung des Geschäftsführers erheben. Der englische Personengesellschafter kann die Einsetzung eines *receiver* beantragen, was jedoch in bestehenden Personengesellschaft nur selten und bei einem entsprechenden Fehlverhalten des Geschäftsführers gerichtlich angeordnet wird.

III. Wirkungen der Abberufung eines Geschäftsführers durch die Gesellschafter

1. Auflösung der Gesellschaft

Die Abberufung des Geschäftsführers einer Gesellschaft führt nicht zur Auflösung der Gesellschaft.

2. Verlust der Rechtsmacht des Geschäftsführers

Die Abberufung des Geschäftsführers kann außerhalb der Gesellschaft stehenden Personen erst nach ordnungsgemäßer Bekanntmachung entgegengehalten werden.

[1154] Art. 1851 (2) CC (SC); Art. 223-25 (2) CCom (SARL).

IV. Abdingbarkeit der Abberufungskompetenz der Gesellschafter

Das Verfahren und die Voraussetzungen der Beendigung der Geschäftsführerstellung durch die Gesellschafter stehen zur Disposition der Gesellschafter. Ein vollständiger Verzicht auf das Recht, den Geschäftsführer einer Gesellschaft abzuberufen, ist jedoch grundsätzlich nicht möglich.

Jedoch lässt sich im englischen Kapitalgesellschaftsrecht faktisch ein vollständiger Schutz der *directors* gegen eine unfreiwillige Beendigung ihrer Geschäftsführerstellung dadurch herbeiführen, dass in den *articles of association* den *directors* hinsichtlich des Abberufungsbeschlusses überproportionale Stimmrechte eingeräumt werden.

V. Schadensersatz- und Abfindungsansprüche des abberufenen Geschäftsführers

Die Abberufung eines Geschäftsführers führt nicht automatisch zur Beendigung des Dienstvertrages, der zwischen dem Geschäftsführer und der Gesellschaft besteht. Liegt kein Kündigungsgrund in der Person des Geschäftsführers vor, so behält dieser trotz Beendigung seiner Geschäftsführerstellung die aus dem Dienstvertrag resultierenden Lohn- und Schadensersatzansprüche gegenüber der Gesellschaft bis zur Beendigung des Dienstvertrages.

E. Herbeiführung einer Prüfung der Geschäfte der Gesellschaft durch professionelle Prüfer (Sonderprüfung)

I. Existenz und Rechtsgrundlage der Sonderprüfung in den verschiedenen Kapitalgesellschaften

In den Kapitalgesellschaften besteht die Möglichkeit einer besonderen Prüfung der Angelegenheiten der Gesellschaft durch professionelle Prüfer.

Die Sonderprüfung der Gesellschaft durch Wirtschaftsprüfer ergibt sich für die AG sowie für die GmbH unmittelbar aus bzw. in Analogie zu den §§ 142 ff. AktG. Im französischen Kapitalgesellschaftsrecht ist die Prüfung der Geschäfte der Gesellschaft durch professionelle Prüfer (die *commissaires aux comptes)* in den Art. 223-37 (1) und Art. 225-131 CCom geregelt. Das englische Pendant ergibt sich aus den sec. 431 ff. CA 1985. Danach erfolgt die Prüfung der Gesellschaftsangelegenheiten durch den *Secretary of State* und die von ihm beauftragten Prüfer.

II. Herbeiführung der Sonderprüfung durch Gesellschafterbeschluss

Die Gesellschafter einer Kapitalgesellschaft sind befugt, durch Mehrheitsbeschluss eine Sonderprüfung der Angelegenheiten der Gesellschaft herbeizuführen.

Das deutsche Gesellschaftsrecht stellt für die Herbeiführung einer Sonderprüfung durch einen entsprechenden Antrag der Gesellschafter keine weiteren Voraussetzungen auf. Hingegen macht das englische Recht die erfolgreiche Beantragung einer Sonderprüfung beim *Secretary of State* vom Vorliegen von *good reasons* abhängig. Im Recht der SA ist die Sonderprüfung nach der *LNRE* vom 15. 5. 2001 nunmehr als zweistufiges Verfahren ausgestaltet (Art. 225-231 CCom). In einem ersten Schritt steht den Gesellschaftern ein besonderes Fragerecht gegenüber dem Vorsitzenden des *conseil d'administration* (in der klassischen SA) bzw. gegenüber dem *directoire* (in der dualistischen SA) zu. Werden diese Fragen den Gesellschaftern nicht innerhalb eines Monats oder nicht zufriedenstellend beantwortet, so können die Gesellschafter in einem zweiten Schritt bei Gericht die Einsetzung von Sachverständigen zur Prüfung der Geschäftsführungsmaßnahmen beantragen.

III. Herbeiführung der Sonderprüfung durch den einzelnen Gesellschafter

Ein oder mehrere Kapitalgesellschafter, die zusammen mindestens zehn Prozent des Gesellschaftskapitals halten, sind befugt, eine Sonderprüfung der Geschäfte der Gesellschaft herbeizuführen.

Die erforderlich Anteilsquote von zehn Prozent des Gesellschaftskapitals ist für die SA durch die *LNRE* vom 15. 5. 2001 auf fünf Prozent gesenkt worden. Darüber hinausgehend empfiehlt die deutsche Regierungskommission Corporate Governance die Senkung der erforderlichen Quote auf ein Prozent oder eine Beteiligung in Höhe von 100000 Euro.

F. Personalkompetenz der Gesellschafter hinsichtlich des Abschlussprüfers

I. Bestellung des Abschlussprüfers

Die Bestellung der Abschlussprüfer erfolgt für die Dauer von mindestens einem Jahr durch Gesellschafterbeschluss, der in Personengesellschaft einstimmig und in Kapitalgesellschaften mit Stimmenmehrheit gefasst wird.

Im französischen Gesellschaftsrecht erfolgt die Bestellung der *commissaires aux comptes* durch die Gesellschafter für einen Zeitraum von sechs Jahren[1155], während das deut-

[1155] Art. 223-38 (1) CCom (SARL); Art. 225-229 (1) CCom (SA).

sche sowie auch das englische Gesellschaftsrecht die jährliche Bestellung des Abschlussprüfers vorsehen.

II. Abberufung des Abschlussprüfers

Die Gesellschafter sind berechtigt, die Abberufung eines Abschlussprüfers herbeizuführen.

III. Bestellung und Abberufung des Abschlussprüfers durch den einzelnen Gesellschafter

Während das deutsche sowie das englische Gesellschaftsrecht dem einzelnen Gesellschafter einer Personen- oder Kapitalgesellschafter keinerlei Befugnisse hinsichtlich der Bestellung oder Abberufung eines Abschlussprüfers gewährt, sieht das französische Recht entsprechende Minderheitenrechte vor[1156].

[1156] Artt. 221-9 (3), 223-39 (1), 225-229 (3), 225-230 (1), 225-233 (1) CCom.

§ 2 Kontrolle der Geschäftsführung durch Kontrollgremien

I. Existenz von Kontrollgremien

Personengesellschaften weisen keine obligatorischen Kontrollgremien zur Überwachung der Geschäftsführung auf. In allen Personengesellschaften besteht die Möglichkeit, ein solches Kontrollgremium durch Gesellschafterbeschluss einzurichten. Diesem Kontrollgremium können die Kontrollbefugnisse der durch das Gremium repräsentierten Gesellschafter zur Ausübung übertragen werden.

Die Geschäftsführung einer Kapitalgesellschaft, deren Anteile einem Börsenhandel zugänglich sind, ist einer in den einzelnen Rechtsordnungen unterschiedlich ausgestalteten Gremienkontrolle unterworfen. Die Kontrollbefugnisse können dem jeweiligen Kontrollgremium als ausschließliche oder neben den Gesellschaftern als konkurrierende Befugnisse zustehen.

Im deutschen Aktienrecht sowie im Recht der dualistisch organisierten SA existieren in Gestalt des Aufsichtsrats bzw. des *conseil de surveillance* klassische Kontrollgremien, denen durch Gesetz die Aufgabe zugewiesen ist, die Geschäftsführung einer Gesellschaft zu überwachen[1157]. In der englischen Kapitalgesellschaft sind die Aufgaben der Leitung sowie der Kontrolle der Geschäftsführung hingegen in einem Gremium, dem *board of directors* vereint. Ähnlich stellt sich die klassische SA mit ihrem *conseil d'administration* dar, der gemäß Art. 225-35 (1) CCom über weitreichende Geschäftsführungs- und Überwachungsbefugnisse verfügt. In der Praxis weisen diese einheitlichen Leitungsgremien eine Unterteilung in geschäftsführende (*executive directors)* und überwachende (*non-executive directors)* Gremienmitglieder auf und nähern sich damit der dualistischen Organisation der Kapitalgesellschaft an, in der Geschäftsführung und Kontrolle organschaftlich getrennt sind.

II. Informationsrechte der Kontrollgremien

Die Mitglieder der Kontrollgremien sind gegenüber der zu kontrollierenden Geschäftsführung grundsätzlich umfassend informationsberechtigt.

Für die deutsche AG und für beide Formen der französischen SA existieren entsprechende gesetzliche Vorschriften in §§ 90, 111 (2) Satz 1 AktG bzw. in den Artt. 225-35 (2), 225-68 (3) CCom. Keine entsprechenden gesetzlichen Regelungen kennt hingegen das englische Kapitalgesellschaftsrecht. Es ist jedoch allgemein anerkannt, dass ein *director* zur Einsichtnahme in die Bücher der Gesellschaft befugt ist. So spricht auch der *Combined Code* von der Notwendigkeit einer umfassenden Informationsversorgung des board of directors.

[1157] § 111 (1) AktG; Artt. 225-58 (3), 225-68 (1) CCom.

III. Zustimmungsvorbehalte zugunsten der Kontrollgremien

1. Gesetzliche Zustimmungsvorbehalte

Das deutsche und das französische Aktienrecht sehen gesetzliche Zustimmungsvorbehalte zugunsten der Kontrollgremien für bestimmte Geschäftsführungsmaßnahmen vor. So setzt die Kreditgewährung an Vorstandsmitglieder die Genehmigung durch den Aufsichtsrat voraus (§ 89 (1) AktG). Für das französische Recht fordern die Artt. 225-35 (4), 225-68 (2) CCom die Zustimmung der Kontrollgremien für die Gewährung von bestimmten Sicherheiten durch die Geschäftsführer. Des weiteren besteht ein Zustimmungsvorbehalt zugunsten des *conseil d'administration* bzw. des *conseil de surveillance* für bestimmte Insichgeschäfte der Geschäftsführer, die sog. *conventions réglémentées*. Das englische Kapitalgesellschaftsrecht sieht hingegen keine gesetzlichen Zustimmungsvorbehalte zugunsten der kontrollierenden Mitglieder des *board of directors* vor, da es sich bei der Zweiteilung des *board of directors* in geschäftsführende und überwachende Mitglieder um eine Entwicklung der Praxis handelt.

2. Satzungsmäßige Zustimmungsvorbehalte

Die Satzung einer Kapitalgesellschaft kann hinsichtlich bestimmter Maßnahmen der Geschäftsführung Zustimmungsvorbehalte zugunsten der Kontrollgremien vorsehen, die jedoch ihre Wirkungen lediglich im Innenverhältnis der Gesellschaft entfalten.

IV. Weisungsrechte der Kontrollgremien

In dualistisch organisierten Kapitalgesellschaften sind Kontrollgremien gegenüber der Geschäftsführung nicht weisungsbefugt. In monistisch organisierten Kapitalgesellschaften ist eine Weisungsgebundenheit der Geschäftsführung gegenüber den Leitungsgremien hingegen möglich.

Weisungsbefugnisse der Kontrollgremien gegenüber der Geschäftsführung einer Kapitalgesellschaft sind grundsätzlich ausgeschlossen, wenn durch die Erteilung von Weisungen in den gesetzlich zugewiesenen Aufgabenbereich der Geschäftsführung eingegriffen würde.

Entsprechende Weisungsbefugnisse können auch nicht durch Satzungsbestimmungen begründet werden.

Hinsichtlich der Existenz von Weisungsrechten der Kontrollgremien gegenüber der zu überwachenden Geschäftsführung verläuft eine Trennlinie zwischen den dualistisch und den monistisch organisierten Kapitalgesellschaften. So wird im deutschen Aktienrecht und im Recht der dualistisch organisierten SA eine Weisungsgebundenheit des Vorstands bzw. des *directoire* gegenüber den Kontrollgremien von vornherein abgelehnt und kann auch nicht in der Gesellschaftssatzung verankert werden. Die Aufgaben des Aufsichtsrats und des *conseil de surveillance* beschränken sich vielmehr auf die reine Überwachungstätigkeit. Im englischen Kapitalgesellschaftsrecht steht die Aufgabenverteilung zwischen *executive* und *non-executive directors* im *board of directors* grundsätzlich der freien Ausgestaltung durch die Gesellschafter offen. Danach ist es grundsätzlich auch möglich, Weisungsbefugnisse zugunsten der *non-executive directors* im *board* vorzusehen. Auch für die klassisch organisierte SA wird eine Weisungsgebundenheit des *directeur général* gegenüber dem *conseil d'adminstration* angenommen.

V. Abberufung der Geschäftsführer durch Kontrollgremien

1. Zuständigkeit der Kontrollgremien

Die Kontrollgremien von Kapitalgesellschaften sind grundsätzlich berechtigt, die Geschäftsführer der Gesellschafter abzuberufen.

In der AG und in der klassisch organisierten SA steht die Befugnis, die Geschäftsführer der Gesellschaft abzuberufen, ausschließlich und zwingend den jeweiligen Kontrollgremien zu. In der dualistisch organisierten SA sowie in der englischen *company* sind hingegen die Gesellschafter primär zuständig für die Abberufung der Geschäftsführer. Daneben können jedoch die Statuten dieser Gesellschaften die Befugnis der Kontrollgremien vorsehen, die Geschäftsführer abzuberufen (Art. 225-61 (1) Satz 1 CCom).

2. Voraussetzungen der Abberufung

Erfolgt die Abberufung des Geschäftsführers einer Kapitalgesellschaft durch das Kontrollgremium ohne Vorliegen eines wichtigen Grundes in der Person des betroffenen Geschäftsführers, so entfaltet die Abberufung keine Wirkungen oder sie führt zu Schadensersatzansprüchen des abberufenen Geschäftsführers.

VI. Prüfung und Feststellung des Jahresabschlusses durch Kontrollgremien

Die Prüfung des Jahresabschlusses obliegt in den untersuchten Kapitalgesellschaften primär professionellen Prüfern (dazu sogleich). Neben der Prüfung des Jahresabschlusses durch den Abschlussprüfer ist in der deutschen AG auch der Aufsichtsrat zuständig für die Überprüfung der Rechnungslegung (§ 171 (1) AktG). Ähnlich wie nach der deutschen Rechtslage prüft und billigt auch der englische *board of directors* bzw. dessen *audit committee* den von den zuständigen Geschäftsführern aufgestellten Jahresabschluss (Sec. 226 (1), 233 (1) CA 1985). Hingegen obliegt die Genehmigung (*l'approbation*) des Jahresabschlusses in den französischen Aktiengesellschaften nicht den Kontrollgremien, sondern den Gesellschaftern.

§ 3 Kontrolle durch professionelle Prüfer

A. Prüfungspflichtige Gesellschaften

I. Personengesellschaften

Hinsichtlich der Prüfungspflicht der verschiedenen Gesellschaften lässt sich ein gemeinsames Prinzip nicht bilden. Deutsche und Französische Personengesellschaften sind verpflichtet, ihre Rechnungslegung überprüfen zu lassen, soweit es sich um wirtschaftlich bedeutende Gesellschaften handelt[1158]. Hingegen kennt das englische Recht eine Prüfungspflicht für Personengesellschaften nicht.

II. Kapitalgesellschaften

Kapitalgesellschaften, deren Anteile einem Handel am öffentlichen Kapitalmarkt zugänglich sind, sind grundsätzlich unabhängig von ihrer wirtschaftlichen Bedeutung prüfungspflichtig. Für die übrigen Kapitalgesellschaften hängt die Prüfungspflicht von der wirtschaftlichen Bedeutung der Gesellschaften ab.

Eine Ausnahme vom zweiten Prinzip ergibt sich für die AG. Diese ist nicht unabhängig von ihrer wirtschaftlichen Bedeutung prüfungspflichtig; vielmehr nimmt § 267 (1) HGB kleine nicht börsennotierte Aktiengesellschaften von der Prüfungspflicht aus.

B. Informationsrechte der professionellen Prüfer

Die Rechnungsprüfer (Abschlussprüfer, *auditor, commissaire aux comptes)* sind gegenüber der zu prüfenden Gesellschaft umfassend informationsberechtigt. Sie sind zur Einsichtnahme in die Unterlagen der Rechnungslegung und zu weiteren Auskünften gegenüber den Mitarbeitern des zu prüfenden Unternehmens berechtigt. Die Informationsrechte der Rechnungsprüfer sind gegenüber der Gesellschaft durchsetzbar.

Werden dem deutschen Abschlussprüfer die begehrten Informationen zu Unrecht verweigert, so kann er die in § 320 HGB verankerten Informationsrechte grundsätzlich nicht gerichtlich gegenüber der Gesellschaft durchsetzen. Hingegen sind die französischen *commissaires aux comptes* sowie die englischen *auditors* befugt, die ihnen zustehenden Informationsrechte klageweise geltend zu machen. Sind die verweigerten Informationen für die Urteilsbildung des deutschen Abschlussprüfers im Hinblick auf den zu prüfenden Jahresabschluss wesentlich, so hat er immerhin die Möglichkeit, den Bestätigungsvermerk entsprechend einzuschränken oder gegebenenfalls die Erteilung des Bestätigungsvermerks abzulehnen und damit eine negative Öffentlichkeitswirkung hervorzurufen.

[1158] § 1 (1) PublG; Art. 221-9 (2) CCom; Art. 223-35 (2) CCom.

C. Prüfung des Jahresabschlusses und Erstellen des Prüfungsberichts

Der Abschlussprüfer, *auditor* bzw. *commissaire aux comptes* prüft den Jahresabschluss einer Gesellschaft auf seine Rechtmäßigkeit und daraufhin, ob er ein den tatsächlichen Verhältnissen der Gesellschaft entsprechendes Bild von der Vermögens-, Finanz- und Ertragslage der Gesellschaft vermittelt. Über das Ergebnis dieser Prüfung hat er den Gesellschaftern zu berichten.

§ 4 Kontrolle der Geschäftsführung durch staatliche Stellen

A. Personengesellschaften

Das Personengesellschaftsrecht kennt keine staatliche Kontrolle der Geschäftsführung von Gesellschaften.

B. Kapitalgesellschaften

Sowohl das deutsche als auch das französische Kapitalgesellschaftsrecht kennen keine staatliche Kontrolle der Geschäftsführung. Im englischen Kapitalgesellschaftsrecht übt der *Secretary of State* des *Department of Trade and Industry* staatliche Kontrolle hinsichtlich der Geschäftsführung von Kapitalgesellschaften aus. Zu diesem Zweck sind ihm verschiedene Kontrollbefugnissen an die Hand gegeben. Zum einen kann der *Secretary of State* von der Geschäftsführung einer Gesellschaft die Vorlage sämtlicher Geschäftsbücher und Unterlagen verlangen (sec. 447 CA 1985). Des weiteren kann er die Untersuchung der Geschäfte der Gesellschaft durch von ihm eingesetzte Prüfer anordnen (sec. 432 CA 1985). Weitere Kontrollbefugnisse des DTI bestehen in der Beantragung eines Berufsverbots für die Geschäftsführer einer Gesellschaft oder der Auflösung der Gesellschaft.

Literaturverzeichnis

Adams, John N., Agency, in: Lord Hailsham of St. Marylebone (Hrsg.): Halsbury's Laws of England, volume 1 (2), 4. Auflage London 1990

Adom, Kibalo, La révocation des dirigeants des sociétés commerciales, in: Rev. soc. 1998, Seite 487 - 520

Alexy, Robert, Theorie der Grundrechte, Frankfurt a. M. 1986

Allvey, David, Corporate Governance in the United Kingdom, in: Scheffler, Eberhard (Hrsg.): Corporate Governance, Wiesbaden 1995, Seite 57 - 77

Aubert, Jean-Luc, La révocation des organes d'administration des sociétés commerciales, in: RTDcom 1968, Seite 977 - 997

Bachmann, Gregor, Geschlossene Gesellschaften in Europa, in: ZGR 2001, Seite 351 - 384

Baillod, Raymonde, La "juste motif" de révocation des dirigeants sociaux, in: RTDcom 1983, Seite 395 - 422

Bastian, Daniel / Germain, Michel (Hrsg.), Jura Europae - Das Recht der Länder der europäischen Gemeinschaft, Band II: Gesellschaftsrecht, München und Paris 1994

Baumbach, Adolf / Hueck, Alfred, GmbH-Gesetz, 17. Auflage München 2000

Baumbach, Adolf / Hopt, Klaus J. / Merkt, Hanno, Handelsgesetzbuch, 31. Auflage München 2003

Baumgärtner, Thomas, Rechtsformübergreifende Aspekte der gesellschaftsrechtlichen Treuepflicht im deutschen und anglo-amerikanischen Recht, Frankfurt a. M. 1990

Baums, Theodor, Der Aufsichtsrat - nützlich, schädlich, überflüssig?, Osnabrück 1994

Baums, Theodor, Empfiehlt sich eine Neuregelung des aktienrechtlichen Anfechtungs- und Organhaftungsrechts, insbesondere der Klagemöglichkeiten von Aktionären? Gutachten F für den 63. Deutschen Juristentag, in: Deutscher Juristentag (Hrsg.): Verhandlungen des dreiundsechzigsten Deutschen Juristentages Leipzig 2000, Band I Gutachten, München 2000

Baums, Theodor (Hrsg.), Bericht der Regierungskommission Corporate Governance. Unternehmensführung Unternehmenskontrolle Modernisierung des Aktienrechts, Köln 2001

Bea, Franz-Xaver / Scheurer, Steffen, Die Kontrollfunktion des Aufsichtsrats, in: DB 1994, Seite 2145 - 2152

Bea, Franz-Xaver / Scheurer, Steffen, Die Kontrolle bei der GmbH, in: DB 1995, Seite 1289 - 1296

Bea, Franz-Xaver / Scheurer, Steffen / Gutwein, Dieter, Die Institutionalisierung bei der GmbH durch einen Beirat, in: DB 1996, Seite 1193 - 1198

Bechtle, Joachim, Die Kontrollrechte des GmbH-Gesellschafters. Zugleich eine allgemeine Untersuchung der Individualkontrollrechte im Gesellschaftsrecht, München 1969

Becker, Michael, Verwaltungskontrolle durch Gesellschafterrechte. Eine vergleichende Studie nach deutschem Verbandsrecht und dem amerikanischen Recht der corporation, Tübingen 1997

Becker, Thomas, Informationsorientierte Überwachungskonzepte zur Kontrolle von Vorständen, Stuttgart 1993

Behrens, Peter, Krisensymptome in der Gesellschaftsrechtsangleichung, in: Immenga, Ulrich / Möschel, Wernhard / Reuter, Dieter (Hrsg.): Festschrift für Ernst-Joachim Mestmäcker zum siebzigsten Geburtstag, Baden-Baden 1996, Seite 831 - 849

Behrens, Peter, Die Gesellschaft mit beschränkter Haftung im internationalen und europäischen Recht, 2. Auflage Berlin, New York 1997

Behrens, Peter, Corporate governance, in: Basedow, Jürgen / Hopt, Klaus J. / Kötz, Hein (Hrsg.): Festschrift für Ulrich Drobnig zum siebzigsten Geburtstag, Tübingen 1998, Seite 491 - 506

Behrens, Peter, Das Internationale Gesellschaftsrecht nach dem Überseering-Urteil des EuGH und den Schlussanträgen zu Inspire Art, in: IPRax 2003, Seite 193 - 207

Bellinghausen, Rupert, Der Mißbrauch von Minderheitsrechten in den Kapitalgesellschaften - eine rechtsvergleichende Darstellung des französischen und deutschen Rechts, Bonn 1994

Bellinghausen, Rupert, Der Mißbrauch von Minderheitsrechten in Kapitalgesellschaften nach französischem Recht, in: RIW 1997, Seite 100 - 105

Berle, Adolf / Means, Gardiner, The Modern Corporation and Private Property, New York 1932

Bernhardt, Wolfgang, Unternehmensführung und Hauptversammlung - Holzmüller und die Folgen, in: DB 2000, Seite 1873 - 1881

Beuthien, Volker / Gätsch, Andreas, Einfluß Dritter auf die Organbesetzung und Geschäftsführung bei Vereinen, Kapitalgesellschaften und Genossenschaften, in: ZHR 157 (1993), Seite 483 - 512

Bézard, Pierre, Sociétés civiles, Paris 1978

Bézard, Pierre, Sociétés civiles. Gérance. Pouvoirs. Responsabilités, in: Jurisclasseur civil, Art. 1832 - 1904, Paris (Loseblattsammlung), Fasc. 48-40

Bischoff, Frere Cholmeley, England and Wales, in: Cambell, Dennis (Hrsg.): Protecting Minority Shareholders, London 1996, Seite 123 - 194

von Bitter, Christian, Das Informationsrecht des GmbH-Gesellschafter in §§ 51a, 51b GmbHG, in: ZIP 1989, Seite 825 - 832
Blackett-Ord, Mark, Partnership, The modern law of trade, business and professional partnership in England and Wales, London, Edinburgh, Dublin 1997
Bleicher, Knut, Der Aufsichtsrat im Wandel, Gütersloh 1987
Bleicher, Knut / Leberl, Diethard/ Paul Herbert, Unternehmensverfassung und Spitzenorganisation, Führung und Überwachung von Aktiengesellschaften im internationalen Vergleich, Wiesbaden 1989
Böckli, Peter, Schweizer Aktienrecht, 2. Auflage Zürich 1996
Böckli, Peter, Konvergenz: Annäherung des monistischen und des dualistischen Führungs- und Aufsichtssystems, in: Hommelhoff, Peter / Hopt, Klaus J. / Werder, Axel von (Hrsg), Handbuch Corporate Governance, Leitung und Überwachung börsennotierter Unternehmen in der Rechts- und Wirtschaftspraxis, Köln Stuttgart 2003, Seite 201 - 222
Boettcher, Erik, Der Aktionär in der Publikums-AG aus organisationstheoretischer Sicht, in: AG 1985, Seite 7 - 13
Boizard, Martine, L'abus de minorité, in: Rev. soc. 1988, Seite 365 - 380
Bonneau, Thierry / Daigre, Jean-Jacques / Germain, Michel / Hovasse, Henri / Lucas, François-Xavier / Pierre, Jean-Luc / Salomon, Renaud / Vidal, Dominique, La Loi N° 2001-420 relative aux nouvelles régulations économiques, in: Dr. soc. 2001, N° 8-9
Bopp, Hans-Peter, Die Informationsrechte des GmbH-Gesellschafters. Eine rechtsvergleichende Untersuchung des deutschen, französischen und schweizerischen Rechts, Konstanz 1991
Bosquet-Denis, Jean-Bernard, La protection de l'associé contre le gérant statutaire et égalitaire d'une société à responsabilité limitée, in: Rev. soc. 1993, Seite 751 - 766
Boucourechliev, Jeanne/ Hommelhoff, Peter: Vorschläge für eine Europäische Privatgesellschaft, Köln 1999
Bougnoux, Anne, Sociétés civiles. Associés, in: Jurisclasseur civil. Art. 1832-1903, Paris (Loseblattsammlung), Fasc. 48-60
Bougnoux, Anne, Société à responsabilité limitée, Organes de contrôle, in: Jurisclasseur Sociétés, Tome IV, Paris (Loseblattsammlung), Fasc. 76-10
Bougnoux, Anne, Sociétés en commandite simple. Fonctionnement. Gérance. Contrôle de la gérance. Décisions collectives, in: Jurisclasseur Sociétés, Tome III, Paris (Loseblattsammlung), Fasc. 62-50
Bouloc, Bernard, Brèves remarques sur les aspects de droit pénal de la loi sur les nouvelles régulations économiques, in: Rev. soc. 2001, Seite 645 - 648

Bowstead & Reynolds, On Agency, bearb. v. Reynolds, F. M. B. / Graziadei, Michele, 16. Auflage London 1996

Boyle, A. J. / Birds, J. / Graham, P., Boyle and Birds' Company Law, 2. Auflage Bristol 1987

Brandner, Hans Erich, Sonderprüfungen zur Kontrolle der Geschäftsführung im Recht der GmbH, in: Bruchhausen, Karl / Hefermehl, Wolfgang / Hommelhoff, Peter (Hrsg.): Festschrift für Rudolf Nirk zum 70. Geburtstag am 11. 10. 1992, München 1992, Seite 75 - 83

Brandner, Hans Erich, Minderheitenrechte bei der Geltendmachung von Ersatzansprüchen aus der Geschäftsführung, in: Hommelhoff, Peter / Schmidt, Karsten / Schneider, Uwe H. / Timm, Wolfram / Grunewald, Barbara / Drygala, Tim (Hrsg.): Festschrift für Marcus Lutter. Deutsches und europäisches Gesellschafts-, Konzern- und Kapitalmarktrecht, Köln 2000, Seite 317 - 326

Brüls-Dehin, Christine, Die Schranken von Mehrheitsmacht und Minderheitsrechten im Kapitalgesellschaftsrecht. Eine rechtsvergleichende Untersuchung des deutschen, niederländischen, französischen und belgischen Rechts, Louvain-la-Neuve 1999

Bunte, Hermann-Josef, Informationsrechte in der GmbH und im GmbH-Konzern, Bern, Frankfurt a. M. 1976

Bureau, Dominique, Administration. Conseil d'administration, in: Jurisclasseur Sociétés, Tome IV, Paris (Loseblattsammlung), Fasc. 131-10

Bureau, Dominique, La loi relative aux nouvelles régulations économiques. Aspects de droit des sociétés, in: Bull. Joly 2001, § 149

Buxbaum, Richard M., Die Rechtsvergleichung zwischen nationalem Staat und internationaler Wirtschaft, in: RabelsZ 60 (1996), Seite 201 - 230

Caussain, Jean-Jacques, Administration. Directoire et conseil de surveillance. Introduction générale, in: Jurisclasseur Sociétés, Tome IV, Paris (Loseblattsammlung), Fasc. 133-40

Chaput, Yves, Droit des sociétés, Paris 1993

Charkham, J., Keeping Good Company. A study of corporate governance in five countries, Oxford 1994

Charlesworth & Morse, Company Law, bearb. von Geoffrey Morse / Enid A. Marshall / Richard Morris / Letitia Crabb, 16. Auflage London 1999

Chartier, Yves, La société dans le code civil après la loi du 4 janvier 1978, in: JCP 1978, Nr. 2917

Chartier, Yves, La gestion et le contrôle des sociétés anonymes dans la jurisprudence, Paris 1978

Chartier, Yves / Mestre, J., Les sociétés commerciales, 3. Auflage Paris 1992

Cheffins, Brian R., Company Law. Theory, Structure and Operation, Oxford 1997

Company Law Review Steering Group, Modern Company Law for a competitive economy - Company general meetings and shareholder communication, London, Oktober 1999

Company Law Review Steering Group, Modern Company Law: Developing the Framework, London 1999

Company Law Review Steering Group, Modern Company Law: Completing the Structure, London 2001

Conard, Alfred F., Die Überwachung des Unternehmensmanagements. Ein Vergleich der Entwicklungen im Recht der Europäischen Gemeinschaft und der Vereinigten Staaten, in: ZGR 1987, Seite 180 - 218

Copp, Stephen / Goddard, Robert, Corporate Governance Principles on trial, in: Company Lawyer 1998, Seite 277 - 279

Couret, Alain, La loi sur les nouvelles régulations économiques. La régulation du pouvoir dans l'entreprise, in: JCP éd. E 2001, Seite 1660 - 1668

Cozian, Maurice / Viandier, Alain / Deboissy Florence, Droit des sociétés, 14. Auflage Paris 2001

Curry, Peter E. / Hannigan, Brenda, M., Companies, in: Lord Hailsham of St. Marylebone (Hrsg.): Halsbury's Laws of England, 4. Auflage, Volume 7 (1), London 1996

Davies, Paul L., Struktur der Unternehmensführung in Großbritannien und Deutschland. Konvergenz oder fortbestehende Divergenz?, in: ZGR 2001, Seite 268 - 293

Davies, Paul L. / Stapledon, G. P., Corporate Governance in the United Kingdom, in: Isaksson, Mats / Skog, Rolf (Hrsg.): Aspects of Corporate Governance. The Stockholm Symposium, Stockholm 1993, Seite 55 - 82

Dean, Janice, The future of UK company law, in: Company Lawyer 2001, 22 (4), Seite 104 - 110

Deckert, Martina R., Zu Harmonisierungsbedarf und Harmonisierungsgrenzen im Europäischen Gesellschaftsrecht, in: RabelsZ 2000 (64), Seite 478 - 496

Department of Trade and Industry, Companies in 1999-2000, London 2000

Department of Trade and Industry, Companies in 2000-2001, London 2001

Dereu, Yves, Sociétés en nom collectif. Gérance. Nomination des gérants. Leur statut. Cessation de leurs fonctions, in: Jurisclasseur Sociétés, Band II, Paris (Loseblattsammlung), Fasc. 55

Dereu, Yves, Sociétés en nom collectif. Droits des associés non gérants, in: Jurisclasseur Sociétés, Tome III, Paris (Loseblattsammlung), Fasc. 60

Derrida, Fernand, Société en nom collectif, in: Enc. Dalloz Sociétés, Tome IV, Paris (Loseblattsammlung)
Deutler, Karl F., Das neue GmbH-Recht - GmbH-Novelle 1980, Düsseldorf 1980
Dijan, Yves, Le contrôle de la direction des sociétés anonymes dans les pays du marché commun, Paris 1965
Dom, Jean-Philippe, La protection des minoritaires, in: Rev. soc. 2001, Seite 533 - 560
von Dürendorf, Stephanino Isele, Managerleistung Messen – Beurteilen – Honorieren, Zürich 1991

Ebenroth, Carsten Thomas, Das Auskunftsrecht des Aktionärs und seine Durchsetzung im Prozeß unter besonderer Berücksichtigung des Rechts verbundener Unternehmen, Bielefeld 1970
Ebenroth, Carsten Thomas, Kontrollrechte der GmbH-Gesellschafter, Bielefeld 1971
Ebenroth, Carsten Thomas, Die Geschäftsführerkontrolle durch den GmbH-Gesellschafter nach geltenden und künftigen Recht, Bielefeld 1972
Ebenroth, Carsten Thomas / Boujong, Karlheinz / Joost, Detlev (Hrsg.), Handelsgesetzbuch, Band 1: §§1-342a, München 2001
Ebke, Werner F., Unternehmensrechtsangleichung in der Europäischen Union. Brauchen wir ein European Law Institute?, in: Hübner, Ulrich / Ebke, Werner F. (Hrsg.): Festschrift für Bernhard Großfeld zum 65. Geburtstag, Heidelberg 1999, Seite 189 - 221
Ebke, Werner F., Ein Gesellschaftsrecht für Europa? in: Basedow, Jürgen / Drobnig, Ulrich / Ellger, Reinhard / Hopt, Klaus J. / Kötz, Hein / Kulms, Rainer / Mestmäcker, Ernst-Joachim (Hrsg.): Aufbruch nach Europa, 75 Jahre Max-Planck-Institut für Privatrecht, Tübingen 2001, Seite 197 - 213
Ehricke, Ulrich, Die Überwindung von Akzeptanzdefiziten als Grundlage zur Schaffung neuer supranationaler Gesellschaftsformen in der EU. Ein Beitrag zur Entwicklung einer sog. Société Fermée Européenne (Europäische Privatgesellschaft), in: RabelsZ 2000 (64), Seite 497 - 516
Eidenmüller, Horst, Effizienz als Rechtsprinzip: Möglichkeiten und Grenzen der ökonomischen Analyse des Rechts, Tübingen 1995
Erlei, Mathias / Leschke, Martin / Sauerland, Dirk, Neue Institutionenökonomik, Stuttgart 1999
Erman Bürgerliches Gesetzbuch, Handkommentar mit AGBG, EGBGB, ErbbauVO, HausTWG, ProdHaftG, SachenRBerG, SchuldRAnpG, VerbrKrG, hrsg. von Harm Peter Westermann, Band 1, 10. Auflage Münster, Köln 2000

Ernst & Young, The Presence of Non-Executive Directors on Corporate Boards. Institute of Directors, London 1999

Escher-Weingart, Christina, Corporate Governance Strukturen - ein deutsch-us-amerikanischer Vergleich, in: ZVglRWiss 99 (2000), Seite 387 - 409

Esser, Josef, Grundsatz und Norm in der richterlichen Fortbildung des Privatrechts, Rechtsvergleichende Beiträge zur Rechtsquellen- und Interpretationslehre, Tübingen 1956

Farrar, John H. / Hannigan, Brenda, Farrar's Company Law, 4. Auflage London, Edinburgh, Dublin 1998

Feddersen, Dieter / Hommelhoff, Peter/ Schneider, Uwe H., Corporate Governance – eine Einführung, in: Feddersen, Dieter / Hommelhoff, Peter / Schneider, Uwe H. (Hrsg.): Corporate Governance. Optimierung der Unternehmensführung und der Unternehmenskontrolle im deutschen und amerikanischen Aktienrecht, Köln 1996, Seite 1 - 8

Ferid, Murad / Sonnenberger, Hans Jürgen, Das Französische Zivilrecht, Band 1/1: Allgemeine Lehren des Französischen Zivilrechts: Einführung und Allgemeiner Teil des Zivilrechts, 2. Auflage Heidelberg 1994

Fischer, Robert, Die Entziehung der Geschäftsführungs- und Vertretungsbefugnis in der OHG, in: NJW 1959, Seite 1057 - 1064

Fischer, Robert, Die Grenzen bei der Ausübung gesellschaftsrechtlicher Mitgliedschaftsrechte, in: NJW 1954, Seite 777 - 780

Fleischer, Holger, Die Sonderprüfung im GmbH-Recht. Überlegungen de lege lata und de lege ferenda, in: GmbHR 2001, Seite 45 - 53

Forum Europaeum Konzernrecht, Konzernrecht für Europa, in: ZGR 1998, Seite 672 – 772

Fox & Bowen, On the Law of Private Companies, bearb. von Michael Bowen, 2. Auflage London 1995

Freitag, Robert, Der Wettbewerb der Rechtsordnungen im Internationalen Gesellschaftsrecht, in: EuZW 1999, Seite 267 - 270

Fridman, Gerald H. L., The Law of Agency, 7. Auflage London, Boston, Dublin, Edinburgh 1996

Frühauf, Martin, Geschäftsleitung in der Unternehmenspraxis, in: ZGR 1998, Seite 407 - 418

Gabler Wirtschaftslexikon, Ahrentzen, Ute / Winter, Eggart (Schriftleitung), 14. Auflage Wiesbaden 1997

Gansen, Georg, Zum Schutzgesetzcharakter des § 51a GmbHG (Auskunfts- und Einsichtsrecht des Gesellschafters), in: GmbHR 1987, Seite 458 – 463

Geßler, Ernst / Hefermehl, Wolfgang / Eckardt, Ulrich / Kropff, Bruno: Aktiengesetz, Kommentar, Band I, §§ 1-75, München 1973

Gieseke, Horst, Interessenkonflikte der GmbH-Geschäftsführer bei Pflichtenkollisionen, in: GmbHR 1996, Seite 486 - 492

Godon, Laurent, La protection des actionnaires minoritaires dans la loi relative aux nouvelles régulations économiques, in: Bull. Joly 2001, Seite 728 - 740

Goerdeler, Reinhard, Das allgemeine Informationsrecht des Kommanditisten in bezug auf den Jahresabschluß, in: Goerdeler, Reinhard / Hommelhoff, Peter / Lutter, Marcus / Odersky, Walter / Wiedemann, Herbert (Hrsg.): Festschrift für Alfred Kellermann zum 70. Geburtstag am 29. November 1990, Berlin, New York 1991, Seite 77 - 89

Goldberg, G. D., Article 80 of Table A of the Companies Act 1948, in: MLR 1970, Seite 177 - 183

Gollnick, Jörg, Die Beurteilung der Vorstandsleistung durch den Aufsichtsrat. Eine vergleichende Untersuchung zum deutschen und US-amerikanischen Recht, Frankfurt a. M. (u. a.) 1997

Gore-Browne, On Companies, hrsg. von Boyle, A. J. / Potts, Robin / Sealy, Leonard S., 44. Auflage Bristol 1986, Stand: November 2000

Gower's principles of modern company law, bearb. von. Paul L. Davies, 6. Auflage London 1997

Grier, Nicholas J. M., UK company law, Chichester, New York, Weinheim, Brisbane, Singapore, Toronto 1998

Griffin, Stephan, The statutory protection of minority shareholders section 459 of the Companies Act 1985, in: Company Lawyer 1992, Seite 83 - 88

Griffin, Stephan, Company Law - Fundamental Principles, 3. Auflage London 2000

Groß, Wolfgang, Vorbereitung und Durchführung von Hauptversammlungsbeschlüssen zu Erwerb oder Veräußerung von Unternehmensbeteiligungen, in: AG 1996, Seite 111 - 119

Groß, Wolfgang, Informations- und Auskunftsrecht des Aktionärs, in: AG 1997, Seite 97 - 107

Großfeld, Bernhard, Management and Control of Marketable Share Companies, in: Conard, Alfred (Hrsg.): International Encyclopedia of comparative law, volume 13: Business and private organizations, chapter 4, Tübingen, Den Haag, Paris 1973

Großfeld, Bernhard / Brondics, Klaus, Die Stellung des fakultativen Aufsichtsrats (Beirats) in der Gesellschaft mit beschränkter Haftung und der GmbH & Co KG, in: AG 1987, Seite 293 - 309

Großfeld, Bernhard / Möhlenkamp, Andreas, Zum Auskunftsrecht des Aktionärs, in: ZIP 1994, Seite 1425 - 1428

Großkommentar Aktiengesetz, hrsg. von Carl Hans Barz / Herbert Brönner / Ulrich Klug u. a., Erster Band, Zweiter Halbband, §§ 76-147, Berlin, New York 1973

Großkommentar Aktiengesetz, hrsg. von Klaus J. Hopt / Herbert Wiedemann, 4. Auflage, 16. Lieferung §§ 131, 132, Berlin, New York 2001

Grunewald, Barbara, Einsichts- und Auskunftsrecht des GmbH-Gesellschafters nach neuem Recht, in: ZHR 146 (1982), Seite 211 - 237

Grunewald, Barbara, Zum Informationsrecht in der GmbH & Co KG, Besprechung der Entscheidung BGH, WM 1988, 1447, in: ZGR 1989, Seite 545 - 553

Grunewald, Barbara, Gesellschaftsrecht, 5. Auflage Tübingen 2002

Güthoff, Julia, Gesellschaftsrecht in Großbritannien. Eine Einführung mit vergleichenden Tabellen, München 1993

Güthoff, Julia, Organhandeln und Interessenkonflikt im englischen Recht der Kapitalgesellschaften, Münster, Hamburg 1994

Guyon, Yves, Traité des contrats, Les sociétés. Aménagements statutaires et conventions entre associés, 3. Auflage Paris 1997

Guyon, Yves, Zur Gestaltungsfreiheit im französischen Gesellschaftsrecht, in: Lutter, Marcus / Wiedemann, Herbert (Hrsg.): Gestaltungsfreiheit im Gesellschaftsrecht Deutschland, Europa und USA, Berlin, New York 1998

Guyon, Yves, Corporate Governance, in: Lagarde, G. / Guyon, Yves (Hrsg.): Encyclopédie Dalloz Sociétés, Tome 1, Paris (Loseblattsammlung)

Guyon, Yves, Assemblées d'actionnaires, in: Lagarde, G. / Guyon, Yves (Hrsg.): Encyclopédie Dalloz Sociétés, Tome 1, Paris (Loseblattsammlung)

Guyon, Yves, Les réformes apportées au droit des sociétés par la loi du 15 mai 2001 relative aux nouvelles régulations économiques (Présentation générale), in: Rev. soc. 2001, Seite 503 - 514

Guyon, Yves, Droit des affaires. Droit commercial général et sociétés, Tome 1, 11. Auflage Paris 2001

Hachenburg, Gesetz betreffend die Gesellschaften mit beschränkter Haftung (GmbHG), Großkommentar, hrsg. von Peter Ulmer, Zweiter Band §§ 35 – 52, 8. Auflage Berlin, New York 1992

Hahn, Volker, Das Informationsrecht des Kommanditisten, in: BB 1997, Seite 741 - 745

Heenen, Jacques, Partnership and Other Personal Associations for Profit, in: Conard, Alfred (Hrsg.): Business and private organization, International Encyclopedia of comparative law, Tübingen, Den Haag, Paris, volume 13, chapter 1

Helms, Dietmar, Die Europäische Privatgesellschaft. Rechtliche Strukturen und Regelungsprobleme einer supranationalen Gesellschaft des Gemeinschaftsrechts, Köln 1998

Hémard, Jean / Terré, Francois / Mabilat, Pierre, Sociétés commerciales, Paris 1972

Henn, Günter, Handbuch des Aktienrechts, 5. Auflage Heidelberg 1994

Henze, Hartwig, Prüfungs- und Kontrollaufgaben des Aufsichtsrates in der Aktiengesellschaft. Die Entscheidungspraxis des Bundesgerichtshofes, in: NJW 1998, Seite 3309 - 3312

Hermanns, Marc, Unverzichtbare Mitverwaltungsrechte des Personengesellschafters. Eine rechtsvergleichende Untersuchung unter Berücksichtigung des englischen und französischen Rechts, Köln, Berlin, Bonn, München 1992

Heymann Handelsgesetzbuch, hrsg. von Norbert Horn, 2. Auflage Berlin, New York 1995

Hirte, Heribert, Die Ausübung der Informationsrechte von Gesellschaftern durch Sachverständige, in: BB 1985, Seite 2208 - 2210

Hirte, Heribert, Die aktienrechtliche Satzungsstrenge: Kapitalmarkt und sonstige Legitimationen versus Gestaltungsfreiheit, in: Lutter, Marcus / Wiedemann, Herbert (Hrsg.): Gestaltungsfreiheit im Gesellschaftsrecht Deutschland, Europa und USA, Berlin, New York 1998, Seite 61-98

Hirte, Heribert, Kapitalgesellschaftsrecht, 3. Auflage Köln 2001

Hoffmann, Dietrich / Preu, Peter, Der Aufsichtsrat - Ein Leitfaden für Aufsichtsräte, 4. Auflage München 1999

Hoffmann-Becking, Michael, Zum einvernehmlichen Ausscheiden von Vorstandsmitgliedern, Bemerkungen im Anschluß an die Entscheidung BGHZ 79, 38 "Poullain/WestLB", in: Lutter, Marcus / Mertens, Hans-Joachim / Ulmer, Peter (Hrsg.): Festschrift für Walter Stimpel zum 68. Geburtstag am 29. November 1985, Berlin, New York 1985, Seite 589 - 602

Hoffmann-Becking, Michael (Hrsg.), Münchener Handbuch des Gesellschaftsrechts Band 4, Aktiengesellschaft, 2. Auflage München 1999

Hofmann, Rolf / Hofmann, Ingo, Kontrollschwäche begünstigt Mißmanagement. Komprimierte Analyse und praxisorientierter Leitfaden zur Unternehmensüberwachung, 2. Auflage Bochum 1998

Hohloch, Gerhard (Hrsg.), EU-Handbuch Gesellschaftsrecht, Berlin 1997

Hollington, Robert, Minority shareholders' rights, 3. Auflage London 1999

Homann, Karl / Sucharek, Andreas, Ökonomik: Eine Einführung, Tübingen 2000

Hommelhoff, Peter, Unternehmensführung in der mitbestimmten GmbH, in: ZGR 1978, Seite 118 - 155

Hommelhoff, Peter, 100 Bände BGHZ: Aktienrecht, in: ZHR 151 (1987) Seite 493 - 516

Hommelhoff, Peter, Die OECD-Principles on Corporate Governance – ihre Chancen und Risiken aus dem Blickwinkel der deutschen corporate governance-Bewegung, in: ZGR 2001, Seite 238 - 267

Hommelhoff, Peter / Teichmann, Christoph, Die Europäische Aktiengesellschaft – das Flaggschiff läuft vom Stapel, in: SZW 2002, Seite 1 - 12

Hommelhoff, Peter / Mattheus, Daniela, Die Rolle des Abschlussprüfers bei der Corporate Governance, in: Hommelhoff, Peter / Hopt, Klaus J. / Werder, Axel von (Hrsg), Handbuch Corporate Governance, Leitung und Überwachung börsennotierter Unternehmen in der Rechts- und Wirtschaftspraxis, Köln Stuttgart 2003, Seite 639 - 671

Hopt, Klaus J., Self-Dealing and Use of Corporate Opportunity and Information: Regulating Directors' Conflicts of Interests, in: Hopt, Klaus J. / Teubner, Gunther (Hrsg.): Corporate Governance and Directors' Liabilities: Legal, Economic and Sociological Analyses on Corporate Social Responsibility, Berlin, New York 1985, Seite 285 - 326

Hopt, Klaus J., Gestaltungsfreiheit in Europa, in: Lutter, Marcus / Wiedemann, Herbert (Hrsg.): Gestaltungsfreiheit im Gesellschaftsrecht Deutschland, Europa und USA, Berlin, New York 1998, Seite 123 - 147

Hopt, Klaus J., Gemeinsame Grundsätze der Corporate Governance in Europa? Überlegungen zum Einfluß der Wertpapiermärkte auf Unternehmen und ihre Regulierung und zum Zusammenwachsen von common law und civil law im Gesellschafts- und Kapitalmarktrecht, in: ZGR 2000, Seite 779 - 818

Hopt, Klaus J., Le gouvernement d'entreprise – Expériences allemandes et européennes, in: Rev. soc. 2001, Seite 1 - 13

Horstemeier, Gerrit, Bilanzielle und steuerrechtliche Aspekte bei der Gründung eines Tochterunternehmens in Großbritannien in Form einer private limited company, in: GmbHR 2001, Seite 332 - 336

Huber, Ulrich, Das Auskunftsrecht des Kommanditisten, in: ZGR 1982, Seite 539 - 551

Hübner, Klaus, Der "Company Secretary" im englischen Gesellschaftsrecht, in: Hübner, Ulrich / Ebke, Werner F. (Hrsg.): Festschrift für Bernhard Großfeld zum 65. Geburtstag, Heidelberg 1999, Seite 459 - 469

Hübner, Ulrich, Die Ausgliederung von Unternehmensteilen in aktien- und aufsichtsrechtlicher Sicht, in: Lutter, Marcus / Mertens, Hans-Joachim / Ulmer, Peter: Festschrift für Walter Stimpel am 68. Geburtstag am 29. November 1985, Berlin New York 1985, Seite 791 - 809

Hübner, Ulrich / Constantinesco, Vlad, Einführung in das französische Recht, 4. Auflage München 2001

Hueck, Alfred, Das Recht der offenen Handelsgesellschaft, 4. Auflage Berlin 1971

Hüffer, Uwe, Der Aufsichtsrat in der Publikumsgesellschaft. Pflichten und Verantwortlichkeit der Aufsichtsratsmitglieder, in: ZGR 1980, Seite 320 - 358

Hüffer, Uwe, Aktiengesetz, 5. Auflage München 2002

Hüffer, Uwe, Gesellschaftsrecht, 6. Auflage München 2003

Immenga, Ulrich, Die Minderheitsrechte des Kommanditisten, in: ZGR 1974, Seite 385 - 426

Immenga, Ulrich, Der neue Referentenentwurf zum GmbH-Gesetz, in: BB 1977, Seite 957 - 962

Jauffret-Spinosi, Camille, Les assemblées générales d'actionnaires dans les sociétés anonymes, réalité ou fiction? in: Etudes offertes à René Rodière, Paris 1981, Seite 125 - 149

Jeantin, Michel, Droit des sociétés, 2. Auflage Montchrestien 1992

de Juglart, Michel / Ippolito, Benjamin, Les sociétés commerciales, Cours de droit commercial, 12. Auflage Paris 1999

Kallmeyer / Fuhrmann / Heuser / Tillmann / Moll / Brand, GmbH-Handbuch, Köln (Loseblattsammlung, 97. Lieferung Stand: November 2001)

Kaminski, Horst / Marks, Peter, Die Qualität der Abschlußprüfung in der internationalen Diskussion, in: Lanfermann, Josef (Hrsg.): Internationale Wirtschaftsprüfung, Festschrift zum 65. Geburtstag von Prof. Dr. Dr. h. c. Hans Havermann, Düsseldorf 1995, Seite 247 - 282

Kiethe, Kurt, Das Informationsrecht des ausscheidenden GmbH-Gesellschafters, in: DStR 1993, Seite 1708 - 1714

Kommission der Europäischen Gemeinschaften, Mitbestimmung der Arbeitnehmer und Struktur der Aktiengesellschaften in der Europäischen Gemeinschaft, Bulletin der EG, Beilage 8/75

Konzen, Horst, Geschäftsführung, Weisungsrecht und Verantwortlichkeit in der GmbH und GmbH & Co KG, in: NJW 1989, Seite 2977 - 2987

Kölner Kommentar zum Aktiengesetz, hrsg. von Wolfgang Zöllner, Band 1, §§ 1- 147 AktG, 1. Auflage Köln, Berlin, Bonn, München 1985

Kölner Kommentar zum Aktiengesetz, hrsg. von Wolfgang Zöllner, Band 2, §§ 76 – 111 AktG mit Mitbestimmung im Aufsichtsrat, 2. Auflage Köln, Berlin, Bonn, München 1996

Kötz, Hein, Nutzen, Kosten, Methoden, Ziele, in: RabelsZ 50 (1986), Seite 1 - 18

Kötz, Hein, Europäisches Vertragsrecht, Band I: Abschluß, Gültigkeit und Inhalt des Vertrages. Die Beteiligung Dritter am Vertrag, Tübingen 1997

Kraakman, Reinier, Die Professionalisierung des Boards, in: Feddersen, Dieter / Hommelhoff, Peter / Schneider, Uwe H. (Hrsg.): Corporate Governance. Optimierung der Unternehmensführung und der Unternehmenskontrolle im deutschen und amerikanischen Aktienrecht, Köln 1996, Seite 129 - 142

Kraft, Alfon / Kreuz, Peter, Gesellschaftsrecht, 8. Auflage Frankfurt a. M. 1990

Kretzschmar, Alfons, Zur Konkretisierung des Auskunftsrechts nach § 51a GmbHG, in: AG 1987, Seite 121 - 123

Kropff, Bruno, Aktiengesetz. Textauszug des Aktiengesetzes vom 6. 9. 1965 und des Einführungsgesetzes zum Aktiengesetz mit Begründung des Regierungsentwurfs, Düsseldorf 1965

Lachat, Daniel, La répartition des pouvoirs de gestion et contrôle dans une SA, in: Rev. soc. 1981, Seite 739 - 759

Lando, Ole / Beale, Hugh (Hrsg.), Principles of European Contract Law, Parts I and II, Den Haag, London, Boston 2000

Langé, Daniel, Commissaires aux comptes. Mission, in: Jurisclasseur Sociétés, Tome IV, Paris (Loseblattsammlung), Fasc. 134-20

Larenz, Karl, Methodenlehre der Rechtswissenschaft, 6. Auflage Berlin, Heidelberg, New York, London 1991

Law Commission, Shareholder Remedies, No 246 (Cm 3769), London 1997

Law Commission, Company Directors: Regulation Conflicts of Interests and Formulating a Statement of Duties, No 261, London 1999

Le Cannu, Paul, Les conventions réglementées après la loi n° 200-420 du 15 mai 2001, in: Bull. Joly 2001, Seite 720 - 727

Leihmkühler, Claudia, Empirische Untersuchung über die personellen Verflechtungen zwischen den Vorständen und Aufsichtsräten der in Deutschland börsennotierten Aktiengesellschaften, in: Die Wirtschaftsprüfung 1996, Seite 305 – 313

Lindley & Banks, On Partnership, bearb. von. Banks, R. C. I'Anson, 17. Auflage London 1995

Loges, Rainer, Lässt sich eine GmbH nach dem "Board-System" organisieren?, in: ZIP 1997, Seite 437 - 444

Lowry, John, The pursuit of minority shareholder protection – sec. 459 of the Companies Act 1985, in: Company Lawyer 1996, Seite 67 - 71

Lutter, Marcus, Das Informationsrecht des GmbH-Gesellschafters nach neuem GmbH-Recht, in: ZGR 1982, Seite 1 - 14
Lutter, Marcus, Genügen die vorgeschlagenen Regelungen für eine Europäische Aktiengesellschaft?, in: AG 1990, Seite 413- 421
Lutter, Marcus, Europäisches Unternehmensrecht, 4. Auflage Berlin, New York 1996
Lutter, Marcus, Limited Liability Companies and Private Companies, in: Conard, Alfred (Hrsg.): International Encyclopedia of comparative law, Volume 13, Chapter 2, Tübingen, Den Haag, Paris 1998
Lutter, Marcus, Die Funktion der Gerichte im Binnenstreit von Kapitalgesellschaften – ein rechtsvergleichender Überblick, in: ZGR 1998, Seite 191 - 211
Lutter, Marcus / Hommelhoff, Peter, GmbH-Gesetz, 15. Auflage Köln 2000
Lutter, Marcus, Das Europäische Unternehmensrecht im 21. Jahrhundert, in: ZGR 2000, Seite 1 - 18
Lutter, Marcus, Vergleichende Corporate Governance – Die deutsche Sicht, in: ZGR 2001, Seite 224 - 237
Lutter, Marcus / Krieger, Gerd, Rechte und Pflichten des Aufsichtsrates, 3. Auflage Freiburg im Breisgau 1993

Malik, Fredmund, Wirksame Unternehmensaufsicht - Corporate Governance in Umbruchzeiten, 2. Auflage Frankfurt a. M. 1999
Markesinis, B. S. / Munday, R. J. C., An outline of the law of agency, 3. Auflage London, Edinburgh 1992
Martens, Klaus-Peter, Die außerordentliche Beendigung von Organ- und Anstellungsverhältnis, in: Hadding, Walther / Immenga, Ulrich / Mertens, Hans-Joachim / Pleyer, Klemens / Schneider, Uwe H. (Hrsg.): Festschrift für Winfried Werner zum 65. Geburtstag am 17. Oktober 1984, Handelsrecht und Wirtschaftsrecht in der Bankpraxis, Berlin, New York 1984, Seite 495 - 519
Martens, Klaus-Peter, Die GmbH und der Minderheitenschutz, in: GmbHR 1984, Seite 265 - 272
Martens, Klaus-Peter, Mißbrauch des Auskunfts-, Frage- und Rederechts sowie im Spruchstellenverfahren, in: Timm, Wolfram (Hrsg.): Mißbräuchliches Aktionärsverhalten, RWS-Forum 4, Köln 1990, Seite 63 - 84
Maulbetsch, Hans-Christoph, Beirat und Treuhand in der Publikumspersonengesellschaft, Bonn 1984
Mayson, Stephan / French, Derek / Ryan, Christopher, Company Law, 17. Auflage London 2000
Mercadal, Barthélemy / Janin, Philippe, Mémento pratique Francis Lefebvre, Droit des affaires - Sociétés commerciales 2001, Levallois 2000

Merle, Philippe, L'abus de minorité, in: Rev. jur. com. 1991, numéro spécial, Seite 81 - 96
Merle, Philippe, Droit commercial - Sociétés commerciales, 8. Auflage Paris 2001
Mertens, Hans-Joachim, Der Beirat in der GmbH, besonderes der mitbestimmten, in: Lutter, Marcus / Mertens, Hans-Joachim / Ulmer, Peter (Hrsg.): Festschrift für Walter Stimpel zum 68. Geburtstag am 29. November 1985, Berlin New York 1985, Seite 417 - 429
Mertens, Hans-Joachim, Satzungs- und Organisationsautonomie im Aktien- und Konzernrecht, in: ZGR 1994, Seite 426 - 441
Meyer-Landrut, Joachim, Der Mißbrauch aktienrechtlicher Minderheits- oder Individualrechte, insbesondere des Auskunftsrechts, in: Fischer, Robert / Hefermehl, Wolfgang: (Hrsg.): Festschrift für Wolfgang Schilling, Berlin, New York 1973, Seite 234 - 251
Meyer-Landrut, Joachim, Gesetz betreffend die Gesellschaften mit beschränkter Haftung: GmbHG, Berlin 1987
Michalski, Lutz, OHG-Recht, Kommentar zum Recht der offenen Handelsgesellschaften, Köln, Berlin, Bonn, München 2000
Michalsky, Udo, Vergleichender Überblick über das Recht der Kapitalgesellschaften in Großbritannien, in: DStR 1991, Seite 1660 - 1664
Milman, David / Flanagan, Terence, Modern Partnership Law, Bristol 1983
Mitglieder des Bundesgerichtshofes, Das Bürgerliche Gesetzbuch mit besonderer Berücksichtigung der Rechtsprechung des Reichsgerichts und des Bundesgerichtshofes, Reichgsgerichtskommentar, 12. Auflage 1978 (zitiert: RGRK-*Bearbeiter*)
Monéger, Joel / Granier, Thierr, Commissaire aux comptes, in: Lagarde, G. / Guyon, Yves (Hrsg.): Encyclopédie Dalloz Sociétés, Tome 1, Paris (Loseblattsammlung)
Morse, Geoffrey, Partnership law, 5. Auflage London 2001
Mülbert, Peter O. / Bux, Regina, Dem Aufsichtsrat vergleichbare in- und ausländische Kontrollgremien von Wirtschaftsunternehmen (§ 125 Absatz 1 Satz 3, 2. Halbs. AktG n. F.), in: WM 2000, Seite 1665 - 1677
Müller, Klaus, Schranken des Informationsrechts nach § 51a GmbHG, in: GmbHR 1987, Seite 87 - 94
Münchener Kommentar zum Aktiengesetz, hrsg. von Bruno Kropff / Johannes Semler, Band 1, §§ 1-53, 2. Auflage des Geßler / Hefermehl / Eckhardt / Kropff Aktiengesetz, München 2000
Münchener Kommentar zum Aktiengesetz, hrsg. von Bruno Kropff / Johannes Semler, Band 4, §§ 118 - 147, 2. Auflage des Geßler / Hefermehl / Eckardt / Kropff, Aktiengesetz, München 2004

Münchener Kommentar zum Bürgerlichen Gesetzbuch, hrsg. von Kurt Rebmann / Franz Jürgen Säcker / Roland Rixecker, Band 5: Schuldrecht Besonderer Teil III, §§ 705 - 853, 4. Auflage München 2004

Münchener Kommentar zum Handelsgesetzbuch, hrsg. von Karsten Schmidt, Band 4, Drittes Buch, Handelsbücher, §§ 238 – 342 a, München 2001

Neßler, Volker, Wettbewerb der Rechtsordnungen oder Europäisierung, Stand und Perspektiven des *Europäischen* Gesellschaftsrechts, in: ZfRV 2000, Seite 1 - 8

Neuling, Jasper, Deutsche GmbH und englische private company, Köln, Berlin, Bonn, München 1997

Nocquet, Philippe, Actualités "Droit et gestion", L'étendue de l'information des actionnaires préalable aux assemblées d'actionnaires, in: JCP 1979, Nr. 8175

Odet, Jean-Claude, La pratique des sociétés, aktualisiert von Jean-François Bulle, Paris 1968 ff. (Loseblattausgabe)

Owen, G., Lessons for Britain from German Corporate Governance, in: Accountancy 115 (1995), Seite 75 ff.

Palandt Bürgerliches Gesetzbuch, bearbeitet von Bassenge, Peter / Brudermüller, Gerd / Diederichsen, Uwe / Edenhofer, Wolfgang / Heinrichs, Helmut (u.a.), 63. Auflage München 2004

Palmer's Company Law, hrsg. von Geoffrey Morse / Paul Davies / Ian F. Fletcher / Richard Morris / David A. Bennett u. a., 25. Auflage London 1992, Stand: September 2001

Peguet, Patrick / Carbiner, Nathalie/ Sabourin, Jean-Christophe, France, in: Stecher, Matthias W. (Hrsg.) Protection of Minority Shareholders, London 1997, Seite 71 - 86

Pennington, Robert R, Jura europae – Das Recht der Länder der Europäischen Gemeinschaften, Band II: Gesellschaftsrecht, München und Paris 1994

Pennington, Robert R., Pennington's Company law, 8. Auflage London, Edinburgh 2001

Pescatore, Pierre, The Law of Integration, Leiden 1974

Petot-Fontaine, Michelle, Société à responsabilité limitée. Gestion financière. Comptes sociaux, in: Jurisclasseur Sociétés, Tome IV, Paris (Loseblattsammlung), Fasc. 77

Pettet, Ben, The combined code: a firm place for self-regulation in corporate governance, in: Journal of International Banking Law 1998, Seite 394 - 400

Pettet, Ben, Company Law, Harlow 2001

Plaisant, Robert / Delaisi, P., Directoire et conseil de surveillance, in: Lagarde, G./ Guyon, Yves (Hrsg.): Encyclopédie Dalloz, Tome 2, (Loseblattsammlung)
Prentice, D., Removal of directors from office, in: MLR 1969, Seite 693 - 696
Prime, Terence / Scanlan, Gary, The law of partnership, London, Dublin, Edinburgh 1995
Prime, Terence / Scanlan, Gary, The law of private limited companies, London, Dublin, Edinburgh 1996

Raiser, Thomas, Führungsstruktur und Mitbestimmung in der Europäischen Aktiengesellschaft nach dem Verordnungsvorschlag der Kommission vom 25. August 1989, in: Baur, Jürgen F. / Hopt, Klaus J. / Mailänder, K. Peter: (Hrsg.): Festschrift für Ernst Steindorff zum 70. Geburtstag am 13. März 1990, Berlin New York 1990, Seite 201 - 214
Raiser, Thomas, Recht der Kapitalgesellschaften. Ein Handbuch für Praxis und Wissenschaft, 3. Auflage München 2001
Rajak, Harry, Gestaltungsfreiheit im Gesellschaftsrecht des Vereinigten Königreichs, in: Lutter, Marcus / Wiedemann, Herbert: (Hrsg.): Gestaltungsfreiheit im Gesellschaftsrecht: Deutschland, Europa und USA, Berlin, New York 1998, Seite 187 - 214
von Rechenberg, Wolf-Georg Freiherr, Die Hauptversammlung als oberstes Organ der Aktiengesellschaft, Heidelberg 1986
Reimann, Mathias, Amerikanisches Privatrecht und europäische Rechtseinheit – Können die USA als Vorbild dienen?, in: Zimmermann, Reinhard (Hrsg.): Amerikanische Rechtskultur und europäisches Privatrecht: Impressionen aus der Neuen Welt, Tübingen 1995, Seite 132 - 155
Rémond, Martine, La révocation du gérant selon l'article 18 de la loi du 24 juillet 1966, in: Rev. soc. 1972, Seite 421 - 441
Reuter, Dieter, Der Beirat der Personengesellschaft, in: Baur, Jürgen F. / Hopt, Klaus J. / Mailänder, K. Peter (Hrsg.): Festschrift für Ernst Steindorff zum 70. Geburtstag am 13. März 1990, Seite 229 - 248
Richter, Rudolf / Furubotn, Eirik G., Neue Institutionenökonomik: eine Einführung und kritische Würdigung, 2. Auflage Tübingen 1999
Ripert, G. / Roblot, R. / Michel, Germain / Vogel, Louis, Traité de droit commercial, Tome 1, 17. Auflage Paris 1998, Tome 2, 15. Auflage Paris 1996
Robert, Marie Claude, Commission des opérations de bourse, in: Lagarde, G. / Guyon, Yves: Encyclopédie Dalloz Sociétés, Tome 1, Paris (Loseblattsammlung)
Roe, Mark J., Chaos and evolution in law and economics, in: 109 Havard Law Review (1996), Seite 641 - 670

Roitzsch, Frank, Der Minderheitenschutz im Verbandsrecht, Königstein 1981
Rowedder, Heinz / Schmidt-Leithoff, Christian, Gesetz betreffend die Gesellschaften mit beschränkter Haftung: GmbHG, 4. Auflage München 2002
Ryan, Christopher, Company Director. Liabilities, Right and Duties, 3. Auflage Bicester 1990

Sacker, Tony, Practical Partnership Agreements, Bristol 1995
Saintourens, Bernard, Société civile, in: Lagarde G. / Guyon, Yves (Hrsg.): Encyclopédie Dalloz Sociétés, Tome 5, Paris (Loseblattsammlung)
Saintourens, Bernard, Les organes de direction de la société anonyme après la loi relative aux nouvelles régulations économiques, in: Rev. soc. 2001, Seite 515 - 531
Saunders, John B., Word and phrases legally defined, London 1998
Schäfer, Frank A. / Geibel, Stephan, Wertpapierhandelsgesetz, Börsengesetz mit BörsZulV, Verkaufsprospektgesetz mit VerkProspV: Kommentar, Stuttgart 1999
Schäfer, Hans-Bernd / Ott, Claus, Lehrbuch der ökonomischen Analyse des Zivilrechts, 3. Auflage Berlin, Heidelberg, New York 2000
Scheffler, Eberhard, Der Aufsichtsrat - nützlich oder überflüssig, in: ZGR 1993, Seite 63 - 76
Scheffler, Eberhard, Aufsichtsrat und Abschlußprüfer als Überwachungsorgane der Aktiengesellschaft, in: Lanfermann, Josef (Hrsg.): Internationale Wirtschaftsprüfung, Festschrift zum 65. Geburtstag von Professor Dr. Dr. h. c. Hans Havermann, Düsseldorf 1995, Seite 651 - 680
Scheffler, Eberhard, Die Überwachungsaufgabe der Geschäftsführung, in: Scheffler, Eberhard: (Hrsg.): Corporate Governance, Wiesbaden 1995, Seite 80 - 101
Schießl, Maximilian, Abdingbarkeit der Kontrollrechte des Kommanditisten aus § 166 HGB, in: NJW 1989, Seite 1597 - 1598
Schindler, Thomas, Die Restatements und ihre Bedeutung für das amerikanische Privatrecht, in: ZEuP 1998, Seite 277 - 295
Schlegelberger Kommentar zum Handelsgesetzbuch, hrsg. von Ernst Geßler / Wolfgang Hefermehl / Wolfgang Hildebrandt / Georg Schröder / Klaus-Peter Martens / Karsten Schmidt, Band 3, Halbband 1, 5. Auflage München 1992
Schlömer, Robert, Das aktienrechtliche Überwachungssystem unter Berücksichtigung der Besonderheiten von Unternehmenskrisen. Anforderungen, Probleme und Ansätze zur Effizienzsteigerung, Bergisch Gladbach, Köln 1985
Schmidt, Dominique, Les conflits d'intérêts dans la société anonyme, Paris 1999

Schmidt, Karsten, Informationsrechte in Gesellschaften und Verbänden, Heidelberg 1984
Schmidt, Karsten, Handelsrecht, 5. Auflage Köln, Berlin, Bonn, München 1999
Schmidt, Karsten, Gesellschaftsrecht, 4. Auflage, Köln, Berlin, Bonn, München 2002
Schmidt-Tiedemann, Ulrike, Geschäftsführung und Vertretung im Gesellschaftsrecht Deutschlands, Englands und Frankreichs, eine rechtsvergleichende Untersuchung zur Feststellung gemeineuropäischer Prinzipien des Gesellschaftsrechts, Frankfurt a. M. (u. a.) 2004 (im Erscheinen)
Schmitthoff, Clive, Die Treuepflicht des englischen Gesellschafters, in: ZGR 1978, Seite 447 - 455
Schneider Uwe H., Sonderrecht für Publikumspersonengesellschaften, in: ZHR 142 (1978), Seite 228 - 258
Schneider, Uwe H. / Strenger, Christian, Die "Corporate Governance-Grundsätze" der Grundsatzkommission Corporate Governance (German Panel on Corporate Governance), in: AG 2000, Seite 106 - 113
Schneider-Lenné, Ellen R., Das anglo-amerikanische Board-System, in: Scheffler, Eberhard (Hrsg.): Corporate Governance, Wiesbaden 1995, Seite 27 - 55
Scholz GmbH-Gesetz, bearb. von Georg Crezelius / Volker Emmerich / Hans-Joachim Priester / Karsten Schmidt / Uwe H. Schneider / Klaus Tiedemann / Harm Peter Westermann, Band 1: §§ 1- 44, 9. Auflage Köln 2002; Band 2: §§ 45-85, 8. Auflage Köln 1998
Schroeder, Werner, Das Gemeinschaftsrechtssystem. Eine Untersuchung zu den rechtsdogmatischen und verfassungsrechtlichen Grundlagen des Systemdenkens im Europäischen Gemeinschaftsrecht, Tübingen 2002
Semler, Johannes, Einschränkung der Verwaltungsbefugnisse in einer Aktiengesellschaft, in: BB 1983, Seite 1566 - 1573
Semler, Johannes, Leitung und Überwachung der Aktiengesellschaft. Die Leitungsaufgabe des Vorstands und die Überwachungsaufgabe des Aufsichtsrats, Köln 1996
Shearman, Jennifer, Die Private Limited Company in England und Wales, in: Zentrale für GmbH Dr. Otto Schmidt (Hrsg.): Die GmbH-Rechte in den EG-Staaten, Köln 1993, Seite 49 - 70
Siems, Matthias, Großbritannien: Neue Medien im Company Law, in: RIW 2002, Seite 202 - 207
Smith, Adam, An Inquiry into the Nature and Causes of the Wealth of Nations, 1776

Smith & Williamson, Tolley's professional partnership handbook, 3. Auflage Croydon 2000

Soergel Bürgerliches Gesetzbuch, hrsg. von W. Siebert, Band 4, 11. Auflage Stuttgart, Berlin, Köln, Mainz 1985

Sonnenberger, Hans Jürgen, Französisches Handels- und Wirtschaftsrecht, 2. Auflage Heidelberg 1991

Stapledon, G. P., Mismangement and the unfair prejudice provision, in: Company Lawyer 1993, Seite 94 - 97

Staub Großkommentar HGB, hrsg. von Claus-Wilhelm Canaris / Wolfgang Schilling / Peter Ulmer, 4. Auflage Berlin, New York 1990, 19. Lieferung: §§ 114-122, Stand: 1. 9. 1999

Staudinger, Julius von [Begr.], Staudingers Kommentar zum Bürgerlichen Gesetzbuch mit Einführungsgesetz und Nebengesetzen, bearb. von Stefan Habermeier, Zweites Buch: Recht der Schuldverhältnisse, §§ 705 – 740 (Gesellschaftsrecht), 13. Auflage Berlin 2003

Steinbeck, Claudia, Überwachungspflicht und Einwirkungsmöglichkeiten des Aufsichtsrats in der Aktiengesellschaft, Berlin 1992

Sterry, Nicola / Banks, Roderick l'Anson, Partnership, in: Lord Hailsham of St. Marylebone (Hrsg.): Halsbury's Law of England, Band 35, 4. Auflage London 1994

Stimpel, Walter, Anlegerschutz durch Gesellschaftsrecht in der Publikums-Kommanditgesellschaft, in: Lutter, Marcus / Stimpel, Walter / Wiedemann, Herbert (Hrsg.): Festschrift für Robert Fischer, 1979, Seite 771 - 783

Storck, Michel, Sociétés à responsabilité limitée. Gérance. Organisation. Pouvoirs, in: Jurisclasseur Sociétés, Tome IV, Paris (Loseblattsammlung), Fasc. 74-10

Stoufflet, Jean, Les pouvoirs du conseil d'administration de la société anonyme française, in: Commission Droit et Vie des affaires (Hrsg.): Liber amicorum, Seite 407 - 416

Sullivan, G. R., The Relationship between the Board of Directors and the General Meeting in Limited Companies, in: LQR 1977 (93) Seite 569 - 580

Teichmann, Christoph, Corporate Governance in Europa, in: ZGR 2001, Seite 645 - 679

Teubner, Gunther, Der Beirat zwischen Verbandssouveränität und Mitbestimmung, in: ZGR 1986, Seite 565 - 579

Theisen, Manuel René, Die Überwachung der Unternehmensführung – Betriebswirtschaftliche Ansätze zur Entwicklung erster Grundsätze ordnungsmäßiger Überwachung, Stuttgart, 1987

Tietze, Jörg, Die Informationsrechte des GmbH-Gesellschafters, Köln 1985

Tolley's Company Law, hrsg. von Stephan Barc / Nicholas Bowen / Janet Braune, 3. Auflage Croydon, Stand April 1999 (Loseblattsammlung)

Tricot, Daniel, Abus de droits dans les sociétés, abus de majorité et abus de minorité, in: RTDcom 1999, Seite 617 - 627

Triebel, Volker / Hodgson, S. / Kellenter, Wolfgang / Müller, Georg, Englisches Handels- und Wirtschaftsrecht, 2. Auflage Heidelberg 1995

Tunc, André, A French lawyer looks at British Company Law, in: MLR 1982 (45), Seite 1 – 17

Vatinet, Raymonde, Les conventions réglementées, in: Rev. soc. 2001, Seite 561 - 570

de Vauplane, Huberet / Bornet, Jean-Pierre, Droit des marchés financiers, Paris 1998

Veltins, Michael A. / Heikel, Dieter A., Zur Einschränkung bzw. Erweiterung der Informationsrechte des Kommanditisten, in: DB 1989, Seite 465 - 468

Viandier, Alain, Sociétés et loi NRE. Les réformes de la loi "Nouvelles régulations économiques", Levallois 2001

Völter, Heike, Der Lückenschluß im Statut der Europäischen Privatgesellschaft, Köln 2000

Voormann, Volker, Der Beirat im Gesellschaftsrecht, Köln, Berlin, Bonn, München 1990

Wagner, Jürgen, Aufsichtsgremien im Gesellschaftsrecht unter Einbeziehung des Gesetzes zur Kontrolle und Transparenz im Unternehmensbereich (KonTraG), Stuttgart, München, Hannover, Berlin, Weimar, Dresden 1998

Weipert, Lutz, Gesellschafterinformationsrechte in der Kommanditgesellschaft, in: DStR 1992, Seite 1097 - 1102

von Werder, Axel (Hrsg.), German Code of Corporate Governance (GCCG), Konzeption, Inhalt und Anwendung von Standards der Unternehmensführung, Stuttgart 2000

Westermann, Harm Peter, Die GmbH – ein "Allzweck-Instrument"?, in: Schmidt, Hans Martin (Hrsg.): Pro GmbH. Analysen und Perspektiven des Gesellschafts- und Steuerrechts der GmbH aus Anlaß des 75jährigen Jubiläums der Zentrale für GmbH Dr. Otto Schmidt, Köln 1980, Seite 23 - 56

Westermann, Harm Peter, Handbuch der Personengesellschaften, 4. Auflage Köln 1994

Wiedemann, Herbert, Verbandssouveränität und Außeneinfluß. Gedanken zur Einrichtung eines Beirats in einer Personengesellschaft, in: Fischer, Robert / Hefermehl, Wolfgang (Hrsg.): Festschrift für Wolfgang Schilling, Berlin New York 1973, Seite 105 - 124

Wiedemann, Herbert, Gesellschaftsrecht, Band 1: Grundlagen, München 1980

Wiedemann, Herbert, Rechte und Pflichten des Personengesellschafters, in: WM 1992, Sonderbeilage Nr. 7

Wiethölter, Rudolf, Interessen und Organisation der Aktiengesellschaft im amerikanischen und deutschen Recht, Karlsruhe 1961

Wilde, Christian, Informationsrechte und Informationspflichten im Gefüge der Gesellschaftsorgane, in: ZGR 1998, Seite 423 - 465

Wilhelm, Jan, Kapitalgesellschaftsrecht, Berlin New York 1998

Wischenbart, Maresa, Informationsbedarf und Informationsrecht im Gesellschaftsrecht unter vergleichender Berücksichtigung des österreichischen Rechts, Frankfurt a. M. (u. a.) 1986

Witt, Carl-Heinz, Das Informationsrecht des Aktionärs und seine Durchsetzung in den USA, Großbritannien und Frankreich, in: AG 2000, Seite 257 - 267

Wohlleben, Hans-Peter, Informationsrechte des Gesellschafters, Köln, Berlin, Bonn, München 1989

Wolany, Josef, Rechte und Pflichten des Gesellschafters einer GmbH, Köln 1964

Wymeersch, Eddy, Elements of Comparative Corporate Governance in Western Europe, in: Isaksson, Mats / Skog, Rolf (Hrsg.): Aspects of Corporate Governance. The Stockholm Symposium, Stockholm 1993, Seite 83 - 116

Wymeersch, Eddy, Unternehmensführung in Westeuropa, in: AG 1995, Seite 299 - 308

Wymeersch, Eddy, A Status Report on Corporate Governance Rules and Practices in Some Continental European States, in: Hopt, Klaus J. / Kanda, Hideki / Roe, Mark J. / Wymeersch, Eddy / Prigge, Stefan (Hrsg.).: Comparative Corporate Governance - The State of the Art and Emerging Research – Oxford 1998, Seite 1045 - 1199

Yavasi, Mahmut, Shareholding and board structures of german and uk companies, in: Company Lawyer 2001, Seite 47 - 52

Zimmermann, Reinhard, Konturen eines europäischen Vertragsrecht, in: JZ 1995, Seite 477 - 491

Zweigert, Konrad, / Kötz, Hein, Einführung in die Rechtsvergleichung auf dem Gebiete des Privatrechts, 3. Auflage Tübingen 1996

Europäische Integration
und internationale Wirtschaftsbeziehungen
Rechtswissenschaftliche Studien

Herausgegeben von Peter Behrens

Band 1 Hella Kinder: Die Außenindustriepolitik der Europäischen Gemeinschaft dargestellt am Beispiel von Antidumpingmaßnahmen. 1996.

Band 2 Stefan Flach: Rechtsbindung einer industriepolitischen Instrumentalisierung öffentlicher Aufträge. 1996.

Band 3 Nicolas Baron von Behr: Multinationale Unternehmen und Exportkontrollen. Völkerrechtliche Zulässigkeit und Grenzen extraterritorialer Ausfuhrbeschränkungen. With an English Summary. 1996.

Band 4 Andreas Pense: Die personalistische Eurokapitalgesellschaft als Instrument der Unternehmenskooperation in der EU. Ein Entwurf auf rechtsvergleichender Grundlage. 1997.

Band 5 Marcus Mackensen: Institutionelle Anleger im Unternehmensrecht Deutschlands und der USA. 2000.

Band 6 André Schwanna: Die Gründung von Gesellschaften in Deutschland, Frankreich und Großbritannien. Gemeineuropäische Prinzipien des Gesellschaftsrechts. 2002.

Band 7 Ulfert Frenzel: Die Beurteilung von Forschungs- und Entwicklungskooperationen zwischen Herstellern und Zulieferern in der deutschen Automobilindustrie nach europäischem und deutschem Kartellrecht. 2003.

Band 8 Fabian Stancke: Einstweilige Anordnungen im dezentralen Vollzug des Gemeinschaftsrechts. Einstweilige Anordnungen und die Kohärenz des gemeinschaftlichen Rechtsschutzsystems bei der Anwendung des Gemeinschaftsrechts durch deutsche Verwaltungs- und Zivilgerichte. 2004.

Band 9 Katerina Buchtova: Marktstrukturelle Kriterien bei der kartellrechtlichen Beurteilung vertikaler Bindungen im europäischen und im tschechischen Kartellrecht. 2004.

Band 10 Katja Koch: Handelspräferenzen der Europäischen Gemeinschaft für Entwicklungsländer. Typologie, Konditionierungen, WTO-Konformität. 2004.

Band 11 Julia Richter: Gatekeeper Positionen in der europäischen Fusionskontrolle. Marktabschottungsgefahren bei Zusammenschlüssen im Informations- und Kommunikationssektor. 2004.

Band 12 Ulrike Schmidt-Tiedemann: Geschäftsführung und Vertretung im Gesellschaftsrecht Deutschlands, Frankreichs und Englands. Eine rechtsvergleichende Untersuchung zur Feststellung gemeineuropäischer Prinzipien des Gesellschaftsrechts. 2004.

Band 13 Kerstin Dittmann: Öffnung von Märkten durch kartellrechtlichen Kontrahierungszwang. Eine Analyse von § 20 Abs. 1 GWB und Art. 82 EG unter Berücksichtigung der *essential facilities-doctrine*. 2004.

Band 14 Susanne Wendt: Die Kontrolle der Geschäftsführung in Personen- und Kapitalgesellschaften in Deutschland, Frankreich und England. Eine rechtsvergleichende Untersuchung zur Ermittlung gemeinsamer Prinzipien des Gesellschaftsrechts. 2004.

Christian Schmeling

Die Entlastung von Mitgliedern geschäftsführender Organe im Recht der Kapitalgesellschaften

Eine rechtsvergleichende Studie zum deutschen, schweizerischen und französischen Recht

Frankfurt am Main, Berlin, Bern, Bruxelles, New York, Oxford, Wien, 2004.
XIII, 223 S.
Saarbrücker Studien zum Privat- und Wirtschaftsrecht.
Herausgegeben von Paul Bauer, Michael Martinek und Helmut Rüßmann. Bd. 39
ISBN 3-631-51727-0 · br. € 42.50*

Der Beschluß über die Entlastung geschäftsführender Organmitglieder entspricht in Deutschland, Frankreich und in der Schweiz der gängigen Praxis von Kapitalgesellschaften. Über Voraussetzungen und Rechtsfolgen der Entlastung besteht jedoch wenig Klarheit. Die Ursache liegt nicht zuletzt darin, daß Gesetzesnormen nur fragmentarisch existieren, bzw. gänzlich fehlen. Diese Arbeit verfolgt das Ziel, die Entlastung in der Kapitalgesellschaft im deutschen, schweizerischen und französischen Recht umfassend zu würdigen und zu präzisieren. Sie untersucht Rechtsnatur und Rechtsfolgen des Beschlusses auch unter Berücksichtigung der oft vernachlässigten Frage nach dem Sinn und Zweck der Entlastung und klärt Formalien wie Entlastungszuständigkeiten und Stimmverbote. Ferner werden rechtswidrige Entlastungsbeschlüsse sowie die Rechtsfolgen der Entlastungsverweigerung behandelt.

Aus dem Inhalt: Funktion der Entlastung · Entlastungsformalien · Rechtsdogmatische Einordnung der Entlastung · Rechtsfolgen der Entlastung · Der rechtswidrige Entlastungsbeschluß · Folgen der Entlastungsverweigerung

Kolibri 360 GmbH
Ferdinand-Jühlke-Straße 7
99095 Erfurt, Deutschland
produktsicherheit@kolibri360.de

Druck:
CPI Druckdienstleistungen GmbH
im Auftrag der
Kolibri 360 GmbH
Ferdinand-Jühlke-Str. 7
99095 Erfurt